羅常培文集

The Collected Linguistic Works of Luo Changpei

第七卷

山东教育出版社
Shandong Education Press

《罗常培文集》编辑委员会

1949年5月23日，在北京东城翠花胡同原北大文科研究所办公室门前。身后门上贴有封条，将在原址成立中国科学院语言研究所。此照片为印度学者白春晖摄。

1948 年北大 50 周年校庆。第三排右起第六人为罗常培。

1950年6月30日，北京大学中国语文系全体师生合影。

1952年北京大学文科研究所撤销前全体同事合影。第二排坐者左起：向达、贺麟、唐兰、汤用彤、罗常培、金毓黻、郑天挺、刘钧仁。

编印说明

这一卷的文章，都是关于汉语音韵学的，包括学术研究论文、音韵学知识讲话、书评和序跋。这些文章，多数曾发表过，或曾收入《罗常培语言学论文选集》，少数是未刊手稿或抄正稿。这次编辑整理，对于已经发表过的，改正了原印件上的错误。限于当时的印刷条件，这类排印上的讹夺衍误的例子还不少。我们能找到原稿的，就据原稿来校改，找不到原稿的，就尽量揣摩先生的用语行文习惯加以校改。对于未刊手稿或手稿抄件，严格保持原样，只是按这次出版统一体例的要求，作些必要的加工。手稿中一篇《大高殿校勘〈韵镜〉日记》，是经张清常整理过的，这次又据原稿复核过。稿中有几处摘录的外文材料和图表，因排印不便，按张清常的意见，付诸阙如。本卷由杨耐思编校。2007 年后本卷由杨耐思、麦耘编校。

目　录

《切韵》探赜

一、《切韵》的渊源

在陆法言修集《切韵》以前，声韵学史上有两件可注意的事实：一件是韵书的蜂出；一件是四声的发明——它们和《切韵》的构成都有重要的关系。

譬况声音的方法，从“直音”进步到“反切”，虽然比较拼音文字还逊一筹，却已免除直音的困难，没有不可注出的声音了。后来反切越造越多，便有人根据它的上下字，分别部居，集成音汇，所谓“韵书”于是乎成立了。但是反切的创造，始于东汉末年。这时以后的中国，闹成了四分五裂的状况，经过三百多年没能统一。起初是魏、蜀、吴三国鼎立，中间是晋朝和十六国各据一方，后来就是南北朝的对峙。在这种政治情境之下，当然免不了“言语异声，文字异形”的纷歧现象。所以那时各国有各国的标准音，因而也各有各的韵书，这便是韵书蜂出的大原因。据颜之推说：“孙叔然创《尔雅音义》，是汉末人独知反语。至于魏世，此事大行。……自兹厥后，音韵蜂出，各有土风，递相非笑。指马之喻，未知孰是。共以帝王都邑，参校方俗，考核古今，为之折衷。榷而量之，独金陵与洛下尔。”（《颜氏家训·音辞篇》）可见这时期的韵书，至少也有南北两大系统。现在还可以考见的，有李登《声类》，吕静《韵集》，无名氏《韵集》，段宏《韵集》，王延《文字音》，李概《音谱》和《音韵决疑》,无名氏《文章音韵》、《字书音同异》、《叙同音义》、《杂字音》、《借字音》、《音书考源》,王该《五音韵》,释静洪《韵英》,周研《音韵》,阳休之《韵略》,杜台卿《韵略》……这些书今俱散佚,我们无从比较它们的同异;可是这些撰述者的里居——吕静家任城(今山东济宁县),李概家平棘(今河北赵县),阳休之家无终(今河北蓟县),杜台卿家曲阳(今河北曲阳县),除去绝无可考者外,都是北方人。若拿他们佚文中所仅存的反切,和顾野王《玉篇》里的反切,及陆德明《经典释文》、颜师古《汉书注》所引南方诸家的反切相较,可以发现许多不同的地方。那么,这时期音韵纷歧的状况也就不难想见了。

至于四声——平上去入——的名称虽然定自周颙、沈约一班人,但是四声的实质,在魏晋之际已渐渐地完成了。《隋书·潘徽传》说:"李登《声类》,始判清浊,才分宫商。"封演《闻见记》说:"魏时有李登者,撰《声类》十卷。以五声命字,不立诸部。"《魏书·江式传》说:"(吕)忱弟静,别仿故左校令李登《声类》之法作《韵集》五卷,宫商角徵羽各为一篇。""宫"、"商"、"角"、"徵"、"羽"的解释,旧说纷纭,莫衷一是。王应麟《玉海》载徐景安《乐书》以上平声为宫,下平声为商,上声为徵,去声为羽,入声为角。这种分配固然不见得切合,可是细绎上面所引各文的意思,证以孙愐《唐韵序》里所说"《切韵》者,本乎四声,必以五声为定则;参宫参羽,半徵半商,引字调音,各自有清浊"等话,至少可以说,《声类》、《韵集》里所谓"宫"、"商"、"角"、"徵"、"羽",是没有"平"、"上"、"去"、"入"以前用以区别声调的名称。自从沈约作了《四声》,周颙作了《四声切韵》,后来便产生了王斌《四声论》,张谅《四声韵林》,刘善经《四声指归》,夏侯詠《四声韵略》等书,这是《声类》、《韵集》以后,韵书编集法的一大变迁(阳休之和杜台卿的《韵略》都成于周、沈以后,也或许是这一系的韵书)。

谈到《切韵》成书前20年的音韵状况,韵书呢,是诸家"各有乖互","江东取韵与河北复殊";四声呢,是"吴楚则时伤轻浅,燕赵则多涉重浊,秦陇则去声为入,梁益则平声似去。"仍然是各行其是,不相为谋。这时隋朝已然具有统一南北的实力,当然在政治的统一以外,还须兼顾到文化的统一。所以颜之推、萧该等八九个人在夜永酒阑的时候,把它当作一重要问题讨论。他们认为当时韵书乖互,四声不同的现象,亟应折衷一说,定为标准音字典。但是自魏至隋,中国分裂已逾三百年了。这时要定标准音,究竟强南以就北,还是引北以归南呢?这实在是一个困难问题。因为南北文化各有所长,语音不同,尤为水土风气所系,若有所偏畸,恐不免窒碍难行。所以萧、颜君在陆爽家里议决了一条兼蓄并包的折衷原则,便是《切韵·序》所谓:"因论南北是非,古今通塞;欲更捃选精切,除削疏缓。"后来陆法言就遵着这条原则,又参考"诸家音韵,古今字书",修集为《切韵》五卷。其书中分韵分纽以及各韵中的又音等项,处处全和这条原则有关。所以法言对于《切韵》只有述而不作的功劳,很少专辄自主的意见。假使《声类》以下诸韵书今犹具在,我们很不难推溯它的渊源,可惜现在只能从断简残编里钩稽出几点来:

(一)《切韵》韵部是就《声类》、《韵集》以下各韵书斟酌损益而定。

《切韵·序》上说:"吕静《韵集》、夏侯詠《韵略》、阳休之《韵略》、周思言《音韵》、李季节《音谱》、杜台卿《韵略》等,各有乖互。"据王仁昫的《刊谬补缺切韵》平声上"冬"、"脂"、"真"、"臻"四韵下的附注,可知陆法言《切韵》和吕、夏侯、阳、李、杜五家韵书都有不同之点:

二冬　阳与鍾江同,吕、夏侯别;今依吕、夏侯。

八脂　吕、夏与微韵大乱杂,阳、李、杜别;今依阳、李。

十八真　吕与文同,夏侯、阳、杜别;今依夏、阳、杜。

十九臻　无上声。吕、阳、杜与真同,夏别;今依夏。

我们根据这些附注,一方面发现《切韵》和《韵集》以下各韵书有些"小异",一方面也可以发现它们的"大同"——知道它们是一系的韵书。可惜王韵除平声上外,并没有这类的附注,否则大可据以考见《韵集》等书的韵目了。

(二)《切韵》韵目多沿袭《声类》、《韵集》以下的旧文。

《切韵》里"东"、"冬"、"鍾"、"江"等193韵的标目,并非完全由陆法言创造。

关于这一点,除前条可以参证外,还有两件事可以证明:

(Ⅰ)《切韵·序》里说:"支、脂、鱼、虞,共为一韵,先、仙、尤、侯,俱论是切。"其中"支"、"脂"、"鱼"、"虞"、"先"、"仙"、"尤"、"侯"八字都是代表一韵,并非单指一字。法言既然如此说,可见这些韵目在《切韵》以前已经有了。

(Ⅱ)《颜氏家训·音辞篇》说:"《韵集》以'成'、'仍'、'宏'、'登'合成两韵,'为'、'奇'、'益'、'石'分作四章"。这也可以证明《韵集》是分韵的。当时吕静是否用这几个字作韵目,固不可知,但是《尔雅》"似蝗而大腹"《释文》云:"《声类》、《韵集》并以蝗协庚韵",这个庚韵标目,到《切韵》还相承未改:由此类推,《切韵》沿袭《韵集》各书的旧韵目,当不在少数了。

(三)《切韵》的反语皆有所本,但非专从一家。

吴检斋说:"陆法言撰集《切韵》所用切语上下二字,大抵沿袭旧文,不自创作。"(《经籍旧音》卷一,页1)这话诚然,但是他所沿袭的却不是一家切语。

现在且把《声类》、《韵集》佚文里的切语(或直音)提出来和《切韵》比较,以见它们异同之迹。

(1)切语上下字完全相同的:

"疼",《声类》作"痋",徒冬反(《一切经音义》卷廿八,页5玄应

《正法华经音义》引);《切韵》平声上二冬"疼"字同。

"编",《声类》"布千反"(《毛诗释文》引《声类》,《公羊传释文》引《字林》、《声类》,《穀梁传释文》引《声类》、《韵集》);《切韵》平声下一先"编,布玄反,又甫连反",二仙"编,卑连反,又布千反","布玄"即"布千"之音也。

《声类》"浡"亦作"勃"字,同"蒲没反"(玄应《一切经音义》卷四,《大灌顶经音义》引);《切韵》入声十没"勃"字同。

《声类》"蹀,蹑也。徒协反"(《文选》左思《魏都赋》及谢惠连《七月七日咏牛女诗》李善注引);《切韵》入声廿五怗"蹀"字同。

(2)切语用字稍异而声韵实同的:

《声类》"鸿或作鸿字,同胡公反"(玄应《正法华经音义》引);《切韵》平声上一东"鸿,胡笼反"。"公"、"笼",同在东韵。

《声类》"聆,力丁反"(《匡谬正俗》卷六引);《切韵》平声下十六青"聆,郎丁反"。"力"、"郎",同在来纽。

《韵集》"菸,一余反"(《一切经音义》卷四十九,页11,玄应《大庄严论音义》引);《切韵》平声上九鱼"烟,央鱼反"。"一"、"央"同属影纽,"余"、"鱼"同在鱼韵。

《声类》"阌,苦规反"(《周易释文》引);《切韵》平声上五支"阌,去随反"。"苦"、"去"同属溪纽,"规"、"随"同属支韵。

(此例悉数难终,今不多举。)

(3)切语声同韵异或声异韵同的:

《声类》"謇,又作犳,同居展反"(玄应《大智度论音义》引);《切韵》上声狝"謇,其辇反"。"居"属见纽,"其"属群纽。

《声类》"蹷,渠月切"(《文选》枚乘《七发》李善注引);《切韵》入声月"蹷,居月反"。"渠"属群纽,"居"属见纽。

《声类》"蚑蛷,多足虫也,关西谓蚃溲,蚃音求俱反"(《一切经音义》卷三十四,页18,玄应《孛经抄音义》引);《切韵》平声下十七尤"蛷,蛷螋,巨鸠反"。"俱"在虞韵,"鸠"在尤韵。

《声类》"戚,千笠反"(《史记·高祖本纪》《索隐》引李登);《切韵》入声十六锡"戚,仓歷反"。"笠"在缉韵,"歷"在锡韵。

(4)切语声韵悬殊的:

《声类》"夒音人周反,或作猱"(《匡谬正俗》卷六引);《切韵》平声下六豪"猱,奴刀反"。"人"属日纽,"奴"属泥纽;"周"在尤韵,"刀"在豪韵。

《声类》"奓,侈字也。昌氏切"(《文选》张衡《西京赋》及鲍照《芜城赋》注引);《切韵》平声下八麻"奓,陟加反"。"昌"属穿纽,"陟"属知纽;"氏"在纸韵,"加"在麻韵。

《声类》"蛊,弋者反"(《一切经音义》卷五十九,页18,玄应《四分律音义》引);《切韵》上声十姥"蛊,姑户切"。"弋"属喻纽,"姑"属见纽;"者"在马韵,"户"在姥韵。案,慧琳《大般若波罗密多经音义》云:"蛊,姑五反。……或有音野者,方言不同耳。"(《一切经音义》卷二,页10)

《声类》、《字林》"斡音管"(《匡谬正俗》卷七引);《切韵》入声末"斡,乌活反"。案,"管"字音古纂反。"古"属见纽,"乌"属影纽;"纂"在旱韵,"活"在末韵。

《韵集》"吮,弋选反"(《一切经音义》卷五十六,页20,玄应《佛本行集经音义》引);《切韵》上声獮"吮,徐兖反又徂兖反"。"弋"属喻纽,"徐"属邪纽,"徂"属从纽。

就上面所举四条例子看来:第一条是完全沿袭《声类》、《韵集》的;第二条的切语若不是法言在同纽同韵内偶尔假借,便是采自和李、吕方言相同的别家韵书;至于第三、四两条所根据的方言,显而易见和《切韵》是两个系统的了。

(四)四声的分配,《切韵》和以前各家多有出入。

四声因方域而不同,法言在《切韵·序》里已然说得很明白。当萧、颜等八人论韵的时候,对于这个“诸家取舍不同”的问题,有的决定兼采众说,有的决定折衷说。不过,周、沈以后的韵如《四声切韵》、《四声韵林》、《四声韵略》等现在连佚文都了无可考,我们何从比较《切韵》对于诸家去取之迹呢? 无已,还是从《声类》、《韵集》里找两个例子:

《声类》“奓,昌氏切”(见前),在上声纸韵;《切韵》“奓,陟加反”,在平声麻韵。《声类》“跼,偏举一足曰跼,蹢也,渠俱切”(《文选》郭景纯《江赋》李善注引),在平声虞韵;《切韵》“跼,渠玉切”,在入声沃韵。

《声类》“妠,奴绀切”(《文选·繁休伯与魏文帝笺》李善注引),当在去声勘韵;《切韵》“妠,女刮反”,在入声辖韵。

《韵集》“戮,音留”(宋庠《国语补音》引嵇康、吕静),“留”力求反,在平声尤韵;《切韵》“戮,力竹反”,在入声沃韵。

据上面所举的例子,可知《切韵》的四声,除去“又音”一部分外,大半是杂采各处方音糅合而成,《切韵》中“奓”、“跼”、“妠”、“戮”等字的声调,和《声类》、《韵集》不同,足证法言对于这几个字并非依据李登、吕静的於音。但四声是古往今来的一个最纠纷的问题。前几年,当“国语”问题甚嚣尘上的时候,还惹得许多国音学者聚讼不休;直到刘半农先生用实验语音学的方法作了一部《四声实验录》,这个问题才得到一点儿科学上的解决! 试想隋初的时候,其纠缠的程度,能够减于现在吗? 陆法言虽然遵照萧、颜等八人的烛下之谈,采取兼收和折衷两个办法,毕竟不能尽谐各处的方音,因此无端地招出了许多冤枉訾议! 唐李涪《刊误》里面说:

> 《切韵》上声为去,去声为上……恨怨之恨则在去声,很戾之很则在上声;又言辩之辩则在上声,冠弁之弁则在去声;又舅甥

之舅则在上声，故旧之旧则在去声；又皓白之皓则在上声，号令之号则在去声；又以恐字恨字俱去声：今士君子于上声呼恨，去声呼恐，得不为有知之所笑乎？……支吴民之言，如病瘖风而噤，每启其口，则语戾呙呐，随笔作声，下笔竟不自悟！凡中华音切莫过东都，盖居天地之中，禀气特正。予尝以其音证之，必大哂而异焉。

案，孙光宪《北梦琐言》云："唐李涪，尚书福相之子"；又云："唐相国李公福河中有宅。……"原注："陇西事得于李载仁大夫"；又云："陇西李常侍，福相之子"。据此，可知李涪陇西人。《切韵·序》说："秦陇则去声为入"，那么，《切韵》里面的四声一定不和陇西方音完全相同的。

况且《刊误》里明明说："凡中华音切莫过东都"，那么使李涪当时并非囿于他自己的方音，也是想把洛阳音定作标准音的。用这种眼光来观察兼采古今南北之音的《切韵》，怎能不觉得它"乖舛既多，载述难尽"呢？但是法言本来是魏郡临漳人，李涪一则骂他"吴音乖舛，不亦甚乎！"再则骂他"吴民之言，如病瘖风而噤，每启其口，则语戾呙呐，随笔作声，下笔竟不自悟！"这未免冤枉煞法言了。

总之，《切韵》这一部书本是参酌"诸家音韵，古今字书"而成，我们现在要推溯它的渊源，虽然得不到《声类》、《韵集》诸书的完本，至少也要仿照经籍旧音的体例，汇集隋以前诸家切语和它比较研究。这一段所说，不过示例举隅罢了。

《切韵》的渊源既略说明，进一步才能探讨它的韵部、声纽和又音三项。

二、《切韵》的韵部

从前研究声韵学的人,因为《广韵》出于《切韵》,遂谓《切韵》的韵目和次序与《广韵》无殊。自从敦煌的唐写本《切韵》残卷发现以来,才知道《切韵》的平声比《广韵》少"谆"、"桓"、"戈"三韵;上声少"準"、"缓"、"果"、"俨"四韵;入声少"曷"、"術"二韵。据此以推,去声当少"稕"、"换"、"过"、"酽"四韵——一共只有193韵,比《广韵》少13韵。其部次也和《广韵》不同。兹列举于下:

平声上26韵:

一东　二冬　三鍾　四江　五支　六脂　七之　八微　九鱼　十虞　十一模　十二齐　十三佳　十四皆　十五灰　十六咍　十七真　十八臻　十九文　廿殷　廿一元　廿二魂　廿三痕　廿四寒　廿五删　廿六山

平声下28韵

一先　二仙　三萧　四宵　五肴　六豪　七歌　八麻　九覃　十谈　十一阳　十二唐　十三庚　十四耕　十五清　十六青　十七尤　十八侯　十九幽　廿侵　廿一盐　廿二添　廿三蒸　廿四登　廿五咸　廿六銜　廿七严　廿八凡

上声51韵

一董　二肿　三讲　四纸　五旨　六止　七尾　八语　九麌　十姥　十一荠　十二蟹　十三骇　十四贿　十五海　十六轸　十七吻　十八隐　十九阮　廿混　廿一很　廿二旱　廿三潸　廿四产　廿五铣　廿六獮　廿七篠　廿八小　廿九巧　三十皓　卅一哿　卅二马　卅三感　卅四敢　卅五养　卅六荡　卅七梗　卅八耿　卅九静　四十迥　四十一有　四十二厚　四十三黝　四十四寝　四十五

琰　四十六忝　四十七拯　四十八等　四十九豏　五十檻　五十一范

去声 56 韵:(残卷原缺)

一送　二宋　三用　四绛　五寘　六至　七志　八未　九御　十遇　十一暮　十二泰　十三霁　十四祭　十五卦　十六怪　十七夬　十八队　十九代　二十废　廿一震　廿二问　廿三焮　廿四願　廿五慁　廿六恨　廿七翰　廿八谏　廿九裥　三十霰　卅一線　卅二啸　卅三笑　卅四效　卅五号　卅六箇　卅七祃　卅八勘　卅九阚　四十漾　四十一宕　四十二映　四十三诤　四十四劲　四十五径　四十六宥　四十七候　四十八幼　四十九沁　五十艳　五十一㮇　五十二证　五十三嶝　五十四陷　五十五鉴　五十六梵

入声 32 韵:

一屋　二沃　三烛　四觉　五质　六物　七栉　八迄　九月　十没　十一末　十二黠　十三鎋　十四屑　十五薜　十六锡　十七昔　十八麦　十九陌　廿合　廿一盍　廿二洽　廿三狎　廿四葉　廿五帖　廿六缉　廿七药　廿八铎　廿九职　三十德　卅一业　卅二乏

这里很值得注意的,就是《切韵》的部次,将“覃”、“谈”两韵放在“阳”、“唐”之前(举平以赅上去,下同);“蒸”、“登”两韵放在“盐”、“添”之后。入声的次序,既和《广韵》不同,也不与平上二声相应。可见陆法言作《切韵》时,对于[m n ŋ]三类附声韵的系统,尚多混淆;而且四声相配也还没有条理。王静安先生谓孙愐《唐韵》、徐锴《说文解字篆韵谱》和夏英公《古文四声韵》的部次,皆出于陆法言《切韵》;徐铉改定《篆韵谱》和《广韵》的部次,皆出于李舟《切韵》。后一个系统的好处,就在“各部皆以声类相从;四声之次相配不紊。”(参看《观堂集林》卷八,页 16 至 22)这正是“前修未密,后出转精”的地方。

《切韵》为什么分作193韵呢？这个问题，不单后人因为区别不出这么多声势来，发生许多误会；在唐时早就有人讥它“妄别声韵”了。李涪《刊误》说：

(《切韵》)又有字同一声，分为两韵：……平声以东农非韵，以东崇为切；上声以董勇非韵，以董动为切；去声以送种非韵，以送众为切；入声以屋烛非韵，以屋宿为切；……何须东冬中终妄别声律？

到了清朝，即深于韵学的，如戴震、江有诰两君，对于法言分韵之故，亦都不大了解。戴君说：

定韵时有意求其密，用意太过，强生轻重，定为首切，不足凭也。(《声类表》卷首，页9)

江君说：

陆韵分部至繁，然同类者或荡析离居；异类者或马牛莫别。(《等韵丛说》)

江、戴两君的批评如此，则其余的误解，更不用细说了。现在试从音理上剖析，对于《切韵》分韵的标准，可以提出三点来：

(一)以平上去入分——如“东”、“董”、“送”、“屋”……之类；

(二)以阴声阳声分——如“齐”与“青”，“侯”与“东”，“咍”与“登”，“模”与“唐”之类；

(三)以开齐合撮分——如“文”撮口，“殷”齐齿，“魂”合口，“痕”开口之类。

(《广韵》真与谆，寒与桓，歌与戈之分，亦即以此；《切韵》尚未能尽分也。)

除此之外，其平仄、等呼、阴阳完全无别，仍然分作数韵的，就有些难解了。戴君说：

僕因究韵之呼等：一东内一等字与二冬无别，六脂内三等字与八微无别，十七真二等字与十九臻无别，十七真与十八谆内三等合口呼与二十文三韵皆无别，真韵内三等开口呼与廿一殷无别，二十七删与二十八山无别，二仙内四等字与一先无别，四宵内四等字与三萧无别，十二庚内二等字与十三耕无别，十二庚、十四清内三等开口呼两韵无别，清韵内四等字与十五青无别，十八尤内四等字与二十幽无别，二十二覃与二十三谈无别，二十四盐内四等字与二十五添无别，盐韵内三等字与二十八严、二十九凡三韵皆无别，二十六咸与二十七衔无别：其余呼等同者，音必无别。盖定韵时，有意求其密，用意太过，强生轻重。其读一东内一等字必稍重，读二冬内字必稍轻，东德红切，冬都宗切，洪细自见。然人之语言音声或此方读其字洪大，彼方读其字微细；或共一方，而此人读之洪大，易一人读之又微细；或一人之语言此时言之洪大，移时而言之微细，强生轻重，定为音切，不足凭也。（《声类表》卷首《答段若膺论韵》页9。案，戴君所举部目皆就《广韵》而言。）

照戴君所说，法言区分如许韵部，岂非多事吗？其实，我们要推究法言分韵的缘故，还须从《切韵》里所说的“因论南北是非，古今通塞”两句话上着想。章太炎先生说：“《广韵》所包，兼有古今方国之音，非并时同地得有声势二百六种也。”（原注——且如东冬于古有别，故《广韵》两分之，在当时固无异读；是以李涪《刊误》以为不须区别也。支脂之三韵，惟之韵无合口音，而支脂开合相间，必分为二者，亦以古韵不同，非必唐音有异也。若夫东鍾、阳唐、清青之辨，盖由方国殊音，甲方作甲音者，乙方作乙音；乙方作甲音者，甲方或又作乙音；本无定分，故殊之以存方语耳。）昧其因革，操绳削以求之，由是侏离不可调达矣！”（《国故论衡》上，页18，《音理论》）

章君此说，颇能申明法言分韵的意思，为前人所未道及。后来钱玄同先生更参照黄季刚先生说，作《广韵分部说》，谓《广韵》中平仄、等呼、阴阳无别，而分作数韵者，有的是古本韵，有的是今变韵：这正是《切韵》兼收古今音的证据。（参看《文字学音篇》页21至25）案，钱君此说偏重古今沿革，而略于南北变迁，恐未必尽符法言的本意。并且哪一韵是古本韵，哪一韵是今变韵，也很难悬揣。即如东冬两韵，钱君沿袭孔广森以来的旧说，皆认为古本韵。但是夏燮《述韵》里有《东冬不合分部》一篇，历举周秦古音两部不分的证据；近人闻宥更广其说作《东冬分部辩正》（见《国学月刊》第一卷第一期）。那么，东冬古音不同的议论，已然站不住了。再考《切韵》残卷第二种，一东末有"般"字，"苏公反"，注云："缓，元音入冬韵"（丁山云："案，般在寒韵，音去东之收声甚远，以字形审之，疑即艭之误。《说文》：'艭，船箸沙不行也。'不行即滞，滞即缓也。与长孙注合，故云。"案，丁说是也）。二冬"农，奴东反"，"恭，驹东反"，均用"东"字作切；"蜙"、"枞"等字又用"恭"字作切：可见法言虽将东冬分作两韵，而于韵中各字的切语仍有许多混淆的地方。但是他究竟为甚把它们分成两韵呢？我现在从《颜氏家训》里寻出一点儿道理来。《音辞篇》说：

> 河北切"攻"字为"古琮"，与"工"、"公"、"功"三字不同，殊为僻也！

案，《切韵》"攻"古冬反，在二冬；"工"、"公"、"功"俱古红反，在一东：是法言分出冬韵，盖据当时河北的方音。颜之推对于《切韵》虽然多所决定，然而冬韵之分，法言却囿于自己的方音（法言家魏郡临漳在今河南旧河北道属），没有采纳他的意见。这两种方音的区别，在当时精于音韵的颜之推已经讥为"殊僻"，那么，后来李涪说他"东冬中终，妄别声律"也就是难怪了。我们从此类推，可知《切韵》里声势相同而不相杂厕的各韵，不仅关乎"古今通塞"，而且系于"南北是非"；所以钱说尚不如章说较为赅括。不过《广韵》分部说是钱先生十年前的旧论调,并不足代表疑古先生今日的新见解。他在后来已经采取章君"《广韵》兼有古今方国之音"的说法;但谓:"那些韵是古今之殊,那些韵是方国之异,这事要专门研究,才能考定,不是可以随意武断的"。(《国音沿革》第五讲,页25)可见他对于旧说,久已不敢自信了。至于疑古先生最近有甚新创获,可惜我远羁岭表,不能请益!但是我觉得要想解决《切韵》分部的问题,现代方音便是最好的参证资料。我近来虽也朝着这个途径去努力,自愧致力未深,还不能有所论定!瑞典 Bernhard Karlgren 尝据等韵及中国各地方言,研究《切韵》的读音,他所作的《切韵发音表》,很可作解决这个问题的参考,欲知其详可参阅他的《与 Maspero 论〈切韵〉之音》。这里因为印刷上的困难,恕不迻录了。

三、《切韵》的声纽

《声类》、《韵集》以下诸韵书,虽然知道把切语的下一字,根据"叠韵"的道理,归并作若干韵部,但是还未能根据"双声"的道理把切语的上一字归并作若干声纽。所以直到陆法言作《切韵》的时候,韵部的分析已然有条不紊,而每韵里所列的声纽还是乱七八糟毫无次序的。这也难怪后来的韵学家总觉得"双声难明,叠韵易晓"了!

自从守温的三十六字母产生后,于是切语的声纽才有了类别。但是清末陈澧作《切韵考》,把《广韵》切语上字452文系联起来,归并成40声类,他认为这是隋以前双声之区域,是孙叔然到陆法言所沿用的声类,和后来的母不同。因此他只分作清声21类,浊声19类,既不按喉、舌、齿、唇的次序,也不用"见"、"溪"、"端"、"透"等标目。现在为称举便利起见,仍代拟40声类的标目如下:

清声21类:

端 知 照 彻 心 见 溪 非 敷 穿 影 清 透 精 晓 帮 滂 山 审 初 庄

浊声 19 类

定 澄 床 日 喻 于 明 群 奉 来 匣 从 並 疑 泥 禅 娘 邪 神

这 40 类里头,比三十六字母多了"于"、"神"、"庄"、"初"、"山"五纽,少了一个"微"纽。陈君系联声类的方法有二。《切韵考·条例》说:

> 切语上字与所切之字为双声,则切语上字同用者,互用者,递用者,声必同类也。同用者,如"冬,都宗切","当,都郎切",同用"都"字也。互用者,如"当,都郎切","都,当孤切","都"、"当",二字互用也。递用者,如"冬,都宗切","都,当孤切","冬"字用"都"字,"都"字用"当"字也。今据此系联之,为切语上字四十类。(卷一,页 2)

这是正例。又说:

> 切语上字既系联为同类矣。然有实同类而不能系联者,以其切语上字两两互用故也。如"多"、"得"、"都"、"当"四字声本同类,"多,得何切","得,多则切","都,当孤切","当,都郎切","多"与"得","都"与"当"两两互用,遂不能四字系联矣。今考《广韵》一字两音者互注切语,其同一音之两切语,上二字声必同类。如一东"冻,德红切,又都贡切",一送"冻,多贡切","都贡"、"多贡"同一音,则"都"、"多"二字实同一类也。今于切语上字不系联而实同类考,据此以定之。(卷一,页 3)

这是变例。他这两种归纳的研究法,很合乎科学的精神,我们不能不佩服他态度的谨严,思想的缜密!然而从现在看来,却有不能为陈君讳言的三个缺点:

(Ⅰ)敦煌《唐写本切韵残卷》,陈君未及见之;他根据间接材料所考订的结果,自然不如从直接材料所考得的,较为可信。

(Ⅱ)陈君对于“切语上字不系联而实同类者”,考证尚未精尽;我们就用他自己的方法仍旧可把他所分的40类再加并合。

(Ⅲ)陈君的态度“以考据为准,不以耳口为凭”,但是《切韵》乃杂纂诸家韵书而成,所用的切语大半沿袭前人,很有参差不齐的地方,他的上一字即使偶不系联,若是发音上没有区别,并且在旁处得到并合的佐证,即不能把它们划然分作两类。

因此我根据《唐写本切韵残卷》、《唐韵残卷》和王仁昫《刊谬补缺切韵》,并参照《经典释文》、《玉篇》诸书,考定《切韵》中没有舌上、轻唇八纽,且“于”、“神”、“庄”、“初”、“山”五纽亦不应分立。现将鄙见分述于后:

(一)《切韵》里的切语上字和《广韵》并不相同

陈君把《广韵》里的452个切语下字系联作40类(参看《切韵考》卷二),并说这是“陆氏旧法”,但是实际上《切韵》的切语上字却和《广韵》不同。即如:“英、应、阿、恩、机、轨、癸、劲、遽、气、躯、鸲、驱、霍、谐、玄、轸、痕、丹、大、弟、六、路、羸、间、举、智、绨、丞、磔、蚩、车、汁、唇、声、损、紫、翠、浅、慙、潜、聚、素、送、莎、叙、囚、繫、毕、毗、疋、盆、琶、萍、民”等55个字皆不在陈君所举452个字的里头。可见《广韵》所用的反切,曾经孙愐、李舟诸人窜改,已非陆氏之旧了!

(二)《切韵》里舌上四纽尚与舌头无别

陈君所考40声类的证据,用正例的不过三十,用变例的凡十有一处。变例的方法用《广韵》里一字两韵互注之切语上字以证其声类相同,固然毫无疑问,但是陈君所考实有未尽。亡友张煊尝通考《广韵》中一字两音之互助切语,定舌上与舌头、轻唇与重唇诸纽仍应并合。今先举张君舌上舌头不分的证据如下(《广韵》和《切韵》异同之处别注于下):

语韵 “褚”,丑吕切,又张吕切(《切韵》、《王韵》均丑吕反,未注又音)。

语韵 “褚”,丁吕切(《切韵》、《王韵》切同)。

線韵 “传”,直恋切,又丁恋切(《王韵》直恋反,又直员、丁乱二反)。

線韵 “传”,知恋切(《王韵》同,与丁乱反互注)。

阳韵 “长”,直良切,又丁丈切(《切韵》、《王韵》同直良反,但《切韵》未注又音,《王韵》又直亮、陟两二反)。

养韵 “长”,知丈切(《切韵》无此音,《王韵》丁丈反,与陟两反互注)。

候韵 “噣”,都豆切,又丁救切(《王韵》丁豆反,又丁救反)。

宥韵 “噣”,陟救切(《王韵》宥韵未列此音)。

祭韵 “缀”,陟卫切又丁劣切(《王韵》同)。

薛韵 “缀”,陟劣切(《王韵》同)。

这是端知两组不分的证据。又:

鱼韵 “涂”,直鱼切,又直胡切(《切韵》同)。

模韵 “涂”,同都切(《切韵》度都反,与直胡反互注)。

觉韵 “掉”,女角切,又杖吊切(《切韵》无此音,《王韵》女角反,又徒吊反)。

啸韵 “掉”,徒吊切(《王韵》同,又徒了反)。

这是澄定两组不分的证据。又:

虞韵 “獳”,人朱切,又女侯切(《切韵》日朱反,未注又音)。

侯韵 “獳”,奴钩切(《切韵》、《王韵》均女沟反)。

宵韵 “桡”,如招切,又女教切(《切韵》如招反,又女校反)。

效韵 “桡”,奴教切(《王韵》奴效反)。

黠韵 “肭”,女滑切,又女骨切(《切韵》无此字,《王韵》女滑反,未注又音)。

没韵　“肭”,内骨切(《切韵》、《王韵》于没韵中均未列此音)。这是泥娘两纽不分的证据。张君所举各证,虽然和《切韵》未能尽合,不过根据“传”、“长”、“缀”、“涂”、“桡”五字,已可证明知与端、澄与定、泥与娘实系一类。我现在比较《切韵》和《广韵》反切的异同,又得到几个证据(均据王仁昫本)。

绛韵　“戆”,《切韵》丁降反,《广韵》陟降切(端知互用)。

陷韵　“鮎”,《切韵》都陷反,《广韵》陟陷切(端知互用)。

寘韵　“縋”,《切韵》驰伪反,《广韵》地伪切(澄定互用)。

祭韵　“滞”,《切韵》直例反,《广韵》徒例切(澄定互用)。

此外如羊戎以“铜池”为双声(《南史》卷三十六,页3),魏收以“瑯玎”为双声(《北史》卷五十六,页17),也可作那时候舌上舌头尚未分别的旁证。至于彻透之合,此刻虽没有从《切韵》里得到纸上的证据,然参照钱大昕和章太炎先生之说,可以断定,知澄娘未自端定泥分出以前,彻与透决不会单独分立的。

(三)《切韵》里轻唇四纽尚与重唇无别

陈君所考,明与微不分,非敷奉与帮滂並诸纽亦大半相混。至张君才断定隋初还没有轻唇四纽。他所举的证据如下:

董韵　“菶”,蒲蠓切,又方孔切(《王韵》步孔反,又方孔反)。

董韵　“琫”,边孔切,《切韵》方孔反(《王韵》方孔反,又蒲嗡反)。

废韵　“茷”,符废切,又方大切(《王韵》无)。

泰韵　“茷”,博盖切(《王韵》无)。

谆韵　“砏”,普巾切,又布巾切(《切韵》无)。

真韵　“砏”,府巾切(《切韵》无)。

先韵　“萹”,布玄切,又北泫切(《切韵》无)。

铣韵　“萹”,方典切(《切韵》方显反,又布玄反。方显反与北泫反互注)。

仙韵 “萹”,芳连切,又补殄切(《切韵》无)。

铣韵 “萹”,方典切(《切韵》无)。

庚韵 “榜”,薄庚切,又甫孟切(《切韵》未注又音)。

映韵 “榜”,北孟切(《王韵》无)。

觉韵 “犦”,蒲角切,又甫沃切(《切韵》、《王韵》均作犦,蒲角反,又甫教反)。

沃韵 “犦”,博沃切(《切韵》、《工韵》沃韵中均无此字)。

支韵 “鞞”,府移切,又脯鼎切(《切韵》缺此字,《王韵》必移反,未注又音)。

迥韵 “鞞”,补鼎切(《切韵》同)。

这是帮非不分的证据。又:

齐韵 “纰”,边兮切,又芳脂切(《切韵》方兮反,又芳脂反)。

脂韵 “纰”,匹夷切(《切韵》同)。

吻韵 “忿”,敷粉切,又敷问切(《切韵》、《王韵》均同)。

问韵 “忿”,匹问切(《王韵》粉问反)。

尤韵 “秠”,匹尤切,又芳鄙切(《切韵》、《王韵》同)。

旨韵 “秠”,匹鄙切(《切韵》无,《王韵》作秠,匹鄙反)。

尤韵 “肧”,匹尤切,又普回切(《王韵》匹尤反,又普才反)。

灰韵 “肧”,芳杯切(《切韵》芳杯反)。

德韵 “踣”,蒲北切,孚豆切(《王韵》无)。

候韵 “踣”,匹候切(《王韵》无)。

薛韵 “瞥”,芳灭切,又芳结切(《切韵》、《王韵》均作覕,芳灭反,未注又音)。

屑韵 “瞥”,普篾切(《切韵》无,《王韵》匹列反)。

队韵 “妃”,滂佩切,又匹非切(《王韵》普佩反,又匹非反)。

微韵　“妃”,芳非切(《切韵》芳非反,又並佩反)。

这是滂敷不分的证据。又:

东韵　“颿”,薄红切,又步留切(《切韵》、《王韵》俱无)。

幽韵　“颿”,皮彪切(《切韵》、《王韵》俱无)。

先韵　“軿”,部田切,又房丁切(《切韵》蒱田反,又防丁反)。

青韵　“軿”,薄经切(《切韵》、《王韵》青韵中均未列此音)。

这是並奉不分的证据。现在比较《切韵》和《广韵》的反切,另外发现许多重唇轻唇同用的证据:

《切韵》先韵　“编”,布玄反,又甫连反;仙韵　“编”,卑连反,又布千反(帮非互用)。

齐韵　“豍”,《切韵》方兮反,《广韵》边兮切(非帮互用)。

寝韵　“品”,《切韵》方锦反,《广韵》丕饮切(非滂互用)。

董韵　“琫”,《切韵》方孔反,《广韵》边孔切(非帮互用)。

问韵　“湓”,《切韵》纷问反(据王本补。下去声各字同),《广韵》匹问切(敷滂互用)。

月韵　“怖”,《切韵》匹伐反,《广韵》拂伐切(滂敷互用)。

支韵　“铍”,《切韵》普羁反,《广韵》敷羁切(滂敷互用)。

脂韵　“丕”,《切韵》普悲反,《广韵》敷悲切(滂敷互用)。

真韵　“缤”,《切韵》敷宾反,《广韵》匹宾切(敷滂互用)。

祃韵　“帊”,《切韵》芳霸反,《广韵》普驾切(敷滂互用)。

脂韵　“邳”,《切韵》蒲悲反,《广韵》符悲切(並奉互用)。

宵韵　“蜱”,《切韵》无遥反,《广韵》弥遥切(微明互用)。

劲韵　“诺”,《切韵》武聘反,《广韵》弥正切(微明互用)。

獮韵　“缅”,《切韵》无兖反,《广韵》弥兖切(微明互用)。

此外如李元谦以“凡婢”为双声(《洛阳伽蓝记》五卷,页1);又“贩”字高丽译为 pan,日本汉音译为 pan,吴音译为 pon;“番”字高丽译为

pan,汉音译为 pen,吴音译为 ban;“烦”字高丽译为 pan,汉音译为 pen 或 pan,吴音译为 bon……也都可以当做隋初重唇轻唇不分的佐证。

(四)喻于两组实同一类

陈君以“余”、“馀”、“予”、“夷”、“以”、“羊”、“弋”、“翼”、“与”、“营”、“移”、“悦”12 字为喻类;以“于”、“羽”、“雨”、“云”、“雲”、“王”、“韦”、“永”、“有”、“远”、“荣”、“为”、“洧”、“筠”14 字为于类。张君没有觅得这两组并合的确据,因谓喻于两类,实不系联。今考《切韵》:

脂韵 “遗”,以佳反,又于季反;至韵 “遗”,以醉反,又以佳反(据王本补)。据此,“于季”、“以醉”,同切一音,则“于”、“以”二字,实同一类。这种系联的方法和陈君的变例完全相合,那么,于类不必另分,殆无疑义了。

(五)神禅两组实同一类

陈君以“神”、“乘”、“食”、“实”4 字为神类;以“时”、“殊”、“常”、“尝”、“蜀”、“市”、“植”、“殖”、“寔”、“署”、“臣”、“承”、“呈”、“氏”、“视”、“式”为禅类。张君曾举二证,谓其似相系联:

支韵 “示”,巨支切,又时至切;至韵 “示”,神至切。

祭韵 “贳”,舒制切,又时夜切;祃韵 “贳”,神夜切。

并且说:“陈隋以前,神禅实合,《玉篇》、《声类》,即相互用。”不过因为唐写本《唐韵》祃韵“神夜切”下没有“贳”字,平声支韵,又已残缺,于是复据《广韵》同等不作二切的义例,自谓前举系联之证,实不可恃;纵使《切韵》本真固有是切,亦但可目为陆氏之疏。神禅二类,在陆氏作《切韵》时,固已两相分离。这未免有点儿自相矛盾了!今考《刊谬补缺切韵》:

至韵 “示,神至反,《玉篇》犹语”。(《玉篇》示部“示,时至切,示者语也。”)

祭韵 “贳”,舒制反,又时夜反。祃韵 “贳”,神夜反。(原作

“貫”，训为赊，知系“贳”字形讹。）

据此，可证“贳”字并非《广韵》后加，“示”字《切韵》、《玉篇》同训为“语”，其音亦当不异：那么张君的顾虑，已不成问题了。再从旁处寻觅佐证：

《切韵》职韵 “食”，乘力反；《玉篇》食部 “食”，是力切。

《切韵》真韵 “神”，食邻反；《玉篇》示部 “神”，市人切。

《切韵》烛韵 “赎”，神蜀反；《玉篇》贝部 “赎”，市烛切。

《切韵》蒸韵 “绳”，食陵反；《玉篇》系部 “绳”，市升切。

《切韵》质韵 “实”，神质反；《玉篇》宀部 “实”，时质切。

《切韵》薛韵 “舌”，食列反；《玉篇》舌部 “舌”，时列切。

《切韵》仙韵 “船”，食川反；《玉篇》舟部 “船”，市专切。

《切韵》证韵 “乘”，食证反；《玉篇》桀部 “乘”，是证切。

这都可作神禅实同一类的证据。只有颜之推谓南人以“石”为“射”，以“是”为“舐”，是一种轻微的谬失。（《颜氏家训·音辞篇》）然而法言并非尽采颜说，即使神禅两组当时果有分别，而用《切韵》本书中“贳”字互注的切语，尽够证明它们可以系联；陈君复起，亦或者不能否认罢？

（六）庄纽之字《切韵》半入照纽，半入精纽

陈君以“庄”、“争”、“阻”、“邹”、“簪”、“侧”、“仄”7字为庄类。张君曾举《广韵》中：

震韵 “振”，章刃切，又之人切；真韵 “振”，侧邻切。

仙韵 “甄”，居延切，又章邻切；真韵 “甄”，侧邻切。

二证，谓照庄二类似当合一，而因真韵为唐写本《切韵》所无，未敢遽定。今考《切韵》：

震韵 “振”，职刃反，又之人反（据王本补）；真韵 “振”，职邻反。

仙韵　“甄”,居选反,又职邻反;真韵　“甄”,职邻反,又居然反。《切韵》“职邻反”即《广韵》“侧邻切”之音。“职邻”、“侧邻”既同一音,则“职”、“侧”二字实同一类。又獮韵“孨”字,《切韵》“旨兖反”,《广韵》“庄卷切”;缉韵“执”字,《切韵》“侧作反”,《广韵》“之入切”:据此,则庄纽似可完全并入照纽了。然而详细比较《切韵》和《广韵》反切的异同,又有不尽然者。

唐韵　“臧”,《切韵》则郎反;《广韵》侧郎切。

侯韵　“奏”,《切韵》侧候反;《广韵》侧候切(去声据王本补,下同)。

号韵　“灶”《切韵》侧到反;《广韵》侧到切。

据此,那么,庄纽和精纽又可系联了。因此我说《切韵》里庄纽的字,应当分隶照精两组。

(七)穿初两组实同一类

陈君以“初”、“楚”、“创”、“疮”、“测”、“叉”、“厕”、“刍”8字为初类。张君曾举《广韵》中:

灰韵　“推”,他回切,又倡佳切;脂韵　“推”,叉佳切。

以证穿初二类似可合一。今考《切韵》:

脂韵　“推”,尺佳反,即与《广韵》叉佳切同音。

东韵　“忡”,初中反,《广韵》作敕中切。

据此,那么,穿初实不能分作两组的。

(八)山纽当与心纽不分

陈君以“山”、“疏”、“疎”、“沙”、“砂”、“生”、“色”、“数”、“所”、“史”10字为山类。通检《广韵》和《切韵》的反切,还没有觅到它同别纽系联的证据。此类字,等韵家本来把它们并入审纽,但是我从《切韵》、《广韵》以外,所得到的旁证,却和等韵家所说不同:

《切韵》支韵　“韉”,山垂反;《玉篇》革部　“韉”,思危切。

《诗》“山有扶苏”，徐仙民读“苏”为“疏”。（案，《切韵》苏，思吾反；疏，色鱼反。）

《礼祭义》“其行也，趋趋以数”，“数”，徐音速。（案，《切韵》数，所矩反。）

《汉书·王莽传》“莽每当出，辄先搜索城中”，“索”，师古曰：“山各反”。（案，《切韵》索，苏各反。）昭公十二年《左氏传》：“公孙傻趋进曰”，“傻”徐音，“所流反。”（案，《广韵》傻，苏后切。）

《周礼·赤友氏》“以灰灑毒之”，“灑”，刘昌宗音“霜寄反”。（案，《切韵》灑，所绮反。以上五条，亦采张君说。篇中所引张说，俱见《国故月刊·求进步斋音论》。）

据此，可证当时山纽与心纽互相通用。《切韵》中两类虽不系联，亦只能认为法言沿袭前人反切之参差不齐的地方，不必因此遂另外分出一类罢？

以上所述，不过利用所得的材料，略于陈、张两君之说有所补充。张君于“于”、“神”、“庄”、“初”、“山”五纽，本来已经觅得并合的证据；他所以未敢论定的原故，一则没有直接的材料助成其说，二则对于陈君“《广韵》同音之字不分两切语”的条例，有所顾忌。其实，这是不成问题的。章太炎先生说：

> 唐韵分纽（案，此指韵内同一反切之字而言，非谓声类）本有不可执考。若五质韵中“一”、“壹”为“於悉切”，“乙”为“於笔切”，“必”以下二十七字为“卑吉切”，“笔”以下九字为“鄙密切”，“蜜”、“谧”为“弥毕切”，“密”、“蔤”为“美毕切”，悉分两纽。一屋韵中，“育”为“余六切”，“囿”为“于六切”，亦分两纽也。夫其开阖未殊，而建类相隔者，其殆《切韵》所承《声类》、《韵集》诸书丵岳不齐，未定一统故也。因是析之，其违于名实益远矣！若以是为疑者，更举五支韵中文字证之。“妫”切“居为”，“规”切“居

隋”，两纽也；“虧”切“去为”，“闚”切“去随”，两纽也；“奇”切“渠羁”，“岐”切“巨支”，两纽也；“皮”切“符羁”，“陴”切“符支”，两纽也；是四类者，“妫”、“虧”、“奇”、“皮”，古在歌；“规”、“闚”、“岐”、“郫”，古在支；魏晋诸儒所作反语，宜有不同。及唐韵悉隶支部，反语尚犹因其遗迹，斯其证验最著者也。审音者，不寻耑绪，欲无回惑，得乎？（《国故论衡》上，页18《音理论》）

这段话虽然专论韵类，我想每韵里的声类也是同样情形。即使韵类不殊而同纽的字分作两个反切，也只能认为陆氏偶尔疏略，未便据以判别声纽之异；何况还有得相系联的佐证呢？因此我敢于比张君作进一步的论定，认为《切韵》里“于”、“神”、“庄”、“初”、“山”五类，应当并入“喻”、“禅”、“照”、“精”、“穿”、“心”诸纽中。至于Karlgren谓“照、穿、床、审、禅应分为齿上（ṭṣ，ṭṣ’，ḍẓ，ṣ，ẓ）及腭音（ṫṡ，ṫṡ’，ḋż，ṡ，ż）二种”（见《与Maspero论〈切韵〉之音》），恐怕《切韵》里的声纽还没有分析得如此细密罢？

如果上面的假设不错，那么，陈君谓“隋以前之音异于唐季以后”，确乎是种创见！但是陈君所考定的40类，比三十六字母多出“于”、“神”、“庄”、“初”、“山”5种，少“微”类；现在所考的，除去“于”、“神”、“庄”、“初”、“山”5类应并入“喻”、“禅”、“照”、“精”、“穿”、“心”诸纽外，还比三十六字母少了“知”、“彻”、“澄”、“娘”、“非”、“敷”、“奉”、“微”8纽——一共只有28纽：这和陈君所考的结果适得其反。现在将28纽的标目和发音表列于下：

双唇阻	舌头阻	舌叶阻	齿尖阻	舌前阻	舌根阻	声门阻	
帮 p 滂 p' 並 b,b' 明 m	端 t 透 t' 定 d,d' 泥 n 来 l	照 tʃ 穿 tʃ' 床 ʤ,ʤ' 审 ʃ 禅 ʒ 日 r	精 ts 清 ts' 从 dz,dz' 心 s 邪 z	喻 j,ɥ	见 k 溪 k' 群 g,g' 疑 ŋ	晓 h 匣 ɦ	影

此外，将《切韵》的反切和《广韵》逐一比较研究，还有许多地方可以考见隋初到宋代声纽转变的痕迹。试再列表以明之：

本文	韵部	《切韵》反切	《广韵》反切	转变音理	备注
哑	马	与雅	乌下	喻变为影	舌前与元音之异
松	鍾	羊容	祥容	喻变为邪	舌前与齿之异
越	月	户伐	王伐	匣变为喻	声门与舌前之异
熠	缉	袖执	羊入	禅变为喻	舌叶与舌前之异
甲	狎	去甲	古甲	溪变为见	舌根阻戛透之异
蹦	宵	诗娇	许娇	审变为晓	舌叶与声门之异
兄	庚	诗荣	许荣	审变为晓	同上
谶	沁	侧谮	楚谮	照变为穿	舌叶阻戛透之异
赏	养	诸两	出两	照变为审	舌叶阻戛轹之异
儳	陷	楚鉴	仕陷	穿变为床	舌叶阻清浊之异
戯	潸	初板	仕板	穿变为床	同上
磢	养	则两	出两	精变为穿	齿尖舌叶之异
占	艳	将艳	章艳	精变为照	同上
谮	葉	七涉	叱涉	清变为穿	同上
峥	耕	七耕	士耕	清变为床	同上
鼀	屋	即育	七宿	精变为清	齿尖阻戛透之异
醝	歌	作何	酢何	精变为从	齿尖阻清浊之异
潜	盐	作盐	昨盐	精变为从	同上
尊	混	慈损	兹损	从变为精	同上

观此表所列，可知隋初到宋代声纽的变迁，除纽数多少不同外，还有许多歧异——其中如喻变为邪，匣变为喻，禅变为喻，审变为晓等例，都是相差很远的转变——那么，前人“据《广韵》以考陆氏《切韵》”的违失，也就不攻自破！

(九)《切韵》的又音

我在第一段里说陆法言修集《切韵》，是绍述萧颜八人遗意，兼采古今南北之音的。但是，究竟哪些声韵是古今的异音，哪些声韵是方国的殊音，因为书缺有间，很难凭空断定，只有一字数音下所注的“又某某反”，还保留着一点儿蜕形；若拿这一点作线索，再参证现代各地的方音和谐声字的声母，或可得到一种意外的收获。本段所述，便是这种研究的发端。

《切韵·序》说：“吴楚则时伤轻浅，燕赵则多涉重浊，秦陇则去声为入，梁益则平声似去。又支脂鱼虞共为一韵，先仙尤侯俱论是切。”这便是隋初语音分歧的状况。法言修集《切韵》，对于古今方国的异音，或专从一说，或兼采众说。从一说的，非比较诸家的反切，不能穷其渊源；采众说的，只要探索各韵的“又音”，复可明其流变。现在且就《切韵》残卷和王仁昫《刊谬补缺切韵》考之：

蔟“仓候反”，在候韵；又“千木反”，在屋韵。

透“他豆反”，在候韵；又“书育反”，在屋韵。

畜“许救反”，在宥韵；又“许六反”，在屋韵。

告“古到反”，在号韵；又“古沃反”，在沃韵。

觉“古校反”，在效韵；又“古学反”，在觉韵。

乐“五教反”，在效韵；又“五各反”，在觉韵。

切“七计反”，在霁韵；又“千结反”，在屑韵。

契“苦计反”，在霁韵；又“苦结反”，在屑韵。

晢“职例反”，在祭韵；又“旨热反”，在薛韵。

积“紫智反”，在寘韵；又“子昔反”，在昔韵。

这是去声为入的例证。还有：

中“陟隆反”，在东韵；又“陟仲反”，在送韵。

降“机江反”，在江韵；又“古巷反”，在绛韵。

锤“直垂反”，在支韵；又“驰伪反”，在寘韵。

迟“直尼反”，在脂韵；又“直利反”，在至韵。

菲“芳非反”，在微韵；又“符未反”，在未韵。

誉“与鱼反”，在鱼韵；又“与据反”，在御韵。

振“职邻反”，在真韵；又“之刃反”，在震韵。

翰“胡安反”，在寒韵；又“胡旦反”，在翰韵。

赝“胡山反”，在山韵；又“候辨反”，在裥韵。

先“苏前反”，在先韵；又“苏见反”，在霰韵。

这是平声似去的例证。《切韵》里兼收这两部分“又音”，是否就为保存秦陇、梁益等处的方言，现在固然无从确定；但可断言这些字的本音和又音绝不属于同一方言区。因为字的声调最容易转变，往往地方相隔不远，平仄便差了好多。如《切韵》里“比”字有“房脂”、“必履”、“婢匹”、“扶必”四音，分隶平、上、去、入四声，其余一字俱有三声的，更不胜枚举。这都是方音歧异的表现。至于当时支、脂、鱼、虞、先、仙诸韵的混淆，从《切韵》的又音里也可觅到它的痕迹：

醿“靡为反”，在支韵；又“武悲反”，在脂韵。

遽“其俱反”，在虞韵；又“臣巨反”，在鱼韵。

编“布玄反”，在先韵；又“甫连反”，在仙韵。

湔“子仙反”，在仙韵；又“子先反”，在先韵。①

① 尤侯之混，又音中无证。然尤韵末“谋”、“雺”等12字音“莫侯反”，则两韵分界之不清可知矣。

由以上所观察的结果,使我觉得《切韵》的又音里保留着许多好材料,我们现在要探讨隋以前的方音,解决《切韵》分部的问题,对于这部分材料实在不容漠视！虽然某一反切代表某处方音,现在很多不能考证出来,但是用《经典释文》、《汉书》颜注及《一切经音义》里所引的诸家音义和《切韵》比较研究,也不难得出眉目。我现在且把考证所得的,分“古今异音”和“各地方音”两项,分述于后。

(甲)“又音”之表现古今异音者

清代小学家考订周秦古音的结果,得出一条通则来,就是:凡谐声字声母相同者,古韵必同在一部。

但是,自从篆书变为隶书,声母已不能一望而知,所以到陆法言修《切韵》的时候,声母已然失却音符的作用——古韵异部的,或者并为一韵;古韵同部的,反倒分入数韵,足证隋时的语音比较周秦的语音大有不同。从《切韵》的又音中还可以看出这种转变来,例如:

抠“气俱反”,在虞韵;又“苦侯反”,在侯韵。

诹“子于反”,在虞韵;又“子侯反”,在侯韵。

膢“落侯反”,在侯韵;又“力于反”,在虞韵。

瘆“他单反”,在寒韵;又“托何反”,在歌韵。

鼍“徒何反”,在歌韵;又“徒寒反”,在寒韵。

能“奴登反”,在登韵;又“奴代反”,在咍韵。

軿“蒱田反”,在先韵;又“防丁反”,在青韵。

现在据声母考之,凡从“区”、“取”、“娄”得声的字古音皆在侯部,从“多”得声的字古音在歌部,从“单”得声的字古音在寒部,从“能”得声的字古音在咍部,从“并”得声的字古音在青部;那么,“苦侯反”是“抠”的古音,“子侯反”是“诹”的古音,“落侯反”是“膢”的古音,“托何反”是“瘆”的古音,“徒寒反”是“鼍”的古音,“奴代反”是“能”的古音,

“防丁反”是“𫐄”的古音:殆可无疑义了。

此外,古韵本为一部而《切韵》分作数韵的,当时的方音还不免互相通转。法言对于这些声音,也并存之。例如:

釭“古红反”,在东韵;又“古双反”,在江韵。

丰“敷容反”,在鍾韵;又“扶风反”在东韵。

蘴“敷容反”,在鍾韵;又“敷隆反”,在东韵。

橦“宅江反”,在江韵;又“徒东反”在东韵。

惷“丑江反”,在江韵;又“丑龙反”,在东韵。

涂“直鱼反”,在鱼韵;又“直胡反”在模韵。

舖“抚夫反”,在虞韵;又“普胡反”,在模韵。

案,凡从“工”、“丰”、“豐”、“舂”、“童”得声的字,古音同属东部;从“余”、“甫”得声的字,古音同属模部。那么“釭”、“丰”、“蘴”、“橦”、“惷”诸字自然以东韵为古本音,“涂”、“舖”二字也自然以模韵为古本音了。

(乙)“又音”之表现各地方音者

南北朝时声韵纷歧的状况,我在第一段里已经说过了。陆法言作《切韵》时,对于那些“各有乖互”的语音,除去折衷一家之说的以外,大部分兼存各家的反切,以赅括南北的方音。尝把魏音以来的诸家切语和《切韵》的又音比勘研究,觉得法言所注的音处处都有来历。现在分“声变”、“纽变”、“旁转”、“对转”四例,分述于下:

(一)声变例

四声的转变最无一定,严格说起来,实在各地有各地的四声。法言当时对于这个问题,也只得一个假定的解决,实际上并未能尽谐各地的方言,且看前面所引李涪《刊误》的批评,便可了然了。因此法言对于这个问题十分虚心:《切韵》里一方面照着他自己所假定的四声配置，一方面还不废弃诸家的异音。除去本段起音所举“去声为入”和“平声似去”二例外，现在还可找到好多例证：

支韵“萎，於为反，又一晦反”。案，《尔雅·释草》释文：“萎，谢峤於危反，吕忱《字林》於伪反”。是“於为反”采自南音（谢峤会稽山阴人）；“一晦反”采自北音（吕忱任城人）。

支韵“酾，所宜反，又山示反”。案，《毛诗·伐木》释文：“酾，徐邈所宜反，葛洪所寄反”。是“所宜反”采自北音（徐邈家东莞姑幕，在今山东诸城县）；“所寄反”采自南音（葛洪家丹阳句容）。

脂韵“岿，丘追反，又丘诔反”。案，《尔雅·释山》释文：“岿，丘轨反，《字林》丘追反”。“丘轨反”和“丘诔反”同音，可见“岿”字的音，苏州读去声（陆德明苏州吴人）；任城读为平声。

齐韵“霓，五稽反，又五结、五击二反”。案，《尔雅·释天》释文：“霓，五兮反，如淳五结反，郭璞五击反”。“五兮反”和“五稽反”同音。是“五稽反”本于吴音，“五结反”本于关中音（如淳冯翊人），“五击反”本于河东音（郭璞河东音）。

先韵“汧，苦贤反，又苦见反”。案，《周礼·职方氏》释文：“汧，徐邈口千反，刘昌宗苦见反”。“口千反”和“苦贤反”同音，可见刘氏的方音读“汧”字作去声，和东莞姑幕的方音不同（刘昌宗里居未详）。

侵韵“祲，姊心反，又子禁反”。案，《周礼·宗伯》释文：“祲，子鸩反，李轨音且袵反。是江夏方音读“祲”字为去声（李轨江夏人）。

蒸韵“胜，识丞反，又出证反。”案，《毛诗·正月》释文：“胜，毛公音升，郑玄音尸证反”。《切韵》“升，识丞反”。是赵音与高密音有平去之别（毛公赵人，郑玄北海高密人）。

由上面这几个例子看来，可知南音读作平声的，北音有时转入去声或入声；北音读作平声的，南音有时转入去声：都可证明四声是随着方音嬗变的。法言虽曾斟酌南北是非，有所折衷，然而对于各地方音，还没有一笔抹煞，这正是他不敢“专辄”的地方。

(二)纽变例

声纽转变，由于气流受阻之部位的变化。因此方音稍异，就很容易发生这种现象。《切韵》里对于这种不同的方音也往往并存之。例如：

脂韵“睢，息遗反，又许葵反”。案，《庄子·大宗师》释文：“睢，郭象、李轨云许维反”，与“许葵反”音同，可证河内和江夏的方音睢字由心纽转作晓纽(郭象河内人)。

齐韵“麛，人兮反，又奴兮反”。案，《周礼·膳夫》释文：“麛，刘昌宗奴兮反，徐邈耳齐反”，又《尔雅·释器》释文：“麛，《字林》音人兮反”。“耳齐反”亦即“人兮反”之音，可证任城、姑幕两处方音“麛”字均归日纽，刘氏乡音则归泥纽。

齐韵“移，成栖反，又以支反”。案，《尔雅·释木》释文：“移，以支反，《字林》上泥反”。“成栖反”和“上泥反”同音，可证任城方音“移”字由喻纽变为禅纽。

真韵“洵，相伦反，又详遵反”。案，《尔雅·释言》释文：“洵，郭璞音巡，谢峤音荀”。《切韵》“巡，详遵反”，“荀，相伦反”。是“洵”字河东方音读为邪纽，会稽方音读为心纽。

侵韵“镡，徐林反，又馀针反”。案，《周礼·冶氏》释文：“镡，戚衮音淫，徐邈、刘昌宗音寻”。《切韵》“淫，馀针反”，“寻，徐林反”。是“镡”字南音读为喻纽(戚衮吴郡盐官人)，北音读为邪纽。

虞韵“膴，武夫反，又荒乌反”。案，《毛诗·小旻》释文：“膴，王肃火吴反，沈重音无”。《切韵》“无，武夫反”，又“火吴反”，即“荒乌反”之音。是“膴”字东海方音读为晓纽(王肃东海郡人)，吴兴方音读为明纽(沈重吴兴武康人)。

看以上数例，可知声纽的转变，除去舌齿不分或清浊相混等微细的错误外(如㔾字有日泥两纽,洵字有心邪两纽之类),其中有许多相差甚远的(如睢字由齿尖阻心纽变入声门纽晓纽,镡字由齿尖阻邪纽变入舌前阻喻纽之类)。据章太炎先生《正言论》所载,这种转变的例子,还可从现在各省方音里找到参证的材料,法言把它们并收在《切韵》中,也不过保留各地发声参差的真相罢了。

(三)旁转例

宽泛着说,凡收音相同,或相近的各韵,彼此通用者,都可以叫做旁转。这种转变只用于发音机关弇侈作用,也是方音里很容易发生的一种变化。《切韵》的又音中,可以作这种转变之例证的,也有不少。例如:

咍韵"荄,古哀反,又古谐反"。案,《尔雅·释草》释文:"亥,顾野王、谢峤音该,郭璞音皆"。《切韵》"该,古哀反",在咍韵;"皆,古谐反",在皆韵。是"荄"字南音读为咍韵,北音则转入皆韵(顾野王吴郡吴人)。

咍韵"檕,落哀反,又力之反"。案,《庄子·逍遥游》释文:"檕,郭象吕之反,徐邈、李轨音来"。《切韵》"来,落哀反",又"吕之反"与"力之反"同音。是"檕"字河内方音转入之韵,和姑幕、江夏的方音不同。

唐韵"蝗,胡光反,又胡盲反"。案,《尔雅·释虫》释文:"蝗,《字林》音皇,范宣《礼记》音横"。《切韵》"皇,胡光反",在唐韵;"横,胡盲反",在庚韵。是蝗字任城方音读为合口呼,陈留方音则转入开口呼(范宣陈留人)。

覃韵"簪,作含反,又侧岑反"。案,《周易·豫卦》释文:"簪,徐邈侧林反,又《士丧礼》释文引刘昌宗音"左南反"。"左南反"与"作含反"同音;"侧林反"与"侧岑反"同音:可证姑幕方音读"簪"字入侵韵。

东韵"汎,扶隆反,又浮剑反"。案,《尚书·禹贡》释文:"汎,孚剑反",复见数处均然,只有《玉篇》水部"汎,扶弓切";"扶弓切"与"扶隆反”同音:可证《切韵》“汎”字音“扶隆反”是本于苏州方音的。

这些例证,大半都是收声相同而等呼微有变化;只有“汎”由梵韵转入东韵,附[m]声的韵和附[ŋ]声的韵相混,算是转变较巨的。

(四)对转例

因为方音的变化,阳声各韵消失了所附的声,转变成阴声各韵的,在声韵学上叫做“对转”。这种转变,古音今音皆有。现在除去甲项里所举的“鼍”、“瘆”、“能”三字外,还可找到几个方音转变的例证:

真韵“寅,余真反,又以之反”。案,《玉篇》寅部“寅,弋真,以咨二切”。可见“寅”字的音当时方音中必有从阳声真韵转入阴声之韵的。

魂韵“贲,博昆反,又方寄、扶非二反”。案“贲”字《周易·贲卦》释文:引徐邈音“甫寄反”,李轨音“府瓮反”。“甫寄反”与“方寄反”同音,“府瓮反”与“博昆反”同音。是“贲”字江夏方音读为阳声魂韵,姑幕方音便转入阴声寘韵了。

尤韵“雺,莫侯反,又莫贡反”。案,《尔雅·释天》释文:“雺,亡公、亡侯二反”,《玉篇·雨部》“雺,武公、武赋二反”。可见“雺”字的音当时方音中必有由阳声东韵转入阴声尤韵(或侯韵)的。

脂韵“狋,牛肌反,又巨员反”。案,《玉篇》尤部“狋”,鱼肌切,孙又音权”。《切韵》“权,巨员反”。是孙炎的方音“狋”字由阴声脂韵疑纽转入阳声仙韵群纽。

此外如《毛诗·灵台》释文引沈重音“鼍”为“檀”,也是吴兴方音里所保留的古音。法言对于这类方音所以兼收的原故,或想借方音表现古音通转的途径吧?

上文所述,于《切韵》又音的条理略有诠明,我觉得这实在是探讨《切韵》兼采古今南北之音的唯一线索。现在因篇幅所限,未便繁引例证;但是,我很想把它全部整理出来,别成《切韵又音考》一书,姑且略发其凡于此。

(五)结论

总括上面四段的话,我可以说,陆法言修集《切韵》的动机,是当隋朝统一南北以后,想把从前"各有土风,递相非笑"的诸家韵书,也实行统一起来。这和吴稚晖先生等根据读音统一会所审定的八千字音编纂《国音字典》的情形,差为近似。不过《国音字典》的根据是公家会议的议决,《切韵》的根据是私人谈话的结果。并且《国音字典》以流行最广的普通音为主,而以各处方音参校之;《切韵》则欲网罗古今南北的声音,兼蓄并包,使无遗漏。因此《国音字典》比较的可收统一国语的效果;《切韵》终不免支离破碎的讥评!这一层固然是《切韵》的缺点,同时也正是它的好处。有人说:若用现在的眼光分析起来,那么,《切韵》里所包含的有《国音字典》发音学、古今声韵变迁考、南北方音调查录及文学的音典等许多部分,怎能不使后人目迷五色,莫明其妙呢?不过,这只能怪它的编辑法不好,不能说它的本身不好:我们现在能略窥隋唐方音和隋以前古音的概况,幸而还赖有这一部书在。假使陆法言把它分作几部书,除去当时应用的字典和文学的韵府外,再编一部古今语音变迁史,一部方音异同考,好像 Karlgren 的 *Analytic Dictionary of Chinese and Sino-Japanese* 和 Giles 的 *Chinese English Dictionary*,那种体例岂不免去后人许多误解,并且使中国声韵学早已有了进一步的发展吗?

然而学问由浑而析,乃是时代的关系。我们对于《切韵》内容的复杂不清,固然抱着遗憾,却不可因此厚责古人。因为就着前人的材料去分析研究,乃是我们应当肩负着的责任!并且要想研究有好的结果,与其高谈荒渺难稽的周秦古音,不如从事于有迹可寻的隋唐古音;与其从缴绕支离的等韵里寻求《切韵》的读音,不如由现代活的语言中参证《切韵》的读音。至于我这篇文章，只算是研究的开始，并不是研究的终结。率尔操觚，违失知所不免，尚望韵学通人存以正之！

本文材料，承陈君骥尘助我搜集，特于此志谢。

1928 年 2 月 24 日写竟于广州东山寓次。

（原载中山大学《语言历史学研究所周刊》第 3 集《切韵专号》〈第 25、26、27 期合刊〉，1928 年，署名罗常培）

《切韵·序》校释

陆词定韵之旨，具详自序。顾钞刊屡易，讹夺寖多，言简意深，疏通有待，不加校释，厥蕴难瞭。兹篇之作，意在斯焉。近人刘盼遂尝有《广韵叙录校笺》一文，刊诸《实学》。与此相斠，则仁智见殊，广狭异范，各行其是，不嫌雷同。本篇造意，肇自吾友南阳董彦堂，且网罗典实，已得一二。年前彦堂因母病旋里，猥以整理见责。假日参稽诸本，续有补苴，推阐隐微，粗得条贯。采董说处悉为表明，掠美掩瑜，所弗取焉。

莘田识

昔开皇初

序文以敦煌唐写本《切韵》残卷第二种（以下省称敦煌本）为主，而以黎氏《古逸丛书》仿宋本《广韵》（以下省称黎本）及张氏泽存堂翻刻宋本《广韵》（以下省称张本）参校之。案杨坚以周静帝大象二年（580）自为大丞相，其明年（581）遂受周禅，改元开皇，是为隋文帝。

有刘仪同臻，

《隋书》本传云："刘臻字宣挚，沛国相（故城在今安徽宿县西北90里）人也。父显，梁寻阳太守。臻年十八，举秀才，为邵陵王东阁祭酒。元帝时迁中书舍人。……入周后，为露门学士，授大都督，封饶阳县子。……隋高祖受禅，进位仪同三司。……皇太子勇引为学士，甚亵狎之。臻无吏干，又性恍惚，耽悦经史，终日覃思，至于世事，多所遗忘。……性好啖蚬，以音同父讳，呼为扁螺。……精于两《汉书》，时人称为"汉圣"。开皇十八年(598)卒，年七十二。有集十卷行于世。(卷七十六，页3。别见《北史》卷八十三，页32)今惟传《河边枯树诗》一首。(《全隋诗》卷二，页5)案两汉诸史，文省理幽，言辞古质，微义异旨，未易尽通。臻既"精于两《汉书》"，传得"汉圣"休名，则必深于声韵训诂之学。又"显"，呼典切，"蚬"，胡典切，均在上声铣韵，惟一在晓纽，一在匣纽，清浊微异。臻避父讳，而呼"蚬"为"扁螺"，盖可证其审音之精切矣。臻以开皇十八年卒，年七十二，则开皇元年当为五十五岁。

颜外史之推，

《北齐书》本传云："颜之推字介，琅邪临沂(故城在今山东临沂县北50里)人也。世善《周官》、《左氏》学。……之推年十二，遇梁湘东王自讲庄老，之推便预门徒。虚谈非其所好，还习《礼传》，博览书史，无不该洽。辞情典丽，甚为西府所称。湘东王以为其国左常侍，加镇西墨曹参军。……出为世子方诸掌管记。……湘东即位，以之推为散骑侍郎，奏舍人事。入周为阳平公李远掌书翰。寻奔齐，文宣见悦之，即除奉朝请。……后待诏文林馆，除司徒录事参军。之推聪颖机悟，博识有才辩。工尺牍，应对闲明，大为祖珽所重。令掌知馆事，判署文书。迁通直散骑常侍，俄领中书舍人。……寻除黄门侍郎。……出为平原太守。齐亡，入周。大象末为御史上士。隋开皇中，太子召为学士，甚见礼重，寻以疾终。有文集三十卷，撰《家训》二十篇，并行于世。"(卷四十五，页17、18。别见《北史》卷八十三，页18、19)《家训》今存，杂著则仅传《观我生赋》(《北齐书》本传；《全隋文》卷十三,页 1 至页 5)及诗五首(《全北齐诗》页 18、19)而已。又《隋书·经籍志》复著录之推所撰《训俗文字略》一卷,今亦亡佚。然据《家训·音辞篇》知之推于声韵之学颇能辨析毫芒,《切韵》之成,与有力焉。别于后文详之。之推生卒年月,史无明文。钱大昕《疑年录》定其生梁中大通三年(531),卒隋开皇中(590 至 600?)。并云:“本传不书卒年,据《家训·序致篇》云:‘年始九岁,便丁荼蓼。’以《梁书》颜协卒年证之,得其生年。又《终制篇》云:‘吾已六十余’,则其卒盖在开皇十一年(591)以后矣。”(卷一,页 7)准此,则开皇元年之推年约五十一岁。

卢武阳思道,

《隋书》本传云:“卢思道字子行,范阳(故城在今河北涿县)人也。……聪爽俊辩,通侻不羁。……师事河间邢子才。……因就魏收借异书,数年之间,才学兼著。……齐天保中……,解褐司空行参军,长兼员外散骑侍郎,直中书省。……后漏泄省中语,出为丞相西阁祭酒,历太子舍人,司徒隶事参军。后以擅用库钱,免归于家。……数年,复为京畿主簿,历主客郎、给事黄门侍郎,待诏文林馆。周武帝平齐,授仪同三司。……后除掌教上士。(隋)高祖为丞相,迁武阳太守,非其好也,为《孤鸿赋》以寄其情。……开皇初,以母老,表请解职,优诏许之。……岁余,被征,奉诏郊劳陈使。顷之,遭母忧。未几,起为散骑侍郎,奏内史侍郎事。……是岁卒于京师,时年五十二。……有集三十卷行于时。”(卷五十七,页 1 至页 5)今仅存杂文 11 篇,(《全隋文》卷十六,页 1 至页 16)乐府及诗 26 首。(《全隋诗》卷二)董彦堂云:“杨坚自为大丞相在周静帝大象二年(580),明年遂受周禅,改元开皇。是思道迁武阳太守在开皇建元之前一年。是年所作之《孤鸿赋·自序》云:‘余志学之岁(15 岁),自乡里游京师,便见识知音,历受群公之眷。年登弱冠(20岁),甫就朝列。……虽笼绊朝市且三十载,而独往之心未始去怀抱也。'据此推之,其时当年四十九岁。证以开皇初所作《劳生论》中'余年五十,羸老云至'之语,若合符节。则岁余复起,卒于京师,当为开皇三年(583)矣。"案,董说是也。

魏著作彦渊,

黎本、张本序文前所列撰集人姓名作"著作郎魏渊"。刘盼遂云:"案《隋书》卷五十八《魏澹传》:'澹字彦深(案,唐臣避高祖讳改渊为深),巨鹿下曲阳(今河北晋县)人也。专精好学,博涉经史,善属文,词采赡逸。'为学士,撰《御览》。开皇初,迁著作郎。此处'渊'为'澹'之误字无疑,或'渊'上夺'彦'字也"。案,刘说是也。澹尝注《庾信集》,复撰《笑苑》、《词林集》,世称其博物。又奉诏成《魏史》九十二卷,义例与魏收多所不同。卒时年六十五。有文集三十卷行于世。(《隋书》卷五十八,页2至页4。别见《北史》卷十六,页21)今惟存残文数篇。(《全隋文》卷二十,页3至页6)澹在齐时,即与魏收、阳休之等同修五礼。收以齐武平三年(572)卒,年六十七。休之以开皇二年(582)卒,年七十四。假定澹之年龄较收少二十岁,则以卒时年六十五推之,约当卒于开皇十年左右。果尔,则开皇元年约年五十六岁。

李常侍若,

案,李若正史无传,惟《隋书·崔儦传》云:"儦在齐时与顿丘(故城在今河北清丰县西南)李若俱见称重。时人为之语曰:'京师灼灼,崔儦李若'"。(卷七十六,页5)曾于开皇五年(585)九月兼散骑常侍,与兼通直散骑常侍崔君赡同使于陈。(《隋书》卷一《高祖纪》页16)卢思道尝赠以诗云:"初发清漳浦,春草正萋萋。今留素浐曲,夏木已成蹊。尘起星桥外,日落宝坛西。庭空野烟合,巢深夕羽迷。短歌虽制素,长吟当执珪。寄语当窗妇,非关惜马蹄。”(《全隋诗》卷二,页8)其他事迹,已不可考。

萧国子该,

敦煌本“该”误作“谚”,今据本传校正。案,《隋书》本传云:“萧该兰陵(今江苏武进县治)人。梁鄱阳王恢之孙也,少封攸侯。梁荆州陷,与何妥同至长安。性笃学,《诗》、《书》、《春秋》、《礼记》并通大义,尤精《汉书》,甚为贵游所礼。开皇初,赐爵山阴县公,拜国子博士,奉诏与妥正定经史。然各执所见,递相是非,久而不能就。上谴而罢之。该后撰《汉书》及《文选》音义,咸为当时所贵。”(卷七十五,页11、12;别见《北史》卷八十二,页18)今《隋书·经籍志》著录《汉书音义》十二卷,《文选音》三卷。宋景文《笔记》曰:“予曾见萧该《音义》若干篇,时有异义。然本书十二篇,今无此本。颜注独遗此不收,疑颜当时不见此书,今略记于后。”吴君承仕曰:“宋祁所云即十二篇,据十二卷言之。《宋史·艺文志》载萧该《音义》三卷,盖久无全本矣。《百川学海》本宋祁《笔记》所录萧该《音义》仅有七条,《笔记》亦非完书也。”钱泰吉《宋本汉书考异》曰:“《循吏传·黄霸传》中‘霸以为神爵,议欲以闻’下录萧该《音义》,有‘余见徐锴本’之语,乃误以宋景文为萧氏。《薛宣传》中‘焉可怃也’下萧该《音义》引《学林》、《翟方进传》‘多権为奸利者’下宋祁引《学林》,今皆见王观国《学林》中。王为宋南渡以后人,不独萧博士旷代遥遥不相及,宋景文亦岂得引之?然武英殿校刻《汉书》据庆元旧本录萧氏宋氏语亦然。盖宋氏校语为南宋人附益者不少。”案,钱说是也。清官本所附《音义》有直标萧该者,有引自宋祁校语者,其为后人所乱,不过数条,大体固萧氏旧文也。(《经籍旧音叙录》页53)今李善《文选注》所引书目有《汉书音义》一种,并未称举姓名,疑即该作。其《文选音》三卷则李善并未提及,或已采纳，特未标明耳。所存《音义》中与韵切有关者，于后文“颜外史萧国子多所决定”句下详之。

辛谘议德源，

《隋书》本传云：“辛德源字孝基，陇西狄道（今甘肃旧兰山道属县）人也。……沉静好学。年十四，解属文。及长，博览书记，少有重名。齐文宣帝时，起家奉朝请……历冯翊、华山二王记室……除员外散骑侍郎，累迁比部郎中……待诏文林馆，除尚书考功郎中，转中书舍人。及齐灭，仕周为宣纳上士。（隋初）隐于林虑山。……德源素与武阳太守卢思道友善，时相来往。……牛弘以德源才学显著，奏与著作郎王劭同修国史。德源每于务隙，撰《集注春秋三传》三十卷，注扬子《法言》二十三卷。蜀王秀闻其名而引之。居数岁，奏以为椽。后转谘议参军，卒官。有集二十卷，又撰《政训》、《内训》各二十卷。”（卷五十八，页5、6）今惟存《姜肱赞》一篇，（《全隋文》卷二十，页2）诗九首。（《全隋诗》卷二，页15、16）考蜀王秀以仁寿二年（602）废为庶人，则德源卒时当在《切韵》成书（601）以前。

薛吏部道衡等八人，

敦煌本“薛”作“萨”，“吏”作“史”，今据本传校正。案《隋书》本传云：“薛道衡，字玄卿，河东汾阴（故城在今山西荣河县北）人也。六岁而孤，专精好学。年十三，讲《左氏传》，见子产相郑之功，作《国侨赞》，颇见词致，见者奇之。其后才名益著。齐司州牧彭城王浟引为兵曹从事。……授奉朝请。……武成作相，召为记室。及即位，累迁太尉府主簿。……武平初，诏与诸儒修定《五礼》。除尚书左外兵郎，……待诏文林馆，与范阳卢思道，安平李德林齐名友善。复以本官直中书省，寻拜中书侍郎，仍参太子侍读。……齐亡，周武引为御史二命士,后归乡里,自州主簿入为司禄上士。(隋)高祖作相,从元帅梁睿击王谦,摄陵州刺史。高祖受禅,坐事除名。……寻除内史舍人。……八年伐陈,授淮南道行台尚书吏部郎,兼掌文翰。……还除吏部侍郎,后坐事除名,配防岭表。……寻有诏征还,直内史省。……后数岁,授内史侍郎,加上仪同三司。……高祖善其称职,谓杨素、牛弘曰:'道衡老矣,驱使勤劳,宜使其朱门陈戟',于是进位上开府,赐物百段。……道衡久当枢要,才名益显,太子诸王争相与交。高颖、杨素雅相推重,声名籍甚,无竞一时。仁寿中,杨素专掌朝政。道衡既与素善,上不欲道衡久知机密,因出检校襄州总管。炀帝嗣位,转番州刺史。岁余,上表求致仕。……入拜司隶大夫。……(后因微故)赐令自尽。……时年七十。有集七十卷,行于世。"(卷五十七,页7至页12)今存杂文6篇,(《全隋文》卷十九)乐府及诗21首。(《全隋诗》卷二,页11至页14)道衡以炀帝大业五年(609)被杀,年七十,则开皇元年当年四十二岁。

自"有刘仪同"句至此,黎本、张本俱作"有仪同刘臻等八人,"此因《广韵》在序文前列有"仪同三司刘臻,外史颜之推,著作郎魏渊,武阳太守卢思道,散骑常侍李若,国子博士萧该,蜀王谘议参军辛德源,吏部侍郎薛道衡已上八人同撰集"数行,故改窜陆序原文,以避重复耳。

同诣法言门宿。

案,陆法言正史无传,惟《隋书·陆爽传》云:"陆爽字开明,魏郡临漳(今河南旧河北道属县)人也。自齐入周,隋时为太子洗马。开皇十一年卒官,时年五十三。子法言,敏学有家风,释褐承奉郎。初,爽之为洗马,尝奏高祖曰:'皇太子诸子未有嘉名,请依《春秋》之义,更立名字。'上从之。及太子废,上追怒爽云:'我孙制名,宁不自解?陆爽乃尔多事,煽惑于勇,亦由此人。其身虽故,子孙并宜屏黜,终身不齿。'法言竟坐除名"。(卷五十八,页4)王国维尝据日本源顺《倭名类聚钞》及僧瑞信《净土三部经音义》所引陆词《切韵》参校敦煌唐写本《切韵》残卷,复证以彼土狩谷望《倭名钞笺》之说定法言名词,并谓《新唐书·经籍志》著录之陆慈《切韵》五卷,亦即陆词。(《观堂集林》卷八,页8)吾友丁山作《陆法言传略》,更据唐苏鹗《演义》及《魏书·陆矣传》,于陆氏族系续有发明,谓其源出代北步陆孤氏,至后魏孝文帝始改为陆氏。(参阅《国立中山大学语言历史研究所周刊》第三集《切韵专号》,页1至3)法言事迹之可考者殆尽于此。陆爽以开皇十一年(591)卒官,年五十三,则开皇元年(581)当年四十三岁,其时法言约当二十左右。王国维云:"开皇初,法言与萧、颜诸公论韵时,年才弱冠,而诸公多显于梁、魏、齐、周之世,于法言均为丈人行矣。其受成书之托,亦即以此。"(《观堂集林》卷八,页8)其说是也。又董彦堂云:"昔开皇初,当指二年,据《卢思道传》,思道于开皇元年方为武阳太守,是岁解职归,三年卒于京师。是在法言家论韵当在解职以后,未卒之前也。"其说亦颇可信。

夜永酒阑论及音韵。

案,法言撰集《切韵》,实基于此一夕谈。其审音分部,八君决定为多。顾自唐李涪《刊误》即诋《切韵》为"吴音乖舛",后世浅妄之俦,甚且误认通行之《平水韵》为沈约所作,斯不可不辩也。考法言家魏郡临漳,在今河南旧漳德府属。刘臻等人,除萧该外,亦皆北方之学者。朱彝尊《与魏善伯书》云:"韵书之作,自李登以下,南人盖寡。沈氏书既无存,传者陆氏《切韵》尔。法言家魏郡临漳,同时纂韵者八人,惟萧该家兰陵,其余或家范阳(卢思道),或家狄道(辛德源),或家河东(薛道衡),或家顿丘(李若),或家临沂(颜之推)及沛(刘臻),类北方之学者。黄公绍失考,谓韵书始自江左,本是吴音者,妄也。"

(《曝书亭集》卷三十一,页 10)据此所论,参以前文(魏彦渊家下曲阳,朱氏尚未及知),则《切韵》非南人所定,不劳喋喋矣。

以古今声调,既自有别;

张本、黎本俱脱"今"字。自此至"梁益则平声似去"皆论异时殊方声调之不同也。四声之说,创自沈约,虽自矜为独得胸襟,穷妙入神,而梁武且犹质疑于周舍,则四声之名,当为往古所弗具矣。考古无四声之论,启自陈第(《毛诗古音考》卷一,页 27,《谷风》"怒"字下注;及卷二,页 33,《绸缪》"隅"字下注),至顾炎武更演其旨曰:"古人之诗……上或转为平,去或转为平、上,入或转为平、上、去……故四声可以并用。"(《音论》卷中,页 10)江永附和顾说,称为"善之尤者"。(《古韵标准·例言》,页 6)特两君于古今声调之异,犹未能明确言之。厥后段玉裁则谓:"周、秦、汉初之文,有平、上、入而无去。"(《六书音均表》卷一,页 7,《古四声说》)孔广森则谓:"入声创自江左,非中原旧读,……自缉合等闭口音外,悉当分隶自支至之七部,而转为去声。"(《诗声类》卷一,页 2)立说虽殊,而明古四声不同今,则一也。江有诰初亦从古无四声说(见《初刻音学十书·凡例》),后作《唐韵四声正》,乃谓:"古人实有四声,特古人所读之声与后人不同。"(见《再寄王石臞先生书》)于时赞同江说者,则有王念孙。(《王石臞先生遗文》卷四,页 18,《与江晋三书》)近人陈君汉章复作《古声无去入辨》,以驳段、孔,谓:"四声之说古所无,四声之理古所有。"(《缀学斋初稿》卷三,页 16)是古四声何若,仍无定论。蕲春黄季刚先生承诸家之后,撷众说之华,由所考古韵部居,断定:"古无上、去,惟有平、入。"(《音略·略例》)酌古沿今,差为近似。至王国维作《五声说》误混戴、孔所谓阴阳为声纽之清浊。(《观堂集林》卷八,页 1 至页 5)斯则千虑之失,不能无讥者已。

诸家取捨，亦復不同。

案，四声出入，于时诸家，已自纷歧。试即《群经音义》考之，《周易》王弼注："括结否闭"，《释文》："闭，必计反；(吕忱)《字林》方结反"；《切韵》兼采两音，一入霁韵，作"博计反"(敦煌本缺去声，据王仁煦《刊谬补缺切韵》补)，一入屑韵，作"方结反"。是"闭"字有去、入二声也。《诗经》"有女仳离"，《释文》"仳，匹指反"；徐(邈)"符鄙反，又敷姊反"；《字林》"父儿、扶罪二反"；《切韵》脂韵作"房脂反"，盖采元朗所据之正音，旨韵作"符鄙反，又芳匕反"，则采徐、吕两家之方音，是"仳"字有平、上二声也。《尔雅》："以蝗而大腹"，《释文》"蝗，华孟反；《字林》音皇；《说文》荣庚反；范宣《礼记音》音横，《声类》、《韵集》并以蝗协庚韵"；《切韵》则三收之，一入唐韵作"胡光切"，一入庚韵作"户盲切"，一入映韵作"户孟切"，盖并取二吕李范之说，以"蝗"字有平声二读，去声一读矣。考法言《切韵》成于隋仁寿元年(601)，陆德明撰《经典释文》则当陈至德元年(583)。下迄仁寿之初，为时不甚相远，而并收诸家异音，盖以存取舍不同之迹耳。

八君论韵之际，于方俗声调，或主从一，或主兼收，法言随笔记之，即为异日定韵之准。(《切韵》于论诸家异音亦有折衷一说者，如《诗经》"享于祖考"，《释文》"享"字有"许两反"及"许亮反"二音，《切韵》但入养韵，而不收"许亮反"之音。)因知《切韵》中所谓"又音某"者，非古今语即方言也。

吴楚则时伤轻浅，燕赵则多涉重浊，

"涉"字黎本、张本均作"伤"字。案，《淮南子·地形训》云："轻土多利，重土多迟；清水音小，浊水音大。"《汉书·地理志》云："刚柔缓急，声音不同，系水土之风气。"俱谓字之声调缘方域而殊也。所谓

"轻浅"、"重浊"者，贾昌朝《群经音辨·序》曰："夫轻清为阳，阳主生物，形用未著，字音常清；重浊为阴，阴主成物，形用既著，字音常重。……如'衣'施诸身曰'衣'(施既切)，'冠'加诸首曰'冠'(古乱切)，此因形而著用也。物所'藏'曰'藏'(才浪切)，人所'处'曰'处'(尺據切)，此因用而著形也。"是以平、上为轻清，为阳；而以去声为重浊，为阴。与后此因声纽而判清浊、阴阳者，含义迥别。《颜氏家训·音辞篇》云："南方水土和柔，其音轻举而切诣，失在浮浅；北方山川深厚，其音沉浊而鈋钝，得其质直。"又陆德明《经典释文·叙录》云："方言差别，固自不同，河北江南，最为钜异，或失在浮清，或滞于沉浊。"与法言此语，殆可互明矣。

秦陇则去声为入，梁益则平声似去。

案，江永云："去声逢浊位，方音或有似入者，非入也。……关中人呼平声之浊声似去，其实非去也。"(《音学辨微》页5)劳乃宣云："陆法言《切韵·序》曰：'秦陇则去声为入，梁益则平声似去。'盖以异方之人听之耳；使其本方之人听之，必不尔也。彼方之去似此方之入，则彼必别有其入，且谓此方之入似其去；彼方之平似此方之去，则彼必别有其去，且谓此方之去似其平。以一方音言之，必自成其一方之平、上、去、入，无稍缪戾者，故四声之辨，可各以方音求之。其音不必强同，其理自无不同也。"(《等韵一得·外篇》页19)两君所说，于方音四声之异，辨析甚明。今以异方之人骤聆陕西、甘肃、汉中、巴蜀等处方言，审其四声讹变，仍与隋初无异也。

以上释异时殊方声调之变迁竟。

又支章移反**脂**旨夷反**鱼**语居反**虞**语俱反**共为一韵，**

敦煌本"一"作"不"，"语居"作"语俱"，均误。今依黎本、张本校正。

又“语俱”黎本、张本作“遇俱”,则为同纽异文;“反”字均作“切”,则先后用词之殊耳。案此句及下句乃论韵部开、合、洪、细之别也。支、脂两韵,验之今人唇吻,同属开口细音[i];鱼、虞两韵,同属合口细音[y],已难判其“声势”之异。然隋代以上,则分用画然。据《诗经》、《楚辞》用韵而证支、脂当分者,始自段玉裁。顾段君“考古之功多,审音之功少”,虽知其当异而不知其所以异;晚岁尝与江晋三书云:“足下能确知所以支脂之分为三之本源乎?僕老耄,倘得闻而死,岂非大幸!”(《经韵楼集》卷六,页27,《答江晋三论韵书》)其能辨两韵声势之异者,章太炎先生云:“古脂部异于支者,其声满口而幎呼,皆阖口音也。”(《国故论衡》上《二十三部音准》,页24)黄季刚先生云:“支之本音在齐韵,当读为‘鞮’,脂之本音在灰韵,当读如‘磓’”。(《与友人论小学书》,《唯是》第三期)近瑞典人高本汉(Bernhard Karlgren)谓支韵有 iě、wiě 二音;脂韵有 i、wi 二音。而林君玉堂复据厦门方音谓支韵当读 ia,脂韵当读 ai。今据谐声字声母考之,支韵与齐、佳两韵合用者为多;脂韵与微、皆、灰、之韵合用者为多。又据王仁昫《刊谬补缺切韵》平声韵目“脂”下注云:“吕(静)、夏(侯詠)与微韵大乱杂,阳(休之)、李(季节)、杜(台卿)别;今依阳、李。”是脂韵读音当与微韵相近,章、黄所考,殆得其真。鱼虞声势之异,清儒未尝论及,惟章太炎先生云:“鱼部古皆阖口,如,‘乌’、‘枯’、‘吾’,其撮口如,‘於’、‘居’、‘袪’、‘鱼’者,后世之变音也。”(《国故论衡》上,页23)黄季刚先生云:“鱼虞今音难别。然鱼韵多模韵字,此必音近于模也。虞韵多侯韵字,此必音近于侯也。试于读‘鱼’字时先读‘吾’字,读‘虞’字时先读‘齵’字,则二音判矣。(简言之,无异以‘吾於’切鱼,‘齵纡’切‘虞’,但须重读上字耳。)”(《与友人论小学书》)高本汉谓鱼韵当读为i̯u,虞韵当读为ji̯u。今谓鱼韵当为合口洪音[u],虞韵当为合口细音[y]。此四韵声势,隋初已自混淆。《颜氏家训·音辞篇》云:“其谬失轻微者……则北人以‘庶’(商署切,御韵)为‘戍’(伤迂切,遇韵);以‘如’(人诸切,鱼韵)为‘儒’(人朱切,虞韵);以‘紫’(将此切,纸韵)为‘姊’(将几切,旨韵)。”是即分介不清之证。然颜氏既能辨之,则尔时方音必有能分别者。法言分韵,不相杂厕,盖由方音以存古音也。

先苏前反**仙**相然反**尤**于求反**侯**胡构反**俱论是切。**

敦煌本“尤”、“侯”下无反语,今依黎本、张本补。案,此句及上句所注反语,意皆后人所加,“尤”、“侯”偶缺,特加之未尽耳。“俱论是切”与“共为一韵”盖属互文见义,非彼论叠韵此辨双声也。黄先生曰:“先为古本韵,仙为寒桓先之变韵。侯为古本韵,尤为咍、萧二韵之变韵。”高本汉则谓先有 ien、iwen 二音;仙有 iän、iwän 二音。侯之音为 ǝ̆u,而尤之音为 jiǝu。今据谐声字声母考之,仙韵中字,古韵半入桓寒部,半入先部;尤韵中字,古韵半入咍部,半入肃部。故四韵本音,先当以 ien 为主,仙当以 ĭæn 为主,侯当为 ǝu 而尤当为 ĭǝu。隋初已多不能辨之。如卢思道《从军行》(《全隋诗》卷二,页 7)以“泉”、“连”、“年”、“贤”、“天”韵;《后园宴》(同上,页 9)以“仙”、“年”、“田”、“连”、“然”韵。颜之推《观我生赋》(《全隋文》卷十三,页 1 至 5)以“鸢”、“天”、“年”、“旋”、“廛”、“悬”、“烟”、“焉”、“弦”、“连”“虔”、“宣”韵;《神仙篇》(《全北齐诗》页 18)以“年”、“仙”、“前”、“怜”、“篇”、“烟”、“泉”、“天”、“旋”韵,是先仙不分也。薛道衡《豫章行》(《全隋诗》卷二,页 12)以“瓯”、“游”、“流”、“洲”、“楼”韵;《渡北河》(同上,页 13)以“洲”、“流”、“楼”、“浮”、“侯”、“愁”韵。卢思道《日出东南隅行》(《全隋诗》卷二,页 8)以“钩”、“楼”、“羞”、“眸”、“愁”、“留”、“头”韵;《河曲游》(同上)以“流”、“游”、“洲”、“稠”、“楼”、“犹”、“讴”、“沟”、“忧”韵,是尤侯无别也。然当时方音,亦必有能辨之者;法言以四部独立,其用意正与支、脂、鱼、虞之分相同耳。

又案，刘盼遂云："先下注云苏前切，仙下注云相然切者，盖法言注出时人之音并读先仙为心母双声，以讥其俱论是切也。法言于韵部正文先字下注云苏前切，仙字下注胡然切(原注惟敦煌本作胡然不误，别本作相然切者，盖据《切韵·序》妄改)。苏字本正齿心纽，胡字为喉音匣纽，则时人读先仙同纽之失昭然，法言之名其为《切韵》者，以其功半在甄明双声，不廪廪于辨章纽韵已也。尤侯二字下，敦煌本不注切语，想当时体文同读喻纽或匣纽，如先仙之浑淆等也。后学昧于陆意，妄依韵部中切语沾益。尤字下《广韵叙录》作羽求反，《佩觿序》引作羽后反；侯字下《广韵叙录》作胡沟反，《佩觿序》引作乎沟反：则二字异纽矣！使二字当时果异纽者，又何以解于下文清浊皆通轻重有异之说耶？张守节《史记正义·论音例》云：'先仙，尤侯，治持，之脂，若斯清浊，实亦难分！博学硕才，乃有甄异。'知声纽之不辨也久矣。非精邃如法言者，孰能正之？谓宜亟依敦煌本删去尤侯下切语。"(《实学》第四期，页29、30)此论殊为师心曲解！考仙字反切仍以韵目及序文小注作"相然切"者为正。顾野王《玉篇》人部"仙"字下注云："《声类》云：今'僊'，'僊'字下云：'司连切'。玄应《伅真陀罗所问经音义》引李登《声类》云：'僊俗仙字同，私延反。'慧琳《大唐内典录音义》云：'僊，薛煎反'。又《大唐西域求法高僧传音义》云：'僊，屑延反。'又《弘明集音义》：'僊，薛延反'"。"司"、"私"、"薛"、"屑"等字与"相"字同属心纽，两《声类》、《玉篇》均在《切韵》前，其反切尤为可据。敦煌本《切韵》残卷书迹草草，讹夺甚多……稍读古书者，类能正之！王国维固先我言之矣。盼遂因"胡然切"便于己说，遂妄据之，岂观堂弟子于王君治学态度犹未能严守耶！又谓"尤侯二字想当时体文同读喻纽或匣纽"；"使二字当时果异纽者，又何以解于下文清浊皆通轻重有异之说耶？"盖盼遂不自解之，乃有此举烛鼠璞之说也。(鄙解详下句)且"支"、"脂"、"鱼"、"虞"、"先"、"仙"、"尤"、"侯"八字，法言特举其标目，以赅全韵耳；即使“先”、“仙”、“尤”、“侯”四字之异由于声纽，亦何与于“先”、“仙”、“尤”、“侯”四韵之殊耶？要之，盼遂为证实《切韵》之“功半在甄明双声，不廪廪于辨章纽韵”之说，力求“精邃如法言”，而乃适得其反：吾于是“知声纽之不辨也，久矣”！

以上释韵有开、合、宏、细之别竟。

欲广文路，自可清浊皆通；若赏知音，即须轻重有异。

案，此句结束上文两节，明审音之书，非仅为临文用韵作也。清浊之义，至为含胡；魏了翁《唐韵后序》云：“其部叙于一东下注云：‘德红反，浊、满口声’，自此至三十四乏皆然。”今《唐韵》部叙虽无可考，而即此语推之，《唐韵》盖以开口为清，合口为浊，与纽类、四声，皆不相涉。法言于上文以“轻浅”与“重浊”对文，避去“清”字，既非平仄攸关，当系含义之别。故此云“清浊”，乃谓开合；此云“轻重”，则指声调。特两句词例，亦属参互见义。犹谓欲便临文用韵自可清浊轻重皆通；若为剖析声音，即须轻重清浊有异也。朱彝尊云：“古人分韵虽严，通用甚广。……盖严则于韵之本位毫厘不爽；通则临文不至牵率而乖其性情。”（《曝书亭集》卷三十一，页10，《与魏善伯书》）亦即此意也。

吕静《韵集》，

案，《隋书·经籍志》曰：“《韵集》六卷，晋復安令吕静撰。”《魏书·江式传》曰：“式上表曰：‘……（吕）忱弟静，别仿故左校令李登《声类》之法作《韵集》五卷，宫商角徵羽各为一篇。’”（卷九十一，页20）《隋志》别有无名氏《韵集》十卷，段宏《韵集》八卷，知当时作《韵集》者，不止一人也。原书今佚；任大椿《小学钩沉》，顾震福《小学钩沉续编》，马国翰《玉函山房辑佚书》小学类及陈鳣均有辑本。又据《隋志》及

《潘徽传》并载魏李登《声类》,其书在吕静前。陆序未举之者,或隋初已不多见;否则《韵集》足以赅之也。

夏侯詠《韵略》,

"詠"字黎本、张本作"该"。《隋书·经籍志》曰:"《四声韵略》十三卷,夏侯詠撰。"李涪《刊误》亦曰:"梁夏侯詠撰《四声韵略》十二卷。"则作"该"字者,盖形讹也。惟敦煌本不误。原书今佚。

阳休之《韵略》,

案,《隋书·经籍志》曰:"《韵略》一卷,阳休之撰。"《北齐书》本传曰:"阳休之字子烈,右北平无终(今河北蓟县有无终故城)人也。少勤学,爱文藻。魏孝昌中,邢果作乱,一时遇害诸阳死者十人,唯休之兄弟获免。庄帝立,解褐员外散骑侍郎,寻以本官领御史,迁给事中,太尉记室参军。与魏收、李同轨等修国史。隋开皇二年罢任,终于洛阳。年七十四。所著文集三十卷,又撰《幽州人物志》,并行于世。"(卷四十二,页9至13)原书今佚,《小学钩沉续编》、《玉函山房辑佚书》及黄奭《汉学堂丛书》小学类均有辑本。

周思言《音韵》,

敦煌本无此五字,今据黎本、张本补。案,《隋书·经籍志》:"《音韵》四十一卷,周研撰。"谢启昆曰:"思言疑即研之字。'思言'与'研',名字相应,且下文于李概亦称其字。"谢说是也。原书今佚。

李季节《音谱》,

案,《隋书·经籍志》曰:"《音谱》四卷,李概撰。"《北史·李公绪传》云:"弟概,字季节(赵君平棘人),少好学,然性倨傲。每对诸兄弟露髻披服,略无少长之礼。为齐文襄大将军府行参军。进侧集,题云:‘富春公主撰’。闲缓不任事,每被讥诃。除殿中侍御史,修国史。后为太子舍人。为副使聘于江南。江南多以僧寺停客,出入常袒露。还,坐事解。后卒于并州功曹参军。撰《战国春秋》及《音谱》,并行于世。又自简诗赋二十四首,谓之《达生丈人集》。”(卷三十三,页11)又《北齐书·邢邵传》云:“邵有书正多,而不甚校雠。见诸人校书,常笑曰:‘何愚之甚!天下书至死读不可遍,焉能始复校此?且误书思之,更是一适。’妻弟李季节才学之士,谓子才曰:‘世间人多不聪明,思误书何由能得?’子才曰:‘若思不能得,便不劳读书。’”(卷三十六,页5)《隋志》又有李概《续修音韵决疑》十四卷,《颜氏家训·音辞篇》亦谓:“李季节著《音韵决疑》。”今两书并佚;《小学钩沉正续编》及《汉学堂丛书》只有《音谱》辑本。

杜台卿《韵略》等,

案,《隋书》本传云:“杜台卿字少山,博陵曲阳(今河北旧保定道属县)人也。少好学,博览书记,解属文。仕齐奉朝请,历司空西阁祭酒,司徒户曹著作郎,中书黄门侍郎。性儒素,每以雅道自居。及周武帝平齐归于乡里,以《礼记》、《春秋》讲授子弟。开皇初,被征入朝。台卿尝采《月令》触类而广之,为书名《玉烛宝典》十二卷。至是奏之。赐绢二百匹。台卿患聋,不堪吏职,请修国史,上许之。拜著作郎。十四年上表请致仕。敕以本官还第。数载终于家。有集十五卷。撰《齐记》廿卷,并行于世。”(卷五十八,页5)《隋志》著录《玉烛宝典》十二卷。此书宋时已佚,日本有旧抄本,阙第九卷,亦多讹误。黎庶昌收入《古逸丛书》中。至《韵略》一书,则本传及《隋志》均未著录,盖散佚久矣。

又案,《声类》以后《切韵》以前之韵书,除以上所称举者外,尚有王该《五音韵》五卷，无名氏《文章音韵》（见阮孝绪《七录》），王延《文字音》七卷，释静洪《韵英》三卷，无名氏《字书音同异》一卷、《叙同音义》三卷、《杂字音》一卷、《借字音》一卷、《音书考源》一卷，沈约《四声》一卷，张谅《四声韵林》二十八卷，刘善经《四声指归》一卷，无名氏《群玉韵典》五卷、《纂韵钞》十卷，王长孙《河洛语音》一卷，（均见《隋书·经籍志》）周彦伦《四声切韵》，王斌《四声论》（见《南史》），及潘徽《韵纂》三十卷（见《隋书·文学传》）；诸书今并亡佚，内容如何，无从考知矣。

各有乖互。

案，《颜氏家训·音辞篇》云："孙叔然创《尔雅音义》，是汉末人独知反语。至于魏世，此事大行。……自兹厥后，音韵蜂出，各有土风，递相非笑。指马之喻，未知孰是。共以帝王都邑，参校方俗，考核古今，为之折衷。榷而量之，独金陵与洛下尔。"又云："李季节著《音韵决疑》，时有错失；阳休之造《切韵》，殊为疏野；《韵集》以'成'、'仍'、'宏'、'登'合成两韵，'为'、'奇'、'益'、'石'分作四章；李登《声类》以'系'（胡计反，匣纽霁韵）音'羿'（五计反，疑纽霁韵）。"此正谓诸家韵书"各有乖互"也。考王仁昫《刊谬补缺切韵》平声韵目"冬"下注云："无上声，阳与鍾江同，吕、夏侯别；今依吕、夏侯"。"脂"下注云："吕、夏与微韵大乱杂，阳、李、杜别；今依阳、李"。"真"下注云："吕与文同，夏侯、阳、杜别；今依夏、阳、杜"。"臻"字下注云："无上声。吕、阳、杜与真同韵，夏别；今依夏"。今王本所存虽非全豹，然即此数语，已足窥见诸家分韵乖互之迹矣。

自"吕静《韵集》"至此，论诸家韵书之异竟。

江东取韵与河北復殊，

此谓南北方音之异也。南北方音之关于声调者，前已论之。然其差别，犹不止此。案《颜氏家训·音辞篇》云："南染吴越，北杂夷虏，皆有深弊，不可具论。其谬失轻微者，则南人以'钱'（昨仙反，从纽仙韵）为'涎'（夕连反，邪纽仙韵），以'石'（常只反，禅纽昔韵）为'射'（食亦反，神纽昔韵），以'贱'（才线反，从纽线韵）为'羡'（似面反，邪纽线韵），以'是'（承纸反，禅纽纸韵）为'舐'（神纸反，神纽纸韵）；北人以'庶'（商署反，审纽御韵）为'戍'（伤遇反，审纽遇韵），以'如'（人诸反，日纽鱼韵）为'儒'（人朱反，日纽虞韵），以'紫'（将此反，精纽纸韵）为'姊'（将几反，精纽旨韵），以'洽'（侯夹反，匣纽洽韵）为'狎'（胡甲反，匣纽狎韵）。如此之例，两失甚多。"此谓江东辨纽每乖，河北取韵多舛也。（篇中列举南北取韵互殊之证甚多，兹不悉引。）又陈鳣《今本声类叙录》云："李登与孙炎同时，故《声类》多用反音。观其音，'謍'为'呼宏切'（晓纽耕韵）。此字《说文》从言，荧省声。《玉篇》'余琼切'（喻纽清韵）。今南人读荧火为'寅'，即《玉篇》之'余琼切'；北人读若'兄'，即《声类》之'呼宏切'"。（《小学考》卷二十九，页1引）然则顾、李切语之异，或亦江东河北取韵之殊耶？

自"以古今声调"云云至此，皆为审定纽韵之疑难，八君当日均曾商榷及之。

因论南北是非，古今通塞；

案，《颜氏家训·音辞篇》云："古今言语，时俗不同；著述之人，楚夏各异。《仓颉训诂》反'稗'（傍卦反，並纽卦韵）为'逋（帮纽）卖（卦韵）'，反'娃'（於佳反，影纽佳韵）为'於（影纽）乖（皆韵）'；《战国策》音'刎'（武粉反，微纽吻韵）为'免'（亡辨反，微纽獮韵）；《穆天子传》

音‘谏’(古晏切,见纽谏韵)为‘闲’(古苋切,见纽裥韵);《说文》音‘戛’(古黠反,见纽黠韵)为‘棘’(纪力切,见纽职韵),读‘皿’(武永切,微纽梗韵)为‘猛’(莫幸切,明纽梗韵);《字林》音‘看’(苦寒切,溪纽寒韵)为‘口(溪纽)甘(谈韵)反’,音‘伸’(失人切,审纽真韵)为‘辛’(息邻切,心纽真韵)……刘昌宗《周官音》读‘乘’(食陵切,神纽蒸韵)若‘承’(署陵切,禅纽蒸韵):此例甚广,必须考校。前世反语,又多不切;徐仙民《毛诗音》反‘骤’(锄祐反,床纽宥韵)为‘在(从纽)遘(候韵)’,《左传音》切‘椽’(直挛反,澄纽仙韵)为‘徒(定纽)缘(仙韵)’,不可依信,亦为众矣。古独何人,必应随其讹僻乎?《通俗文》曰:‘入室求曰搜,反为兄侯’,然则‘兄’当音‘所荣反’(兄本在晓纽,不在生纽),今北俗通行此音,亦古语之不可用者。玙璠,鲁之宝玉,当音馀烦(玙馀并以诸反,同在喻纽鱼韵;璠烦并附袁反,同在奉纽元韵),江南皆音屏藩之藩(甫烦反,敷纽元韵);岐山当音为奇,江南皆呼为神祇之祇。(《切韵》奇,渠羁反;‘祇’、‘岐’并巨支反,而岐又有‘渠羁’一音,盖未尽采颜说。)江陵陷没,此音被于关中;不知二者何所承案?以吾浅学未之前闻也。”准此,则颜君于“古今通塞,南北是非”辨析至精,而自馀诸子亦必多所禔正也。

欲更捃选精切,除削疏缓。

案,“疏缓”云云,即前文所谓:“吴楚则时伤轻浅,燕赵则多涉重浊,秦陇则去声为入,梁益则平声似去。又支脂鱼虞共为一韵,先仙尤侯,俱论是切。”与夫颜之推所举古今南北之舛讹者,皆是也。八君于“南北是非,古今通塞”之故既憭,于是“参校方俗,考核古今”,斠量众说,得所折衷;“疏缓”之失悉除,而“精切”之论定矣。异日法言纂韵,亦只述此烛下定论而已。

颜外史、萧国子多所决定。

黎本、张本作“萧颜多所决定”。案，八君中惟萧、颜于声韵训诂之学，最为精邃，颜之《训俗文字略》、萧之《汉书音义》及《文选音》若存，则与《切韵》比勘，当可见其决定之迹，惜并亡佚耳！然颜书虽亡，而《家训》“音辞”、“书证”两篇，颇多辨章纽韵之言；其精切者，已具如上引。绎其所论，启迪法言者殊夥。段玉裁甚且谓“法言《切韵》颜之推同撰”，殆亦有所见而云然也。陆韵经颜君决定者，耕、清、蒸、登、支、昔，六韵之分，即其一端；盖“《韵集》以成，仍宏登合成两韵，为奇益石分作四章”，颜君已纠绳之矣。至于萧君所定，则以“书缺有间”，探讨颇难。试即清武英殿校刊《汉书》所附《音义》考之，“楶棁之材”下引萧该《音义》曰：“楶音节，一名檽，即柱上方木也。”郑氏楶音赘，应劭曰：“《尔雅》曰：‘棁，朱檽也。音之劣反’”。《切韵》屑韵“楶，屋梁上木，子结反”，与“节”一音；薛韵“棁，梁上短柱，职雪反”即“之劣反”之音，并与萧同。又“斗筲之子”下引萧该《音义》曰：“《学林》曰：‘筲，饭筥也，受五升，秦(谓筥)曰筲，山交反’。该案，‘箾’或作‘筲’。《论语》曰：‘斗筲之人，何足算也！’”《切韵》肴韵“筲，斗筲，所交反。”“所交”与“山交”之音无异，则陆亦采萧说也。又“煜霅其闲者”下引萧该《音义》曰：“煜霅，韦昭曰：‘煜’音呼夹反，‘霅’音于侠反。服虔曰：‘煜’音近霍叔，音为‘育’。‘霅’音‘晔尔’之‘晔’。《字林》曰：霅，震雷也，一曰众言也，子甲反。煜音弋叔反，又于立反。”《切韵》入声屋韵“煜，火光，与逐反”，与育同纽同韵。缉韵“煜，火貌，为立反”，则与‘于立反’一音。至“呼夹”、“霍叔”二音，则陆所未采，此与萧同者也。狎韵“霅，众声，胡甲反，又状甲反，霅阳郡在乐浪。”葉韵“霅，多言，之涉反。”无“于侠”、“于甲”二反，与“晔”(筠辄反)亦非一音。案，今苏杭间人，匣纽字每读入影喻等纽；八君中惟萧为南人，以“晔”音

"雪",并收"于侠"、"于甲"二音,盖系此种音变。至"之涉"、"状甲"二反或另系一种方音矣;此则陆与萧异者也。

自"因论"云云至此谓由辨析疑难而得所折衷。

魏著作谓法言曰:"向来论难疑处悉尽,何为不随口记之?我辈数人定则定矣"。法言即烛下握笔略记纲纪。

黎本、张本无"为"字。案,此法言自叙即夕撮记纲要之事,由魏彦渊所促成。

自篇首至此,乃《切韵》成书后,法言追记定韵之缘起也。

后博问英辩,殆得精华,于是更涉馀学,兼从薄宦,十数年间,不遑修集。

黎本、张本无"后"字。按此法言自记论韵以后,开皇二十年以前,犹居承奉郎时事也。

令反初服,私训诸弟,凡有文藻,即须声韵。

敦煌本脱"初服"二字,今据黎本、张本补。又黎本、张本"弟"下衍"子"字,"须"下多"明"字。案,自此至篇末,法言自记开皇二十年除名以后,仁寿元年成书以前,屏居著述时事也。据唐苏鹗《演义》云:"爽生法言、正言。正言隋朝承务郎。"法言诸弟之可考者,惟正言一人而已。

屏居山野,交游阻绝,疑或之所,质问无从。

"或"字黎本、张本作"惑"字。

亡者则生死路殊，空怀可作之叹；存者则贵贱礼隔，以报绝交之旨。

敦煌本脱下一“则”字，今据张本、黎本补。“以”字当读为“已”。案，开皇初论韵之八君：卢思道卒于开皇三年，魏彦渊盖卒于开皇十年之前，颜之推则卒于开皇十一年以后(?)，刘臻卒于开皇十八年，自馀四子，李若、萧该全无可考。当法言屏居著述时，辛德源如尚健在，亦必“交游阻绝”不相来往。其时“朱门陈戟，无竞一时”者，惟薛道衡一人而已。法言“贵贱礼隔”云云，当指玄卿言也。

遂取诸家音韵，古今字书，以前所记者定之，为《切韵》五卷。

案，陆法言《切韵》五卷，《隋书》及《旧唐书·经籍志》、《新唐书·艺文志》均未著录。惟新、旧《唐书》两志并有陆慈《切韵》五卷。今既知陆慈与陆词同为法言之名，则两《唐志》所著录之陆慈《切韵》，亦即此书也。此谓《切韵》五卷，即以当年烛下所记，参稽《韵集》以下诸卷书及古今文字训诂要籍，纂集而成。

剖析毫厘，分别黍累，

案，此即前文所谓“因论南北是非，古今通塞；欲更捃选精切，除削疏缓”也。《切韵》分部多至一百九十三，不明其故者，动辄讥其破碎，此自唐已然矣。封演《闻见记》云：“先仙删山之类，属文之士，苦其苛细。”李涪《刊误》则诋为：“字同一声，分为两韵”，“吴音乖舛，载述难尽”。自尔以降，訾议日出。清儒中即研精音理如江晋三于法言亦深致不满，尝谓：“陆韵分部至繁，然同类者或荡析离居；异类者或牛马莫别。愚想当时定韵者八人：刘臻家沛，颜之推家临沂，卢思道家范阳，李若家顿丘，萧该家兰陵，辛德源家狄道，薛道衡家河东，陆法言家临漳(案,江君未谙魏彦渊里居,故举法言充数)。南北既殊,遂各守其乡音,不能划一。又当时定于烛下,而诸人旋散去。法言参考众说,而不敢辄合,故各自为一部。观其自叙所云:‘交游阻绝,质问无从,生死路殊,空怀可作’,盖叹其不能复得诸人校定,以归于一也。可见当时编韵之人,实未惬心。自唐时颁为官韵,遂无能议其得失。然核以古音,实为错乱乖离,而入声尤无条理。此顾氏《唐韵正》一书,所以为振古绝作也。”(《等韵丛说》)是则拘于古音,未了《切韵》分部之旨。其能为法言剖辨者,则唐苏鹗曰:“陆法言著《切韵》,时俗不晓其韵之清浊,皆以法言为吴人,而言吴音也。且《唐韵·序》云:‘昔开皇初仪同刘臻等八人,诣法言论韵,曰:吴楚则时伤清浅,燕赵则多涉重浊,秦陇则去声为入,梁益则平声似去。’此盖研穷正声,削去纰缪也;岂独取方言乡音而已哉?洎孙愐等,论音韵者二十余家,皆以法言为首出。薛道衡隋之硕儒,与法言同时,尝论音韵;则岂吴越之音,而能服八方之人乎?”(《苏氏演义》)实则法言定韵之旨,序中“因论南北是非,古今通塞”二语,已足尽之。章太炎先生曰:“《广韵》所包,兼有古今方国之音,非并时同地得有声势二百六种也。(原注——且如东、冬于古有别,故广隋两分之,在当时固无异读。是以李涪《刊误》以为不须区别也。支脂之三韵惟之韵无阖口音,两支脂开合相间,必分为二者,亦以古韵不同,非必唐音有异也。若夫东鍾、阳唐、清青之辨,盖由方国殊音,甲方作甲音者,乙音则作乙音,乙方作甲音者,甲方或又作乙音,本无定分,故殊之以存方语耳。)昧其因革,操绳削以来之,由是侏离不可调达矣。”(《国故论衡》上《音理论》,页18)盖古今方国之音变,系于清浊敛弇者至巨;法言所谓“剖析毫厘,分别黍累”者,殆即指此耳。吾侪生今之世,犹能推考隋时古今方国之音者,幸赖《切韵》仅存;然包孕广杂,易滋迷误,其得亦正其失也。近高本汉所作《中国音韵学研究》(*Études sur la phonologie chinoise*),以等韵之法参较现代方言、日本之吴音汉音及高丽之译音等，辨析陆书纽韵；虽异邦学者研穷此土旧音，牵强违失，在所不免，而师其新法，证以故说，或于陆君定韵之微意，更有所阐发欤？

何烦泣玉，柒可悬金。

“柒可”二字不词，黎本、张本作“未得”。以词例推之，此联及下联皆以一抑一扬，相对成文，则“柒”应作“差”于义较妥；“柒”、“差”盖因声近而讹。案，《韩非子·和氏篇》云：“楚人和氏得玉璞楚山中，献之厉王，厉王使玉人相之。玉人曰：‘石也！’王以和为诳，而刖其左足。及厉王薨，武王即位，和又奉其璞而献武王。武王使玉人相之。又曰：‘石也！’王又以和为诳，而刖其右足。武王薨，文王即位，和乃抱璞而哭于楚山之下，三日三夜，泣尽而继之以血。王闻之，使人问其故，曰：‘天下之刖者多矣，子奚哭之悲也？’和曰：‘吾非悲刖也。悲夫宝玉而题之以石，贞士而名之以诳，此吾所以悲也！’王乃使人理其璞而得宝焉。遂命曰‘和氏之璧’。”又《史记·吕不韦传》曰：“吕不韦乃使其客人人著所闻，集论以为八览、六论、十二纪，二十馀万言。以为备天地万物古今之事，号曰《吕氏春秋》。布咸阳市门，悬千金其上，延诸侯游士宾客，有能增损一字者予千金。”“泣玉”、“悬金”即用此二事也。

藏之名山，昔怪马迁之言大；持以盖酱，今叹扬雄之口吃。

敦煌本缺“雄”字，今据黎本、张本补。案《汉书·司马迁传》，迁《报任安书》曰：“仆窃不逊，近自托于无能之辞，网罗天下放失旧闻，考之行事，稽其成败兴坏之理，……凡百三十篇。亦欲以究天人之际，通古今之变，成一家之言。草创未就，适会此祸，惜其不成，是以就极刑而无愠色。仆诚已著此书，藏之名山，传之其人，通邑大都。

则僕偿前辱之责,虽万被戮,岂有悔哉!”又《扬雄传赞》曰:“刘歆尝观其《太玄》,谓雄曰:‘空自苦!今学者有禄利,然尚不能明《易》,又如《玄》何?吾恐后人用覆酱瓿也!’雄笑而不应。”

非是小子专辄;乃述群贤遗意。宁敢施行人世;直欲不出户庭。于时岁次辛酉大隋仁寿元年也。

此法言自明《切韵》之作,非出杜撰,实述萧、颜诸贤遗意;且以寄其敝帚自珍,赏音难遇之慨云尔。

以上释《切韵·序》全文竟。

1928年1月22日,即丁卯岁除脱稿于广州东山客次。

(原载中山大学《语言历史学研究所周刊》第3集《切韵专号》〈第25、26、27期合刊〉,1928年,署名罗常培)

《切韵》鱼虞的音值及其所据方音考

——高本汉《切韵》音读商榷之一

陆法言《切韵》把鱼、虞、模分作三个不同的韵部，从《切韵》论定"南北是非、古今通塞"的原则，以及法言"非是小子专辄，乃述群贤遗意"的态度来看，这三韵的音值，在当时的方音，或隋以前的古音，一定有分别，绝不是法言凭臆杜撰的。但是自从唐初许敬宗议以鱼独用，虞、模同用，于是虞、模的分界混淆；自从《切韵指掌图》、《四声等子》和《切韵指南》把三韵并成一摄，使"鱼、虞相助"[①]，共为一列，于是鱼、虞的分界又混淆。经过这两次演变，所以周德清的《中原音韵》索性把三韵并成一部了。并且现代大多数的方言，模韵在所有的声母后边，差不多都读作[u]音，鱼、虞两韵在"牙音"、"喉音"、"齿头音"和娘、来等纽的后边，都读作[y]音，在"舌上音"、"正齿音"、"唇音"和日纽的后边，都读作[u]音。所以模和鱼、虞虽然"洪"、"细"有别，而鱼、虞两韵已然彼此难辨了。

这种鱼、虞不辨的现象，尚不只唐朝以后为然。陆法言评论诸家取舍不同，已经有"鱼虞共为一韵"的说法[②]，而同陆爽讨论音韵的颜之推也曾说，"以'庶'(御韵)为'戍'(遇韵)，以'如'(鱼韵)为'儒'(虞

---

① 《四声等子》遇摄图末附注。

② 《切韵·序》。

韵)”,是北人轻微的谬失。[1] 可见隋时方音对于鱼、虞的混淆,正跟唐朝以后的现象相同。那么,陆法言究竟为什么把鱼、虞分成两韵?并且在他修集《切韵》的时候能不能分辨鱼、虞两韵有不同的音值呢?咱们要解答这个问题,应当先从六朝时候的方音分布情形去寻绎它的线索。

案,《颜氏家训·音辞篇》说:

> 孙叔然创《尔雅音义》,是汉末人独知反语。至于魏世,此事大行。……自兹厥后,音韵蜂出,各有土风,递相非笑。指马之喻,未知孰是。共以帝王都邑,参校方俗,考核古今,为之折衷。榷而量之,独金陵与洛下尔。

陆法言《切韵·序》说:

> 江东取韵与河北复殊。

陆德明《经典释文·序》说:

> 楚夏声异,南北语殊。

又《条例》说:

> 方音差别,固自不同;河北江南,最为钜异。

可见从晋到隋的方音显然有“南”、“北”两个大界限。专就鱼、虞两韵而论,颜之推既然说北人“以‘庶’(御韵)为‘戍’(遇韵),以‘如’(鱼韵)为‘儒’(虞韵)”,又说“北人之音,多以‘举’、‘莒’(语韵)为矩(麌韵)”[2],那么,鱼、虞两韵在南音有分别,在北音没有分别,可以算是无疑义的事实了。咱们再拿晋以后的诗文韵读来证明它。

诗文韵读虽然不是考证方音的惟一可靠的材料,但是当时的韵书既然散佚,谐声字的系统又已混乱,咱们舍去它们以外也找不出什么更可靠的来。况且南北朝时候的文人对于方音既然抱着

---

①② 《颜氏家训·音辞篇》。

"各有土风,递相非笑"的态度,那么,他们所作的诗歌赋颂之类,当然不会不按着自己的方音押韵,转去效法别处的方音。尤其是当时流行的民间文艺像《子夜歌》、《华山畿》之类,恐怕更可代表真实的天籁,不会强押违背乡音的韵脚。据我遍考六朝诗文所归纳的结果,大概吴郡、丹阳秣陵、吴兴故鄣、吴兴长城、吴兴武康、会稽山阴、会稽余姚、广陵、彭城等地方,对于鱼、虞两韵很少混用的。例如:

陆机(吴郡吴人)[①]

《上留田行》:除,纾,如。(《全晋诗》卷三,页6)[②]

《于承明作与弟士龙》:予,楚,绪,渚。(《全晋诗》卷三,页11)

《赠尚书郎顾彦先》:庐,舒,疏,除,渠,徐,鱼。(《全晋诗》卷三,页12)

《白云赋》:序,处,举,伫。(《全晋文》卷九十六,页2)[③]

《述先赋》:举,所。(《全晋文》卷九十六,页3)

《怀士赋》:墟,居。(《全晋文》卷九十六,页6)

《思归赋》:楚,予。(《全晋文》卷九十六,页7)

《幽人赋》:渚,伫。(《全晋文》卷九十六,页9)

《应嘉赋》:语,予。(《全晋文》卷九十六,页9)

《汉高祖功臣颂》:举,海$_{海}$,旅,与,楚。(《全晋文》卷九十八,页5)

---

① 吴郡东汉改会稽郡置,属扬州,治吴(今江苏吴县),晋南宋南齐俱因之。案《晋书》陆机临终云"华亭鹤唳岂可复闻乎",陆云与荀隐对语自称"云间陆士龙"。华亭、云间皆今江苏松江县之古称。

② 据丁福保辑《全两汉三国六朝诗》。

③ 据严可均辑《全上古三代秦汉三国六朝文》。

陆云(吴郡吴人)

《赠顾彦先》之二:暑,处,语,举,楚。(《全晋诗》卷三,页22)

《岁暮赋》:楚,骇骇,所,举。(《全晋文》卷一百,页2)

《晋故豫章内史夏府君诔》:序,绪,楚。(《全晋文》卷一百零四,页7)

张绣(吴郡人)

《河南国献舞马赋应诏》:摅,车,舆,墟。(《全晋文》卷五十四,页4)

陆厥(吴郡吴人)

《中山王孺子妾歌》:车,馀,蕖,鱼,如。(《全齐诗》卷四,页6)

张融(吴郡吴人)

《海赋》:书,鱼。(《全齐文》卷十五,页2)

吴声歌曲

《子夜歌》之十二:渚,汝。(《全晋诗》卷八,页1)

《子夜歌》之三十九:如,疎。(同上)

《子夜春歌》:舒,裾。(《全晋诗》卷八,页3)

《黄鹄曲》:渚,侣。(《全晋诗》卷八,页8)

《长乐佳》:渚,许。(同上)

《懊侬歌》:许,汝。(《全晋诗》卷八,页9)

《白石郎曲》:居,鱼。(《全晋诗》卷八,页10)

《青阳度》:杵,汝。(《全晋诗》卷八,页12)

《白附鸠》:渚,许。(《全晋诗》卷八,页14)

《华山畿》之四:渚,汝。(《全宋诗》卷五,页15)

《华山畿》之五:许,汝。(同上)

《华山畿》之七：曙，去。（同上）

《华山畿》之十：许，绪。（同上）

《华山畿》之十九：渚，许。（同上）

《华山畿》之二十：许，汝。（同上）

《读曲歌》之二十九：许，语。（《全宋诗》卷五，页17）

《读曲歌》之三十五：举，汝。（同上）

《读曲歌》之三十九：去，虑。（同上）

《读曲歌》之四十七：语，绪。（同上）

《读曲歌》之五十三：於，疎。（《全宋诗》卷五，页18）

《读曲歌》之五十九：虑，处。（同上）

《读曲歌》之七十四：虑，去。（同上）

《读曲歌》之七十五：虑，处。（同上）

《读曲歌》之八十二：馀，疎。（《全宋诗》卷五，页19）

西曲歌

《石城乐》：馀，居。（《全梁诗》卷五，页19）

《乌夜啼》之三：居，书。（同上）

《乌夜啼》之四：曙，去。（同上）

《乌夜啼》之五：去，曙。（同上）

《襄阳乐》之四：处，去。（《全宋诗》卷五，页20）

《襄阳乐》之九：语，去。（同上）

《西乌夜飞》之五：虑，去。（《全宋诗》卷五，页21）

陶弘景（丹阳秣陵人）[①]

《华阳颂挺契》：居，胥。（《全晋文》卷四十七，页6）

《许长史旧馆坛碑》：舒，虚，庐，居。（《全晋文》卷四十七，页

① 秣陵汉置县，属丹阳郡，东汉属扬州丹阳郡，晋因之。在今江苏江宁县东南。

10)

吴均(吴兴故鄣人)[①]

《行路难》之三:处,曙,去,豫。(《全梁诗》卷八,页1)

《诣周承不值》:疎,书,徐。(《全梁诗》卷八,页11)

《山中杂诗》:馀,书。(《全梁诗》卷八,页15)

《食移》:馀,鱼,菹。(《全梁文》卷六,页4)

陈后主叔宝(吴兴长城人)[②]

《入隋侍宴应诏》:居,书。(《全陈诗》卷一,页10)

《戏赠沈后》:去,处。(同上)

沈约(吴兴武康人)[③]

《四时白纻歌夜白纻》:女,许,予,纻。(《全梁诗》卷四,页7)

《赠沈录事江水曹二大使》:阻,处,叙,语。(《全梁诗》卷四,页7)

《为临川王九日侍太子宴》:举,楚,侣,伫。(《全梁诗》卷四,页8)

《丽人赋》:渠,裾。(《全梁文》卷二十五,页2)

《伤美人赋》:遽,处。(同上)

《愍涂赋》:渚,屿,楚,绪,拒,阻。(同上)

《郊居赋》:初,储,书,虚,馀,庐,渠,蔬,余,墟;(《全梁文》卷二十五,页4)

---

① 故鄣汉置县,属丹阳郡,东汉属扬州丹阳郡,晋属吴兴郡,南宋、南齐因之。在今浙江安吉县西北十五里。

② 长城县晋析乌程置,属扬州吴兴郡,南宋、南齐因之。在今浙江长兴县东。

③ 东汉析乌程、余杭二县地置永安县,晋初改永康,后改武康,属扬州吴兴郡,南宋、南齐因之。在今浙江武康县。

所,渚,语,楚;(《全梁文》卷二十五,页5)

距,醑,渚,楚,糈,伫;(《全梁文》卷二十五,页6)

舒,鱼。(同上)

《天渊水鸟应诏赋》:屿,渚,籞。(《全梁文》卷二十五,页7)

《尚书右仆射范云墓志铭》:举,序。(《全梁文》卷三十,页13)

孔甯子(会稽山阴人)[①]

《牦牛赋》:阻,渚,羜,鼠,楚,旅,序,所。(《全宋文》卷二十八,页2)

孔稚珪(会稽山阴人)

《北山移文》:举,侣,伫。(《全齐文》卷十九,页8)

虞羲(会稽人)

《敬赠萧谘议》其七:闾,舆,书,车。(《全梁诗》卷十二,页8)

《敬赠萧谘议》其九:所,语,举,处。(同上)

宋孝武帝(案刘氏为彭城县绥里人)[②]

《丁都护歌》之三:墟,渠。(《全宋诗》卷一,页1)

《丁都护歌》之五:许,旅。(同上)

宋江夏王义恭(彭城人)

《彭城戏马台集》:楚,侣,暑,伫。(《全宋诗》卷一,页4)

宋南平王铄(彭城人)

《拟孟冬寒气至》:初,除,疎,书,居,馀,虚。(《全宋诗》卷

① 山阴汉置县,属会稽郡,东汉为扬州会稽郡治,晋南宋、南齐因之。今浙江绍兴县即改并会稽及山阴两县而成。

② 彭城汉置县,为楚国治,东汉为徐州彭城国治,晋因之,南宋为徐州彭城郡治。在今江苏铜山县治。又南齐侨置,为南徐州南彭城郡治。今阙,当在江苏境。

一,页5)

刘孝绰(彭城人)

《三日侍华光殿曲水宴》:初,渠,居,舒,疏,馀,鱼。(《全梁诗》卷十,页15)

《归沐呈任中丞昉》:卢,居,渠,裾,疎,虚,书,如,嘘,庐,玙,鱼。(《全梁诗》卷十,页19)

刘孝仪(彭城人)

《和咏舞》:馀,裾。(《全梁诗》卷十,页24)

刘孝胜(彭城人)

《冬日家园别阳羡始兴》:处,举,遽,御,誉。(《全梁诗》卷十,页25)

刘孝威(彭城人)

《半渡溪》:渠,书,车,纾,馀。(《全梁诗》卷十一,页3)

上举这77首诗文,完全以鱼、语、御韵的字相押,没有一首羼入虞、麌、遇韵的字。又如:

张率(吴郡吴人)

《沧海雀》:区,株,虞,拘,珠。(《全梁诗》卷七,页2)

《河南国献舞马赋应诏》:躯,凫,趋,桴。(《全梁文》卷五十四,页4)

陆倕(吴郡吴人)

《释奠应令》之一:矩,斧,雨,武。(《全梁诗》卷十二,页3)

《石阙铭》:宇,柱,矩,雨。(《全梁文》卷五十三,页7)

顾野王(吴郡吴人)

《有所思》:戍,树,雾,赋。(《全陈诗》卷四,页1)

吴声歌曲

《采桑度》:俱,襦。(《全晋诗》卷八,页11)

《子尚歌》:蹰,臾。(《全齐诗》卷四,页7)

吴均(吴兴故鄣人)

《赠周兴嗣》:雾,数,孺,屦(《全梁诗》卷七,页10)

沈约(吴兴武康人)

《庭雨应诏》:赋,雾,注,趣。(《全梁诗》卷四,页17)

《麦李》:区,衢,逾,朱,蹰。(《全梁诗》卷四,页17)

《郊居赋》:区,株,娱,朱,隅,衢,跗;(《全梁文》卷二十五,页4)

虞,凫,躯,珠;(同上)

武,主,宇,缕,朊,竖。(《全梁文》卷二十五,页5)

《高士赞》:无,躯,夫,愉,迂,拘,衢。(《全梁文》卷三十,页8)

《齐明帝哀策文》:主,武。(《全梁文》卷三十,页12)

高爽(广陵人)①

《寓居公廨怀何秀才逊》:聚,宇,舞,愈。(《全梁诗》卷十二,页12)

宋孝武帝(彭城人)

《济曲阿后湖》:邪,芜,嵎,榆。(《全宋诗》卷一,页2)

刘孝绰(彭城人)

《元广州景仲座见故姬》:夫,嵎,芜。(《全梁诗》卷十,页23)

刘孝威(彭城人)

《骢马驱》:驱,趋,雾,树,住。(《全梁诗》卷十一,页3)

---

① 广陵汉置县,为广陵国治,东汉为徐州广陵郡治,在今江苏江都县东北。晋移郡治淮阴,属徐州广陵郡。南宋复为南兖州广陵郡治。南齐复属南兖州广陵郡。今江苏江都县治。

上举这 17 首诗文，完全以虞、麌、遇韵的字相押，没有一首羼入鱼、语、御韵的字。如果咱们拿金陵作中心，彭城作北极，余姚作南极，而画一圆周，恰好把这些鱼、虞分用的地方都包括在内（参阅次页附图）。在这个圆周范围里，已经考见的地方即使鱼、虞两韵有时偶尔相通，那些虞韵的字大多数也都以“牙音”、“唇音”及“喉音”喻纽（影纽只有一“纡”字）、“半舌音”来纽为限。例如：

陆机（吴郡吴人）

《九愍修身》：旅，予，处$_{\text{语}}$，侮$_{\text{麌}}$，伫$_{\text{语}}$。（《全晋文》卷一百零一，页 2）

《白云赋》：舒，居，初$_{\text{鱼}}$，污$_{\text{虞}}$。（《全晋文》卷九十六，页 2）

陆云（吴郡吴人）

《吴故丞相陆公诔》：序，旅，举$_{\text{语}}$，浒$_{\text{姥}}$，予，处$_{\text{语}}$，海$_{\text{海}}$，辅$_{\text{麌}}$，右$_{\text{有}}$，土$_{\text{姥}}$。（《全晋文》卷一百零四，页 3）

《晋故散骑常侍陆府君诔》：祖$_{\text{姥}}$，宇$_{\text{麌}}$，序$_{\text{语}}$。（《全晋文》卷一百零四，页 7）

陆倕（吴郡吴人）

《以诗代书别后寄赠 》：隅，衢$_{\text{虞}}$，疎，车，书，旟，车，虚，祛，鱼$_{\text{鱼}}$。（《全梁诗》卷十二，页 4）

沈约（吴兴武康人）

《钓竿》：与$_{\text{鱼}}$，纡，凫，娱$_{\text{虞}}$。（《全梁诗》卷四，页 5）

虞世南（会稽余姚人）①

《奉和幸江都应诏》：歈$_{\text{虞}}$，樗$_{\text{鱼}}$。（《全隋诗》卷三，页 5）

宋孝武帝（彭城人）

---

① 余姚汉置县，属会稽郡，东汉属扬州会稽郡，晋、南宋、南齐俱因之。今浙江余姚县。

六朝诗文用韵中所考见的鱼虞两韵方音分合趋势略图

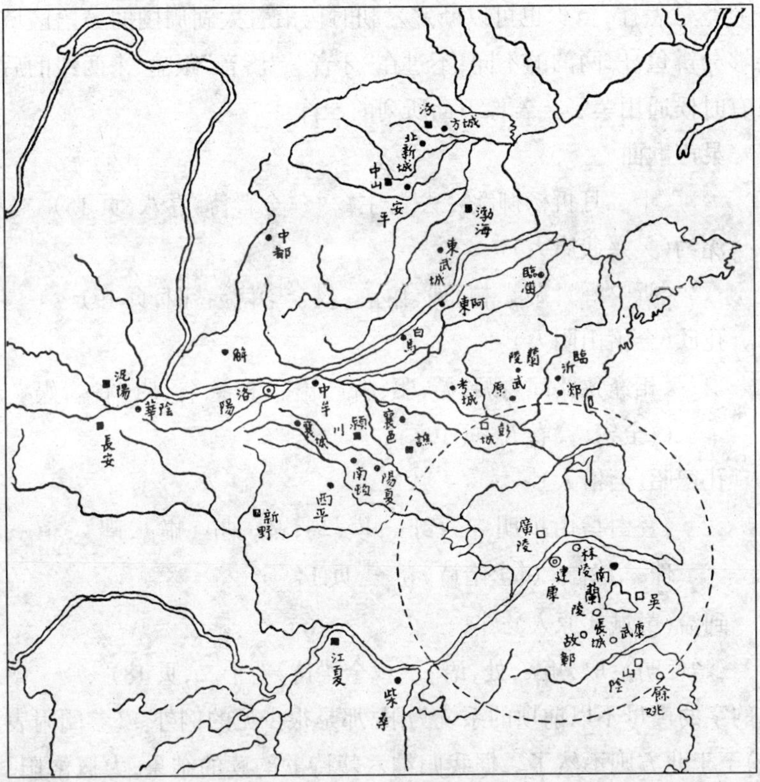

图　例　◎ 南音中心(金陵)　□ 鱼虞分用的郡治　■ 鱼虞合用的郡治

⊙ 北音中心(洛阳)　○ 鱼虞分用的县治　● 鱼虞合用的县治

------界内表示鱼虞分用的地带

《华林清暑殿赋》:籞,暑语,宇虞。(《全宋文》卷五,页1)

江夏王义恭(彭城人)

《嘉禾甘露颂》:储,虚鱼,敷虞,居鱼。(《全宋文》卷十二,页4)

这种现象恰好跟日译"吴音"相合,并不能算是鱼、虞分用的反证(详后)。如果这样是对的,那么,咱们纵然不管江北的广陵、彭城两个地方究竟是怎样,至少也可以断定六朝时候沿着太湖周围的吴语区域能够分辨鱼、虞两韵的不同;不过在“牙音”、“唇音”跟喻、来两组的后头有时候通用罢了。若像下面所列的5首:

吴声歌曲

《十二月折杨柳歌》:去$_{语}$,主$_{麌}$。(《全晋诗》卷八,页15)

沈约(吴兴武康人)

《听鸣蝉》:簴$_{语}$,树,遇,住$_{遇}$。(《全梁诗》卷四,页19)

孔欣(会稽山阴人)

《相逢狭路间》:蹰,衢,驱,渝$_{虞}$,虚$_{鱼}$,枢$_{虞}$,胥,庐,书$_{鱼}$,娱$_{虞}$。(《全宋诗》卷五,页10)

孔德昭(会稽人)

《登白马山护明寺》:纡$_{虞}$,模,乌,都,铺$_{模}$,虚$_{鱼}$,隅$_{虞}$,栌$_{模}$,珠$_{虞}$,涂$_{模}$。(《全隋诗》卷三,页14)

到洽(彭城武原人)①

《赠任昉》:取,矩$_{麌}$,处,语$_{语}$。(《全梁诗》卷十二,页18)

虞韵字的声母不以前项的系统为限,那是很少见的例外。(参阅附表一)至于北方则不然了。据我归纳六朝诗歌韵读的结果,大概洛阳、东郡白马、荥阳中牟、陈留襄邑、济阳考城、颍川、襄城邓陵、陈郡阳夏、西平、汝南南顿、南阳新野、谯国谯县、齐国临淄、东海郯县、琅玡临沂、东郡东阿、清河东武城、渤海蓨县、范阳方城、范阳涿县、中山、安平、太原中都、河东解县、弘农华阴、京兆长安、北地泥阳等处方言,对于鱼、虞全都不能分辨。例如:

---

① 武原汉置县,属楚国,东汉属徐州彭城国,晋因之。在今江苏邳县西北80里。其地位已不在鱼、虞分用圈内。

洛中童谣①

初$_{\text{鱼}}$，珠$_{\text{虞}}$。(《全北魏诗》，页 11)

成公绥(东郡白马人)②

《中宫》：女，处，序$_{\text{语}}$，辅$_{\text{麌}}$。(《全晋诗》卷二，页 6)

潘岳(荥阳中牟人)③

《悼亡诗》：去$_{\text{语}}$，踟，隅，无$_{\text{虞}}$，车，馀$_{\text{鱼}}$。(《全晋诗》卷四，页 5)

江伟(陈留襄邑人)④

《答贺腊》：处$_{\text{语}}$，父$_{\text{麌}}$，伫$_{\text{语}}$。(《全晋诗》卷七，页 6)

枯树歌⑤

树$_{\text{麌}}$，去$_{\text{语}}$。(《全隋诗》卷四，页 13)

王伟(洛阳人居颍川)⑥

《狱中赠人诗》：赋$_{\text{遇}}$，书，鱼$_{\text{鱼}}$。(《全梁诗》卷十二，页 22)

应贞(汝南南顿人)⑦

《晋武帝华林园集诗》：初$_{\text{鱼}}$，敷，符，虞$_{\text{虞}}$；……数，喻$_{\text{遇}}$，御，饫$_{\text{御}}$。(《全晋诗》卷二，页 21)

曹毗(谯国谯人)⑧

---

① 汉置雒阳，三国魏改曰洛阳，西晋因之，为司州河南郡治，北魏为洛州洛阳郡治。故城在今河南洛阳县治东北 20 里。

② 白马汉置县，属东郡，东汉属兖州东郡，晋属兖州濮阳国。在今河南滑县东 20 里。

③ 中牟汉置县，属河南郡，东汉属司隶河南尹，晋属司州荥阳郡。故城在今河南中牟县治东 60 里。

④ 襄邑汉置县，属陈留郡，东汉属兖州陈留郡，晋属兖州陈留国。在今河南睢县西。

⑤ 《北史》曰："王劭隋文帝时为著作郎，上表言符命曰：陈留老子祠有枯柏。世传曰：老子将度世，云待枯柏生东南枝回指，当有圣人出，吾道复行。至齐，枯柏从下生枝东南上指，夜有三童子相与歌云云。"故此歌当为陈留人所作。

⑥ 晋置豫州颍川郡，治许昌，南齐豫州颍川郡，治临颍。

⑦ 南顿汉置县，属汝南郡，东汉属豫州汝南郡，晋因之。在今河南项城县北 50 里。

⑧ 谯县汉置县，属沛郡，东汉属豫州沛国，晋为豫州谯郡治。今安徽亳县治。

《正朝》:舒,初$_{鱼}$,区$_{虞}$。(《全晋诗》卷五,页23)

左思(齐国临淄人)①

《咏史》四:居$_{鱼}$,衢$_{虞}$,庐$_{鱼}$,竽$_{虞}$,舆,虚,如$_{鱼}$,区$_{虞}$。(《全晋诗》卷四,页10)

鲍照(东海人)②

《代白纻舞歌词》之二:居,疏,渠,舒$_{鱼}$,竽$_{虞}$,除$_{鱼}$,须$_{虞}$。(《全宋诗》卷四,页8)

《代白纻曲》:举,女,纻$_{语}$,舞$_{麌}$。(同上)

王揖(琅邪人)③

《在齐答弟寂》:敷,愉$_{虞}$,疏$_{鱼}$,俱$_{虞}$。(《全梁诗》卷十一,页13)

程晓(东郡东阿人)④

《赠傅休弈诗》:处,俎$_{语}$,父,脯$_{麌}$。(《全晋诗》卷二,页18)

张正见(清河东武城人)⑤

《赋得梅花轻雨应教》:雨$_{麌}$,去$_{语}$,聚,柱,舞$_{麌}$。(《全陈诗》卷二,页22)

高允(渤海蓨人)⑥

《罗敷行》:敷,肤,珠$_{虞}$,梳,裾$_{鱼}$,蹰$_{虞}$。(《全北魏诗》,页3)

张华(范阳方城人)⑦

---

① 临淄汉置县,为齐郡治,东汉为青州齐国治,晋因之。今山东临淄县。

② 东海郡汉置,治郯,东汉徐州东海郡治郯,晋因之。

③ 琅邪郡古徐州地,秦置,汉因之,治东武。东汉为徐州琅邪郡,治开阳,晋因之。南宋徙置徐州琅邪郡,治费。故城在今山东费县西北20里。

④ 东阿汉置县,属东郡,东汉属兖州东郡,晋属兖州济北国。今山东阳谷县东北50里阿城镇是。

⑤ 东武城汉置,东汉属冀州清河国,晋因之,后改武城。今山东武城县西10里。

⑥ 蓨县南宋置,属冀州渤海郡,今阙当在山东旧济南道境。

⑦ 方城汉置县,属广阳国,东汉属幽州涿郡,晋属幽州范阳国。今河北固安县南15里。

《励志诗》:羽$_{\text{麌}}$,举,绪$_{\text{语}}$,矩$_{\text{麌}}$。(《全晋诗》卷二,页 3)

《答何劭》:拘,踰$_{\text{虞}}$,馀$_{\text{鱼}}$,娱,敷$_{\text{虞}}$,庐,舆,渠,鱼$_{\text{鱼}}$,榆$_{\text{虞}}$。(《全晋诗》卷二,页 4)

《情诗》:伫,渚,与$_{\text{语}}$,雨$_{\text{麌}}$,侣$_{\text{语}}$。(《全晋诗》卷二,页 5)

《游仙诗》:裾,庐$_{\text{鱼}}$,竽$_{\text{虞}}$,墟$_{\text{鱼}}$。(《全晋诗》卷二,页 6)

张协(安平人)①

《咏史》:娱$_{\text{虞}}$,疎$_{\text{鱼}}$,衢,无,隅,夫$_{\text{虞}}$,储$_{\text{鱼}}$,愚,俱$_{\text{虞}}$,书$_{\text{鱼}}$。(《全晋诗》卷四,页 15)

柳恽(河东解人)②

《七夕穿针》:绪$_{\text{语}}$,缕,聚,柱,取$_{\text{麌}}$。(《全梁诗》卷七,页 5)

隋文帝(弘农华阴人)③

《宴秦孝王于并州作》:臾$_{\text{虞}}$,除$_{\text{鱼}}$,无$_{\text{虞}}$。(《全隋诗》卷一,页 8)

傅玄(北地泥阳人)④

《董逃行》:虚$_{\text{鱼}}$,姝,无$_{\text{虞}}$,疎$_{\text{鱼}}$,躯$_{\text{虞}}$。(《全晋诗》卷二,页 12)

傅咸(北地泥阳人)

《秋霖诗》:车$_{\text{鱼}}$,珠$_{\text{虞}}$。(《全晋诗》卷二,页 21)

上举 24 首都是以鱼、虞通押。又如:

潘岳(荥阳中牟人)

《关中诗》之六:斧$_{\text{麌}}$,举$_{\text{语}}$,土,苦$_{\text{姥}}$。(《全晋诗》卷四,页 1)

---

① 安平汉置县,属涿郡,东汉属冀州安平国,晋为冀州博陵郡治。今河北安平县。

② 解县汉置属河东郡,东汉属司隶河东郡,晋属司州河东郡,北魏改北解。今山西临晋县西南 30 里俗称古城屯。

③ 华阴汉置县,属京兆尹,东汉属司隶弘农郡,晋属司州弘农郡。故城在今陕西华阴县治东南。

④ 泥阳三国魏侨置,晋为雍州北地郡治。今陕西耀县东南 15 里。

潘尼(荥阳中牟人)

《赠司空掾安仁》:宇$_{\text{麌}}$,楚$_{\text{语}}$,堵$_{\text{姥}}$,黍$_{\text{语}}$。(同上)

支遁(陈留人)

《咏怀诗》:劬$_{\text{虞}}$,书,初$_{\text{鱼}}$,愉$_{\text{虞}}$,徂$_{\text{模}}$,虚$_{\text{鱼}}$,无$_{\text{虞}}$,涂$_{\text{模}}$,珠$_{\text{虞}}$,渠$_{\text{鱼}}$,符$_{\text{虞}}$,疎,居$_{\text{鱼}}$。(《全晋诗》卷七,页10)

《述怀诗》:虚$_{\text{鱼}}$,嵎$_{\text{虞}}$,蔬$_{\text{鱼}}$,梧$_{\text{模}}$,躯,符,劬$_{\text{虞}}$。(《全晋诗》卷七,页11)

江淹(济阳考城人)[①]

《郊外望秋答殷博士》:芜,蹰,瑜$_{\text{虞}}$,都$_{\text{模}}$,濡$_{\text{虞}}$,初,居,书$_{\text{鱼}}$。(《全梁诗》卷五,页5)

《刘太尉琨伤乱》:雾$_{\text{遇}}$,据$_{\text{御}}$,骛,遇$_{\text{遇}}$,举$_{\text{语}}$,故,度,路$_{\text{暮}}$,树$_{\text{遇}}$,虑$_{\text{御}}$,素$_{\text{暮}}$,数$_{\text{遇}}$。(《全梁诗》卷五,页10)

《殷东阳仲文兴瞩》:趣,遇,树$_{\text{遇}}$,素$_{\text{暮}}$,务$_{\text{遇}}$,慕$_{\text{暮}}$,虑$_{\text{御}}$。(《全梁诗》卷五,页11)

《悼室人》之十:无$_{\text{虞}}$,都$_{\text{模}}$,舆$_{\text{鱼}}$,隅$_{\text{虞}}$,居$_{\text{鱼}}$。(《全梁诗》卷五,页11)

杜育(襄城邓陵人)[②]

《赠挚仲治》:驹$_{\text{虞}}$,徂,壶$_{\text{模}}$,鱼$_{\text{鱼}}$。(《全晋诗》卷二,页24)

何劭(陈郡阳夏人)[③]

《赠张华》:舒$_{\text{鱼}}$,俱,敷$_{\text{虞}}$,圃$_{\text{姥}}$,庐$_{\text{鱼}}$,无$_{\text{虞}}$,摹$_{\text{模}}$,墟,书,躇,鱼$_{\text{鱼}}$。(《全晋诗》卷二,页27)

---

① 晋惠帝分陈留为济阳国领考城鄄城二县,属兖州,南宋属南徐州,治考城。在今河南考城县北。

② 襄城郡晋颍川郡置,属豫州,治襄城(今河南襄城县)。邓陵未详。

③ 阳夏汉置县,属淮阳国,东汉属豫州陈国,晋属豫州梁国,南宋属南豫州东郡,南齐为豫州北陈郡治又属豫州陈郡。在今河南太康县北3里。

《杂诗》:树$_{遇}$,素,顾,露,步$_{暮}$,遇$_{遇}$,慕$_{暮}$,虑$_{御}$。(同上)

谢灵运(陈郡阳夏人)

《拟邺中集诗应玚》:羽$_{麌}$,渚,许,旅,所,阻$_{语}$,宇$_{麌}$,醑,语$_{语}$,沮$_{鱼}$,叙$_{语}$。(《全宋诗》卷二,页16)

梅陶(西平人)[①]

《赠温峤》之三:徂$_{模}$,土$_{姥}$,斧,武$_{麌}$,汝$_{语}$。(《全晋诗》卷五,页10)

庾信(南阳新野人)[②]

《预麟趾殿校书和刘仪同》:谟,图,都$_{模}$,夫$_{虞}$,疎$_{鱼}$,狐,乌,蒲,湖$_{模}$。(《全北周诗》卷二,页12)

曹摅(谯国谯人)

《赠韩道真》之二:除$_{鱼}$,榆,驹$_{虞}$,涂$_{模}$,衢,殊,蹰$_{虞}$,鱼$_{鱼}$。(《全晋诗》卷四,页22)

《答赵景猷》:初,除,居$_{鱼}$,涂$_{模}$,殊,蹰,隅,衢,凫,纡$_{虞}$,处,语,汝,伫$_{语}$。(《全晋诗》卷四,页24)

《思友人诗》:除$_{鱼}$,枯$_{模}$,疎$_{鱼}$,驹,俱$_{虞}$。(《全晋诗》卷四,页25)

左思(齐国临淄人)

《悼离赠妹》:虑,誉$_{御}$,赋$_{遇}$,布,路,慕$_{暮}$。(《全晋诗》卷四,页9)

鲍照(东海人)

《从过旧宫》:涂$_{模}$,榆$_{虞}$,图,湖$_{模}$,初$_{鱼}$,衢$_{虞}$,渔$_{鱼}$,荼$_{模}$,腴$_{虞}$,

---

① 西平汉置县,属汝南郡,东汉属豫州汝南郡,晋因之。在今河南西平县治西45里。

② 新野汉置县,属南阳郡,东汉属荆州南阳郡,晋为荆州义阳郡治,南宋为雍州新野郡治,南齐因之,北魏属荆州新野郡。故城在今河南新野县治南。

居$_{\text{鱼}}$,敷,渝$_{\text{虞}}$,徒$_{\text{模}}$,刍$_{\text{虞}}$。(《全宋诗》卷四,页17)

《拟古八首》之五:都$_{\text{模}}$,儒$_{\text{虞}}$,书$_{\text{鱼}}$,壶$_{\text{模}}$,隅$_{\text{虞}}$,庐,初,疎$_{\text{鱼}}$。(《全宋诗》卷四,页19)

《绍古辞》之六:涂$_{\text{模}}$,书,疏,舒$_{\text{鱼}}$,隅$_{\text{虞}}$。(《全宋诗》卷四,页20)

徐陵(东海郯人)①

《骢马驱》:渠$_{\text{鱼}}$,敷$_{\text{虞}}$,屠$_{\text{模}}$,书$_{\text{鱼}}$,蹰$_{\text{虞}}$。(《全陈诗》卷二,页1)

王齐之(琅邪人)

《念佛三昧诗》:无$_{\text{虞}}$,粗$_{\text{模}}$,虚,馀$_{\text{鱼}}$。(《全晋诗》卷七,页6)

颜延之(琅邪临沂人)②

《秋胡诗》:徂$_{\text{模}}$,除$_{\text{鱼}}$,枯$_{\text{模}}$,隅,芜$_{\text{虞}}$。(《全宋诗》卷二,页8)

王融(琅邪临沂人)

《歌出国》:树$_{\text{遇}}$,慕,路$_{\text{暮}}$,去$_{\text{御}}$。(《全齐诗》卷二,页5)

《赠族叔卫军》之七:务$_{\text{遇}}$,誉$_{\text{御}}$,素$_{\text{暮}}$,树$_{\text{遇}}$。(《全齐诗》卷二,页7)

王思远(琅邪临沂人)

《皇太子释奠诗》:古$_{\text{姥}}$,矩$_{\text{麌}}$,序$_{\text{语}}$,寓$_{\text{遇}}$。(《全齐诗》卷二,页13)

王秀之(琅邪临沂人)

《卧疾叙意》:豫,虑,曙$_{\text{御}}$,暮$_{\text{暮}}$,雾$_{\text{遇}}$,去$_{\text{御}}$,故$_{\text{暮}}$,树$_{\text{遇}}$,路$_{\text{暮}}$,赋$_{\text{遇}}$。(《全齐诗》卷四,页1)

高允(渤海蓨人)

---

① 郯县汉置,为东海郡治,东汉为徐州东海郡治,晋因之。故城在今山东郯城县西南30里。

② 临沂汉置县,属东海郡,东汉属徐州琅邪国,晋因之。故城在今山东临沂县北50里。又东晋侨置,南宋为南徐州南琅邪郡治,南齐因之。在今江苏江宁县东北30里。

《答宗钦》之三：著御，务遇，素，布暮。（《全北魏诗》卷一，页3）

卢谌（范阳涿人）[①]

《赠刘琨》之六：疎，初鱼，孤模，敷虞。（《全晋诗》卷五，页3）

《赠崔温》：隅虞，豫御，路暮，树，雾遇，慕，诉暮，务遇，固暮，惧麌，虑御，遇遇，御，庶，誉御，赋遇，去御，素，故暮。（《全晋诗》卷五，页4）

刘琨（中山人）[②]

《答卢谌》之二：涂模，虚鱼，都模，敷虞，诸鱼，乎模。（《全晋诗》卷五，页1）

孙绰（太原中都人）[③]

《表哀诗》：序，暑语，户姥，宇麌。（《全晋诗》卷五，第12页）

《与庾冰》之二：夫，衢虞，墟鱼，荼模。（《全晋诗》卷五，页13）

挚虞（京兆长安人）[④]

《答杜育诗》：刍虞，壶模，居，如鱼。（《全晋诗》卷二，页24）

凡35首，都是以鱼、虞、模通押。并且除去白马、临淄、东阿、新野、邓陵、西平、中山几个地方以外，虞韵字的声母都不以“牙音”、“唇音”跟喻、来两纽为限。可见南北方音对于鱼、虞两韵的音读显然是两个系统（参阅附表二及附表三）。或者以为，自从晋朝东渡以后，北人之“寓居江左者，皆侨置本土，冠以南名”。那么，在

---

① 涿县汉置，为涿郡治，东汉为幽州涿郡治，晋为幽州范阳国治。今河北涿县。

② 中山郡汉初置，寻改国，东汉为冀州中山国，晋因之，俱治卢奴。今河北定县治。

③ 中都汉置县，属太原郡，东汉属并州太原郡，晋属并州太原国。在今山西平遥县西北12里。

④ 长安汉置县，为京兆尹治，东汉为司隶京兆尹治，晋为雍州京兆尹治。故城在今陕西长安县治西北13里。

上面所举的北方地名，难免没有侨置的郡县在内。这层顾虑的确是值得注意的。不过我所引据的地方都是以未“冠南名”的为限。并且就是在“冠以南名”的郡县居住的侨民，他们本土的方音是否被侨居地的方音同化，也还有研究的余地。例如萧齐和萧梁的祖先本来是东海郡兰陵县中都乡中都里的人，自从萧整随晋渡江，侨居晋陵武进县之东城里，遂改为南兰陵兰陵人。[1] 假若咱们拿他们侨居地的方音为准，那么，太湖附近的南兰陵[2] 恰好在我所考订的鱼、虞分用圈内，应当跟吴音是一个系统。但是事实上却不如此。咱们且看看萧家的诗文用韵：

齐高帝（南兰陵人）

《塞客吟》：序，楚$_{\text{语}}$，武$_{\text{麌}}$，渚$_{\text{语}}$。

梁简文帝（南兰陵人）

《怨歌行》：馀，初，虚$_{\text{鱼}}$，躯$_{\text{虞}}$，除，舒，鱼，疎，祛，舆$_{\text{鱼}}$。（《全梁诗》卷一，页21）

《有所思》：舆，疎，虚$_{\text{鱼}}$，芜$_{\text{虞}}$。（《全梁诗》卷一，页22）

《三日侍皇太子曲水宴》：裕，树，赋$_{\text{遇}}$，驭$_{\text{御}}$。（《全梁诗》卷二，页2）

《望同泰寺浮屠》：图$_{\text{模}}$，珠$_{\text{虞}}$，吾$_{\text{模}}$，殊，雏，凫，趋，铢，躯，踰$_{\text{虞}}$，居$_{\text{鱼}}$。（《全梁诗》卷二，页4）

《七励》：疏$_{\text{鱼}}$，衢，珠$_{\text{虞}}$，居$_{\text{鱼}}$，处$_{\text{语}}$。（《全梁文》卷十一，页9）

《丞相长沙宣武王碑》：图$_{\text{模}}$，虞$_{\text{虞}}$，初$_{\text{鱼}}$，徒$_{\text{模}}$。（《全梁文》卷十四，页2）

《慈觉寺碑》：书$_{\text{鱼}}$，铢，驱，驱，劬$_{\text{虞}}$，祛$_{\text{鱼}}$，吴$_{\text{模}}$。（《全梁文》卷

① 《南齐书》卷一，《高帝本纪》。

② 南兰陵郡东晋置，南宋为南徐州南兰陵郡，治兰陵。在今江苏武进县西北90里。

十四,页6)

梁元帝(南兰陵人)

《戏作艳诗》:夫,躕,珠$_{\text{虞}}$,馀$_{\text{鱼}}$。(《全梁诗》卷三,页9)

《玄览赋》:愚,衢$_{\text{虞}}$,墟,书,予$_{\text{鱼}}$,处$_{\text{语}}$。(《全梁文》卷十五,页1)

渚,与$_{\text{语}}$,鼓$_{\text{姥}}$,武$_{\text{麌}}$,虎$_{\text{姥}}$,纡$_{\text{虞}}$,图$_{\text{模}}$,驱,符$_{\text{虞}}$。(《全梁文》卷十五,页3)

鬒,躯,珠$_{\text{虞}}$,书$_{\text{鱼}}$;(《全梁文》卷十五,页6)

娱,渝$_{\text{虞}}$,书$_{\text{鱼}}$,珠$_{\text{虞}}$。(同上)

梁昭明太子(南兰陵人)

《示徐州弟》之三:躯,襦,俱$_{\text{虞}}$,庐$_{\text{鱼}}$。(《全梁诗》卷一,页13)

《示云麾弟》:阻,举,渚$_{\text{语}}$,雨$_{\text{麌}}$,所,予,伫$_{\text{语}}$。(《全梁诗》卷一,页17)

《七契》:隅,衢$_{\text{虞}}$,虑$_{\text{御}}$。(《全梁文》卷二十,页6)

萧子范(南兰陵人)

《七诱》:府$_{\text{虞}}$,书$_{\text{鱼}}$,乎$_{\text{模}}$,娱,衢$_{\text{虞}}$。(《全梁文》卷二十三,页4)

在这14首诗文里头,跟鱼韵通押的"珠"、"树"、"殊"、"雏"、"趋"、"铢""鬒"、"襦"等虞韵字,都超出吴音通用的范围,并且这一个地方所见的例外,比吴郡等9个地方所见的还要多着一倍,已然不能算是偶然的疏忽;那么,这个地方的方音显而易见地不能跟吴音并作一系了。据此推论,咱们可以假定六朝时候侨民的方音并没有完全被侨居地的方音所同化。所以上面所举的地名即使有侨置郡县在内,也是跟我所考订的结果没有妨碍的。

至于长江上游的江夏跟浔阳、柴桑等处方音,关于鱼、虞通用的情形,也跟吴郡一系不同,反倒跟北方相近。例如:

李颙(江夏人)[1]

《经涡路作》:都$_{\text{模}}$,衢$_{\text{虞}}$,墟$_{\text{鱼}}$,濡$_{\text{虞}}$,舒,车,鱼$_{\text{鱼}}$,榆$_{\text{虞}}$。(《全晋诗》卷五,页21)

《涉湖》:渚$_{\text{语}}$,浦,睹$_{\text{姥}}$,缕$_{\text{麌}}$,屿$_{\text{语}}$,岨$_{\text{鱼}}$,浒$_{\text{姥}}$,舞$_{\text{麌}}$,旅$_{\text{语}}$。(《全晋诗》卷五,页21)

陶渊明(浔阳柴桑人)[2]

《停云》:雨$_{\text{麌}}$,阻$_{\text{语}}$,抚$_{\text{麌}}$,伫$_{\text{语}}$。(《全晋诗》卷六,页1)

《答庞参军》:书$_{\text{鱼}}$,娱$_{\text{虞}}$,居,庐$_{\text{鱼}}$。(《全晋诗》卷六,页2)

《归园田居》:娱$_{\text{虞}}$,墟,居$_{\text{鱼}}$,株$_{\text{虞}}$,如,馀,虚$_{\text{鱼}}$,无$_{\text{虞}}$。(《全晋诗》卷六,页5)

《和刘柴桑》:躇,居,庐,墟,畬$_{\text{鱼}}$,劬,无$_{\text{虞}}$,疎$_{\text{鱼}}$,须$_{\text{虞}}$,如$_{\text{鱼}}$。(《全晋诗》卷六,页7)

《始作镇军参军经曲阿》:书,如$_{\text{鱼}}$,衢$_{\text{虞}}$,疎$_{\text{鱼}}$,纡$_{\text{虞}}$,馀,居,鱼$_{\text{鱼}}$,拘$_{\text{虞}}$,庐$_{\text{鱼}}$。(《全晋诗》卷六,页10)

《拟古》:隅$_{\text{虞}}$,舒,庐,居$_{\text{鱼}}$,芜$_{\text{虞}}$,如$_{\text{鱼}}$。(《全晋诗》卷六,页16)

《杂诗》:豫,翥,去,虑$_{\text{御}}$,如$_{\text{鱼}}$,住$_{\text{遇}}$,处$_{\text{御}}$,惧$_{\text{麌}}$。(《全晋诗》卷六,页17)

《形影神神释》:著$_{\text{御}}$,故$_{\text{暮}}$,附$_{\text{遇}}$,语$_{\text{语}}$,处$_{\text{御}}$,住,数,具$_{\text{遇}}$,誉,去$_{\text{御}}$,惧$_{\text{麌}}$,虑$_{\text{御}}$。(《全晋诗》卷六,页4)

《赠羊长史》:虞$_{\text{虞}}$,书$_{\text{鱼}}$,都$_{\text{模}}$,踰$_{\text{虞}}$,舆$_{\text{鱼}}$,俱$_{\text{虞}}$,躇,如$_{\text{鱼}}$,芜,娱$_{\text{虞}}$,疎,舒$_{\text{鱼}}$。(《全晋诗》卷六,页9)

---

① 江夏郡汉析南郡置,治西陵,东汉荆州江夏郡,治西陵,三国吴徙治安陆,晋荆州江夏郡治安陆。今湖北安陆县。

② 柴桑汉置县,属豫章郡,东汉属扬州豫章郡,晋属荆州武昌郡,后为寻阳郡治。在今江西九江县西南6里。

《庚子岁五月中从都还阻风于规林》：居$_{鱼}$，于，隅$_{虞}$，涂，湖$_{模}$，疎，馀，如$_{鱼}$。（《全晋诗》卷六，页9）

《饮酒》之十：隅$_{虞}$，涂$_{模}$，驱$_{虞}$，馀，居$_{鱼}$。（《全晋诗》卷六，页13）

《咏二疏》：去$_{御}$，趣$_{遇}$，举$_{语}$，傅$_{遇}$，路，顾$_{暮}$，誉$_{御}$，务$_{遇}$，素，悟$_{暮}$，虑，著$_{御}$。（《全晋诗》卷六，页19）

《读山海经》：疎，庐，书，车，蔬$_{鱼}$，俱$_{虞}$，图$_{模}$，如$_{鱼}$。（《全晋诗》卷六，页19）

从这两个地方鱼、虞通用的事实，证以陆法言所谓"江东取韵与河北复殊"，咱们可以知道六朝时候长江下游的方音自成一个系统，而长江上游的方音有时候反跟北方相近。

鱼、虞两韵既然除了太湖附近的几个地方以外都混用不辨，陆法言何以还要把它们分成两个独立的韵部呢？从这里头咱们很可以窥探出《切韵》分部的微旨来。《切韵》的分韵是采取所谓"最小公倍数的分类法"的。就是说，无论哪一种声韵，只要是在当时的某一个地方有分别，或是在从前的某一个时代有分别，纵然所能分别的范围很狭，它也因其或异而分，不因其或同而合。且以东、冬两韵作为旁证。案《颜氏家训·音辞篇》说：

河北切"攻"字为"古琮"，与"工"、"公"、"功"三字不同，殊为僻也。

《经典释文·条例》说：

又以"登"、"升"共为一韵，"攻"、"公"分作两音，如此之俦，恐非为得。

颜之推是跟陆爽讨论音韵的同志，《经典释文》撰于陈后主至德元年癸卯（583），下距《切韵》成书（601）相去19年，[①] 他们既然异口同声

① 据吴承仕《经典释文撰述时代考》，载《北平图书馆月刊》第二卷第二期。

地说"公"、"攻"分作两音的不当,可见东、冬两韵的分立,不过根据河北的"僻"音罢了。那么,以彼例此,法言根据吴郡等处方言把鱼、虞分作两韵,又何足怪呢?

我们明白了鱼、虞两韵"为什么"分,才能进一步讨论到它们"怎样"分。

关于鱼、虞两韵音值的审辨,在中国学者方面,蕲春黄季刚先生(侃)曾经说过:

> 鱼、虞今音难别。然鱼韵多模韵字,此必音近模也。虞韵多侯韵字,此必音近侯也。
>
> 试于读"鱼"字时先读"吾"字,读"虞"字时先读"齵"字,则二音判矣。(简言之,无异以"吾於"切"鱼","齵纡"切"虞",但须重读上字耳。)[①]

黄先生的话,固然比章太炎所说的"鱼部古皆阖口如'乌'、'姑'、'枯'、'吾',其撮口如'於'、'居'、'祛'、'鱼'者,后世之变也"[②],已然进步了许多,但是他对于咱们的贡献,实在并没有超出孔广森所谓"知侯虞之不可分,而后知虞与鱼模之辨"[③] 的见解以外,对于鱼、虞两韵的音值,仍然没有明晰精确的断定。并且,如他所说,鱼、虞的分别,无异以"吾於"切"鱼",以"齵纡"切"虞",很容易引起人们误认这两韵是声的不同而不是韵的不同。所以咱们对于这种解答是不能满意的。

又从 1923 年汪荣宝的《歌戈鱼虞模古读考》[④] 发表后,引起了当

---

① 《与友人论小学书》,载《唯是》第三册。

② 《国故论衡》上,第 35 页。

③ 《诗声类》卷一,第 2 页。

④ 北京大学《国学季刊》,第一卷第二号,第 241—261 页。

时的古音学者们很剧烈的论争。[①] 这个问题的最后结论,关于歌、戈的古读,大约汪氏所谓"唐宋以上皆读 a 音"已可成为定谳。关于鱼、虞、模的古读,钱玄同先生假定周代读ㄛ[ɔ],汉代读ㄚ[ɑ],六朝唐宋读 ㄛ[ɔ];[②] 林语堂假定"普通读开 o 音[ɔ],有的时候因为前音的影响,或因方音的不同变为合 o 音[o]";[③] 唐擘黄先生(钺)假定"自汉末至唐末普通读入开 o[ɔ],有时读 u"。[④] 他们三位的主张虽然比汪氏所谓"鱼、虞、模魏晋以上亦读 a 音",已然逐渐逼近真实,但是鱼、虞、模三韵相互间有无分别,始终还没有明确的结论。因为汪、钱二氏根本就没有注意到鱼、虞、模的不同。[⑤] 林、唐二氏虽然注意到它们的不同,却因为证据的缺乏,也都没敢下肯定的断案。[⑥]假如他们

① 参阅魏建功《古音学上的大辩论》,《北京大学研究所国学门月刊》第一卷第一号,第 49—108 页。

② 钱氏有《歌戈鱼虞模古读考》附记一篇,载在汪考之末。

③ 林氏有《读歌戈鱼虞模古读考书后》一篇,载在北京大学《国学季刊》,第一卷第三期,第 465—474 页。又有《再论歌戈鱼虞模古读》一篇,载在《晨报副镌》1924 年第五十六号。

④ 唐氏有《歌戈鱼虞模古读的管见》一篇,载在《东方杂志》第二十二卷第一号,及《国故新探》卷二,第 1—34 页。

⑤ 汪考及钱记皆未论及鱼、虞、模之不同。后汪氏续作《论阿字长短音答太炎》一文(《学衡》第四十三期),复谓:"降及六代鱼部之音变者什七八,不变者才二三耳。变者为鱼模,又杂侯部之字以为虞,其音皆如 o,至唐遂转为 u。"是盖汪氏承认六朝鱼、虞、模不分之明文也。

⑥ 林氏谓"鱼、虞、模在梵译上所代表有三种音,就是 a、o 及 u……汪君所举表 u、o 的字中没有鱼部的字,而汪君所举代表梵语 a 音的字中倒有鱼部三字(涂、屠、诸)。此等处正可以见出鱼、虞的差别。若这个是对的,就正与孔广森虞、侯不分之说相合,也与珂罗倔伦所假定的隋音相合。但是我们所见梵译的例极少,还不够使我们能下这个总断。"(北京大学《国学季刊》第一卷第三号,第 476 页)唐氏谓"表中 a、o、u 的译字多数均属模韵,a 下只有鱼韵一字,无虞韵字,o、u 下各有虞韵一字无鱼韵字。或者当时模韵除普通读开 o 外,还有 a 和 u 的方音。若我们可以根据一两个字作假设,或许当时鱼韵普通读开 o,虞韵普通读合 o,模韵普通读开 o,所以一方面可以转为 a,而他方面可以转为合 o,而再转入 u、o"。(《国故新探》卷二,第 24 页)

几位所说是对的，那么将何以解于江永以下以虞从侯的主张呢？所以这个问题也还有研究的余地。

外国学者方面关于这两韵音值的审辨，还要算高本汉（B. Karlgren）比较清晰。我们在对于他的结论有所商榷以前，应当先把他考订这两韵音值的理论，逐译在下面：

> 《切韵》跟反切很小心地分辨鱼、虞两韵的不同，并且在有些方言里头也可以看出这种区别的痕迹来。所谓有些方言，就是指着高丽译音、安南译音跟日译的“汉音”说。它们在无论什么声母的后头都分辨鱼、虞两韵的。至于汕头方言只在见系声母后头分辨两韵，日译“吴音”只在知系声母的后头跟汉音相合，在其余的声母后头，它的音值刚刚跟汉音相反。那么，既然吴音比《切韵》更古，它所根据的方言大概跟《切韵》所根据的不同。咱们且看下面的表：

<table>
<tr><th></th><th>鱼韵</th><th>虞韵</th></tr>
<tr><td>日译汉音</td><td>i—yo</td><td>i—yu</td></tr>
<tr><td>高丽译音</td><td>ə, iə</td><td>u, iu</td></tr>
<tr><td>安南译音</td><td>ï, zï(z- < i-)</td><td>u, zu(z- < i-)</td></tr>
<tr><td>日译吴音</td><td>知系声母|o
(见系声母|u)</td><td>知系声母|u
(见系声母|o)</td></tr>
<tr><td>汕头方音</td><td>见系声母|y, i
(知系声母|u)</td><td>见系声母|u, zu(z- < i-)
(知系声母|u)</td></tr>
</table>

> 以上所举的事实，可以绝对无疑地证明虞韵有一个韵母-ǐu，当中的元音是u，这个u音的性质以后再讨论。那么鱼韵的元音是什么呢？
>
> 这就看见有很利害的困难了。鱼、虞两韵在汉音、高丽译音、安南译音跟汕头方音都有分别，这种分别似乎是根据古《切

韵》的分别来的。在一方面,咱们从汕头的分辨法(鱼韵:ky,ki;虞韵:ku),忍不住要假定一个腭化元音 y 算是鱼韵的元音,那就可以解释高丽的 ə,安南的 ï,算是外国人不会读 y 出来的。不过汉音的 o 是怎么来的呢? 在另一方面,假如咱们赞成用汉音的 o,那么,又怎么解释高丽的 ə 跟安南的 ï? 究竟 y 跟 o 哪个答案对呢?

这题目的答案还要从二等字找出来。在遇摄附属有一些二等字,就是反切下字跟三等的一样,只是声母不同(就是 tʂ 跟 ȶɕ 两组不同的声母);在这些附属的二等字里头,韵母的 ĭ 音受前头舌尖声母的影响,大概老早就很弱了。因为 ĭ 音变弱,所以主要元音就比在三四等字里头受过 ĭ 音很强的影响的容易听出来一点儿。在这些附属的二等字里头,咱们可以找到很多的例子:

	高丽	汕头	厦门	安南	汉音	吴音
鱼韵:	o	o	o	国语“ǒ”[ɤ]	i-yo	o
虞韵:	(i)u	u	u	ɵ(关)	i-yu	u

咱们要注意上面所讲的高丽译音,安南译音跟汕头音等,在鱼韵的三等里头有 ə、ï、y、i 特别音的几种方言,现在在二等里头所有的音,就可以作赞成汉音的根据了。那么在《切韵》的古音里头二三四等既然有同样的韵母,并且其余的方言凡是能够分辨鱼、虞两韵的,在二等里头又既然都用 o,所以咱们可以作合理的结论说:古音在鱼韵的二三四等里头有 o 音。那么底下就是这样:

鱼韵:-jĭʷo　　　虞韵:-jĭu[①]

---

① *Études sur la phonologie chinoise*, pp. 679—680.(《罗常培语言学论文选集》编者案,此段引文在后来的中译本《中国音韵学研究》第 518—519 页中文字上略有不同,为保存本文原貌,未予改动。音标则照译本系统。但高氏原本标鱼韵为 jĭʷo,虞韵为-jĭu,殊为疏忽,译本各改为-ĭwo,-ĭu,合乎高氏本人系统。惟因涉及下文叙述,故此处姑存高氏原来标音。)

高氏对于这两韵音值的考订，从方音上得到客观的佐证，自然比专从汉字分类上推测而得的结果可信得多了。我对于高氏的结论，虽然在大体上承认，但是却有不能不商榷的两点：

第一，从高氏所引据的几种方音里头，并没有发见鱼韵可以读合口的证据，他何以在 ĭo 中间加上一个小 w，而断定鱼韵的音值为-jĭʷo 呢？

第二，高氏因为鱼、虞两韵"日译吴音只在知系声母的后头跟汉音相合，在其余的声母后头刚刚跟汉音相反"，所以说"它所根据的方言大概跟《切韵》所根据的不同"。但是日译吴音实际上是否跟高氏所说的完全相合，并且它所根据的方言是否跟《切韵》所根据的绝对不同呢？

现在先让我讨论第一个问题。

高氏所以读鱼韵为-jĭʷo 的理由，只是因为他把鱼韵当作合口。高氏对于合口各韵的决定，照他自己说，是拿《切韵指南》作根据的。[①]但是咱们细一看《中国音韵学研究》第 76 页所列的韵表里头的"开"、"合"，立刻就可以发见高氏所根据的是清初《康熙字典》卷首的《等韵切音指南》而不是元朝刘鉴所作的《经史正音切韵指南》。这两种韵表虽然出于一个蓝本，但是从下面所举几点显著的差异，咱们可以断定它们所代表的是两个时代的声音系统：

(1)韵摄次第不同：《切韵指南》以通、江、止、遇、蟹、臻、山、效、果(假)、宕、曾、梗、流、深、咸为序；《切音指南》以果(假)、梗、曾、通、止、蟹、遇、山、咸、深、臻、江、宕、效、流为序；从发音的系统看，后者比较前者略有条理。但是《切音指南》前头的《明摄内相同法》歌诀说："梗曾二摄与通随，止摄无时蟹摄推，流遇略参江同宕，山咸深臻两相

① *Études sur la phonologie chinoise*, p.613.

窥。”并且曾摄合口三等见纽下复列通摄的“恭”字；宕摄二等开口复列江摄牙音唇音喉音字，合口复列江摄舌音齿音半舌音字；还有江摄见纽下所列的㊐㊎两字，止摄合口见纽下的㊑㊒两字，咸摄第二图见纽下的“干”字，精纽下的“尖”字，深摄见纽下的“根”字，都是《切韵指南》所没有的。这种改变，跟《字母切韵要法》并梗曾通为庚摄，江宕为冈摄，山咸为干摄，深臻为根摄的旨趣完全相同。

(2)各摄开合口的断定不同：《切韵指南》以止、蟹、臻、山、果(假)、宕、曾、梗八摄各有开口、合口二呼，以通、江、遇、效、流、深、咸七摄为“独韵”。《切音指南》于刘鉴所定的独韵七摄，改江摄为开合呼，效、流、深、咸为开口呼，通、遇为合口呼。

(3)唇音开合口的配列不同：《切韵指南》梗摄合口三等“丙、皿”2字，曾摄合口三等“逼、堛、愎、窨”4字，山摄合口二等“班、版、扮、攀、襻、蛮、轡”7字，四等“褊、缅”2字，宕摄合口一等“帮、螃、膀、傍”4字，《切音指南》均改列开口；只有宕摄开口三等的“方、昉、放、轉”等16字改列合口。这种改变也跟《字母切韵要法》相合。

(4)正齿音二三等的分画不同：《切韵指南》通摄正齿音二等有“崇、剬”2字，宕摄正齿音二等有“庄、惴、壮、斮”等13字，《切音指南》均降列三等，并且自开转合。这种改变也跟《字母切韵要法》以“崇”等为庚摄合口副韵，以“庄”等为冈摄合口副韵恰合。

(5)止摄齿头音跟唇音的等第不同：止摄齿头音“资、雌、慈、思、词”等19字，《切韵指南》原在四等，《切音指南》改列一等。又《切韵指南》于唇音下复列三等的“陂、靡、彼、破、被、美”6字于二等，《切音指南》索性升二等字于一等，而删去三等内重复的字。

(6)入声的系统不同：《切韵指南》蟹摄合口三等屋韵的“竹、畜、逐、衄”，《切音指南》换作术韵的“怞、黜、术、貀”，足徵-k尾跟-t尾已然不分。又《切韵指南》通摄三等烛韵的“瘃、棟、躅、傉”,《切音指南》换作屋韵的“竹、畜、逐、衄”,又把《切韵指南》原列三等烛韵的“禄、辱”两字改列一等,足徵屋、烛两韵已然混淆。此外像《切音指南》以药铎承流摄,以德韵承止摄的一等,也是受了《字母切韵要法》的影响。

(7)字母的用字不同:《切韵指南》的群、床、孃三纽,《切音指南》改作郡、状、娘,跟《字母切韵要法》相同。这不仅是文字的异同,恐怕也因为元明以后全浊变成次清,所以才把平声的“群”、“床”变成仄声的“郡”、“状”,以免误会。

从上述几点,我们可以看出《切音指南》受《字母切韵要法》的影响很大。《字母切韵要法》大约作于明万历四十年(1612)至清康熙五十年(1711)之间,[①] 那么《切音指南》一定经过明末清初人的改窜无疑,所以它形式上虽然保存16摄的空型,实际上已经不是刘士明的故物了。高氏根据《切音指南》的开合来断定《切韵》的开合,无论如何是不能认为可靠的。再进一步说,我们当真要考订隋音,不单《切音指南》不可靠,就是《切韵指南》也一样地不可靠。现在单以鱼、虞、模三韵的开合问题论。案《韵镜》鱼韵在第十一转属开口,《通志·七音略》作“重中重”。虞、模两韵在第十二转属开合,《七音略》作“轻中轻”,是鱼、虞的呼法在《韵镜》里本来显然有别。后来《切韵指南》、《切韵指掌图》和《四声等子》虽然把鱼、虞、模并为遇摄,可是对于它们的呼法或者标为“独韵”,或者标为“重少轻多韵”——所谓“独韵”就是说“所用之字不出本图之内”;[②] 所谓“重少轻多韵”就是说开口

① 参阅罗常培《耶稣会士在音韵学上的贡献》,见《集刊》第一本第三分。收入《罗常培文集》第八卷。

② 明弘治九年金台释子思宜重刊本《切韵指南》通摄图末附注。

的字不如合口的字多。[①] ——都不能当作完全合口的证据。不过刘鉴一方面既然认鱼、虞为“不当分而分”，[②] 把它们并为一摄，一方面对于开合的断定又标作性质不明的“独韵”，难怪后人根据近代的音变而一律认为合口了。所以我们对于《切韵》鱼、虞两韵的开合应当以《韵镜》和《七音略》为准，而不应以《切韵指南》等书为准。《韵镜》成书的年代虽无明文可考，然张麟之的初刊本成于宋高宗绍兴三十一年辛巳(1161)，适与郑樵《通志》的完成同时，那么，无论如何它也是南宋以前的产物，至少要比《切韵指南》的成书(元顺帝至元二年丙子，1336)早着 175 年。从去古之远近说，自然《韵镜》也比《切韵指南》较为可靠。高本汉对于鱼、虞两韵音值的考订，既然从汉音吴音里得到很充分的证据，却无端为清初的《等韵切音指南》所误，读鱼韵为合口，反倒说《韵镜》所定的开口合口有些混乱的地方，[③]岂不是很可惜的事么？所以我对于高氏所考虽然大体承认，可是主张照《韵镜》定鱼韵为开，而删去-ji^{w}o 中间的小 w，结果便是：

鱼韵： -jio 虞韵： -jiu

关于这一点，马伯乐(H. Maspero)的意见，恰好跟我不谋而合。[④]

至于我所要商榷的第二点，我很抱歉不能给高氏掩饰他的偶然错误。因为遍查日译吴音，鱼韵的见系字绝对没有读成-u 音的事实。并且拿高氏自己所作的《方音字典》为证：虞韵里头除去“牙音”的“拘”、“驱”、“惧”、“愚”，“唇音”的“夫”、“敷”、“扶”跟来纽的“缕”字读作-o 韵，喻纽三等的“于”字读作-uo 韵，四等的“逾”字读作-iu 韵以

① 参阅《释重轻》，见《集刊》第二本第四分。又见本书《释重轻》篇。

② 《切韵指南》卷末列举“不当分而分”之韵上声有语、麌，去声有御、遇，谓麌、遇两韵当并入语、御两韵中。

③ *Études sur la phonologie chinoise*, p. 35.

④ *Les dialectes de Tch'ang-ngan sous les T'ang*, BEFEO, 1920, p. 83.

外,其余的字一律读作-u 韵。[1]尤其是鱼韵里头的字在所有的声母后头完全读成-o 韵,从他所举的例字里头绝对找不出半个例外。[2]他关于遇摄音值的考订是 1919 年发表的,比《方音字典》的刊行早着五年,如果拿他近年的意见作根据,那么,他所说的鱼、虞两韵"日译吴音只在知系的声母的后头跟汉音相合,在其余的声母后头刚刚跟汉音相反"云云,在《中国音韵学研究》有再版的机会的时候,我想一定不会保留的。

上面对于高氏的校订如果不错,那么日译吴音也未尝不可作为分辨鱼、虞的根据了。咱们且翻开前头所引吴郡一系的诗文用韵看。在这一系方音里头,鱼、虞两韵大多数分用不混。即或有时候不能分辨,也不外乎虞韵"牙音"的"隅"、"衢"、"娱","唇音"的"侮"、"辅"、"敷"、"凫"和喻纽三等"污"、"宇"、"歈"等几个字,跟日译吴音混入鱼韵的系统完全相同。我觉得这几系字所以不能保持 u 音的缘故,恐怕是受了声母异化作用(dissimilation)的影响。它们在其他大多数声母跟二等字里头,既是显然有别,所以我说关于鱼、虞两韵音值的考订,吴音跟汉音一样可以用作根据的。

我们既然断定《切韵》鱼韵读 io,虞韵读 iu,那么所谓鱼、虞、模的"古读"究竟应当怎么样呢?照我的意见,除去方音的差别不计,大概鱼、虞两韵的音值跟《切韵》所差并不甚远。因为照这个假定对于鱼[io]跟模[ɔ][3] 通,虞[iu]跟侯[u][4] 通的现象,完全可以用支[ia]跟

---

①② *Études sur la phonologie chinoise*, pp. 844—847, pp. 840—843.

③ 模韵音值高本汉读为 uo,我认为普通应读开 o 音,魏晋以下方音也有读为 u 音的,到唐以后,多数方言变为 uo,这一点我当别为专篇论列。

④ 东晋法显译《大般泥洹经文字品》,昙无忏译《大般涅槃经如来性品》,梁僧伽婆罗译文殊师利《问经字母品》都以尤韵之"憂"字对译 u 音,唐智广《悉昙字记》以侯韵"瓯"字对译 u 音,足征尤、侯古读与 u 音为近。

歌[ɑ]通的例去解释它,无须乎把细音一律读成洪音然后才认为满意。关于这一点,高本汉在他的《中国上古音中的几个问题》里头所主张的,除去仍旧读鱼韵为 $\mathrm{j\breve{i}^{w}o}$ 外,很跟我的意见接近。[①]

总括以上所说,咱们可以下这样一个结论:

《切韵》鱼、虞两韵在六朝时候沿着太湖周围的吴音有分别,在大多数的北音都没有分别。[②] 鱼韵属开口呼,所以应当读作 io 音,虞韵属合口呼,所以应当读作 iu 音。后代[y]音的演变是经过 io→iu→y 这样一个历程的。

1930 年 11 月 29 日写竟于北京。

(原载中央研究院历史语言研究所《集刊》第二本第三分。1931 年,署名罗常培。又收入《罗常培语言学论文选集》,中华书局,1963 年)

---

① *Problems in Archaic Chinese*, pp. 779—788.

② 黄淬伯《慧琳一切经音义反切考》仍分鱼、虞、模为据、拘、觚三部,慧琳究据唐代秦音而分,抑沿用韵书之旧部,尚待考证。

表一 六朝诗文鱼虞分用韵字表

（数字示所见次数，* 号示例外，下同）

韵部 \ 地域 \ 声纽 \ 音别		牙音				舌上音			
		见	溪	群	疑	知	彻	澄	娘
鱼韵独用者	吴郡	举$_6$ 车$_2$ 居$_4$ 裾	墟$_2$ 去$_8$	渠 蕖	鱼$_4$ 语$_5$		摅	除$_3$ 伫$_2$	
	秣陵	居$_2$							
	故鄣		去		鱼				
	长城	居	去						
	武康	举$_2$ 裾	墟	渠$_2$ 拒 遽 距	语$_2$ 籞 鱼			伫$_2$ 储 纻	女
	会稽	车 举			语				
	山阴	举						伫 羜	
	彭城	居$_3$ 车 裾$_2$ 举	墟	渠$_4$ 遽	鱼$_2$ 御			伫 除	
虞韵独用者	吴郡	拘 俱	区 躯	矩$_2$	虞	株		蹰 柱	
	故鄣	屦							
	武康	拘	区 躯$_2$	衢$_3$	虞隅 娱	株		蹰	
	广陵								
	彭城		驱		嵎	住		躣	
虞韵混入鱼韵者	吴郡			衢	隅				
	武康				娱 遇	住*			
	会稽				隅				
	山阴		驱	衢				蹰*	
	余姚								
	彭城								
	武原			矩					

轻唇音				正齿音			
非	敷	奉	微	照 庄	照 章	穿 初	穿 昌
					渚$_8$	楚$_6$	处$_4$ 杵
				菹			处
							处
				阻$_2$	渚$_4$	楚$_4$ 初	处$_2$
							处
				阻	渚	楚	
						初$_2$ 楚	处
斧 赋	桴	凫	武 雾		珠		
			雾				
赋夫 跗		凫	武$_2$ 无 雾 朊		朱$_2$ 珠 主$_2$ 注		
			舞				
夫	郛		芜$_2$				
		辅	侮		主*		
		凫					
					珠*		
							枢*
	敷						

正齿音				齿头音				
床 崇神	审 生	审 书	禅	精	清	从	心	邪
	疏 所$_2$ 疎$_3$	舒$_2$纾 书$_2$暑	曙$_3$					绪$_4$ 徐 序$_2$
		舒					胥	
	疎	书$_3$	曙					
		书						
	蔬 所	书 舒					醑 糈	叙序 绪
	所	书						
	所	鼠						序
	疎$_2$ 疏	书$_3$暑 舒 纾						
		戍	树		趋			
	数							
			竖		趣			
						聚		
			树		趋			
			树*					
					取*			

喉音					半舌音	半齿音
影	喻 云	喻 以	晓	匣	来	日
於		予$_3$与 馀$_3$舆	许$_8$		虑$_5$旅 侣庐	汝$_7$ 如$_3$
			虚		庐	
		馀 豫				
		屿$_2$予 馀余	许 虚		侣 庐	
		舆			闾	
					旅 侣	
		馀$_4$誉 玙	许嘘 虚$_2$		旅卢庐 侣庐	如
	雨$_2$ 宇	臾				襦
						孺
	宇 迂	逾 愉			缕	
	宇	愈				
		榆				
	污 宇					
纡						
纡						
		渝				
		歈				
	宇					

表二 六朝诗文鱼虞合用韵字表

韵部	地域 \ 音别 声纽	牙音				舌上音				正齿音							
		见	溪	群	疑	知	彻	澄	娘	照庄	照章	穿初	穿昌	床崇神	审生	审书	禅
鱼韵与虞韵通押者	洛阳											初					
	白马								女				处				
	中牟	车 举	去									楚				黍	
	陈留	居	去	渠								初			蔬 疎	书	
	襄邑							伫					处				
	考城	居$_2$ 举		据								初				书	
	颍川				鱼											书	
	襄城				鱼												
	阳夏		墟		鱼 语			躇		沮 阻	渚				所	舒 书	
	西平																
	南顿				御							初					
	新野														疎		
	谯县	居			鱼 语			除$_3$ 伫				初$_2$	处		疎	舒	
	临淄	居															
	东海	居$_2$ 举		渠	渔			除 纻	女			初$_2$			疏$_2$ 疎	舒$_2$ 书$_2$	
	郯县			渠												书	

齿头音					喉音					半舌音	半齿音
精	清	从	心	邪	影	喻云	喻以	晓	匣	来	日
				序							
							馀				
								虚$_2$			
							與			虑$_2$	
			醑	叙				许		庐虑 旅	
											汝
					饫						
											汝
							與 誉	虚		庐 虑	如
										庐	

韵部 \ 地域 \ 声纽 \ 音别		牙音				舌上音				正齿音							
		见	溪	群	疑	知	彻	澄	娘	照庄	照章	穿初	穿昌	床崇神	审生	审书	禅
鱼韵与虞韵通押者	琅邪				鱼										疏		
	临沂		去$_2$					除									曙
	东阿									俎			处				
	东武城		去														
	蓨县	裾				著									梳		
	方城	举 裾	墟	渠	鱼			伫			渚						
	涿县		去		御							初			疎	庶	
	中山										诸						
	安平							储							疎	书	
	中都		墟													暑	
	解县																
	华阴							除									
	长安	居															
	泥阳	车													疎		
	南兰陵	居$_2$ 举	祛$_2$ 墟		鱼 驭			除 伫		阻	渚$_3$	初$_2$ 楚	处$_2$		疎$_2$ 所 疏	书$_4$ 舒	
	江夏	车	墟		鱼						渚					舒	
	柴桑	居$_7$ 车	去$_3$		鱼	著		躇$_2$		阻	翥		处		疎$_5$	书$_4$	

齿头音					喉音					半舌音	半齿音
精	清	从	心	邪	影	喻云	喻以	晓	匣	来	日
								虚			
							豫誉			虑	
				绪			馀与 舆			庐$_2$ 侣	
							豫誉			虑	
				序							
				绪							
											如
								虚			
				序			予$_2$ 馀$_2$ 舆$_2$ 与	虚$_2$		庐 虑	
	岨						屿			旅	
							馀$_4$ 畬	虚		庐$_5$ 虑	如$_7$

表三　六朝诗文鱼虞合用韵字表

韵部 \ 地域 \ 声纽 \ 音别		牙音				舌上音				轻唇音				正齿音			
韵部	地域	见	溪	群	疑	知	彻	澄	娘	非	敷	奉	微	照庄	照章	穿初	穿昌
虞韵与鱼韵通押者	洛阳														珠		
	白马											辅					
	中牟				隅			蹰		斧			无				
	陈留		躯	劬$_2$	嵎							符$_2$	无		珠		
	襄邑											父					
	考城				遇$_2$ 隅			蹰			芜 雾 无 务 鹜						
	颍川									赋							
	襄城	驹															
	阳夏	俱			遇						敷		无				
	西平									斧			武				
	南顿				虞						敷	符					
	新野									夫							
	谯县	驹$_2$ 俱	区	衢$_2$	隅			蹰$_2$				凫					
	临淄		区	衢						赋							
	东海			衢	隅$_2$						敷		舞			刍	
	郯县										敷						

正齿音				齿头音					喉音						半舌音	半齿音
床崇神	审生	审书	禅	精	清	从	心	邪	影	喻云	喻以	晓	匣	来	日
										宇					
			树								愉				
	数		树$_2$		趣						瑜				濡
			树							羽宇					
	数										喻				
			殊$_2$						纡		揄				
										竽					
							须			竽	榆腴渝				儒

韵部	地域＼声纽＼音别	牙音				舌上音				轻唇音				正齿音			
		见	溪	群	疑	知	彻	澄	娘	非	敷	奉	微	照庄	照章	穿初	穿昌
虞韵与鱼韵通押者	琅邪	俱									敷		无				
	临沂			矩	隅寓					赋			务芜雾				
	东阿									脯		父					
	东武城							柱					舞				
	蓨县							蹰		肤	敷		务		珠		
	方城	拘		矩	娱						敷						
	涿县			惧	隅遇					赋	敷		雾务				
	中山										敷						
	安平	俱		衢	娱愚隅					夫			无				
	中都			衢						夫							
	解县							柱									
	华阴												无				
	长安															刍	
	泥阳		躯										无		珠		姝
	南兰陵	俱	躯$_{4}$ 驱$_{8}$	衢$_{4}$ 劬	娱$_{8}$虞 隅愚			蹰		赋府 夫		凫 符	芜 武$_{2}$		珠$_{5}$	雏	
	江夏			衢									舞				
	柴桑	俱$_{2}$	驱	衢 具	娱$_{3}$虞 隅			住$_{2}$ 株		傅	抚	附	无$_{2}$务 芜$_{2}$				

正齿音				齿头音					喉音					半舌音	半齿音
床 崇神	审 生	审 书	禅	精	清	从	心	邪	影	喻 云	喻 以	晓	匣	来	日
											愉				
			树$_3$												
						聚				雨					
										羽竽 雨	逾 揄				
			树												
										宇					
					取	聚								缕	
											臾				
			铢$_2$ 树 殊		趋		鬚		纡	雨	逾裕 渝				襦
											揄			缕	濡
	数				趣		须		纡	雨 于	逾				

知彻澄娘音值考

一　认定问题

巴黎国家图书馆所藏敦煌写本《守温韵学残卷》(2011)[①] 第一截上面有

舌音　端透定泥是舌头音

　　　知彻澄日是舌上音

两条;又伦敦博物馆所藏敦煌写本《归三十字母例》[②] 也有

端　丁当颠战　　知　张衷贞珍

---

① 刘复《守温三十六字母排列法之研究》附录(北京大学《国学季刊》第一卷第三号),及《敦煌掇琐》下辑稿本。

② 滨田耕作:《スタイン氏(Stein)发掘品过眼录》(《东亚考古学研究》第315页)。原文"战"作"故","衷"作"象","贞"作"负","天"作"光","缜"作"繽","呈"作"皇",均误。今据全文以双声为经以叠韵为纬之例,校勘如上。

透	汀汤天添	彻	伥忡柽缜
定	亭唐田甜	澄	长虫呈陈
泥	宁囊年拈	来	良隆泠邻

八母;它们虽然或以日母当作舌上音的次浊,或以来母当作舌上音的次浊,都没有单立娘母,可是知、彻、澄三母的分化已然成了显著的事实。这两种写本既经专家断定为唐末的东西,那么舌上音的分化最晚也应当是晚唐时候的事情了。但是知、彻、澄、娘一方面在上古音中和端、透、定、泥不分,钱大昕、邹汉勋、章炳麟等已然相继考明,[①]并且在现代的闽语里我们还可以找到许多活的证据。另外一方面,从南宋以后它们就和照、穿、床、泥不分,所以陈晋翁的三十二母有知、彻、澄、泥而无照、穿、床、孃;吴澄的三十六母有照、穿、澄、泥而无知、彻、床、娘。[②] 并且邵雍《皇极经世声音图》把知、彻、澄、娘次于齿音之后,有人怀疑从那时候起它们已经由舌音变成齿音了。[③] 至于现代北部方音里知、彻、澄和照、穿、床一样变成[tʂ][tʂʻ]音,娘和泥一样变成[n]音的,那更是所在皆有。故《清通志·七音略》说:"知、彻、澄古音与端、透、定相近,今音与照、穿、床相近,泥、孃古音异读,今音同读。"如此说来,知、彻、澄三母不混于[t][tʻ][dʻ],便混于[tʂ][tʂʻ][dʐʻ],那么,它们本身究竟有没有独立的音值?如果没有独立的音值,守温定字母时为什么把它们分立?娘母虽较晚出,究竟和泥母有没有分别?这都是很值得我们考虑的。

---

① 钱大昕:《舌音类隔之说不可信》,见《十驾斋养新录》卷五,第25—32页;章炳麟:《古音娘日二纽归泥说》,见《国故论衡》上,第31—33页。又邹汉勋:《五均论》、《二十声四十论》第二十八为"论泥孃日一声",今本目存说佚。章说当即由此启发。

② 见吴澄:《文正集·切韵指掌图节要序》。

③ 清康熙《性理精义》卷三案云:"知、彻、澄、娘等韵本为舌音,不知何时变入齿音。等韵次于舌音之后,《经世》次于齿音之后,则疑邵子之时此音已变也。"案《性理精义》为李光地承修,此案语或即出于榕村也。

二　提出假设

我对于这个问题的解答，认为知、彻、澄三母和梵文的“舌音”(linguals 或称 cerebrals) ट(ṭ) ठ(ṭh) ड(ḍ) ढ(ḍh)相当；换言之，就是应当读作舌尖后音(supradentals)的塞声(plosives)[ʈ][ʈ‘][ɖ](或[ɖ‘])，它们的三等字后来或者因为 j 化(yodisé)而有接近腭音的倾向。至于娘母本来也应当和ण(ṇ)相当，不过因为它在《切韵》的反切里既然和泥母不能划分，在华梵对音中也往往和ञ(ñ)न(n)相混，所以在唐末的三十字母里还没有独立，直到宋人增改作三十六字母的时候，它才和非、敷、奉、微、禅五母同时产生。这并不是凭空悬想的，我从梵文字母的译音，佛典译名的华梵对音，藏译梵音，现代方言及韵图的排列等项，都有方法可以证明我的假设。

三　从梵文字母的译音证明

用华梵对音推测中国古音的方法，有人不大以为然。但是这也要分别情形不可一概而论。守温字母的产生从种种方面看都不免受了“悉昙”(Siddhaṁ or Siddhamārtṛka)的影响，那么，我们如果用梵文字母的译音去推证守温字母的音值，比较用别的方法似乎还更靠得住一点。关于华梵字母的关系自来说者也颇不同。自从沈括《梦溪笔谈》论“切韵之学”一条载有《华严经》的四十二字母，后人遂说三十六字母本于《华严》。林本裕《声位》改定的二十四字母甚至于羼入“瑟吒”、“诃婆”、“曷罗多”三母。直到钱大昕、陈澧诸人，才知道“唐人所撰三十六字母，实采《大般涅槃经文字品》之四十七字，参以中华音韵而去取之,谓出于《华严》则妄矣”[①]。不过“《涅槃》无字母名目,其谓之字母,则沿袭于《华严》”[②] 罢了。其实《华严》字母出自“圆明字轮”,《涅槃》字母出自“四十九根本字”[③],本来是两个系统,不可混为一谈。属于“圆明字轮”一系的经论有:

西晋竺法护译《光赞般若波罗蜜经观品》第十七(太康七年,286)

西晋无罗叉译《放光般若经摩诃般若波罗蜜陀邻尼品》第二十(元康元年,291)

姚秦鸠摩罗什译《摩诃般若波罗蜜经广乘品》第十九(弘始五年,402)

姚秦鸠摩罗什译《大智度论释四念处品》第十九(弘始六年,403)

东晋佛驮跋陀罗译《大方广佛华严经》卷五十七《入法界品》第三十四之十四(东晋义熙十四年至刘宋永初二年,418—421)

唐玄奘译《大般若波罗蜜多经》卷五十三《初分辩大乘品》(显应四年,659)

唐地婆诃罗译《大方广佛华严经入法界品》(垂拱元年,685)

唐实叉难陀译《大方广佛华严经》卷七十六《入法界品》第三十九之十七(武周证圣元年,695)

唐不空译《大方广佛华严经入法界品四十二字观门》(大历六年,771)

唐不空译《大方广佛华严经入法界品顿证毗卢遮那法身字轮瑜伽仪轨》(大历六年,771)

唐般若译《大方广佛华严经入不思议解脱境界普贤行愿品》卷三

---

① 《十驾斋养新录》,卷五,第 12 页,“论西域四十七字”条。

② 《切韵考·外篇》,卷三,第 2 页。

③ 根本字数目诸经不一,最少为《佛本行集经》之三十八,最多为《悉昙字记》之五十一,今以法显译《大般泥洹经》为准,不数“叉”、“滥”两母。

十一(贞元十四年,798)

唐慧琳《一切经音义华严四十二字观门经》(贞元四年至元和五年,788—810)

属于"四十九根本字"的经论有:

东晋法显译《佛说大般泥洹经文字品》第十四(义熙十三年,417)

北凉昙无忏译《大般涅槃经如来性品》第四之五(玄始三年至十年,414—421)

刘宋慧严修《大般涅槃经文字品》第十三(元嘉元年至九年间,424—432?)

梁僧伽婆罗译《文殊师利问经字母品》(天监十七年,518)

隋阇那崛多译《佛本行集经》卷十一(开皇七年至十二年,588—592)

唐玄应《一切经音义大般涅槃经文字品》(贞观末,649?)

唐地婆诃罗译《方广大庄严经示书品》(垂拱元年,685)

唐义净《南海寄归内法传》(高楠顺次郎英译本引《悉昙章》。武周天授元年至如意元年,690—692)

唐善无畏译《大毗卢遮那成佛神变加持经百字成就持诵品》第二十二(开元十二年,724)

唐不空译《瑜伽金刚顶经释字母品》(大历六年,771)

唐不空译《文殊问经字母品》(大历六年,771)

唐智广《悉昙字记》(唐德宗间,780—804?)

唐慧琳《一切经音义释大般涅槃经》卷八《辨文字功德及出生次第篇》(贞元四年至元和五年,788—810)

宋惟净《景祐天竺字源》卷三(景祐二年,1035)

清《同文韵统》卷五《天竺字母谱》(乾隆十四年,1749)

前一系是一种密宗持诵的"旋陀罗尼",故《字轮瑜伽仪轨》云:"应于月轮内右旋布列四十二梵字,复应悟入般若波罗蜜四十二字门,了一切法,皆无所得,能观正智所观法界,悉皆平等,无异无别。修瑜伽者,若能与是旋陀罗尼观行相应,即能现证毗卢遮那如来智身,于诸法中得无障碍。"因为它并不是讲梵文声母韵母的,所以音系凌杂,漫无统纪。不像后一系把四十九字分成"字音"、"比声"、"超声"三大类,而比声又各按五音判别,轻重清浊不失其伦。并且"圆明字轮"的四十二字只有三十一字和后一系相同,其余十一字都是二合音,尤其跟华音迥不相谋。《同文韵统》糅合两系列为《大藏经字母同异谱》,实在是很大的错误。所以推迹守温字母的渊源,应当以钱、陈二氏之说为宗,"但知《华严》不知《涅槃》是逐末而遗本也"。①

"舌音"五母,"四十九根本字"列在第二十七至三十一,按照戛透捺的顺序排比,秩然不紊。"圆明字轮"虽然也有这五母,可是分散在第九、第三十五、第三十六、第四十一、第四十二等处,音序毫无条理。现在为比较研究上的便利,都照着根本字的顺序把它们列成同样的两个表:

表一 "圆明字轮"中舌音五母译音表

舌音五母在"圆明字轮"中之次序	41	35	9	42	36
天城体梵书	ट	ठ	ड	ढ	ण
罗马字注音	ṭa	ṭha	ḍa	ḍha	ṇa
竺法护译《光赞般若波罗蜜经观品》	陀	咤 徐	咤	吒	那

① 《潜研堂答问》第十二。参阅罗常培《中国音韵沿革》讲义"论守温字母之源流"及缪篆《字平等性语平等性集解》。

（续表）

无罗叉译《放光般若经摩诃般若波罗蜜陀邻尼品》	吒	咃	茶	嗏	那
鸠摩罗什译《摩诃般若波罗蜜经广乘品》	咤	咃一本作他	茶	茶	拏
鸠摩罗什译《大智度论释四念处品》	吒	咃一本作他	茶	茶	拏
佛驮跋陀罗译《大方广佛华严经》卷五十七《入法界品》	侘耻加反	吒	茶	陀	拏
玄奘译《大般若波罗蜜多经》卷五十三《初分辩大乘品》	吒	搋	茶	择	拏
地婆诃罗译《大方广佛华严经入法界品》	侘耻加反	吒	茶	陀	拏
实叉难陀译《大方广佛华严经》卷七十六《入法界品》	侘耻加切	吒	茶徒酢切	陀	拏孎可切
不空译《大方广佛华严经入法界品四十二字观门》	吒上	姹上	拏上	茶去	儜上
不空译《大方广佛华严经入法界品顿证毗卢遮那法身字轮瑜伽仪轨》	咤上	姹上	拏上	茶去	儜上
般若译《大方广佛华严经入不思议解脱境界普贤行愿品》	侘上	姹上	拏	茶去	儜上
慧琳《一切经音义华严四十二字观门经》	吒谪贾反	姹拆贾反	拏儜贾反	侘拆贾反借音	儜女耕反鼻中声也

表二 “四十九根本字”中舌音五母译音表

舌音五母在“四十九根本字”中之次序	27	28	29	30	31
天城体梵书	ट	ठ	ड	ढ	ण
罗马字注音	ṭa	ṭha	ḍa	ḍha	ṇa
法显译《佛说大般泥洹经文字品》	吒	侘 土家反	茶	茶 重音	拏
昙无忏译《大般涅槃经如来性品》	吒	咃	茶	袓	拏
慧严修《大般涅槃经文字品》	吒	侘 土家反	茶	茶 重音	拏
僧伽婆罗译《文殊师利问经字母品》	多	他	陀	檀	那
阇那崛多译《佛本行集经》	吒	咤	茶	嗏	拏
玄应《一切经音义大般涅槃经文字品》	吒 重	咃 丑加反	茶	咤 伫贾反	拏
地婆诃罗译《方广大庄严经示书品》	吒 上声	吒	茶 上声	茶	拏 上声
义净《南海寄归内法传》	吒	诧	茶	椗	拏
善无畏译《大毗卢遮那成佛神变加持经百字成就持诵品》	吒	咤	拏	茶 重声	拏
不空译《瑜伽金刚顶经释字母品》	吒 上	咤 上	拏 上	茶 去	拏 鼻声呼 尼爽反
不空译《文殊问经字母品》	吒 上	姹 上	拏 上	茶 去	拏

（续表）

智广《悉昙字记》	吒 卓下反音近卓我反	侘 拆下反音近拆我反	荼 馀国有音搦下反 宅下反轻音	荼 重音音近幢我反	拏 馀国有音拏讲反 搦下反音近搦我反
慧琳《一切经音义释大般涅槃经》卷八《辨文字功德及出生次第篇》	緿 陟贾反	姹 拆贾反	絮 纽雅反	搽 去声引 茶夏反	拏 兼鼻音 儜雅反
惟净《景祐天竺字源》	哲 陟辖切	诧 丑辖切	痆 尼辖切	茶	拏
《同文韵统·天竺字母谱》	查 正齿紧 之阿切	义 正齿 蚩阿切	楂 正齿缓 支阿切	楂 哈半齿半喉 呐哈切	那 卷舌 呐阿切

在这两个表里，以 ṭ 母（根本字第二十七，字轮第四十一）对“吒”的凡16次，对“咤”的凡2次，对“緿”或“哲”的各1次；“吒”陟驾切，“咤”陟加切，“緿”竹下切，“哲”陟列切，均属知母。以ṭh母（根本字第二十八，字轮第三十五）对“姹”的凡6次，对“吔”的凡5次，对“侘”的凡3次，对“诧”的亦3次，对“咤”的2次，对“搋”的1次；“姹”丑下切，“吔”丑加切，[①]“侘”敕加切，[②]“诧”丑亚切，“搋”丑皆切，均属彻母；又《书·顾命》：“三祭三咤”，《释文》引马融云“咤亦作诧”，是“咤”字亦可读为彻母。以 ḍ 母（根本字第二十九，字轮第九）对“茶”的凡9次，对“荼”的凡6次，对“咤”的1次；“茶”、“荼”宅加切，属澄母，

① “吔”字不见于《广韵》。《玉篇》：“吔吐多切，出《陀罗尼》”，今从玄应音义。

② “侘”字法显慧严均注“土家反”。今从《切韵》。

又《书·顾命》:“三祭三咤”,徐邈读或省作“宅”,是“咤”字亦可读为澄母。以ḍh母(根本字第三十,字轮第四十二)对“荼”的凡9次,对“茶”的凡4次,对“樣”、“裋”、“择”的各1次;“樣”宅加切,“裋”直苋切,“择”场伯切,与“荼”、“茶”同属澄母。以 ṇ 母(根本字第三十一,字轮第三十六)对“拏”的凡19次,对“儜”的凡4次;“拏”女加切,“儜”女耕切,均属娘母。其中除去一个“哲”字都是二等字。如果按照百分比例计算,在我所收的27种译音里,以 ṭ, ṭh, ḍ, ḍh, ṇ 对译知、彻、澄、娘二等字的最少数也在百分之六十以上。只有僧伽婆罗以舌头“多、他、陀、檀、那”对 ṭ,ṭh,ḍ,ḍh,ṇ, 而以“轻多、轻他、轻陀、轻檀、轻那”对 t,th,d,dh,n; 法显慧严两家音“侘”为土家反;鸠摩罗什以“咃”对 th, 而一本作“他”,跟《玉篇》“咃,吐多切”的音相合;还有竺法护、无罗叉两家以“那”对 n, 也跟n母混而不分;但是这种对音现象,从隋阇那崛多所译的《佛本行集经》(589—592)以后,直到宋惟净《景祐天竺字源》(1035)以前,绝对没有发见过。所以我们可以推断——**知彻澄三母在六朝的时候或者还有些地方保存上古的舌头音,没有完全分化;然而从6世纪之末(592),到11世纪之初(1035),它们确曾有过读作 t,th,d(或dh) 音的事实,至少在梵文字母译音里找不到反证**。至于《同文韵统》(1749)受了藏译梵音的影响,用“正齿音”的二等字对译 ṭ,ṭh,ḍ,ḍh, 那是很晚近的事情了。不过娘母有百分之八十以上对译 ṇ 音为什么反倒晚出呢?照我看来,第一因为在《切韵》的反切里,娘、泥之混比较其他三母更为显著,所以陈澧虽然承认知、彻、澄、娘在《切韵》里应当和端、透、定、泥分开,可是他对于娘母也不得不说:“泥、孃二母今音难分,《养新录》考古音谓舌音类隔之说不可信,亦不考泥、孃二母字。澧谓此二母之分本可疑,如尼字不入泥母而入孃母,农字入泥母而醲字入孃母,更无古音今音之可言矣。故今置之不论也。”[1] 第二因为梵文 ñ 母的对音固然多数属于日母,可是不空、般若、慧琳等译作“孃”,惟净译作“倪”,皆入娘母。可见在梵文译音里 ṇ,ñ 两母的分界也不清晰,所以唐人的《归三十字母例》才以知、彻、澄、日相配。其实就隋以后的译音看,知、彻、澄既然能够和端、透、定分别,娘和泥在原理上也应当有分别,不过鼻声(nasal consonant)的混化,比较口声(oral consonant)更为容易,所以唐末的沙门还不敢公然把它们独立罢了。

此外,在表内所举的译音中,还有几种例外得要解释:

(一) ḍ 母的对音善无畏、不空、般若等作“拏”,慧琳作“拏”或“絮”,惟净作“痆”;“拏”女加切,“絮”女下切[2],“痆”女黠切,均属娘母。他们何以用鼻声对译浊塞声?我觉得这是方音的歧异。案智广《悉昙字记·序》引南天竺沙门般若菩提云:“南天祖承摩醯首罗之文,此其是也。而中天兼以龙宫之文,有与南天少异,而纲骨必同。健驮罗国熹多伽文独将尤异;而字之所由皆悉昙也。”因此“五天之文,或若楚夏”,不可一概而论。《悉昙字记》初章 ḍ 母的对音“荼”字下注云:“宅下反,轻音,馀国有音搦下反。”此书本于南天竺音已有明文可考,那么他所谓“馀国”当然是中天竺或北天竺的方音了。我们再来看看以 ḍ 对“拏”的几家究竟是什么地方人?善无畏“本中天竺人,其先自中天竺分王乌荼”[3];不空“本北天竺婆罗门族”[4];般若“北天

---

① 《切韵考·外篇》卷三,第 10 页下小注。

② “絮”《广韵》奴下切,类隔,今从《集韵》。无锡丁氏影印本《慧琳音义》作绀雅反,日本元文二年刊本作“絮雅反”,并误。今以音形互校定为“纽雅反”。

③ 《宋高僧传》二。

④ 《宋高僧传》一。

竺迦毕试国人"[①];"慧琳疏勒国人,始事不空三藏为室洒"[②]。他们既然有四分之三和北天竺有关系,那么在没有找到旁的反证以前,我们很可以推断北天竺的 ṇ 音是有一部分变近 ḍ 音的。这种音变在别处方音里也可以找到佐证,例如:

		日译汉音	文水兴县平阳方音
泥	一等	d	nd
	二等		
	三等(娘)	d,或 ȡʑ	ȵȡ[③]
	四等		

并且由鼻声[m][ŋ]变成浊塞[b][g]的在厦门音里也有很好的旁证。所以这种例外是不成问题的。

(二)佛驮跋陀罗、地婆诃罗、实叉难陀等以"吒"对 ṭh 而以"侘"对 ṭ,且注明"耻加反",戛透二类华梵恰好颠倒;般若以"侘"对 ṭ,也同样译戛为透。这种现象的演成,我以为有两种可能:一方面佛驮跋陀罗三人所据的"圆明字轮"或者和别本的次序不同,所以不单第三十五字和第四十一字的对音前后颠倒,并且第五字 na 和第十二字 ta 的对音"多"、"那"两字也恰好有同样的情形。另外一方面,ṭ,ṭh 两母的读音或者在方音容易混淆,所以它们的对音往往参差不治,这在下一段讨论佛典译名的华梵对音时,我们还可以有好多的实例。我们且看,地婆诃罗译《华严经入法界

① 《宋高僧传》卷一,《唐洛京智慧传》;卷三,《唐醴泉寺般若传》。又《贞元释教录》十七。罗振玉《悉昙字记跋》以南天竺之"般若菩提"与此北天竺之"般若"为一人,以方音考之,未必然也。

② 《宋高僧传》五。

③ B. Karlgren: *Études sur la phonologie chinoise*, p.470. 中译本,第 346 页。

品》以"侘"对 ṭ，以"吒"对ṭh，而译《大庄严经》又以"吒上声"对 ṭ，以"吒"对ṭh，以及竺法护用二合音"咤徐"对译ṭh音，这便可想见当时译者表现送气音的费力和笔受者分别送气不送气的困难了。

(三)送气的浊音ḍh 母本来是华音所没有的，所以普通也拿澄母字对译它，而别注"重音"、"重声"、"去声引"等文；此文或者加口旁于"茶"或"荼"的左边以示区别[①]，或者用清声彻母的"侘"字对译而注明是"借音"；这都是不得已的办法。只有佛驮跋陀罗、地婆诃罗、实叉难陀三家译作"陀"，昙无忏译作"袒"，均属定母字。我想这也不过为表示发音重浊，并不见得真正读作舌头音。如果这个推测不错，那么，竺法护以"陀"对ṭa，以"吒"对ḍha，我们很可说他是第四十一、四十二两母的颠倒。

因此我觉得虽然有这三项例外，我的假设依旧可以成立的。

四 从佛典译名的华梵对音证明

根据前项例证，我们已经可以推断从 6 世纪到 11 世纪(592—1035)的期间，知、彻、澄、娘是曾经读过 ṭ，ṭh，ḍ，ṇ 的。还有一种和前项相辅而行的材料，就是佛典译名的华梵对音。对于佛典译名的华梵对音的研究，西洋学者很早就注意到了。像雷暮沙(Abel Rémusat)[②]、

① "嗏"、"嗏"二字均不见于《广韵》。《集韵》"嗏，都加切"，属端母，《字汇》"嗏，初加切"，属穿母，此皆后起之音，不足为据。余谓此并译者新造之字以示"嗏"、"嗏"与"茶"、"荼"音近而不同，亦犹粤人所造"吔"、"嘅"、"哓"、"咽"之类也。

② *Le étude des langues étrangères chez les chinois*, Le magasin encyclopédique, Octobre, 1811.

卜尔诺夫(Eugène Burnouf)[①]、儒莲(Stanislas Julien)[②]、艾德尔(Ernest J. Eitel)[③]、高本汉(B. Karlgren)[④]等,前后都有所探讨。但是他们所注意的只是华译梵音的拼法,还没有直接应用华梵对音来考订中国古音的;就是高本汉也不过拿他考订《切韵》音的结果把前人对于华译梵音的拼法加以改订罢了。马伯乐(H. Maspero)的《唐代长安的方音》里算是引用了一部分不空学派的密咒对音(Les transcriptions de Dhāranī de l'École d'Amoghavajra)[⑤],直到1923年钢和泰(Von Staël-Holstein)发表了《音译梵书与中国古音》[⑥] 之后,在汉语音韵学的研究上才起了一种新的变化。国内学者第一个应用华梵对音来考订汉语古音的要算是汪荣宝的《歌戈鱼虞模古读考》[⑦],由此而引起了古音学上很大的辩论。至于应用这种方法在声母考订上的,我这篇短文还算是一种发端的尝试。我对于应用华梵对音考证汉语古音的方法,虽然认为要有相当的限度,可是对于在推求守温字母的音值上,却觉得是颇可信据的。

为解决这个问题,我一共选择了155个含有"舌音"(linguals or cerebrals)的梵名。在含有 ṭ 音的51个梵名里,凡有45个对译知母:

① *Le lotus de la bonne loi*, 1852.

② *Méthode pour Déchiffrer et Transcrire les Nom Sanscrits qui se rencontrent dans les livres Chinois*, 1861.

③ *Handbook of Chinese Buddhism*, 1904.

④ *Prononciation ancienne de caractères Chinois figurant dans les transcriptions Bouddhiques*, T'oung Pao, XIX, 1920.

⑤ *Les dialectes de Tch'ang-ngan sous les T'ang*, BEFEO, XX, 1920, p.20.

⑥ 北京大学《国学季刊》第一卷,第47—56页。

⑦ 北京大学《国学季刊》第一卷,第241—261页。

梵音	华音	译名出处
Anuṣ*ṭu*bhchandas	阿菟吒阐提[1]	百论疏一
Ariṣ*ṭa*ka	阿犂吒,阿梨瑟吒	翻梵语九
A*ṭa*li	阿吒厘	西域记十一
Aṭa*ṭa*	颈哳吒,阿吒吒,歇哳吒	瑜伽师地论四,俱舍论宝疏十一
Ā*ṭa*vika	阿吒嚩迦,阿吒薄俱,遏吒薄	慧琳音义十二
A*ṭṭa*na	阿吒那剑	十诵律二十四
Bhṛgiri*ṭi*	苾嚏吃嘌知	大日经疏五
Bhṛku*ṭi*	毗俱胝,毗俱知,苾唎俱胝	不空罥索心咒王经下,大日经疏五,苏婆呼经下
Ca*ṭa*ka	遮吒迦	正法念经十六
Devakū*ṭā*	提婆俱吒	善见律七,翻梵语
Dhṛtarāṣ*ṭra*	提多罗吒,提头赖吒	四天王经,金光明经二
Dhruvapa*ṭu*	杜鲁婆跛吒	西域记十一
Ekaja*ṭā*	翳迦惹吒	一髻尊陀罗尼经
Ghandhaku*ṭi*	健陀俱知,健陀俱胝	毗奈耶杂事二十六,名义集七
Hā*ṭa*ka	阿吒迦	探玄记二十
Kani*ṭa*	罽腻吒王,罽尼吒王	付法藏传五,行事钞上一

① 凡梵音中斜体拉丁字母都跟华音中下加点的汉字相对,下同。

梵音	华音	译名出处
Ka*ṭa*bhūtana or Ka*ṭa*pūtana	迦吒富单那,迦吒布单那羯吒布怛那,竭吒富呾那	首楞严经，梵语杂名,玄应音义二十一,慧琳音义十八
Khe*ṭa*	契吒	西域记十一
Ko*ṭi*	俱致,俱胝,拘致	玄应音义五,慧琳音义一,华严疏钞十三上
Kukku*ṭa*padagiri	屈屈吒播陀	西域记九
Kukku*ṭa*-ārāma	屈屈吒阿滥摩	释迦方志下,西域记八
Kukku*ṭa*-iśvara	矩矩吒翳说罗	寄归传一,慧琳音义八十一
Kuranta*ṇṭa*	鸠兰单吒	千手陀罗尼经
Ku*ṭa*śalmalī	拘吒赊摩利,居吒奢摩离,究罗瞋摩罗	起世经五,起世因本经一,长阿含经十九
Mālāku*ṭa*	秣罗矩吒	西域记十
Marka*ṭa*	摩伽吒	玄应音义一,翻译名义集二
Mātṛce*ṭa*	摩咥哩制吒	寄归传四
Na*ṭa*	那吒	毗沙门仪轨
Pāpacā*ṭa*	波婆遮吒	大威德陀罗尼经十
Pa*ṭa*la	波吒罗	慧琳音义廿五,慧苑音义下,梵语杂名

梵音	华音	译名出处
Pa*ṭa*liputtra	波吒釐,波吒梨那,波吒釐子,波吒利弗,钵吒补怛罗	玄应音义二十五,西域记八,善见律一,宗轮论述记,华严疏钞四十五
Paṭ*ṭa*	钵吒	有部毗奈耶二十三,大日经三,梵语杂名
Pūrṇagha*ṭa*	本囊伽吒,本那伽吒	慧苑音义上
Rāṣ*ṭra*pāla or Rāṣṭ*ra*vara	赖吒啝罗,罗吒婆罗	付法藏传五,中阿含经三十一
Saṁghā*ṭi*	僧伽胝,僧伽致,僧伽知,僧伽鸱,僧伽梨	西域记二,玄应音义十四,寄归传二
Saṁghā*ṭa*sūtra	僧伽吒经	元魏月婆首那译经名
Sañjayavāiraṭ*ṭi*-Putra	删阇夜毗罗胝子	维摩经注三
Sphā*ṭi*ka	萨颇胝迦,破置迦	大智度论十,玄应音义二十
Śā*ṭa*ka	舍吒迦	梵语杂名
Tra*ṭa*	怛啰吒	大日经疏九
Utku*ṭa*	优俱吒坐,嘔俱吒坐	金刚顶经一,慧琳音义三十六
Utku*ṭu*ka	嘔屈竹迦	寄归传三

梵音	华音	译名出处
Vajra-aṭṭahāsa	跋折罗吒诃沙	陀罗尼集经八
Vajra-muṣṭi	跋折罗母瑟知	陀罗尼集经四
Yaṣṭi-vana	泄瑟知林,泄悉知林	西域记九

而对译澄母的只有 4 个:

梵音	华音	译名出处
Ghaṇṭi	犍稚,犍迟,犍椎,犍椎,犍地	玄应音义十四,元照释行事钞上之一,羯磨疏,五分律
Ghaṇṭi-sūtra	犍稚梵赞	宋法天译经名
Ghaṇṭin	犍坻	智度论八
Nīlapiṭa	尼罗蔽荼	西域记二

对译定母或穿母的各有 1 个:

梵音	华音	译名出处
Mahārāṣṭra	摩诃剌陀	西域记十一
Kuṭumba	屈蠢婆	大毗婆沙论

在含有ṭh 音的 11 个梵名里,凡有 7 个对译彻母:

梵音	华音	译名出处
Akaniṣṭha	阿迦扼瑟搋,阿迦扼瑟揥,阿迦尼瑟吒,阿迦贰吒,阿迦尼吒,阿迦尼沙托	玄应音义六,玄赞二,慧苑音义上,法华经序品
Ariṭṭha	阿栗抽	善见律毗婆沙一
Dantakāṣṭha	弹多扼瑟搋,惮哆家瑟诧,娜哆家瑟哆	玄应音义十五,寄归传一,梵语杂名

梵　音	华　音	译名出处
Ka*ṭhi*na	迦絺那,羯耻那	玄应音义二十三,行事钞上之四,饰宗记八
Kauṣ*ṭhi*la	拘絺罗,俱絺罗,抱瑟耻罗,俱瑟祉罗,拘瑟祉罗	玄应音义二十三,慧琳音义五十六,百缘经十,阿弥陀经通赞上,名义集一
Mahākauṣ*ṭhi*la	摩诃俱絺罗,摩诃拘絺罗	同上
Vasiṣ*ṭha*	婆私瑟搋,婆私吒	俱舍光记十五,杂阿含经三十四

对译知母的只有 3 个:

梵　音	华　音	译名出处
Daśabhūmi Prati-ṣ*ṭhi*te	答摄蒲密卜罗牒瑟吒谛	Eitel's *Handbook of Chinese Buddhism*
Gyaiṣ*ṭha*	逝瑟吒,际史吒	西域记二,梵语杂名
Kharoṣ*ṭha* or Kharoṣ*ṭh*i	佉卢虱吒,佉路瑟吒 佉卢虱底	大集月藏经七 大庄严经四

对译透母的只有 1 个:

梵　音	华　音	译名出处
Nirkaṇ*tha*ka	尼建他迦,尼延他柯	大孔雀经上

在含有 ḍ 音的 36 个梵名里,凡有 31 个对译澄母:

梵音	华音	译名出处
Aṇathapiṇ*ḍa*da	阿那他宾荼陀	玄应音义二
Anatha Piṇ*ḍa*da-gṛhapati	阿那他宾荼揭利呵跋底	饰宗记八
Anathapiṇ*ḍa*dasya-ārāma	阿那他宾荼驮写耶阿蓝磨	玄应音义三
Avaṇ*ḍa*	阿拳荼	西域记十一
Ārā*ḍa*kālama	阿逻荼迦逻摩	过去现在因果经三
Caṇ*ḍā*la	旃荼罗,旃陀罗	玄赞九,玄应音义三,法显传
Chamaṇ*ḍa*	遮文荼	演密钞五
Cū*ḍa*panthaka	注荼半托迦,周稚般他迦,周知槃陀迦	善见律毗婆沙十六,有部毗奈耶三十一
*Ḍā*kinī	荼枳尼天	大日经疏十
Daṇ*ḍa*ka	弹宅迦	二十唯识述记下
Drāvi*ḍa*	达罗毗荼,达罗弭荼,陀毗茶,陀毗罗	西域记十,瑜伽论九,同伦记九,佛本集经十一,大部补注十一
Garu*ḍa*	揭路荼,迦楼罗,迦留罗	俱舍光记八,探玄记二,慧苑音义上,慧琳音义,法华文句二

梵音	华音	译名出处
Irṣyāpaṇ*ḍa*ka	伊利沙般荼迦	名义集二
Kaṇ*ḍa*	蹇荼	大日经二
Kāuṇ*ḍin*ya	侨陈如,侨陈那	佛本行集经,玄应音义二十四
Kuṇ*ḍa*	军荼,君荼	慧琳音义三十六
Kuṇ*ḍi*ka	军持,君持,军迟,君迟,捃稚迦,君稚迦	大悲心陀罗尼,陀罗尼集三,玄应音义十四,西域记十,玄应音义九,慧琳音义八十二
Kumbhāṇ*ḍa*	鸠槃荼,究槃荼,恭畔荼,弓槃荼,鸠满拏	探玄记二,慧苑音义上,玄应音义二十一,梵语杂名
Maṇ*ḍa*ka	漫荼迦,门择迦	大日经疏七
Maṇ*ḍa*la	曼荼罗,漫荼罗,曼陀罗,漫怛罗	师子庄严王菩萨请问经,探玄记二十,慧琳音义十,演密钞四,大日经疏三
Muṇ*ḍa*	文荼	寄归传四
Pañcālacaṇ*ḍa*	般遮罗犍荼,般遮罗旃陀	大孔雀经,大孔雀王咒经上

梵音	华音	译名出处
Pāṇ*ḍa*ka	般荼迦,半择迦	玄应音义十七,驮饰宗记七
Pakṣapaṇ*ḍa*kas	博叉般荼迦	名义集二
Pātrapiṇ*ḍa*patika	波怛啰宾荼波辰迦	饰宗记五
Piṇ*ḍa*pāta	傧荼波多	大乘义章十一,玄应音义五,名义集七
Puṇ*ḍa*rika	奔荼利迦,分陀利迦,分陀利,芬陀利	慧琳音义三,大日经疏十五,玄应音义三,慧苑音义上,华严疏钞八
Ruṇapaṇ*ḍa*kas	留拿般荼迦	名义集二
Saddharmapuṇḍ-*a*rika	萨达磨奔荼利迦,萨达磨芬陀利,萨达磨奔拿里迦	法华玄赞一 慧琳音义二十八
U*dak*hāṇ*da*	乌铎迦汉荼	三藏法师传五
Vai*dū*rya	鞞稠利夜,吠瑠璃耶,吠努离耶	慧苑音义上,梵语杂名

而对译定母的只有5个:

梵音	华音	译名出处
Karaṇ*da* or Karaṇ*dak*a	迦兰陀,柯兰陀,迦兰驮迦,羯兰铎迦	玄应音义十九
Piṇ*ḍa*vana	贫陀婆那	阿育王经七
Piṇ*ḍo*labharadvāja	宾头卢颇罗堕	大乘论上,元照弥陀经疏

梵 音	华 音	译名出处
Ṣaṇ*ḍa*girikāh	山拖伽梨柯,沙那利迦	部执异论,舍利弗问经
Ṣaṇ*ḍa*la	阐提罗	拾遗古德传 4

含有ḍh 音的梵名比较其他各音都少,在我所选的当中,一共才有 4 个,可是除去 1 个对译彻母的:

Saṇ*ḍha*	扇搋	名义集二

其余的 3 个,仍旧和澄母相对:

Āṣa*ḍha*	频沙荼,阿沙荼	西域记二
Uttarāṣā *ḍha*	嗢怛罗频沙荼	西域记六
Virū*ḍha*ka	毗卢宅迦,毗卢择迦	玄应音义二十三

所以我们根据这些材料所得的结果,恰好跟前项的推论若合符节;那么知、彻、澄应读作 ṭ,ṭh,ḍ(或ḍh),就格外可以添一层保障了。但是 ṇ 和娘的对音,就比较这三母略有纠纷。在我所选的含有 ṇ 音的 53 个梵名里,凡有 40 个对译娘母的:

梵 音	华 音	译名出处
A*ṇu*	阿拏,阿菟,阿耨	法苑义林章五,大日经疏一
Aśvakar*ṇa*	频湿缚羯拏	玄应音义二十四
Atharva*ṇá*	阿闼婆拏	四吠陀第四
Aviddha Kar*ṇa* Saṃgha-ārāma	阿避陀羯刺拏僧加蓝	西域记七
Bhā*ṇi*	婆尼,婆尼	西域记五
Bhikṣu*ṇī*	比丘尼,苾刍尼	俱舍光记十四,慧琳音义二

梵 音	华 音	译名出处
Dakṣi*ṇā*	达栜拏,驮器尼,达嚫	西域记十,玄应音义一
Dhāra*ṇi*	陀罗尼,陀邻尼	大乘义章十一,佛地论五,智度论五,可洪音义一下
Gu*ṇa*prabha	瞿拏钵剌婆,瞿拏钵赖婆	西域记四
Gu*ṇa*mati	窭拏末底	唯识述记一
Hira*ṇya* Parvata	伊兰拏钵伐多	西域记十
Hira*ṇya*vati	尸赖拏伐底,尸离剌拏伐底	西域记六
Kācama*ṇi*	迦遮末尼,迦柘末尼	玄应音义廿一,慧琳音义三
Kapphi*ṇa*	劫比拏,劫宾那,劫譬那	名义集一,法华义疏一
Kar*ṇa*suvar*ṇa*	羯罗拏苏伐剌那	西域记十
Kārṣāpa*ṇa*	羯利沙钵拏,迦利沙波拏,迦履沙弥拏,羯利沙钵那	玄应音义二十一,慧琳音义十三,俱舍宝疏二十二,可洪音义
Ku*ṇā*la	拘拏罗,鸠那罗	玄应音义五
Kura*ṇa*	拘浪拏,屈浪拏,屈浪那	西域记十二
Lava*ṇi*	腊伐尼林	西域记六
Ma*ṇi*	摩尼,末尼	玄应音义一及二十三,慧苑音义上,仁王经良贲疏下
Ma*ṇi*bhadra	摩尼跋陀罗	慧琳音义二十六
Manuṣyā*ṇa*ṁ	摩奚舍喃	名义集一

梵 音	华 音	译名出处
Nārāya*ṇa*	那罗野拏,那罗延	嘉祥法华义疏十二,玄应音义二十四,慧琳音义六
Pā*ṇ ī*ni	波尼儞	寄归传四
Parinirva*ṇa*	波利昵缚喃	名义集十二
Pūra*ṇa* Kāśyapa	布刺拏迦叶波,晡刺拏迦摄波子,棓刺拏,富兰那迦叶	饰宗记七,毗奈耶杂事三十八,玄应音义二十三
Pūr *ṇa* maitrāya-*ṇi*-putra	补刺拏梅呾丽衍尼弗呾罗富楼那弥多罗尼子	西域记四,维摩经注三,法华光宅疏一
Pūr*ṇa*varman	补刺拏伐摩	西域记八
Śrama*ṇa*	室罗磨拏,沙迦懑囊,室囉末拏	法华玄赞二,玄应音义六,慧苑音义上,慧琳音义十八
Śrāma*ṇe*raka	室罗末磨尼罗,室罗拏洛迦	寄归传三,饰宗记四
Śrāva *ṇa*	室罗缚拏,室罗筏拏,室啰嚩那	西域记二,俱舍光记十一
Suvar*ṇa*-gotra	苏伐刺拏瞿怛罗	西域记四
U*ṇā*di	邬拏地	寄归传四
Us*ṇi*sa	乌瑟腻沙,嗢瑟尼沙,郁瑟腻沙	玄应音义二十一,慧琳音义四
Vaiśrava*ṇa* , or Vaiś rama*ṇa*	吠室罗摩拏,鞞舍罗婆拏,鞞室罗懑囊,毗沙门	毗沙门天王经
Vajrapā*ṇi*	跋阇罗波腻	名义集四

梵　音	华　音	译名出处
Va*ṇa*	呗匿	玄应音义七
Vāra*ṇa*si	波罗痆斯，波罗奈，波罗捺	西域记六，玄应音义二十一，法华义疏四
Vi*ṣṇu*	韦纽，毗纽，毗瑟纽，微瑟纽，毗搜纽，毗瑟笯，毗瑟怒	智度论二，大日经疏五，玄应音义廿二，不空羂索经二
Vyākara*ṇa*	毗耶羯剌諵，毗伽罗	慈恩三藏法师传三

有 10 个对译泥母：

梵　音	华　音	译名出处
Drō*ṇā*dana-Rādja	途卢诺檀那	起世经十，彰所知论上
Gu*ṇa*	求那	百论疏上，楞伽经二
Gu*ṇa*bhadra	求那跋陀罗	梁高僧传三
Gu*ṇa*varman	求那跋摩	梁高僧传三
Gu*ṇa*vṛddhi	求那毗地	梁高僧传三，历代三宝纪十一
Kṣa*ṇa*	刹那	探玄记十八，俱舍论十二，西域记二
Koñka*ṇ*purà	恭建那补罗	西域记十
Pu*ṇya*yaśas	富那奢，富那夜奢	付法藏传五
Pur*ṇa*-bhadra	布鲁那跋陀罗	毗沙门天王经
Sa*ṇa*vāsa	舍那婆斯，商诺迦缚娑	付法藏传二，阿育王传五，佛祖统纪七

这种例外的数目已经比较知、彻、澄三母增加了好多，并且在 y[j] 音的前面，还有 3 个转到日母的：

梵音	华音	译名出处
Puṇya śālā	奔攘舍罗	西域记四
Puṇyatara	弗若多罗	梁高僧传二
Puṇyopāya	布如乌伐耶	Eitel's *Handbook of Chinese Buddhism*

再从反面看,含有"齿音(dentals)n 母(न)的梵名也有 14 个混入 ṇ母的:

梵音	华音	译名出处
Godhanya	瞿陀尼,瞿耶尼,俱耶尼	玄应音义十二,慧苑音义上,起世经一
Kanika	羯尼迦,迦尼迦	慈恩传三,慧琳音义二十五
Kaniṣka	迦尼色迦	西域记
Kanakamuni	迦诺迦牟尼,俱那含牟尼	长阿含经一
Lumbini or Limbini	蓝毗尼,蓝拳尼,流毗尼,林微尼	玄应音义十九
Muni	牟尼,文尼	毗奈耶杂事二十,玄应音义十八
Nemimdhara	尼民陀罗,尼民达罗,尼民陀	玄应音义二十四,慧苑音义下
Nēpāla	尼波罗	西域记七
Nidāna	尼陀那	智度论三十二,慧苑音义上,开宗记一
Nirarbuda	尼刺部陀	俱舍论十一,顺正理论三十一
Nirgranthajñāti	尼乾陀若提子,尼犍陀弗呾罗	唯识述记一
Nirmānarati	尼摩罗天	玄应音义三

梵音	华音	译名出处
*Nya*grodha	尼拘卢陀，尼拘类陀，尼拘屦陀，尼拘陀	玄应音义二十四，慧琳音义十五
Phālgu*na*	颇勒窭拏	西域记二

那么，从这种现象的启示，我们更可以明白守温所以不敢别立娘母的缘故了。

现在为便于阅览起见，我再把本项所收的材料总括为下面的四个表。

知与 ṭ 华梵对音统计表

梵音＼华音（译文统计）	知		澄		定		来		穿
	二等	三等	二等	三等	一等	四等	一等	三等	三等
ṭa	吒 陟驾 48 哳 陟辖 2		荼 宅加 1				罗 鲁何 1		
ṭi		知 陟离 7 胝 张尼 7 致 陟利 3 置 陟吏 1		稚 直利 2 迟 直利 1 槌 直追 1 椎 直追 1		地 徒四 1		梨 力脂 1	鸱 处脂 1
ṭin				坻 直尼 1					
ṭra	吒 陟驾 4				陀 徒何 1				
ṭu	吒 陟驾 2								
ṭuk		竹 张六 1							
ṭuṁ									蠢 尺尹 1

彻与 ṭh 华梵对音统计表

译文统计 华音 / 梵音	彻		知	透	端
	二等	三等	二等	一等	四等
ṭha	搋 诧 哆 丑皆 丑亚 敕加 3 1 1	摛 抽 丑例 丑鸠 1 1	吒 陟驾 8	他 托 託何 他各 2 1	
ṭhi		絺 耻 祉 丑飢 敕里 敕里 5 2 2	吒 陟驾 3		底 都礼 1

澄与 ḍ,ḍh 华梵对音统计表

译文统计 华音 / 梵音	澄		彻	定		端	透	娘	泥	来	
	二等	三等	二等	一等	四等	一等	一等	二等	一等	一等	三等
ḍa	荼 荼 择 宅 宅加 宅加 场伯 场伯 25 9 2 1	稚 直利 1		陀 驮 徒何 徒何 10 1	提 杜奚 1	怛 当割 1	拖 吐罗 1	拏 女加 2	那 诺何 1	罗 鲁何 3	利 力至 1
ḍak				铎 徒落 2							
ḍi		持 迟 稚 直之 直尼 直利 2 2 2									
ḍin		陈 直珍 2									
ḍo				头 度侯 1							
ḍu		稠 直由 1							努 奴古 1		瑠 力求 1
ḍha	荼 择 宅 宅加 场伯 场伯 3 1 1		搋 丑皆 1								

娘与 ṇ 华梵对音统计表

华音 译文统计 梵音	娘		泥	日	定
	二等	三等		三等	一等
ṇa	拏 痆 喃 𬤊 女加 女黠 女咸 女咸 29 1 1 1	尼 匿 女夷 女力 1 1	那 诺 囊 奈 捺 诺何 奴各 奴当 奴带 奴曷 17 2 2 1 1		
ṇam	喃 女咸 1				
ṇe	拏 女加 1	尼 女夷 1			
ṇi		尼 腻 女夷 女利 16 3			
ṇu	拏 女加 1	纽 女久 5	耨 笯 怒 奴豆 乃都 乃故 1 1 1		莵 同都 1
ṇya	拏 女加 3		那 诺何 2	攘 若 汝阳 人者 1 1	
ṇyo				如 人诸 1	
na	拏 女加 1				
ne		尼 女夷 4			
ni		尼 女夷 15			
nya		尼 女夷 7			

从这四个表里,我们对于第二段所得的结果还可以补充两点:(一)第二段所举的梵文字母译音只限于 a 韵,所以除去一个“哲”字都属于二等;由这个表看来,我们可以知道 ṭ,ṭh,ḍ,ḍh,ṇ 的对音并不专限知、彻、澄、娘的二等字。(二)透类的辅音不单浊声的 ḍh 母例子太少,而且和 ḍ母同对澄母,就是清声 ṭh 母转入戞类的也不算少;可见当时译者或笔受者对于送气和不送气的分别或者感觉相当的困难。至于那些转到其他各母的例外,我想恐怕是译者方音的不同,或者是所据原本的歧异,跟我所假设的原则并不发生妨碍。

五　从藏译梵音证明

通密缴布喇(Thon-mi Sam-bhota)所创造的藏文三十字母(632)[①],并没有梵文所谓“舌音”(linguals)。所以西藏翻译的佛经或陀罗尼遇到这几母的时候便用反写的ཏ་(ta)ཐ་(tha)ད་(da)དྷ་(dha)ན་(na)表示。照西藏人的读音习惯,念作:

ཊ་　ཏ་ལོག་　ཊ་　(ta lo tra)

ཋ་　ཐ་ལོག་　ཋ་　(tha lo thra)

ཌ་　ད་ལོག་　ཌ་　(da lo dra)

ཌྷ་　དྷ་ལོག་　ཌྷ་　(dha lo dhra)

ཎ་　ན་ལོག་　ཎ་　(na lo na)

ལོག་(lo)即反转之意。在于道泉所译的《梵语灯》(legs · sbyar · smra ·

① 《蒙古源流》卷二;L. A Waddell: *Lamaism*, pp.21,22.

bahi·sgron·me)里,有几句关于这几母音值的话:

"30·第三部头四字之读音,

31·如ཏ'字部之下系一ར'字,

32·但舌尖须略向上弯。

第三部之头四字ཊ་ཋ་ཌ་ཌྷ་之读音,如ཏ་字等下系一ར་字即ཏྲ་ཐྲ་དྲ་དྷྲ་其分别为舌尖须略向上弯曲。第五ཎ་字之读音如ན་字上加一ར་字而舌尖略向上弯曲者"。

照这里所说,这几母似乎应当读作国际音标的[ʈ][ʈ'][ɖ][ɖ'][ɳ]才对,但是据拉萨罗桑桑结(blo·bzang·sangs·rgyas)的读音,它们却变成舌尖后音的塞擦声,并且第三第四两母变成第一第二两母的低调,第五母和ན་没有分别:

ཊ་[tʂa]　ཋ་[tʂ'a]　ཌ་[tʂa˩]　ཌྷ་[tʂha˩]　ཎ་[na]

这种转变的现象跟现代北京、开封、南京等处方言对于知、彻、澄、娘的转读恰好相同。梵文的[ʈ][ʈ'][ɖ][ɖ'][ɳ]等既然可以变成现代拉萨音的[tʂ][tʂ'][n],那么,我们很自然地就可以推断现代北京、开封、南京等处方言里从知彻澄娘变来的[tʂ][tʂ'][n]也是从中古音的[ʈ][ʈ'][ɖ][ɖ'][ɳ]演化而成的了。

六　从现代方音上证明

知、彻、澄三母在现代方音里的转变颇为复杂:从部位上说,有的读作舌尖音(dental),有的读作舌尖后音(supradental),有的读作舌面前音(palatal),还有一小部分转作唇音;从状态上说,有的读作塞声(plosive),有的读作塞擦声(affricative),还有一小部分转作擦声(fricative)。因此高本汉觉得这几母的音值单靠现代方言是不能完全释解的。[①] 他的意见固然不错，但是我们如果用旁的证据已然可以考见知、彻、澄的部位和状态，那么也未尝不可以从现代方言里寻出它们读音的正变来。由上两段所得到的例证，我们既然可以考见知、彻、澄是舌尖后塞声，那么凡是转到其他部位或其他状态的，都可认为变读；凡有可以证明前项假设的，便不能因为变读的太多而忽略仅存的硕果。这三母在现代方言中的转变，高本汉曾经列过三个表，现在把它们迻录如下：

知母方音演变表[②]

知	二等		三等	
	开	合	开	合
西安	ts	pf	ʈʂ,ʈ	pf
兰州	ts	ʈ	ʈʂ,ʈ	ʈ
平凉	ts	ʈ	ʈʂ,ʈ	ʈʂ,ʈ
三水，桑家镇，泾州	ts		ʈʂ,ʈ	ts
归化，文水，兴县	ts		ʈʂ	ts
怀庆，大同	ts	ʈʂ		
北京，南京，四川	ts,ʈʂ	ʈʂ		
温州	ts	č	ts	č,ts
宁波	ts		č,ts	č,ts
汉口，扬州	ts		č,ts	
客家	ts		č	
高丽	t‘,č‘,č		č‘,č	
日本	t		t,tɕ	t,tɕ,ts
汕头	t		t,č,ts	
福州，厦门	t			
安南东京	ʈ			
开封，交趾	ʈʂ			
广州	č			
太原，太谷，凤台，平阳，固始，上海	ts			

① *Études sur la phonologie chinoise*, p.415. 中译本，第305页。

② *Études sur la phonologie chinoise*, p.391. 中译本，第281页。

彻母方音转变表[①]

彻	二等	三等 开	三等 合
西安	ts‘	tʂ‘,t‘	pf‘
兰州	ts‘	tʂ‘,t‘	t‘
平凉	ts‘	tʂ‘,t‘	tʂ‘,t‘
三水,桑家镇,泾州	ts‘	tʂ‘,t‘	ts‘
归化,文水,兴县	ts‘	tʂ‘	ts‘
温州	ts‘	ts‘	č‘
宁波	ts‘	č‘,ts‘	č‘
汉口,扬州	ts‘	č‘,ts‘	
怀庆,大同	ts‘	tʂ‘	
客家	ts‘	č‘	
日本	t	t,tɕ	
高丽	t‘	č‘	
汕头	t‘	č‘,ts‘,t‘	
厦门	t‘	č‘,t‘	
福州	t‘	tɕ‘,t‘	
北京,开封,南京,四川	tʂ‘		
广州	č‘		
太原,太谷,凤台,平阳,固始,上海	ts‘		
交趾	s(安南国语 x),ʂ(安南国语 s)		
安南东京	s(安南国语 x 和 s)		

① *Études sur la phonologie chinoise*, p. 393. 中译本,第 284 页。

澄母方音转变表①

<table>
<tr><td rowspan="3">澄</td><td colspan="3">平</td><td colspan="4">仄</td></tr>
<tr><td>二等</td><td colspan="2">三　等</td><td colspan="2">二　等</td><td colspan="2">三　等</td></tr>
<tr><td>开</td><td>开</td><td>合</td><td>开</td><td>合</td><td>开</td><td>合</td></tr>
<tr><td>西安</td><td>ts‘</td><td>tʂ‘,t‘</td><td>pf‘</td><td>ts</td><td>pf</td><td>tʂ,t</td><td>pf</td></tr>
<tr><td>兰州</td><td>ts‘</td><td>tʂ‘,t‘</td><td>t‘</td><td>ts</td><td>t</td><td>tʂ,t</td><td>t</td></tr>
<tr><td>平凉</td><td>ts‘</td><td>tʂ‘,t‘</td><td>tʂ‘,t‘</td><td>ts</td><td>t</td><td>tʂ,t</td><td>tʂ,t</td></tr>
<tr><td>三水,桑家镇,泾州</td><td>ts‘</td><td>tʂ‘,t‘</td><td>ts‘</td><td colspan="2">ts</td><td>tʂ,t</td><td>ts</td></tr>
<tr><td>归化,文水,兴县</td><td>ts‘</td><td>tʂ‘,t‘</td><td>ts‘</td><td colspan="2">ts</td><td>tʂ</td><td>ts</td></tr>
<tr><td>汉口,扬州</td><td>ts‘</td><td colspan="2">č‘,ts‘</td><td colspan="2">ts</td><td colspan="2">č,ts</td></tr>
<tr><td>怀庆,大同</td><td>ts‘</td><td colspan="2">tʂ‘</td><td>ts</td><td colspan="3">tʂ</td></tr>
<tr><td>北京,南京,四川</td><td colspan="3">tʂ‘</td><td>ts,tʂ</td><td colspan="3">tʂ</td></tr>
<tr><td>开封</td><td colspan="3">tʂ‘</td><td colspan="4">tʂ</td></tr>
<tr><td>广州</td><td colspan="3">č‘</td><td colspan="4">č</td></tr>
<tr><td>太原,太谷,凤台,固始</td><td colspan="3">ts‘</td><td colspan="4">ts</td></tr>
<tr><td>平阳</td><td colspan="3">ts‘</td><td colspan="4">ts‘,ts</td></tr>
<tr><td>客家</td><td>ts‘</td><td colspan="2">č‘</td><td colspan="2">ts‘</td><td colspan="2">č‘</td></tr>
<tr><td>高丽</td><td>t</td><td colspan="2">č‘,č</td><td colspan="2">t,t‘</td><td colspan="2">č‘,č</td></tr>
<tr><td>日本</td><td>t</td><td>t,tɕ,</td><td>t,tɕ,ts</td><td colspan="2">t</td><td>t,tɕ</td><td>t,tɕ,ts</td></tr>
<tr><td>汕头</td><td colspan="3">t,t‘,ts‘,č‘</td><td colspan="4">t,t‘,ts,č</td></tr>
<tr><td>福州,厦门</td><td colspan="7">t‘,t</td></tr>
<tr><td>安南东京</td><td colspan="7">ȶ</td></tr>
<tr><td>交趾</td><td colspan="7">tʂ</td></tr>
<tr><td>上海</td><td colspan="7">dz 和 z</td></tr>
<tr><td>温州,宁波</td><td colspan="7">ǰ,dz</td></tr>
</table>

① *Études sur la phonologie chinoise*, p. 396 中译本,第 286 页。

在上面这三个表里，除去转成塞擦声或擦声的以外，可以证实我的假设的有西安、兰州、平凉、三水、桑家镇、泾州等六处方音。[①] 方法相同而部位稍变的：福州、厦门和汕头、日本、高丽的一部分读作[t]；安南东京读作[ȶ]。在我看来，读[t]的可以作上古音的佐证，读[ȶ]的可以证明[t]音软化以后的三等字。高本汉根据安南音认为知、彻、澄的二三等都应读作[ȶ][ȶ'][ȡ']，我觉得颇有讨论的余地(详后)。

娘母在现代方音里的转变，高本汉把它和泥母合起来列了一个表：

泥娘两母方音转变表[②]

<table>
<tr><th>泥　娘</th><th>一二等</th><th>三四等</th></tr>
<tr><td>北京，凤台，固始，扬州，福州，广州，高丽，日译吴音</td><td colspan="2">n</td></tr>
<tr><td>安南</td><td colspan="2">ɳ</td></tr>
<tr><td>汉口，南京</td><td colspan="2">l</td></tr>
<tr><td>汕头，厦门</td><td colspan="2">l，n</td></tr>
<tr><td>客家</td><td>l，n</td><td>l，n，ŋ，ȵ</td></tr>
<tr><td>甘肃</td><td>l，n</td><td>ȵ</td></tr>
<tr><td>三水，桑家镇</td><td>l</td><td>ȵ</td></tr>
<tr><td>四川</td><td>l</td><td>n，ȵ</td></tr>
<tr><td>归化，大同，太原，太谷，西安，开封，怀庆，上海</td><td>n</td><td>ȵ</td></tr>
<tr><td>宁波</td><td>n</td><td>n，ȵ，ŋ</td></tr>
<tr><td>温州</td><td>n</td><td>ŋ</td></tr>
<tr><td>文水，兴县，平阳</td><td>nd</td><td>ȵȡ</td></tr>
<tr><td>日译吴音</td><td>d</td><td>d，dʑ</td></tr>
</table>

① 这几处方言的“正齿音”虽然也和“舌上音”有相同的变化，然而从旁方面的证据我却以为“舌上音”是本读，“正齿音”是变读。并且安南译音的“正齿音”也有一部分同“舌上音”一律变成[ȶ]音的。

② *Études sur la phonologie chinoise*，p.470.中译本，第346页。

在这个表里，只有安南音和我所假设的相合，但泥、娘一致读成[ɳ]音，也很难看出它们的分别。从音理上讲，舌尖塞声和舌尖后塞声的不同还比较容易分辨，至于舌尖鼻声和舌尖后鼻声的微细区别，除非用假上腭来试验，恐怕很难听得出来。泥、娘两母所以在《切韵》反切和华梵对音里混乱的较多，以及娘母所以后起，大半都由于这个缘故。至于宋朝的韵表所以把娘母独立，一方面固然为求韵表相称，一方面娘母的音值恐怕已经衍变成为 ɳ > ɳj > ɲ 了。

七　从韵图的排列上证明

知、彻、澄、娘和照、穿、床、审、禅两组声母，在《韵镜》、《七音略》、《四声等子》和《切韵指南》里，都是照着下面这种方式排列的：

	舌　音	齿　音
一等	端透定泥	精清从心邪
二等	知彻澄娘	照穿床审○
三等	知彻澄娘	照穿床审禅
四等	端透定泥	精清从心邪

高本汉为考订知等照等的音值，曾经根据这种排列的方法列成一个方程式：

t(端)∶知 = ts(精)∶照…………(1)

或者写作：

知∶照 = t∶ts……………………(2)

他解析这个方程式因而决定了知是塞声，照是塞擦声[①]；这的确是一种很巧妙的推断。然而他对于知等发声部位(place of articulation)的

① *Études sur la phonologie chinoise*, pp.50,51. 中译本，第 32 页。

判定，却没有他推断知等发声方法（manner of articulation）这样精确不移。因为上列的方程式如果变换一种样子，也可以写作：

$$知:照 = X_{塞声}:X_{塞擦声} \cdots\cdots\cdots\cdots\cdots \quad (3)$$

从反切上字看，照组的二三等应当分作两类，已经成了确定的事实；高氏读照组二等作舌尖后音的塞擦声，三等作舌面前音的塞擦声，大体上也可以得到我们的承认；那么，如果把这两种已知的音值代入(3)式的X，便可以得出下面两个结果：

知$_{二}$:照$_{二}$ = 舌尖后塞声:舌尖后塞擦声 = t:tʂ……(4)

知$_{三}$:照$_{三}$ = 舌面前塞声:舌面前塞擦声 = ȶ:tɕ……(5)

但是高氏因为知组二三等在反切上字和安南语音里都不像照组二三等那样分用不混，所以主张二三等一律读作[ȶ][①]，这不单代入上列的(4)式立刻发生不均衡的现象，而且从别的方面看也有好多讲不通的地方。高氏主张知组二三等一律读作舌面前音的理由，一共有两层："第一层，知、彻、澄只用在第一个字是i的韵母前面。假若声母是舌尖后音，是硬音，它既然和i音反对，而偏偏在这些韵母里出现，那就有点儿古怪了。并且在方言里知母读作舌尖后音的（如北京的tʂ）就会把古音的i失掉。所以'张'就读成'tʂaŋ'，而不是'知'+iang了。因为这个缘故，我觉得北京的舌尖后音的读法，是在比较近一点儿的时代才发现的。第二层，在韵图里不见于三等的声母只有舌尖音t，ts两种，这是很可以叫人起劲的。因为在别的语言（Scandinaves和Slaves）的例里，很可以告诉我们舌尖音假如在i音的前头很容易软化的。软化的舌尖音就很容易变成舌面前音（北京音就有tsi > tsji > tɕi的例）。"[②] 他所主张的第二层理由应用在三等字上还没有什么大

---

① *Études sur la phonologie chinoise*, pp.51—54, 428, 437. 中译本，第34、396、398页。

② *Études sur la phonologie chinoise*, pp.51, 52. 中译本，第34页。

问题。但是我对于第一层理由所见恰好和他相反。因为他所以不主张知组读作舌尖后音的根据只在硬音和 ĭ 类韵母不能相容的一点，这在他的《中国音韵学研究》里假定二等韵母也有 i 介音的时代自然还可以言之成理；及至后来他作《中国古音的拟测》既然接受马伯乐的意见取销了二等的 i 介音[①]，而对于知组的音值却仍保持旧说，没有修改，以致我们遇到二等江、庚、皆、山等韵的知组字便感到有拗不成音的困难。如果照我从佛典译名的华梵对音里所找到的证据，不单知组的二等字可以读作舌尖后音，就是三等字也没有什么例外；这岂不是恰好可以推翻高氏的旧案么？不过，这样假设在二等字固然可以讲得通，遇到三等字仍旧免不了高氏第一层理由所顾忌到的困难；并且代入上列第(5)式中一样发生不均衡的现象。照我的看法，舌尖后音遇到 ĭ 类的三等韵母的时候，往往互相异化而朝着两个方向转变：(一)把 ĭ 音吞掉保持它的本音而变韵母为二等，例如兰州、平凉等处方音和等韵家所谓“内转”各摄的“正齿音”二等字[②]；(二)被 ĭ 音软化使本音有变近舌面前音的倾向，例如安南方音。所以我虽然从各方面都可以考见知、彻、澄应当读作舌尖后的塞声，可是在照组三等已经腭化以后，我也不否认它们有软化的倾向。然而若是谈起先后正变来，我总觉得舌尖后音在先，腭化音在后；舌尖后音是正读，腭化音是变读。即以北京的“张”字而论，我想它在中古音本来应当读作[ʈĭaŋ]，后来循着上面所举的第一变轨把 ĭ 音吞掉，所以由 ʈĭaŋ > ʈaŋ > ʈʂaŋ。它在别处方音里也有循着第二变轨而使声母腭化的，所以就由 ʈĭaŋ > ȶĭaŋ > tɕĭaŋ。如果照高氏的说法，固然也可以有 ȶĭɑŋ > ȶɕaŋ > ʈʂĭaŋ > ʈʂaŋ 的可能，然而从上两段的佐证看，我总觉得北

---

① *The Reconstruction of Ancient Chinese*, T'oung Pao, XXI, p.24.

② 别详《释内外转》，见本书《释内外转》篇。

京“张”字的演变，根本就许不是按着这个方式来的，所以我不能完全接受他的理论。

高本汉关于娘母的考订和其他三母稍有不同。他一方面因为泥母一等的反切上字“奴”也常常用在二等，所以相信古音的 n 有时像 k，h 那样在一二四等是纯粹的，三等是 j 化的；一方面又因为娘母三等的反切上字“女”，也往往在二等发见，所以又疑心它和知、彻、澄一样，或者在二三等已经完全变成舌面前音。在这两种不同的情境之下，他虽然也承认后者的演变是可能的，不过觉得这个演变不会很早就有，必须到知等塞声由 j 化变成腭化音这个演变才会发生。所以仍旧倾向前说，把一二四等标作 n，三等标作 nj。[1] 照我看来，在知、彻、澄和端、透、定有分别的时候，娘和泥一定也是有分别的；不过因为鼻声比较塞声容易混淆，所以在各方面都往往和泥母分划不清。藏译梵音于ཊ་ཋ་ཌ་ཌྷ་四母都跟ཏ་ཐ་ད་དྷ་有分别，惟独ན་ཎ་两母混成一音，这便是我们一个很好的佐证。所以我觉得娘母本来也应当读作[ɳ]，因为它容易跟泥日等相混，所以唐末的三十字母还没有划分；宋人所以添立这一母，我想它的三等必定由 nj > ɲ 了。按照知、彻、澄三母的例，我觉得它的演进应当是这样：

二等　　ɳ > n　　　　三等　　ɳ > nj > ɲ

照我这样说法，何以解于知、彻、澄、娘的反切上字二三等混而不分呢？我们要解答它们所以不分，先得要知道其余的声母为什么分。从《切韵》的声母系统看，我觉得当初定反切的人好像很了解所谓“音位”(phoneme)的观念似的。照琼斯(Daniel Jones)的说法，凡是在一种音系里，两个相近的声音，如果永远不会在同一地位或同一条件之

---

[1] *Études sur la phonologie chinoise*, pp. 54—56, 476. 中译本，第 35—36、352 页。

下发现的,都可以归纳作一个音位。[1]知、彻、澄、娘以外的声母凡是分成两类的,几乎都是同时见于同韵的。单以照组而论,它们在所谓“内转”的东、阳、蒸、仙、侵、支、脂、之、鱼、虞、尤诸韵里碰了十一次头,所以不得不分出两类来。至于知组则不然。它们的二等韵专见于江、庚、耕、山、删、咸、皆、佳、夬、肴、麻十一韵,三等字专见于东、锺、阳、蒸、真、仙、侵、盐、凡、支、脂、之、鱼、虞、宵、尤十六韵,从来没有同时见于同韵的。它们既然可以属于同一音位,所以反切上字并不加以区别。如果因为反切上字相同,便忽略旁方面的理由而认为它们的二三等应当读作同样的声音,那何异于几百年后根据国语罗马字来考证北京音的人,见了 j, ch, sh 三母便认为ㄓㄔㄕ和ㄐㄑㄒ本来没有区别呢?

至于知、彻、澄、娘的二三等在反切上字虽然看不出什么分别,可是从别的方面还可找出一点遗迹。据我比较《切韵》、《广韵》和《集韵》反切所得的结果,发见了一个很有趣的现象,就是凡以舌头切舌上的“类隔”大多数都是属于二等的。例如:

例字	韵目	等列	切韵反切	广韵反切
戇	绛	二	丁降(端)	陟降(知)
鮎	陷	二	都陷(端)	陟陷(知)
斵	觉	二	丁角(端)	竹角(知)
赧	潸	二	怒版(泥)	女版(娘)
女	御	三	乃據(泥)	尼據(娘)

[1] D. Jones: *The Pronunciation of Russian*, and *Definition of a Phoneme*. Le Maître Phonétique, troisième Séries, No. 28.

这是《切韵》本作舌头《广韵》改为舌上的例。这四个字除去一个“女”字都属于二等。又如：

例字	韵目	等列	广韵反切	集韵反切
椿	江	二	都江(端)	株江(知)
觰	马	二	都贾(端)	展贾(知)
罩	效	二	都教(端)	陟教(知)
窡	黠	二	丁滑(端)	张滑(知)
鵽	辖	二	丁刮(端)	张鸹(知)
贮	语	三	丁吕(端)	展吕(知)
胝	脂	三	丁尼(端)	张尼(知)
瞠	映	二	他孟(透)	耻孟(彻)
膗	皆	二	杜怀(定)	幢乖(澄)
玚	梗	二	徒杏(定)	丈梗(澄)
湛	豏	二	徒减(定)	丈减(澄)
羪	佳	二	奶佳(泥)	尼佳(娘)
奶	蟹	二	奴解(泥)	女蟹(娘)
搱	皆	二	诺皆(泥)	尼皆(娘)
絮	马	二	奴下(泥)	女下(娘)
桡	效	二	奴教(泥)	女教(娘)
赁	沁	三	乃禁(泥)	女禁(娘)

这是《广韵》本作舌头《集韵》改作舌上的例。在这 17 个字中，除去“贮”、“胝”、“赁”三个字以外也都属于二等。何以舌上音的二等字这

样容易跟舌头音相混,而三等字殊为仅见呢?我想这就是j化和不j化的痕迹。所以我们对于舌上音二三等的反切上字混而不分,是无足顾虑的。

八　对于前人审辨知等音值的批评

前人对于知、彻、澄、娘的审音,在国内方面可以分作三派:第一派措词含混,使人无从确定他们的含义。例如,吕维祺《同文铎》云:

> 正齿照、穿、床三音与舌上知、彻、澄三音相类,而实不同。

李光地《等韵辨疑》云:

> 知、彻、澄、孃四字,今音惟孃字入舌音泥字内,知、彻、澄三字俱混在照、穿、床齿音内。据等韵诸书俱当作舌音,但端、透、定、泥吐在舌尖,而知、彻、澄、孃收在舌上耳。今闽广人知、彻、澄犹作舌音也。

江永《音学辨微·辨七音》云:

> 舌上音　舌上抵腭

又《辨疑似》云:

> 知与照,彻与穿,澄与床,易混者也。知、彻、澄必令出舌上,照、穿、床必令舌不抵腭,而音出正齿则不相混。
>
> 泥舌头微击腭,娘舌黏腭,二母尤难辨。

江有诰《等韵丛说》辨七音十类粗细云:

> 舌头端、透、定、泥　粗音舌尖击腭,细音舌头击腭。
>
> 四母惟泥母细音与孃混,其馀俱不误。
>
> 舌上知、彻、澄、孃　粗音舌抵前腭,细音舌抵中腭。

他们所说的话,除去江永对于泥、娘二母的分析还有一部分差强人意以外,实在并没有确定出这四母的发音部位和状态来,所以我们并不能从这一派得出什么清楚明了的观念。

第二派的说法似乎是主张知等读作舌尖后音的。例如，钱大昕《潜研堂答问》十二：

> 知、彻、澄、娘即《涅槃》之吒、咃、荼、咤、拏而去其一。

陈澧《切韵考·外篇》卷三云：

> 吒、咃、荼、咤、拏即知、彻、澄、孃。

黄季刚先生《音略·论今声发音法》云：

> 《音学辨微·辨七音法》云："舌上音舌上抵腭。"此当云舌头弯曲如弓形向裹，非舌头抵腭也。知是也。彻、澄稍加送气而分清浊。娘即此部位，而收以鼻之力。

胡以鲁《国语学草创 · 说国语缘起》云：

> 以舌头伸突于齿之背后即口盖之前部则为舌头音。虽然曰齿之背后，曰口盖之前部，亦有种种之点焉。突其最裹部曰知、彻、澄、娘，称为"裹音"(cerebral)。突于齿腭之上而稍屈者曰端、透、定、泥，称为"前舌端音"(aleveolar)。突于齿腭而发者谓之"后舌端音"(post dental)。突于齿背而发者，谓之"背齿音"(intro-dental)，精、清、从、心、邪及照、穿、床、审、禅是也。

因此他在《音素分析表》里使用ṭ，ṭ‘，ḍ，ṇ 对注知、彻、澄、娘。

吴稚晖的方毅《国音沿革序》里也有论到知、彻、澄、娘的话：

> 《广韵》后附《辨十四声例法》(十四)："牙齿齐呼开口送声，吒沙拏茶，能所俱轻。"今注，此即第九音 ṭ，ṭh，ḍ，ḍh，ṇ。知、彻等音，想在六朝开始流行，不能定其发音状态，故繁重其词，名曰牙齿齐呼开口而送，亦可笑矣。

钱玄同先生也是赞成这种说法的一人，所以他在《国语沿革六讲》第一五五节也用ṭ，ṭ‘，ḍ，ḍ‘，ṇ 标注知、彻、澄、娘的音值。

这便是我这篇论文最初播下的几粒种子。

第三派的说法似乎是主张知等读作舌面前音的，例如，袁子让《字学元元·分三十六字母本切》云：

> 舌上四母未闻有讹，但泥与孃，微有相肖，须于舌头舌上辨之。

又《三十六字母分音》云：

> 端、透、定、泥出于舌头杪末，知、彻、澄、孃用于舌上中央处，大较判然。不析自明。

劳乃宣《等韵一得·外篇》云：

> 知、彻、澄古为舌上音与端、透、定舌头音相近而不同，即《释名》所谓以舌腹言之也。今闽广人呼此三母犹出于舌腹，其音介在舌与齿之间，此变入齿音之所由来也，而实则自为一音，与舌头正齿俱异。泥与孃亦一为舌头，一为舌上，今音有两母皆读作舌头者；有开口合口两呼皆近舌头，齐齿撮口两呼皆近舌上者。虽两母往往相混，而两音之分别犹存，今皆分别列之。

黄廷鉴《三十六字母辨》云：

> 知、彻、澄三母音必令舌端放空不着龂腭，而以舌之中面黏上腭用力呼之，其声即得。与照、穿、床三母音之空舌齐齿于齿缝中出声者迥别。又知、彻、澄三母音出口时张唇而声扁大；照、穿、床三母音出口时撮唇而声扁细。……至泥、孃二母尤难辨。江慎修云："泥母舌头微击腭，孃母舌腹黏腭。"赵凡夫云："唱泥母舌动而声在舌端；唱孃母舌静而声在喉鼻。"辨泥、孃二母最精确入细。愚申之曰：唱知、彻四母皆用舌腹偈起着腭(原注，舌腹即舌之中面)用力呼之，而孃母尤重，忍收其声自喉鼻间出之。

这一派的说法，跟高本汉颇为相近，不过究竟读作塞声或塞擦声，从他们的说法里是看不出来的。

至于国外方面,除去高本汉主张知、彻、澄、娘读作[ȶ][ȶ‘][ȡ‘][nj]的说法在上文已经略加讨论以外,对于这四母还有如下几家不同的注音法。

艾约瑟(Joseph Edkins)的《官话文法》第74页:

知 ch　彻 c‘h　澄 dj　娘 ni

(照 ch　穿 c‘h　状 dj　泥 n)

武尔披齐利(Z. Volpicelli)的《中国音韵学》第16页:

知 t(r)　彻 t(r)‘　澄 d(r)　娘 n(r)

商克(S. H. Schaank)的《中国古音学》第二章(《通报》第一集第八卷466页):

知 ty　彻 t‘y　澄 dy　娘 ny

马伯乐(H. Maspero)的《安南语音学》第15页和《唐代长安的方音》第4页:

知 č　彻 č‘　澄 ǰ　娘 nʸ

(照 tś　穿 tś‘　状 dž　泥 n)

在这四家里,艾约瑟根本不辨知、照,我们姑且存而不论。商克和马伯乐都跟高本汉相近而实不同。因为商克对于这四母只认是软化的舌音("mouillé" dentals),还没有承认它们已经变成舌面前音(palatals)。马伯乐对于知、照两组的注音,在符号上虽然有了分别,但是在印欧语言学里,向来是用 č 当作塞擦声的,所以实际上仍然是混而不分的。其中跟上面所谓第二派主张相同的,只有一个武尔披齐利。他认为这四母跟梵文的舌音(cerebrals)相当,它们的读法应当用发 r 音的舌头部位去读 t, t‘, d, n,所以他用 t, t‘, d, n 后边加括弧 r 去表示它们的音值。自然这个 r 是不打滚的,不过形容它们的部位罢了。①

① Cf. *Chinese Phonology*, p.16.

总括中外各家的说法,除去含义不明的,大致不外乎两派:(一)知、彻、澄、娘应当读作舌尖后音;(二)知、彻、澄、娘应当读作舌面前音。在这种两可的情形之下,我们究竟何去何从? 从音理上说,t < ʈ > ʈʂ 和 t < ȶ > ȶɕ 两个公式自然都有可能;但是如果采用第二个公式,何以解于 ȶ 的后代音又转变成 ʈʂ 呢? 因此我最初就倾向第一说,不过觉得它们的三等字应当有软化的倾向,跟前人的说法也不尽同。现在为解除积疑起见,所以采用了上面的五项证据,以确定我的信念。这桩音韵学史上的小公案,能够从此就定谳了么?

(原载中央研究院历史语言研究所《集刊》第三本第一分,1931年,署名罗常培。又收入《罗常培语言学论文选集》)

梵文腭音五母的藏汉对音研究

一　梵文腭音五母藏文对音的可疑

二　梵文腭音五母汉文对音的分歧

三　汉文对音现象的三种可能解释

四　藏文字母源出和阗说的新佐证

五　《同文韵统》的华梵对音订误

梵文腭音च छ ज झ ञ五母,现在印欧语言学者普通都用罗马字ca,cha,ja,jha,ña或 ča,čha,ǰa,ǰha,ña作它们的对音,若是改作国际音标,似乎应当是舌面前的破裂摩擦音[tɕa][tɕ‘a][dʑa][dʑ‘a]和鼻音[ɲa]。但是西藏所译的佛经遇到陀罗尼或诸佛名号中含有梵文腭音的时候,都用ཙ ཚ ཛ ཛྷ ཉ对译,照现在的拉萨音,除去ཉ母读作舌面前的鼻音和印欧语言学者相同外,其余四母应当读作舌尖前的破裂摩擦音[tsa][ts‘a][dza][dz‘a]。从字形上看,藏文的ཅ ཆ ཇ 三母应当比附加辨音符号༹的ཙ ཚ ཛ更接近一点儿;从音理上讲,ཅ ཆ ཇ三母现在拉萨音读作[tɕa][tɕ‘a][dʑa],既然和梵文的च छ ज读音相同,而且和ཉ母本来就应当是一组,不像拿它配舌尖前音ཙ ཚ ཛ那样不伦不类。然而藏译的梵音偏偏不这样办,这是什么道理?究竟是印欧语言学者的读音错了,还是西藏的译音错了呢?

为比较参证起见,我们应当再看看汉译的梵音是怎样。

梵文腭音五母的汉字译音也是不一致的。在《大般涅槃经》一系的“四十九根本字”中，法显译《佛说大般泥洹经文字品》（东晋义熙十三年，公元417）、昙无忏译《大般涅槃经如来性品》（北凉玄始三年至十年，公元414—421）、慧严修《大般涅槃经文字品》（刘宋元嘉元年至九年间，公元424—432）、僧伽婆罗译《文殊师利问经字母品》（梁天监十七年，公元518）、阇那崛多译《佛本行集经》卷十一（隋开皇七年至十二年，公元588—592）、玄应《一切经音义大般涅槃经文字品》（唐贞观末，公元649）、地婆诃罗译《方广大庄严经示书品》（唐垂拱元年，公元685）、高楠顺次郎英译《南海寄归内法传》叙论引义净说（武周天授元年至如意元年，公元690—692）、善无畏译《大毗卢遮那成佛神变加持经百字成就持诵品》（唐开元十二年，公元724）、智广《悉昙字记》（唐德宗间，公元780—804）等，属于一派。他们的译文虽然彼此之间略有出入，可是总不外乎“正齿音”照、穿、禅和“半齿音”日母字。例如表一：

〔表一〕

腭音五母在“四十九根本字”中的次序	22	23	24	25	26
天城体梵书	च	छ	ज	झ	ञ
罗马字注音	ca	cha	ja	jha	ña
法显译《佛说大般泥洹经文字品》	遮	车	阇	阇 重	若
昙无忏译《大般涅槃经如来性品》	遮	车	阇	膳	若
慧严修《大般涅槃经文字品》	遮	车	阇	阇 重	若
僧伽婆罗译《文殊师利问经字母品》	遮	车	阇	禅	若
阇那崛多译《佛本行集经》卷十一	遮	车	阇	社	若

（续表）

腭音五母在“四十九根本字”中的次序	22	23	24	25	26
玄应《一切经音义大般涅槃经文字品》	遮 重	车	阇	膳 时柯反	若 耳贺反
地婆诃罗译《方广大庄严经示书品》	者	车	社	阇	壤
义净《南海寄归内法传》英译本叙论	者	拺	社	缮	喏
善无畏译《大毗卢遮那成佛神变加持经百字成就持诵品》	遮	车	若	社 上声呼	壤
智广《悉昙字记》	者 止下反音近作可反	车 昌下反音近仓可反	社 杓下反轻音音近作可反 馀国有音而下反	社 重音音近昨我反	若 而下反音近若我反 馀国有音壤

至于不空译《瑜伽金刚顶经释字母品》及《文殊问经字母品》（唐大历六年，公元771）、慧琳《一切经音义释大般涅槃经》卷八《辨文字功德及出生次第篇》（唐贞元四年至元和五年，公元788—810）、空海《悉昙字母释义》（日本大同元年至承和二年间，公元806—835）、惟净《景祐天竺字源》卷三（宋景祐二年，公元1035）、《同文韵统·天竺字母谱》（清乾隆十四年，公元1749）等，另外自成一派。他们的译文虽然也不免有一两个字的参差，可是总不外乎“齿头音”的精、清、从和“舌上音”的娘母字。例如表二：

〔表二〕

腭音五母在“四十九根本字”中之次序	22	23	24	25	26
天城体梵书	च	छ	ज	झ	ञ
罗马字注音	ca	cha	ja	jha	ña
不空译《瑜伽金刚顶经释字母品》	左	磋	惹	酂 上	孃 上
不空译《文殊问经字母品》	左	磋 上	惹	酂 才舸反	孃 上
慧琳《一切经音义释大般涅槃经·辨文字功德及出生次第篇》	左 藏可反 上声	瑳 仓可反 上声	嵯 慈我反	醝 嵯贺反 引声重	孃 女两反 兼鼻音
空海《悉昙字母释义》	遮 上声	磋 上声	惹	酂 上声	孃 上声
惟净《景祐天竺字源》卷三	拶 左末切	擦 七曷切	惹 仁左切	嵯 昨何切	倪 倪也切
《同文韵统·天竺字母谱》	匝 咨阿切 齿头紧	擦 雌阿切 齿头	杂 资阿切 齿头缓	杂哈 杂哈切 半齿半喉	尼鸦 尼鸦切 舌头

在《华严经》一系的“圆明字轮”中，竺法护译《光赞般若波罗蜜经观品》（西晋太康七年，公元286）、无罗叉译《放光般若经摩诃般若波罗蜜陀邻尼品》（西晋元康元年，公元291）、鸠摩罗什译《摩诃般若波罗蜜经广乘品》及《大智度论释四念处品》（姚秦弘始五年至六年，公元402—403）、佛驮跋陀罗译《大方广佛华严经·入法界品》（东晋义熙

十四年至刘宋永初二年，公元418—421)、玄奘译《大般若波罗蜜多经·初分辩大乘品》(唐显庆四年，公元659)、地婆诃罗译《大方广佛华严经入法界品》(唐垂拱元年，公元685)、实叉难陀译《大方广佛华严经·入法界品》(武周证圣元年，公元695)、般若译《大方广佛华严经入不思议解脱境界普贤行愿品》(唐贞元十四年，公元798)等，和上面的第一派相同。例如表三：

〔表三〕

腭音四母在"圆明字轮"中之次序	4	30	20	27
天城体梵书	च	छ	ज	ञ
罗马字注音	ca	cha	ja	ña
竺法护译《光赞般若波罗蜜经观品》	遮	车	阇	惹
无罗叉译《放光般若经摩诃般若波罗蜜陀邻尼品》	遮	车	阇	若
鸠摩罗什译《摩诃般若婆罗蜜经广乘品》	遮	车	阇	若
鸠摩罗什译《大智度论释四念处品》	遮	车	阇 音社	若
佛驮跋陀罗译《大方广佛华严经·入法界品》	者	车	社	壤
玄奘译《大般若波罗蜜多经·初分辩大乘品》	者	绰	阇	若
地婆诃罗译《大方广佛华严经入法界品》	者	车	社	壤
实叉难陀译《大方广佛华严经·入法界品》	者	车 上声呼	社	壤
般若译《大方广佛华严经入不思议解脱境界普贤行愿品》	者	车 车者反上	惹 上	孃 上

而不空译《大方广佛华严经入法界品四十二字观门》及《大方广佛华严经入法界品顿证毗卢遮那如来智身字轮瑜伽仪轨》(唐大历六年，

公元771)、慧琳《一切经音义华严四十二字观门经》(唐贞元四年至元和五年,公元788—810)等,和上面的第二派相同,例如表四:

〔表四〕

腭音四母在"圆明字轮"中之次序	4	30	20	27
天城体梵书	च	छ	ज	ञ
罗马字注音	ca	cha	ja	ña
不空译《大方广佛华严经入法界品四十二字观门》	左 轻呼	缕 上	惹 苏我反	孃 轻呼上
不空译《大方广佛华严经入法界品顿证毗卢遮那如来智身字轮瑜伽仪轨》	左 轻呼	蹉 上	惹 苏我反	孃 轻呼上
慧琳《一切经音义华严四十二字观门经》	左 上声	磋 仓可反	惹 慈攞反	孃 取上声

在表一和表三里,以च(根本字第二十二,字轮第四)对"遮"的凡11次,对"者"的凡8次。遮,正奢切;者,章也切,均属照母。以छ(根本字第二十三,字轮第三十)对"车"的凡17次,对"绰"和"拃"的各1次。车,尺遮切;绰,昌约切,均属穿母。拃,《篇海》音裔,本属喻母,这里或者是义净的误读。以ज(根本字第二十四,字轮第二十)对"阇"的凡11次,对"社"的6次,对"若"、"惹"的各1次。阇,视遮切;社,常者切,均属禅母。若,而灼切;惹,人者切,均属日母。以झ(根本字第二十五,字轮无)对"阇"和"社"的各3次,对"膳"的2次,对"禅"和"缕"的各1次。膳,时战切;禅,市连切,与阇、社二字同属禅母。缕,苏可切,应在心母。这里或者是义净的误读。以ञ(根本字第二十六,字轮第二十七)对"若"的凡11次,对"壤"的凡5次,对"喏"、"惹"、"孃"的各1次。壤,如两切;喏,日也切;惹,人者切,与若

字同属日母。孃，女良切，属娘母。除去义净误读的“拃”、“縒”两字和ज下的“若”、“惹”两字，ञ下的“孃”字稍有问题外，其余的完全属于正齿音或半齿音。但是再一看表二和表四就不然了。在这两个表里，以च（根本字第二十二，字轮第四）对“左”的凡6次，对“拶”、“匝”、“遮”的各1次。左，藏可切；拶，子末切；匝，子荅切，故除遮字外，均属精母。以छ（根本字第二十三，字轮第三十）对“磋”的凡5次，对“攃”的2次，对“瑳”、“縒”的各1次。磋，千個切；攃，七曷切；瑳，千可切；縒，此我切[①]，均属清母。以ज（根本字第二十四，字轮第二十）对“惹”的凡7次，对“嵯”和“杂”的各1次。惹，人者切，属日母。嵯，昨何切，杂，徂何切，均属从母。以झ（根本字第二十五，字轮无）对“酇”的凡3次，对“醝”、“嵯”和“杂”的各1次。酇，在丸切；醝，昨何切，与嵯杂二字同属从母。以ञ（根本字第二十六，字轮第二十七）对“孃”的凡7次，对“倪”和“尼”的各1次。尼，女夷切，与孃同属娘母；倪，五稽切，属疑母。除去ज下的“惹”字，ञ下的“倪”字以外，完全属于齿头音或舌上音的鼻声。这种分歧的情形，除去ञ音以外，恰好前一派和读作舌面前音的印欧语言学者相同；后一派和读作舌尖前音的西藏译音相同。这虽然使我所认定的问题格外增加了明晰性，然而毕竟还不能得到什么具体的解决。

这种对音分歧的现象，在我看来有三种可能的解释：

第一，方音的不同。

据智广《悉昙字记·序》说：“悉昙天竺文字也。《西域记》云：梵王所制，原始垂则四十七言。寓物合成，随事转用。流演支派，其源浸广，因地随人，微有改变。而中天竺音特为详正。边裔殊俗，兼习讹

---

① “縒”，《广韵》有苏可、仓各二切，《集韵》此我切。

文。语其大较,本源莫异;斯梗概也。顷尝诵陀罗尼,访求音旨,多所乖舛。会南天竺沙门般若菩提赍陀罗尼梵挟自南海而谒五台,寓于山房,因从受焉。与唐书旧翻兼详中天音韵,不无差反。考核源滥,所归悉昙。梵僧自云:少字学于先师般若瞿沙,声明文辙,将尽微致。南天祖承摩醯罗首之文,此其是也。中天兼以龙宫之文,有与南天少异,而纲骨必同。健驮罗国熹多迦文独将尤异,而字之所由皆悉昙也。"可见当时"五天之音或若楚夏",本来是很复杂的。照智广所引般若菩提的话来看,似乎南北中三天竺的方音各自成一系统,而它们彼此间,中天竺和南天竺还算是不大相远,只有北天竺(健驮罗等)"独将尤异"。我们若拿翻经沙门的地望,或他们传习悉昙的所在,去推究译音的所以不同,便觉得般若菩提所分大致是不差的。因为在上面把梵文腭音译作照、穿、禅、日的一派里,昙无忏、善无畏、地婆诃罗皆中天竺人[①];僧伽婆罗扶南国人,而师事正观寺中天竺沙门求那跋陀(一作求那毗地)研精方等,乃解数国书语[②];阇那崛多北天竺犍达国人,而师事中天竺摩伽陀国三藏禅师阇那邪舍[③];法显平阳武阳人,而留中天竺三年,学梵语梵书[④];玄奘留中天竺那烂陀寺从戒贤受学,兼学婆罗门书印度梵书,凡经五载[⑤];义净齐州人,达印度后,所至之境,皆洞言音,憩那烂陀寺,礼菩提树,遍师明匠,学大小乘[⑥];知广江阴人,而从南天竺般若菩提受悉昙[⑦];竺法护月氏人[⑧],无罗

① 《高僧传》二,《宋高僧传》二。
② 《高僧传》三,《续高僧传》一。
③ 《续高僧传》二,《历代三宝纪》十二。
④ 《高僧传》三。
⑤ 《续高僧传》四。
⑥ 《续古今译经图记》,《宋高僧传》一。
⑦ 《悉昙字记·序》。
⑧ 《历代三宝纪》六。

叉、实叉难陀皆于阗人[①],鸠摩罗什天竺人而生于龟兹[②];除去佛驮跋陀罗是迦维罗卫人而居于北天竺[③],般若的本贯有迦毕试和罽宾两说[④],还有玄应的悉昙学统无从考证外,大部分不是和中天竺或南天竺有关系的人,就是葱岭以东诸国的人。所以这一派大概就许是中天竺的方音。只有智广《悉昙字记》一方面用照、穿、禅、日几母的字对译梵文腭音,一方面在注里文说:"者,止下反,音近作可反;车,昌下反,音近仓可反;社,杓下反,音近作可反;社,重音,音近昨我反。"对于正齿和齿头两派的译音并存不废,这或者就是"中天有与南天少异"的地方?至于把梵文腭音译作精、清、从、娘的一派,只有不空、慧琳、空海、惟净和《同文韵统》。《同文韵统》是由藏文转译过来的,这里且不管它。其余的四个人里,不空是北天竺婆罗门族[⑤];慧琳是疏勒国人,始事不空三藏为室洒[⑥];空海入唐后就青龙寺不空三藏之高弟慧果阿阇梨传受密法,又从不空三藏弟子昙贞受悉昙[⑦];惟净是南唐李从谦子和中天竺摩伽陀国沙门法护同撰《天竺字源》[⑧]。除去惟净以外,直接间接都和不空有关系。所以这一派也可以推想是不空所属的北天竺方音。可惜在我所得到的材料里,关于北天竺一方面的并不甚多,所以还不能下十分肯定的断案。

---

① 《高僧传》四《朱士行传》,《宋高僧传》二。

②③ 《高僧传》二。

④ 《宋高僧传》二、三,《贞元释教录》十七。

⑤ 《宋高僧传》一。

⑥ 《宋高僧传》六。

⑦ 《弘法大师传》。

⑧ 法护所译《佛说出生一切如来法眼遍照大力明王经》前署"西天中印度摩伽陀国那烂陀寺三藏赐紫沙门臣法护奉诏译"。

第二,古今的演变。

从上面四个表里所收的材料看,我们也可以说,拿齿头音对译梵文腭音是由不空以后才有的。换言之,就是从第八世纪以后才发生的。因为照《西域记》说,"中天竺音特为详正",所以唐书旧译大部分以中天竺音为宗。那么在不空以前,像佛驮跋陀罗等虽然和北天竺有关系,而仍旧把梵文腭音译作正齿音;在不空以后,像惟净、法护等虽然和中天竺有关系,而也把梵文腭音译作齿头音,这恐怕在方音不同以外,还许有古今流变的原因罢?

第三,宗派的关系。

另外还有一种可能的解释,就是宗派的关系。因为把梵文腭音译作齿头音的四家,大半都是密宗的大师,并且简直可以说是不空学派。所以在我们没有找到别的材料以前,也可以假设这种对音现象是不空学派传授下来的。

这三种解释虽然都是可能的,但都不是必然的,若想折衷一说,必须还待新材料的补充。不过,我个人觉得,第一种的可能程度比较深一点罢了。

假使上面所提的第一种解释可以作为推论的根据,那么,我们对于郝恩烈(A.F.Rudolf Hoernle)的"西藏字母得自和阗说"可以得到一种新的佐证。

关于西藏字母的来源,据我所知道的共有三说:

(一)《蒙古源流》卷二云:

> 特勒德苏隆赞岁次已丑即汗位。岁次壬辰遣通密阿努之子大臣通密伞布喇并其友十六人至额讷特珂克国中参究。于是随彼处之班迪德名德斡必特雅星哈者传音韵之学。以所学之音韵

互证土伯特之三十字母,合入四声,于原三十四字内删去十一字,以其余二十三字与土伯特始创之六字,并原阿字定为三十字母,各分音韵。

(二)华德尔的《西藏喇嘛教》云①:

吐蕃王弄赞赞普(Sroṅ btsaṅ Sgam po)徇他夫人们的请求,派到印度取佛经的使者,叫作通密缴布喇(Thon mi Sam-bhota)。他往返的年月已然不可确考。(原注——或者说他是西历纪元632年去的,650年回来的;但是这回来的年月照中国的记载弄赞赞普已死,可是照矛盾的西藏记载,他还得多活好些年呢)。并且他的游历印度虽然好像在玄奘《西域记》所包括的时代之内,可是在《西域记》里连吐蕃国也没有提到。通密缴布喇在印度(原注——"南印度",见 *Bodhimur*,第327页)住了几年,这个期间他从婆罗门李维嘎喇(Brahman Livikara or Lipidatta,原注——即 Libyin = Li + "to give")及班迪德德斡必特星哈(Pandit Devavid Siṅha or Siṅha Ghosha)等学,后来回到吐蕃,带来几种佛经和所谓"土伯特"字母;用这种字母,他才使吐蕃语言可以写出来,并且为这个缘故他作了一部文法。

这种所谓"土伯特"字,不过是缴布喇游历印度时,抄袭正在流行于彼邦的北印度字母而加点儿任意的改变。它过分采用后来在印度很时兴的"Kuṭila"花体钩弯,并且为表示吐蕃语音的特点采取了几个稍加改变的字母。〔原注——舌尖后音(cerebrals)和送气音,起初因为西藏音不需要而被舍弃,到了后来因为用藏文充分表现梵名而需要到这些个字母的时候,于是又拿反写的舌尖音(dentals)当作五个舌尖后音(cerebrals),附加 h 以表示那

① L. A. Waddell: *Buddhism of Tibet or Lamaism*, pp. 21, 22.

些吐气音,并且在腭音 ch,chh,j 的顶上加一个符号,当做腭擦音(plato-sibilants)的 ts,tsh,ds。]通密把几种小部的佛经翻译成这种新文字,但是他好像并没有做和尚,也没有打算做任何宗教的宣传。

(三)郝恩烈的《新疆所获佛典文学写本残叶》① 叙论说:

关于字母传入西藏一层,照西藏传说,普通认为第七世纪中叶弄赞赞普在位的时候,是通密缴布喇从东印度摩伽陀(magadha)输入的。傅兰克(A. H. Francke)博士在 *Epigraphia Indica* 里发表过一篇很有价值的论文,表示这种对于字母所从来的国的认定是错误的;他以为缴布喇实在是从迦湿弥罗(Kashimir)把字母的知识带入西藏,并且他在那里遇到一个从和阗来的波罗门教徒,这个人西藏传说叫作骊宾或"和阗之福"(Blessing of Khotan)。这个波罗门教徒把他本国的字母教给了他。结果就是说,传入西藏的字母是和阗的字母,而不是印度的字母。因为"骊"是大家已经知道的和阗的藏语名称。要照西藏传说讲,当第七世纪弄赞赞普在位的时候,和阗是在吐蕃统治之下的。那时在西藏的拉萨(Lhassa)与和阗之间不能有横逾喜马拉雅山的直接交通,惟一的交通只有经过迦湿弥罗和从迦湿弥罗到新疆的山路才成。通密从和阗取字母的使命,必须遵循那条迂曲的道路;并且从西藏传说判断,他正走到迦湿弥罗邂逅着一个从和阗来的有学问的波罗门教徒,这人供给了他所追求的知识,因此他就省却走他的全路了。

---

① A. F. Rudolf Hoernle: *Manuscript Remains of Buddist Literature found in Eastern Turkestan*, General Introduction, pp. 17—21. 案,原文所谓 Eastern Turkestan(东土耳其斯坦)是对我国新疆一带极不正确的称呼,今改为"新疆",下同。

字母从和阗转入,可以有一个很使人满意的证据。据说,缴布喇曾从迦湿弥罗带回一种包括三十个基本符号的字母,内中有二十四个说是受自他的和阗教师骊宾,同时他自己为表见几个西藏特有的语音起见,又增加了六个新符号。从和阗字母传入的二十四个符号(看图二)是表示这些辅音的:k,kh,g,ṅ;c,ch,j,ñ;t,th,d,n;p,ph,b,m;w,y,r,l;ś,s;h,a。缴布喇所增加表示辅音 ts,tsh,dz;ẑ,z;h̲ 的六个新符号,是由几个和阗符号修改而成的。

对于西藏字母的分类有两点必须注意。第一点,w 的符号普通算它是从和阗带来的辅音符号,可是在西藏字母表的实际次序上,它却恰好放在几个表示特殊西藏音的新制符号的中央,这么一来,在那个表里的特殊西藏符号就变成七个了。这是一

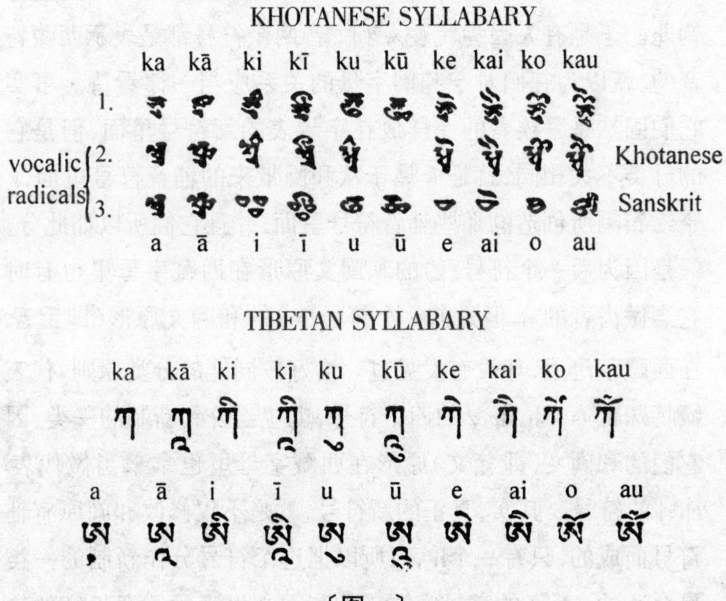

〔图一〕

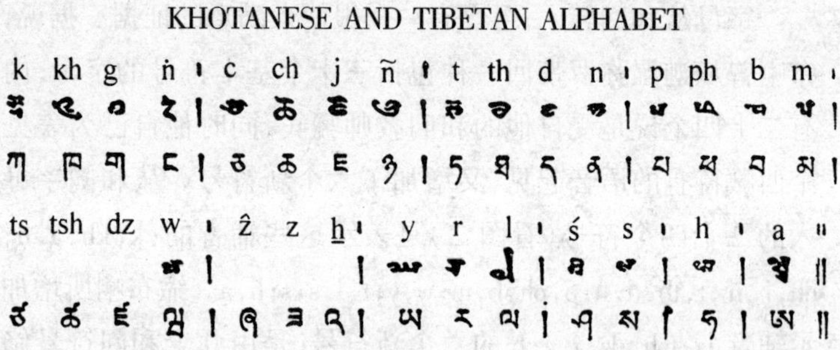

〔图二〕

种显然的矛盾,但是它可以很简单地解释明白。w 音的西藏符号ཝ实在就是和阗文(即梵文)的舌后擦音 ṣ(ཥ),不过左竖的上面加上一个向左的钩儿罢了。同样,ẑ 音的西藏新符号(ཞ)也是把和阗文(即梵文)的齿音 n(ན)的顶上加上一个向左弯的钩儿。于是有人因为代表 w 和 ẑ 音两个符号都是表示西藏特殊音的,就以为它们对于和阗字母的关系应当一律看待。事实上它们固然是紧挨着的一样放在字母表的新符号里面,但是它们的分类不大相同,就是 w 属于从和阗带来的辅音符号里面,ẑ 属于缴布喇所创造的那些辅音符号里面;并且它们所以如此分类,只是因为后一个符号(ẑ)的和阗文原形在西藏字母里也有时拿它当做齿音的 n,但是前一个符号(w)的和阗文原形(即舌音 ṣ)在西藏字母里,却没有发见过。恰好按同样的分类原则,代表西藏特殊音 ts,tsh,dz,z 的四个符号,也应当分到新制的一类,因为它们的和阗文(即梵文)原形在西藏字母里也拿来当做代表 c,ch,j 的符号。其实,真正的新符号,就是不仅修改和阗原有辅音符号而成的,只有一个ẖ 音;所以把这个符号分作新制的一类是最合适的。ẖ 音的字母实在是从和阗文里表示元音长度的钩儿

> 修改成的,想要表示一个音节的元音是长的,就附加这样一个符号,从这一点就可以很明白看出它的真正来源了。
>
> 第二点要注意的,就是在西藏字母表里,对于 a 的记号不像梵文字母表那样分开,并且放在辅音符号的前面,却把它放在采自梵文(即和阗文)的二十四个辅音符号的紧末了儿,作为这一套符号的结束。况且从它被人和其他辅音符号一律看待的事实,就显见作西藏字母的人已经知道 a 是属于辅音符号的性质了。因为元音 a 是含在辅音符号里面的,而元音 i,u,e,o 得要附加辨音记号来表示。如果我把 a 的符号改写作 x,那么,西藏字母表,或音节表,表现 xa,xi,xu,xe,xo 等音节的符号,恰好和表示 ka,ki,ku,ke,ko 等音节的符号一样(看图一)。总之,西藏的元音符号 a 实在很显然地当辅音符号用,并且关于这一点,就和赛米的(Semitic)字母的辅音符号'alaf 和'ayin 的作用很相似,这种款式完全是任何印度字母所没有的。这是一件值得注意的事实,由它自己可以引到这样的结论:就是说,西藏字母不是从印度输入而是从另外一个国输入,这一国的字母已经受了赛米的书法款式的若许影响。前边已然说过,照西藏传说明明地指出西藏字母所从来的国就是 Li-yul"骊的土地",也就是和阗;并且近代考古学的发见,已然充分地显示,在那相传的字母输入年代以前,赛米的影响已经衍被到新疆有些时候了。

在上面这三种说法里,第二种比第一种稍微详细一点,而大体是一致的;只有第三种和它们完全不同。郝恩烈根据斯坦因(A. Stein)等在新疆所窃获的和阗文写本和西藏字母比较研究,他觉得西藏字母,除去保留一个辅音化的梵文声势 a 以外,i,u,e,o 四个声势只用辨音记号ི,ུ,ེ,ོ表示,这种办法同和阗草体字母的演进趋势相应;因此他就提出下面这样一个结论:

> 当第七八世纪的时候，如果还不太早，在新疆的和阗区域发生了一种习尚，特别当着用日常交际的草书的时候，除去 u 和 ū，所有的元音都用ཨ符号来写；并且这种习尚或者因地因人而任意地变异，甚至于推衍到元音 u 上去。大概相传西藏学者通密从之学习字母的那位和阗婆罗门教徒骊宾，就许是那些惯于用符号ཨ来写元音 u 的书法家之一；我们还可以设想通密在应用他先生的字母到他自己的计划的时候，很合逻辑地把符号ཨ的用法推衍到长元音 ū 上去，于是就得到完全用符号ཨ构成的一整套元音；并且他废弃了记在和阗字底下而为西藏字所没有的楔形符号，使他的目的容易达到。根据所有这些理由，那么西藏字母无疑地是骊宾传给通密的和阗草体字了。

对于这个结论的评判，自然超越本篇所讨论的范围。然而从我归纳汉文对音所得到的启示，我们至少可以说：西藏字母是否来自摩伽陀，虽然还不能确定，可是专从藏文以ཙཚཛ对译梵文च छ ज一点看，已经可以假定它不是由北印度字母来的。所以华德尔的结论，照我看不如郝恩烈的可信；不过照汉文对音的分配现象，和阗及其他的西域几国，在音系上都同中南天竺相近罢了。如果再允许我们作进一步的推想，那么，梵文腭音几母在西藏字母和藏译梵音间所以不同，很可以说，前者由和阗和中天竺一系的方音来的，而后者或许由北天竺一系的尼泊尔等处来的，因为照西藏传说，通密缴布喇译成藏文的第一部佛经，就是尼泊尔盛行的《阿弥陀经》（Karaṇḍa Vyuha Sūtra）。[①]自然这还需要专家和更多的材料来证明，但是我自己认为这种启示颇值得专家注意的。

最后，我对于《同文韵统》里的华梵对音还要附带着加以订正。

---

① L. A. Waddell: *Buddhism of Tibet*, p. 22, Note 4.

《同文韵统》里的华梵对音完全是由藏文转译过来的,因此它用齿头音的“匝、擦、杂”对译梵文颚音“च छ ज”,用正齿音“查、叉、楂”对译梵文舌音“ट ठ ड”,用舌上音“孃”对译梵文的“ञ”,而以“咤、侘、茶”是梵文所没有的音。至于它起初用藏文“鞡”(ཟ),“纱”(ཞ)对译邪禅两母,本来是不错的;但是它又恐怕“鞡字与萨字,纱字与沙字,西番本属同音”,所以“萨沙各重用一字,注明作浊音读,以免疑似”;这未免自乱其例了。因为近代的西藏音由浊声变成清声低调的本不止于ཟ,ཞ两母,如果单对于这两母恐怕有疑似之弊,那么,何以解于“噶”、“达”、“拔”、“杂”等译音呢?此外它用藏文的“斡”ཝ对译微母,而不用“鸦”(ཡ)“婀”(ཧ)对译喻、匣两母,也是审音不精的地方。我根据梵文字母的中天竺一系译音,参证近代的梵藏音读法,对于知、彻、澄和照、穿、床所对的梵音,以及藏文ཟ ཞ ཧ ཝ ཡ འ相当的华母,均分别加以考证,其结果已经发表在《守温韵学残卷跋》的附表一。至于这几母以外,梵文的新旧译音都没有什么问题。泰县缪子才先生(篆)在他的《字平等性语平等性集解》后面列过一个《悉昙字母表》,我就他所收的材料加以增订,改成“四十九根本字”及“圆明字轮”诸经译文异同两表,附录在本篇之末,以供研究华梵对音的人们参考。

(原载中央研究院历史语言研究所《集刊》第三本第二分,1931年,署名罗常培。又收入《罗常培语言学论文选集》)

"四十九根本字"诸经译文异同表

次　　序	1	2	3	4	5	6	7	8	9	10	11	12	13	14	15
天城体梵书	अ	आ	इ	ई	उ	ऊ	ऋ	ॠ	ऌ	ॡ	ए	ऐ	ओ	औ	अं
罗马字注音	a	ā	i	ī	u	ū	ṛ	ṝ	ḷ	ḹ	e	āi	o	āu	aṁ
法显译《佛说大般泥洹经文字品》	短阿	长阿	短伊	长伊	短忧	长忧	厘	厘	楼	楼	哩	野	乌	炮	安
昙无忏译《大般涅槃经如来性品》	噁短	阿	亿短	伊长	郁	优					哩	黔	乌	炮	庵
慧严修《大般涅槃经文字品》	短阿	长阿	短伊	长伊	短忧	长忧	鲁	流	卢	楼	哩	野	乌	炮	庵
僧伽婆罗译《文殊师利问经字母品》	阿	长阿	伊	长伊	忧	长忧	厘	长厘	梨	长梨	堅	翳	乌	燠	庵
阇那崛多译《佛本行集经》卷十一	阿		伊		优						哩		呜		
玄应《一切经音义大般涅槃经文字品》	哀乌可反	阿	壹	伊	坞乌古反	乌	埋重	厘力之反			黳乌奚反	蔼	污	奥乌故反	庵
地婆诃罗译《方广大庄严经示书品》	阿	长阿	伊	伊	乌上声	乌					翳	爱	乌	懊	唵
义净《南海寄归内法传》英译本叙论	恶	痾	益	伊	屋	乌	颉里	蹊梨	里	离	医	蔼	汙	奥	庵
善无畏译《大毗卢遮那成佛神变加持经百字成就持诵品》	阿		缢	伊	坞	乌					翳	蔼	汙	奥	暗
不空译《瑜伽金刚顶经释字母品》	阿上	阿引去	伊上	伊引去	捣	汙引	哩	哩引去	唱	呺	曀	爱引	汙	奥引去	暗

不空译《文殊问经字母品》	阿上	阿引上	伊上	伊引上	坞上	汙引去	唱	唱引上	力	哷引	噎	爱引	汙	奥引	暗
智广《悉昙字记》	短阿 上声短呼音近恶引	长阿 依声长呼	短伊 上声声近於翼反	长伊 依字长呼	短瓯 上声声近屋	长瓯 长呼	纥里	纥梨	里	梨	短蔼 去声声近机系反	长蔼 近於界反	短奥 去声近汙	长奥 依字长呼	短暗 去声声近於鉴反
慧琳《一切经音义·大般涅槃经·辨文字功德及出生次第篇》	哀 阿可反	啊 阿箇反阿字去声兼引	賢 伊以反伊字上声	缢 伊异反伊字去声兼引	坞 乌古反或作邬亦通	污 坞固反引声牙关不开	乙 上声微弹舌	乙 去声引（乙难重用取去声引）	力 短声	力 去声长引不转舌	翳 婴计反	炁 哀盖反引声正体爱字也	污 袄固反大开牙引声字即重用污其中开合有异	奥 阿告反引声	暗 庵绀反庵音阿甘反
空海《悉昙字母释义》	阿 上声呼	阿 去声长引呼	伊 上声	伊 去声长引呼	坞	汙 长声	哩 弹舌呼	哩 弹舌去声引呼	哷 弹舌上声	粇 弹舌长声	噎	爱	汙 长声	奥 去声引	闇
惟净《景祐天竺字源》	遏	阿引	壹	翳引	嘔	汙引	哩	梨	鲁	卢	伊	爱引	邬	奥引	暗
《同文韵统·天竺字母谱》	阿 厄鸦切 喉	阿 阿 喉	伊 乙衣切 喉	伊 伊 喉	乌 屋巫切 喉	乌 乌 喉	唎 哩伊切 弹舌	唎 伊 弹舌	利 力伊切 半舌	利 伊 半舌	厄 吾未切今用遏䌹切 喉	厄 厄 喉	鄂 五格切今用乌倭切 喉	鄂 鄂 喉	昂 阿冈切 喉

16	17	18	19	20	21	22	23	24	25	26	27	28	29	30	31	32	33	34
अः	क	ख	ग	घ	ङ	च	छ	ज	झ	ञ	ट	ठ	ड	ढ	ण	त	थ	द
aḥ	ka	k'a	ga	g'a	n̄a	ca	c'a	ja	j'a	ña	ṭa	ṭ'a	ḍa	ḍ'a	ṇa	ta	t'a	da
最後阿	迦	呿	伽	伽重	俄	遮	车	阇	阇重	若	吒	佗土家反	茶	茶重	拏	多	他	陀
阿	迦	呿	伽	咺	俄	遮	车	阇	膳	若	吒	咃	茶	袓	拏	多	他	陀
痾	迦	呿	伽	重音伽	俄	遮	车	阇	重音阇	若	吒	佗土家反	茶	重音茶	拏	多	他	陀
阿	迦	佉	伽	恒	𫍯	遮	车	阇	禅	若	多	他	陀	檀	那	轻多	轻他	轻陀
	迦	佉	伽	咺	俄	遮	车	阇	杜	若	吒	咤	茶	嗏	拏	多	他	陀
恶	迦	呿	伽	咺其柯反	俄鱼贺反	遮重	车	阇	膳时柯反	若耳贺反	吒重	咃丑加反	茶	咤伫贾反	拏	多	他	陀
阿	迦上声	佉	伽上声	伽	哦	者	车上声	社	阇	壤	吒上声	吒	茶上声	茶	拏上声	多上声	他上声	陀上声
阿	脚	佉	伽	嘘	我	者	拺	社	缮	喏	吒	诧	茶	椗	拏	哆	他	拕
噁	迦	佉	哦	伽重声	仰	遮	车	若	社上声呼	壤	吒	咤	拏	茶重声	拏	多	他	娜
恶	迦上	佉上	𫍯上	伽引去	仰鼻声呼	左	磋	惹	鄯上	孃上	吒上	咤上	拏上	茶去	拏尼爽反鼻声呼	多上	他上	傩

㑚	陀 大下反轻音馀国音近陁可反	攮 那我反	娜	捺	达 德阿切舌头缓
佗上	他 他下反音近他可反	佗 他可反佗字上声正体他字也	他上	挞 他达切	塔 忒阿切舌头
多上	多 怛下反音近多可反	亸 多可反	多上	怛	答 得阿切舌头紧
拏	拏 搦下反音近搦我反馀国有音拏讲反	拏 儜雅反兼鼻音	拏 陀爽反仍鼻声呼	拏	那 呐阿切卷舌
茶去	茶 重音音近幢我反	𣘻 茶夏反去声引	茶去	茶 字源作茶	楂哈 楂哈切半齿半喉
拏上	茶 宅下反轻音馀国有音搦下反	絮 纽雅反	拏上	痆 尼辖切	楂 之阿切正齿缓
姹上	侘 折下反音近折我反	姹 坼贾反	咤上声	诧 丑辖切	义 蚩阿切正齿
吒上	吒 卓下反音近卓我反	绔 陟贾反一作缪	吒上声	哲 陟辖切	查 支阿切正齿紧
孃上	若 而下反音近若我反馀国有音孃	孃 女两反兼鼻音	孃上声	倪 倪也切	尼鸦 尼鸦切舌头
鄯 才舸反	社 重音音近昨我反	醝 嵯贺反引声重	鄯上声	嵯 昨何切	杂哈 杂哈切半齿半喉
惹	社 杓下反轻音音近作可反馀国有音而下反	嵯 慈我反	惹	惹 仁左切	杂 资阿切齿头缓
磋上	车 昌下反音近仓可反	瑳 仓可反上声	磋上声	擦 七曷切	擦 雌阿切齿头
左	者 止下反音近作可反	左 藏可反上声	遮上声	拶 左末切	匝 咨阿切齿头紧
仰鼻声呼	哦 鱼下反音近鱼可反馀国有音鱼讲反	仰 虚鞅反兼鼻音鞅音央两反	仰鼻声呼	誐 迎可切	迎阿 迎阿切半鼻半喉
伽去	伽 重音渠我反	伽 渠贺反伽字去声重	伽	竭	噶哈 噶哈切半牙半喉
誐上	伽 渠下反轻音音近其下反馀国有音疑可反	誐 鱼迦反迦字准上音	誐去	咞 五割切	噶 歌阿切牙缓
佉上	佉 去下反音近去可反	佉 墟迦反佉字取上声墟音丘於反	佉上呼	渴	喀 苦格切今用珂阿切牙
迦上	迦 居下反音近姜	迦 居佉反又取上声	迦上声	葛	嘎 古黠切今用哥阿切牙紧
恶引	长痾去声近恶	恶 阿各反	恶	恶	阿斯 半喉半齿

35	36	37	38	39	40	41	42	43	44	45	46	47	48	49	50	51
ध	न	प	फ	ब	भ	म	य	र	ल	व	श	ष	स	ह	क्ष	ळ
dʻa	na	pa	pʻa	ba	bʻa	ma	ya	ra	la	va	śa	ṣa	sa	ha	kṣa	llaṁ
陀重	那	波	颇	婆	婆重	摩	邪	啰	轻罗	和	赊	沙	娑	呵		罗
弹	那	波	颇	婆	滼	摩	耶	啰	罗	啝	奢	沙	娑	诃	茶	
重音陀	那	波	颇	婆	重音婆	摩	邪	啰	轻罗	和	赊	沙	娑	呵		罗
轻檀	轻那	波	颇	婆	梵	磨	耶	啰	逻	婆	捨	屣	娑	诃		椤
咃	哪	簸	颇	婆	嘙	摩	耶	啰	逻	婆	嗜	沙	娑	嗬		
驮徒柯反	那奴贺反	婆	颇	婆	婆去	摩莫個反	虵重	逻	罗李舸反	缚	奢	沙	娑	呵		
陀	那上声	波上声	颇	婆上声	婆	摩上声	也	罗	罗上声	婆上声	捨	沙上声	娑	呵	差	
但	娜	跛	叵	婆	哹	麽	野	啰	椤	婆	捨	灑	娑	诃	乞义	蓝
驮重声	那	波	颇	摩	婆	麽	野	啰	逻	嚩	奢	沙	娑	诃		
驮	曩	跛	颇	麽	婆重	莽	耶	啰	逻上	嚩	捨	灑	娑上	贺	乞灑二合	

	乞灑	贺	娑上	灑	捨	嚩无可反	砢	啰梨假反	野	莽鼻声呼	婆去	麽	颇	跛	曩	驮
滥力陷反音近郎绀反	义楚下反音近楚可反	诃许下反音近许可反一本音贺	娑娑下反音近娑可反	沙沙下反音近沙可反一音府下反	奢舍耶反音近舍可反	嚩房下反音近房可反旧有音和	罗洛下反音近洛可反	啰力下反三合卷舌啰	也药下反音近药可反	麽莫下反音近莫可反馀国有音莽	婆重音薄我反	婆罢下反轻音馀国有音麽	颇破下反音近破我反	波钵下反音近波我反	那捺下反音近那可反馀国有音曩	陀重音音近陀可反
	乞灑二合此一字不同众例两字合为一声	贺何驮反	縒桑可反	灑沙贾反	捨尸也反	嚩舞可反	砢勒可反	啰罗字上声兼弹舌呼上	野如本字音也	麽忙膀反鼻音一作莽	洛波贺反去声重	麽莫我反无鼻音一作麽	颇陂我反	跛波下反	曩乃朗反鼻音	驮陀贺反重
	乞灑二合	贺	沙上	灑	捨	嚩	逻上	啰	野	莽	婆重上呼	麽	颇	跛	曩	驮
	刹	诃	萨	沙	设	嚩	罗	啰历加切	耶	摩	婆	末	發	钵	那	达
	嘎刹螭阿切正齿	哈呵阿切喉	萨思阿切齿头	卡嗑阿切喉	沙师阿切正齿	斡无阿切轻唇	拉勒阿切半舌	喇时阿切弹舌	鸦鸦衣阿切喉	嘛模阿切重唇	拔哈拔哈切半唇半喉	拔馎阿切重唇缓	葩铺阿切重唇	巴逋阿切重唇紧	纳讷阿切舌头	达哈达哈切半舌半喉

“圆明字轮”四十二字诸经译文异同表

次　　序	1	2	3	4	5	6	7	8	9	10	11
天城体梵书	अ	र	प	च	न	ल	द	ब	ड	ष	व
罗马字注音	a	ra	pa	ca	na	la	da	ba	ḍa	ṣa	va
竺法护译《光赞般若波罗蜜经观品》	阿	罗	波	遮	那	罗	陀	为波	咤	沙	惒
无罗叉译《放光般若经摩诃般若波罗蜜陀邻尼品》	阿	罗	波	遮	那	罗	陀	波	茶	沙	和
鸠摩罗什译《摩诃般若波罗蜜经广乘品》	阿	罗	波	遮	那	逻 力贺反 玄应云	陀	婆	茶	沙	和
鸠摩罗什译《大智度论释四念处品》	阿	罗	波	遮	那	逻 力贺反 玄应云	陀	婆	茶	沙	和 于波反
佛驮跋陀罗译《大方广佛华严经·入法界品》	阿	罗	波	者	多	逻	茶 徒假反	婆	茶	沙	他
玄奘译《大般若波罗蜜多经·初分辩大乘品》	衰	洛	跛	者	娜	砢	柁	婆	茶	沙	缚
地婆诃罗译《大方广佛华严经入法界品》	阿	罗	波	者	多	罗	茶 徒假反	婆	茶	沙	他

实叉难陀译《大方广佛华严经·入法界品》	阿	多	波	者	那	逻	柂轻呼	婆蒲我切	荼徒酢切	沙史我切	缚房可切
不空译《大方广佛华严经入法界品四十二字观门》	阿上	啰	跛	左轻呼	曩舌头呼	拶	娜	麽	拏上	灑	嚩
不空译《大方广佛华严经入法界品顿证毗卢遮那法身字轮瑜伽仪轨》	阿上	啰	跛	左轻呼	曩舌头呼	拶	娜	麽	拏上	灑	嚩
般若译《大方广佛华严经入不思议解脱境界普贤行愿品》	婀	啰	跛	者	曩鼻音	拶	娜	婆摹我反	拏	灑史我反	嚩无可反
慧琳《一切经音义华严四十二字观门经》	阿取上声	啰舌声罗字上声兼弹	跛波可反	左上声	曩鼻中声	攞勒可反	娜那可反	麽莫可反	拏儜贾反	灑沙贾反	嚩无可反

12	13	14	15	16	17	18	19	20	21	22	23	24	25	26	27
त	य	ष्ट	क	स	म	ग	थ	ज	स्व	ध	श	ख	क्ष	स्त	ञ
ta	ya	ṣṭa	ka	sa	ma	ga	tʻa	ja	sva	dʻa	śa	kʻa	kṣa	sta	ña
多	计	吒	阿	娑	摩	迦	瘅	阇	波	陀呵	奢	呿	叉	尸瘅	惹
多	夜	吒	加	娑	摩	伽	他	阇	湿波	大	赦	佉	叉	侈	若
多	夜	吒	迦	婆 一本作娑	磨	伽	他	阇	簸	驮	赊	呿 玄应云丘庶反	叉	哆 玄应曰说文殆可反字林丑加反丑亚反	若
多	夜	吒	迦	婆 一本作娑	磨	伽	他	阇 音社	湿波	驮	赊	呿 玄应云丘庶反	叉	哆 玄应曰说文殆可反字林丑加反丑亚反	若
那	邪	史吒	迦	娑	摩	伽	娑他	社	室者	拕	奢	佉	叉	娑多	壤
颏	也	瑟吒	迦	娑	磨	伽	他	阇	湿缚	达	捨	佉	羼	萨颏	若
那	耶	史吒	迦	婆	摩	伽	娑他	社	室者	陀	奢	佉	叉	娑多	壤

孃	孃轻呼上	孃轻呼上	孃上	孃取上声
娑苏纥切多上声呼	娑颏二合上	娑颏二合上	娑苏纥反哆二合上	娑多二字准上为一字
叉楚我切	讫灑二合上	讫灑二合上	乞叉二合	乞灑合为一字经中作讫不切二合下灑字沙贾反
佉	佉	佉	佉上	佉取上声
奢尸苛切	捨	捨	捨尸我反上	捨如本音
栴	拕	拕	驮	驮唐贺反
锁	娑嚩二合	娑嚩二合	娑嚩二合	娑嚩两字合为一字二字各加前音
社	惹苏我反	惹苏我反	惹上	惹慈攞反
他他可切	佗上	佗上	他上	他取上声
伽上声轻呼	誐	誐	誐言迦反上	誐鱼迦反迦准上音
麽	莽轻呼	莽轻呼	莽	莽莫朗反
娑苏我切	娑上	娑上	娑苏我反	娑桑河反
迦	迦上	迦上	迦上	迦姜佉反佉取上声
瑟吒	瑟吒	瑟吒	瑟吒二合上	瑟吒二字合为一字呼
也以可切	野	野	也移我反	野音也
哆都我切	哆上	多	哆	多取上声

28	29	30	31	32	33	34	35	36	37	38	39	40	41	42
[illegible]	[illegible]	[illegible]	[illegible]	[illegible]	[illegible]	[illegible]	[illegible]	[illegible]	[illegible]	[illegible]	[illegible]	[illegible]	[illegible]	[illegible]
rt‘a	b‘a	c‘a	sma	hva	tsa	g‘a	ṭ‘a	ṇa	p‘a	ska	ysa	śca	ṭa	d‘a
咤呵	披何	车	那	沙波	嗟	迦何	咤徐	那	颇	尸迦	磋	伊陀	陀	吒
伊陀	繁	车	魔	叵	蹉	峨	吨	那	破	歌	嵯	嗟	吒	嗏
拖	婆	车	麽	火	蹉	伽	吨 一本作他	拏	颇	歌	醝 玄应云才何反	遮	咤	荼
拖	婆 蒲我反	车	湿 尛	火	蹉	伽	吨 一本作他	拏	颇	歌	醝 玄应云才何反	遮	吒	荼
颇	婆	车	娑摩	诃娑	诃	伽	吒	拏	娑颇	娑迦	阇	多娑	侘 耻加反	陀
辣他	*薄	绰	飒磨	嗑缚	蹉	键	搋	拏	颇	塞迦	逸娑	酌	吒	择
颇	婆	车	娑摩	诃娑	诃	伽	吒	拏	娑颇	娑迦	阇	多娑	侘 耻加反	陀

陀	荼去	荼去	荼去	侘拆贾反借音
侘耻加切	吒上	咤上	侘上	吒摘贾反
室者	室左二合上	室左二合上	室者二合	室者二合
也夷舸切娑苏舸切	野娑	也娑二合上	夷娑二合	也娑二合
娑同前音迦	塞迦二合上	塞迦二合上	娑迦二合	塞迦二合
娑苏纥切颇	颇	颇	颇	颇叵
拏孃可切	儜上	儜上	儜上	儜女耕反鼻中声也
吒	奼上	奼上	奼上	奼拆贾反
伽上声呼	伽上	伽上	伽	伽取去声
縒七可切	哆娑	哆娑	哆娑二合	哆娑二合上多可反
诃婆二字皆上声呼	诃嚩	诃嚩	诃嚩无我反二合	贺嚩二字合为一音经中作诃嚩不切亦
娑苏纥切麽	娑麽	娑麽	娑麽尛音二合	娑麽鼻中声二合下忙可反
车上声呼	縒上	蹉上	车车者反上	磋仓可反
婆蒲饿切	婆引去	婆引去	婆蒲我反	婆取去声
曷攞多上声呼	啰佗二合上	啰佗二合上	曷啰他三合上	啰他上声二合上字转舌他字取

* 案他经陀罗尼门皆四十二句，独玄奘译《大般若波罗蜜多经》四十三句，缪篆云：字轮第二十八字后衍“入呵字门悟一切法因性不可得故”十四字。是也。今从之。

《切韵》闭口九韵之古读及其演变

一　各家考证闭口韵音读的经过

《切韵》侵覃谈咸衔盐添严凡九韵[①]，在高丽译音、安南译音跟广州、客家、汕头几种方言里虽然仍旧保存着闭口的 -m 尾，可是没有一个地方能够分成九个不同的音读：

	侵	覃	谈	咸	衔	盐	添	严	凡
高丽译音	im，ɯm	am	am	am	am	əm，iəm	iəm	əm	əm
安南译音	ɒm[②]	am	am	am	am	em，iem	iem	iem	iem，am
广　州	ɒm	am	am	am	am	im	im	im	an
客　家	im	am	am	am	am	iam	iam	iam	am
汕　头	im	am	am	am	am	iam	iam	iam	uam[③]

至于现在流传的几种宋元等韵图，对于这九韵的配列也颇参差。大致《韵镜》同《七音略》是一个系统，《切韵指掌图》、《四声等子》同《切韵指南》另是一个系统（参阅第一、第二两表）：

---

① 举平以赅上去，下同。

② ɒ 等于国际音标之[ɐ]，下同。

③ 参阅高本汉的《方音字典》第 753—763 页。

第一表

<table>
<tr><td rowspan="2">比较项目
韵图
广韵韵目</td><td colspan="2">等</td><td colspan="2">呼</td><td colspan="2">转摄次第</td></tr>
<tr><td>韵镜</td><td>七音略</td><td>韵镜</td><td>七音略</td><td>韵镜</td><td>七音略</td></tr>
<tr><td>侵寝沁缉</td><td>二三四</td><td>二三四</td><td>合</td><td>重中重</td><td>内转第三十八</td><td>内转第四十一</td></tr>
<tr><td>覃感勘合
咸豏陷洽
盐琰艳葉
添忝㮇帖</td><td>一
二
三
四</td><td>一
二
三
四</td><td>开</td><td>重中重</td><td>外转第三十九</td><td>外转第三十一</td></tr>
<tr><td>谈敢阚盍
衔槛鉴狎
严俨酽业
盐琰艳葉</td><td>一
二
三
四</td><td>一
二
三
四</td><td>合</td><td>重中重</td><td>外转第四十</td><td>外转第三十二</td></tr>
<tr><td>凡范梵乏</td><td>三</td><td>三</td><td>合</td><td>轻中轻</td><td>外转第四十一</td><td>外转第三十三</td></tr>
</table>

第二表

<table>
<tr><td rowspan="2">比较项目
韵图
广韵韵目</td><td colspan="3">等</td><td colspan="3">呼</td><td colspan="3">转摄次第</td></tr>
<tr><td>切韵指掌图</td><td>四声等子</td><td>切韵指南</td><td>切韵指掌图</td><td>四声等子</td><td>切韵指南</td><td>切韵指掌图</td><td>四声等子</td><td>切韵指南</td></tr>
<tr><td>侵寝沁缉</td><td>二三四</td><td>二三四</td><td>二三四</td><td>独韵</td><td>全重无轻</td><td>独韵</td><td>第六图</td><td>深摄内七</td><td>深摄内八</td></tr>
<tr><td>覃感勘合</td><td rowspan="2">一</td><td rowspan="2">一</td><td rowspan="2">一</td><td rowspan="8">独韵</td><td rowspan="8">重轻俱等</td><td rowspan="4">开</td><td rowspan="8">第五图</td><td rowspan="8">咸摄外八</td><td rowspan="8">咸摄外八</td></tr>
<tr><td>谈敢阚盍</td></tr>
<tr><td>咸豏陷洽</td><td rowspan="2">二</td><td rowspan="2">二</td><td rowspan="2">二</td></tr>
<tr><td>衔槛鉴狎</td></tr>
<tr><td>严俨酽业</td><td rowspan="3">三</td><td rowspan="2">三</td><td rowspan="3">三</td><td rowspan="2">合</td></tr>
<tr><td>凡范梵乏</td></tr>
<tr><td>盐琰艳葉</td><td rowspan="2">四</td><td rowspan="2">开</td></tr>
<tr><td>添忝㮇帖</td><td>四</td><td>四</td></tr>
</table>

前系的韵图本来把这九韵分作四转。但是第一表里《韵镜》的开合是根据日本享禄覆宋本定的，这个问题在下文还需要讨论，现在姑且不谈。如果单就《七音略》的第三十一、三十二两转看，既然在同等同呼[①] 都有重复的韵，何怪后系的韵图公然把四转并成深咸两摄？我以为自从前系的四转并成后系的两摄，这九韵所以分立的痕迹越发的湮没无存了！本来方音跟韵图是推考《切韵》音读的两种重要参考材料，但是应用在这九韵上，都感觉相当的困难。况且这种现象并不是晚近才发生的，在《切韵》成书(601)后至多不过六七十年许敬宗(592—672)[②] 等就议以覃谈、咸衔、盐添、严凡四组，各相同用，可见这九韵的音读早就混淆不清了。所以现在要想推测它们的音读并不是很容易的事。

高本汉对于这九韵音读的推测，1919 年在他的《中国音韵学研究》里拟作：

咸摄	开口			合口	深摄	开口
一等	覃 âm	谈 ām				
二等	咸 iam	衔 iām				
三四等	盐 ǐäm	严 jäm	添 iäm	凡 ǐwäm[③]	三四等	侵 ǐəm[④]

后来因为 1920 年马伯乐在《唐代长安的方音》里有下面的拟测：

---

① 《七音略》所谓“重”、“轻”即系开合，别详《释重轻》篇，见中央研究院历史语言研究所《集刊》第二本第四分。

② 许敬宗生隋开皇十二年壬子，卒唐咸亨三年壬申。

③ *Études sur la phonologie chinoise*, p. 628.

④ Ibid. p. 667.

咸摄	开口			合口		
		第七世纪	第八至第九世纪		第七世纪	第八至第九世纪
一等	覃谈	ám	ám			
二等	咸衔	àm	àm			
三等	严	iàm	iem	凡	uiàm	uàm
四等	盐添	iem	iem			

深摄	开口	
		第七世纪至第九世纪
三等	侵	iəm[①]

所以他 1922 年在《中国古音的拟测》里又把旧说改正如下：

咸摄	开口				合口	深摄	开口
一等	覃	âm	谈	âm(âm?)			
二等	咸	am	衔	am(ām?)			
三等	盐	ĭäm	严	ĭɒm	凡 ĭwɒm	三等	侵 ĭəm[②]
四等	添	iem					

经过这次的修改，三四两等的韵已然可以分别，只是一等覃谈、二等咸衔，究竟是否长短的区别，就是高本汉自己也不敢确定。所以他在 1923 年出版的《分析字典》跟 1926 年出版的《方音字典》都没有采用这种分别方法。到了 1928 年俄国学者龙果夫（A. Dragunov）作了一篇《对于拟测中国古音的贡献》[③] 专门讨论蟹山咸梗四摄里一二等的重韵问题。关于咸摄的四韵照他的结论应当是：

① *Les dialectes de Tch'ang-ngan sous les T'ang*, BEFEO XX. 1920, pp. 108—109.

② *The Reconstruction of Ancient Chinese*, T'oung Pao vol. XXI, 1922, pp. 39—40.

③ *Contribution to the Reconstruction of Ancient Chinese*, T'oung Pao vol. XXV. pp. 1—16. 编者注：本文初发表时，作者名原译卓古诺夫，收入《文集》时依当前通用译名改译为龙果夫。

一等　覃 ə/am　谈 âm

二等　咸 ɒm　衔 am

不过他所考订的仍然是《切韵》音，对于上古音究竟应当怎样，并没有什末成见。所以他对于马伯乐所推测的闭口九韵古读：

侵 iəm

覃 əm　谈 ám

咸 òm　衔 àm

盐 iàm　添 ém

严 iòm　凡 iòm[①]

似乎还在疑信之间。最近李方桂先生所作的《切韵 â 的来源》[②] 对于咸摄的两个一等韵假定在上古音是：

覃 əm　谈 âm

最巧不过的，当着李先生的文章将要印完了的时候，我们忽然承高本汉惠赠了他的近著《西藏语与中国语》[③]一篇。这篇论文的前半讨论西门(W. Simon)的文章[④]，后半便是讨论龙果夫的文章。尤其使我们大喜过望的，就是关于蟹山咸梗四摄里一二等的重韵问题，高氏所推测的上古音有几点恰好同李先生的结论不谋而合。像这样东西学者心理所同然的断定，我们认为对于这个问题的圆满解决已然差不远了。但是我个人对于咸深两摄还有一点儿一得之见，从前也曾草定大纲，预备详细研究[⑤]，后来因为从事旁的问题未能即时写定。现在

---

① *Les dialectes de Tch' ang-ngan sous les T' ang*, Appendice II. p, 116, BEFEO XX. 1920.

② 见中央研究院历史语言研究所《集刊》第三本第一分，第 1—38 页。

③ *Tibetan and Chinese*, T' oung Pao vol. XXVIII, pp. 25—70.

④ *Tibetisch-Chinesiche Wortgleichungen*, Ein Versuch, Berlin 1930. (Mitt. Sem. or Spr. Berl. Bd. XXXII, 1929, Abt. I)

⑤ 见中央研究院《院务月报》第二卷第六期第 156 页。

借着这个机会随意把它单独提出来讨论。

二 假设上古音侵覃咸凡盐半添半为合口呼 谈衔严盐半添半为开口呼

关于咸深两摄上古音的拟测,我以为有一点不可忽略的,就是:闭口韵的开合口问题。本来在1923年林语堂先生译完高氏的《中国古音的拟测》以后曾经在跋语里提出下列的疑问:

> 山:删,覃:谈,咸:衔三对韵的辨别,我们可以不可以假定是开合口的关系?切韵既分歌戈,又分寒桓,痕魂,真谆,欣文,严凡,岂于山覃咸音独不分出一个合口?这又是极平常中所应有的。严凡与覃谈咸衔同摄,严凡且分,何以此四者不分?其所以难证出是合口岂非一种dissimilation"避同音"现象的缘故,因为后面有唇音(合口)-m,前面之合口u(w)音早失,独有"凡"字因为m音避b'母自己失掉,所以合口还能保存?桓音以a音长(一等)尚保存u,而删(山?)以a音短(二等)又为辅音u(w),所以(w)失掉?[①]

林先生的推想虽然同我现在的揣测不尽相合,可是关于咸摄的部分的确在最初给我一个很好的启发。1928年高本汉在《中国上古音中的几个问题》[②] 里也曾留意到咸摄的合口问题。照他根据山摄类推的结果,认为应当是这样:

---

① 《答马斯贝啰论切韵之音》译文跋,北京大学《国学季刊》第一卷,第496—497。

② *Problems in Archaic Chinese*, J. R. A. S. October, 1928, pp. 769—813. 赵元任先生有译文,载在中央研究院历史语言研究所《集刊》第一本第三分,第345—401页。

古音	古音	古音	古音	上古音
ân[寒]	uân[桓]	âm[覃谈]	○	(uâm)
an[删彦山艰]	wan[删关山鳏]	am[咸衔]	○	(wam)
ĭän[仙延]	iwän[仙缘]	iäm[盐]	○	(iwäm)

这种推想的可能性我认为并不十分小,但是高氏始终有一点固执的地方,就是想在覃谈、咸衔以外另去搜寻它们的合口。所以他最近讨论龙果夫的文章还没有谈起覃谈、咸衔两对韵在上古音中彼此有没有开合口的关系!其实这九韵的合口就在它们自己这两摄里头,并不必舍近求远地去冥中摸索。照我最近研究所得,认为这九韵在古今音的演变上应当经过下面的历程(见下页)。

换一句话说,就是覃、侵、咸、凡跟盐、添的一部分,照我看,在上古音中都是有 u-(或 w-)韵头的合口呼,不过 u-头跟-m 尾互相异化(dissimilation)不容易长久保存,往往因为方音错杂或其他的原因分向三条轨道去演变:第一变轨,uə 或 uɒ 受-m 尾的异化而中和成 o 成 ò,于是可以跟上古韵东部(即《切韵》的东-oŋ 一等跟鍾-ĭoŋ 江 åŋ)① 相通;第二变轨,u-头受-m 尾的异化而自己遗失,于是可以跟上古韵“登部”(即《切韵》的登-əŋ 蒸-ĭəŋ)相通;第三变轨,-m 尾受 u-头的异化而转变作 ŋ,于是可以跟上古韵冬部(即《切韵》东三等 ĭuəŋ 跟冬 uəŋ)② 相通。直到《切韵》时代,第一变轨的遗迹有些地方仍旧保存着,后来终于因为o音还有半圆唇的性质又经过第

---

① 余谓东韵一等应读为-oŋ,鍾韵应读为-ĭoŋ,如此则古与江韵 åŋ 相通及《韵镜》第一转作开口等问题,皆可得解。å 等于国际音标之[ɔт]。

② 切韵冬韵及东韵三等中从冬从衆从宗从中从蟲从戎从宫从农从夅从宋十类,孔广森就《诗经》押韵分为古韵“冬部”。余谓此即古韵“登部”之合口应读作 uəŋ,ĭuəŋ。今《切韵》登韵惟平入有合口数字,上去俱无之,此亦古韵“冬部”误入者也。如此拟定则冬蒸侵旁通及冬与尤幽萧对转等现象,皆可迎刃而解。本篇中凡音标前加 * 者皆为假设之上古音读,韵目前加 * 者皆为上古韵部。

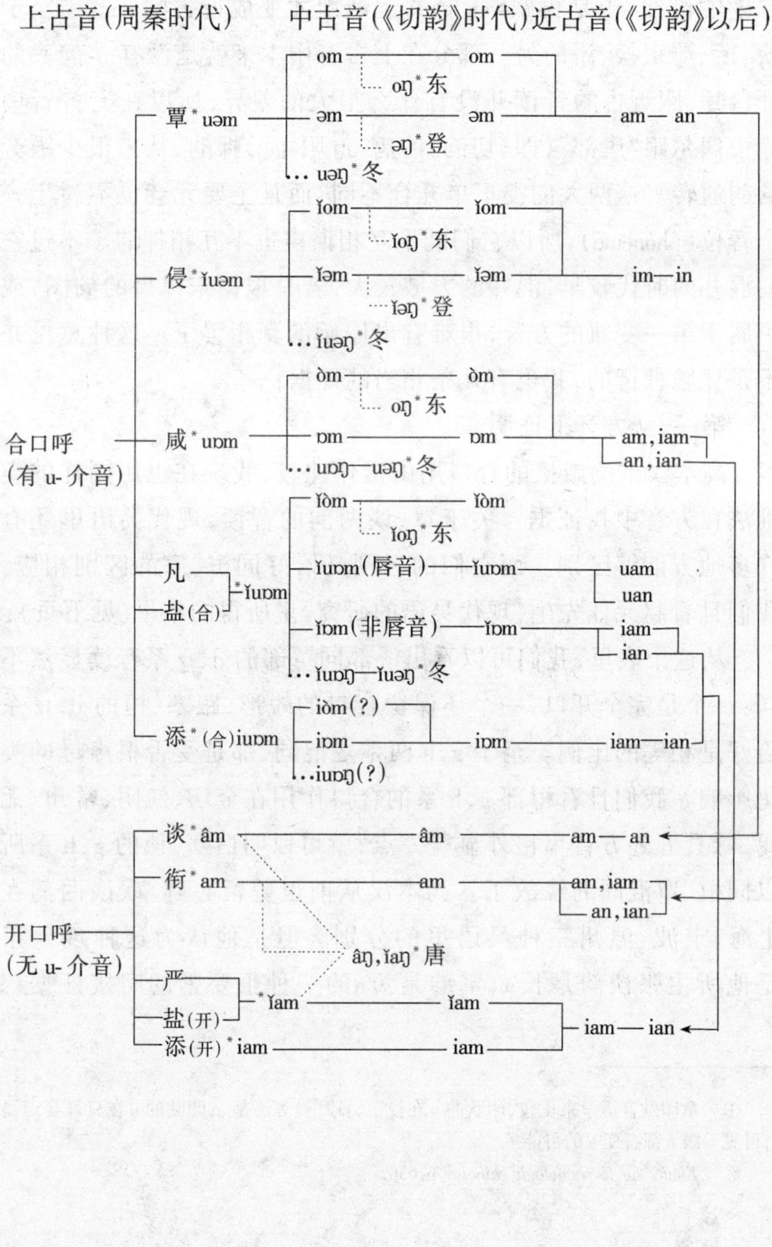
上古音(周秦时代)
中古音(《切韵》时代)
近古音(《切韵》以后)
合口呼
(有 u- 介音)
覃 *uəm
om
om
oŋ *东
əm
əm
əŋ *登
… uəŋ *冬
am — an
侵 *ĭuəm
ĭom
ĭom
ĭoŋ *东
ĭəm
ĭəm
ĭəŋ *登
… ĭuəŋ *冬
im — in
咸 *uɒm
òm
òm
oŋ *东
ɒm
ɒm
… uɒŋ — uəŋ *冬
am, iam
an, ian
凡
盐(合)
*ĭuɒm
ĭòm
ĭòm
ĭoŋ *东
ĭuɒm(唇音)
ĭuɒm
uam
uan
ĭɒm(非唇音)
ĭɒm
iam
ian
… ĭuɒŋ — ĭuəŋ *冬
添 *(合)iuɒm
iòm(?)
iɒm
iɒm
… iuɒŋ(?)
iam — ian
开口呼
(无 u- 介音)
谈 *âm
âm
am — an
衔 *am
am
am, iam
an, ian
âŋ, ĭaŋ *唐
严
盐(开)
*ĭam
ĭam
添(开) *iam
iam
iam — ian

二度的淘汰，于是再跟-əm 合并逐渐地才变成近古的 am。[①] 至于谈、衔、严跟盐、添的另一部分在上古音中本来就是没有 u-韵头的开口呼，跟近古的音读并没有什么很大的差异，所以在上古音中除去偶尔跟“唐部”（即《切韵》的唐-âŋ 阳-ĭaŋ）押韵，从来很少跟旁的韵通转。这两大韵类不单开合不同，而且主要元音也不属于一个音位（phoneme），所以它们既不互相谐声也不互相押韵。不过它们混并的时代较早，混并的方域较大，若是根据宋以后的韵图，或不属于第一变轨的方音，很难看出原始的真相罢了。这种意见并不是凭臆杜撰的，我也有几条相当的证据：

第一，从方音上证明

高本汉推测咸摄的合口用山摄作比较，我现在也用同样的类推法在方音中找证据。关于覃、谈两韵的音读，现代吴语里还有许多地方能够区别。而它们的区别又恰好同桓、寒的区别相应。我们且看赵元任先生《现代吴语的研究》里所得的结果（见下页）：

从这个表里，我们可以看出谈部同覃部的 d，tz 系音读显然不同：一个是完全开口，一个还保留合口的蜕形，跟寒、桓的 d，tz 系恰好是相等的比例。至于 g，h 两系之混同，那是受舌根声母的类化影响。我们且看桓部 g，h 系的合口作用在金坛、江阴、常州、无锡、嵊县五处方音里格外显著一点，就可以明白寒、谈的 g，h 系所以同桓、覃混同的缘故了。高本汉从前也曾留心到覃、谈两韵在上海、宁波、温州三种吴语里的分别。但是他认为这种现象正是他所主张谈韵是长a、覃韵是短a的一种很要紧的间接证据[②]，

① 拿印欧言语学来比较，印欧的 ə 在拉丁、日耳曼等语是 a；印欧的 o 在日耳曼语是 a；可见 ə 跟 o 都有变 a 的可能。

② *Études sur la phonologie chinoise*，p.636.

第　三　表①

吴韵	‘an’					‘on’									‘uan’		‘uon’	
广韵	凡山鳏删关元原	寒谈	山艰删颜咸衔			桓			寒		覃		覃谈		删关山鳏		桓	
条件	b系	d tz系	tz系	h系 白	g系 话	b系	d系	tz系	g系	h系	d系	tz系	g系	h系	g系	h系	g系	h系
例字	反	难三	斩	晏白	间白	半	暖	酸	看	安	南	蚕	敢	庵	惯	还	官	欢
溧阳	A					uн-		撮口	uн			撮口	uн		uA		uн	
金坛	æ					ʉ̃		撮口 ʉ̃	ʉ̃			撮口 ʉ̃	ʉ̃		uæ		uʊ	
丹阳	æ					æ,uŋ 文文 少白		ʊŋ			uŋ	ʊŋ			u (v) }æ		uŋ	
江阴	æ					ɵ									uæ		uɵ;ɵ	
常州	æ̃					ɜ˦									uæ̃		uɜ˦	
无锡	æ̃					o˧									uæ̃		uo˧	
苏州	E					ɵ˦									uE		uɵ˧	
上海	E					ø˧									uE		ue; uø˧字少	
吴江	E					ɵ									uE		ɵ	
嵊县	æ̃					ø̃									uæ	—	uø̃	—
温州	ɑ					ɵ			ɵ;yɵ		ɵ				ɑ	(v)ɑ	yø;ɑ少	

① 《现代吴语的研究》第二表，第2页及第8页。溧阳“酸”、“蚕”两字下原书只作“撮口”。疑有脱落。

而绝对没有注意到温州的覃韵在各系声母后面所以都有圆唇化的倾向，是不是因为在上古音中曾经有过合口的音读？照我的意见，覃韵在现代吴语里既然跟桓韵-uân 有同样的转变，而且所转成的圆唇元音又都可以表现合口的遗迹，那么，很自然的可以假定它的上古音读作合口 * -uəm。不过 u-头跟-m 尾势难长久并存，所以在多数方言里几乎看不出它的本来面目。在现代吴语里覃韵的-m 尾已然跟桓韵-n尾同样失掉，所以才能幸而免去异化作用，稍微给我们一点推测古音的启示。但是在中古时代覃韵跟侵韵也有读作 om 或 iom 的，这也可以使我们照着第一变轨——uə 中和为 o，而保留 m 尾——逆推，承认它们是由上古的 * uəm 变来的。

把咸摄的一等或咸深两摄的全体拟读作 om 的，从前有两个人。第一，1896 年武尔披齐利(Z. Volpicelli)在他的《中国音韵学》里曾经这样假设：

咸摄			深摄	
	开口	合口		
一等	覃 om	谈(uom)?		
二等	咸衔 am(或 em)			
三等	盐 em 严 em(或 am)	凡 uem	三等	侵 ém①
四等	添 im			

第二，1897 年商克(S. H. Schaank)在他的《中国古音学》里又改作下面这样：

咸摄			深摄	
一等	覃谈	om	一等	om

① *Chinese Phonology*, pp. 30, 31 and the table of Kuang Yün, Printed at the "China Gazette" Office, Shanghai, 1896.

二等	咸衔	yom	二等		yom
三等	盐严凡	yiom	三等	侵	yiom
四等	添	iom	四等		iom[1]

武氏的方法是统计 11 处方言求得一二三四等主要元音的或然数为 o,a,e,i,于是把咸深两摄也硬填在这个方格子里头！商氏对于武氏的办法虽然不同意,可是他又被“广通偈狭”四门给迷惑住了。照他推想,这四门的主要元音,“广门”是 a,“狭门”是 o,“通门”是 i,“偈门”是 u。[2]咸深两摄恰好都是“狭门”,所以按他的公式应当得出上列的音读来！他们两个人的论据虽然不同,然而都不免有点儿“想当然耳”的滑稽意味！后来马伯乐也曾推想中国三国时代的古音,咸韵读 òm,严凡两韵读 iòm,他并且举出两个佐证：

	中国上古音	中国中古音	暹罗语
凡	blòm	b^{y}üàm	bròm
咸	γòm	γàm	hòm[3]

这已然比徒托空想的渐可使人相信了。不过马氏以为凡韵读 uàm 是中古时代后起的,它的变化应当是：

bòm > bòǎ̀m > bṷàm > b^{y}ṷ̈am[4]

可是我关于覃、侵、咸、盐、凡五韵的推测却与马氏适得其反：

覃	*uəm > om	咸	*uɒm > òm
侵	*ĭuəm > ĭom	盐凡	*ĭuɒm > iòm

因为拿蟹山梗三摄作旁证 uə 跟 uɒ 都有变成 o 的可能。照龙果夫用

① *Ancient Chinese Phonetics*, T'oung Pao vol. IX pp.53,54.

② *Ancient Chinese Phonetics*, T'oung Pao vol. VIII, p.484.

③ *Les dialectes de Tch'ang-ngan sous les T'ang*, p.117.

④ Ibid.

魂没两韵的安南译音跟高丽译音推证灰韵音读的公式：

	中国古音	安南译音	高丽译音
敦	tuən	don	ton
棍	kuən	kon	kon
没	muət	mot	mol
卒	tsuət	tot	čol
瑰	kux	hoi	koi
雷	lux	loi	noi
罪	dz‘ux	toi	čoi
辈	b‘ux	boi[1]	

还有他用耕韵的高丽译音推证皆韵的公式：

		中国古音	高丽译音
皆韵合口	怪	$k^w x$	koi
	坏	$\gamma^w x$	hoi
	拜	$p^w x$	poi
耕韵合口	轰	χ^w ɒ ṅ	koiṅ
	宏	χ^w ɒ ṅ	koiṅ[2]

我们对于 uəm > om，或 uɒm > om 的可能，已然得到很好的旁证了。可惜咸、深两摄在安南跟高丽的译音里恐怕都照着第一变轨走的，所以不能从它们中间找出直证来。幸而日僧文雄《磨光韵镜》[3] 第三十八转至第四十一转所注的“汉音”“吴音”，还可以帮助我证实这种假设。现在先把文雄对于这四转的注音总括为下表（表中于每转每声

---

① *Contribution to the Reconstruction of Ancient Chinese*, T'oung Pao vol. XXVI pp. 4—6.

② Ibid, p. 9.

③ 日本延享元年（即清乾隆九年，1744 年）刻本。

第 四 表

转次	第三十八转					
声类	唇	舌	牙	齿	喉	舌齿
日译音	吴 汉	吴 汉	吴 汉	吴 汉	吴 汉	吴 汉
一等舒声				怎 シム シム		
一等促声						
二等舒声				簪 シム シム		
二等促声				戢 シフ ジフ		
三等舒声	禀 ホム ヒム	沈 ヂム チム	金 コム キム	斟 シム シム	音 オム イム	林 リム リム
三等促声	鵖 ホフ ヒフ	蛰 ヂフ チフ	急 コフ キフ	执 シフ シフ	邑 オフ イフ	立 リフ リフ
四等舒声		䃭 チム チム		祲 シム シム	愔 イム イム	
四等促声				㗱 シフ シフ	揖 イフ イフ	

转次	第三十九转					
声类	唇	舌	牙	齿	喉	舌齿
日译音	吴 汉	吴 汉	吴 汉	吴 汉	吴 汉	吴 汉
一等舒声		眈 トム タム	弇 コム カム	簪 サム サム	谙 オム アム	婪 ラム ラム
一等促声		答 トフ タフ	阁 コフ カフ	帀 サフ サフ	姶 オフ アフ	拉 ラフ ラフ
二等舒声	芟 マム ベム	詀 タム タム	缄 カム カム		㺖 アム アム	脸 ラム ラム
二等促声		劄 タフ タフ	夹 カフ カフ	眨 サフ サフ	𨀤 アフ アフ	䄀 ラフ ラフ
三等舒声	砭 ヘム ヘム	霑 テム テム	黚 ケム ケム	詹 ヤム ヤム	淹 エム エム	廉 レム レム
三等促声	鵖 ヘフ ヘフ	辄 テフ テフ	𦁝 ケフ ケフ	詟 ヤフ ヤフ	敆 エフ エフ	猎 レフ レフ
四等舒声	癹 ソム ベム	䯠 テム テム	兼 ケム ケム	僭 ヤム ヤム	酓 エム エム	鬑 レム レム
四等促声		聑 テフ テフ	颊 ケフ ケフ	浃 ヤフ ヤフ		甉 レフ レフ

转次	第四十转					
声类	唇	舌	牙	齿	喉	舌齿
日译音	吴 汉	吴 汉	吴 汉	吴 汉	吴 汉	吴 汉
一等舒声	姏 マム ベム	担 タム タム	甘 カム カム	餐 サム サム	埯 アム アム	蓝 ラム ラム
一等促声		皶 タフ タフ	颔 カフ カフ	谵 サフ サフ	鰪 アフ アフ	腊 ラフ ラフ
二等舒声	䓁 ベム ヘム		监 カム カム	渐 サム サム	黤 アム アム	鑑 ラム ラム
二等促声		渫 デフ テフ	甲 カフ カフ	翣 サフ サフ	鸭 アフ アフ	
三等舒声		䛸 デム テム	黔 コム ケム	户 ヤム ヤム	险 コム ケム / 醃 エム エム	
三等促声		堞 デフ テフ	劫 コフ ケフ		脋 コフ ケフ / 腌 エフ エフ	
四等舒声			脥 ケム ケム		𥮐 ヤム ヤム	恹 ェム ェム
四等促声					接 ヤフ ヤフ	魇 ェフ ェフ

转次	第四十一转					
声类	唇	舌	牙	齿	喉	舌齿
日译音	吴 汉	吴 汉	吴 汉	吴 汉	吴 汉	吴 汉
一等舒声						
一等促声						
二等舒声						
二等促声						
三等舒声	芝 ホム ハム	僴 テム テム	剑 エム ケム	拈 ヤム ヤム	俺 ヱ ムム / 炎 チム ヱム	猃 レム レム
三等促声	法 ホフ ハフ	猵 テフ テフ	猲 コフ ケフ		鎑 チフ ヱフ	
四等舒声						
四等促声						

类各举舒声[平上去]促声[入]一例为代表,例字之下左注吴音右注汉音。凡围以粗线处,汉吴音之读法皆不同)。

从上面的表里,我们可以看出第三十九转一等覃韵的“吴音”在舌牙喉等声类后显然跟第四十转一等谈韵不同,它的音读反倒同侵、凡两韵唇牙喉三类的字相似。如果援用上面两个公式,那么也可以得到下列的推证:

	中国上古音		日译吴音
∵	覃 x-m		om
	侵 x-m		om
	凡 iuɒm		om

又∵ uɒ 跟 uə 在安南跟高丽译音里同有变成 o 音的实例

	中国上古音		日译吴音
∴	覃 -uəm	>	-om
	侵 -iuəm	>	-om
	凡 -iuɒm	>	-om

假使我们再参照上面所引的现代吴音,更可以很不牵强地假定覃、侵两韵至少在《切韵》时代的吴音还是读成 om 跟 iom;若是追溯远源,就可以推想它们是从上古的 * uəm 跟 * iuəm 演变出来的了。高本汉《方音字典》所引的吴音,覃、谈两韵并没有分别,恐怕是被晚近的日译字书所误,否则他的推想也或许跟我相同。除此之外我们还可以有两个旁证:

(1)巴黎图书馆所藏敦煌石室五代刻本《切韵》,下平第五十侵韵,有三个梵文译音字:

“𤙖见内典,呼音反三𤙖同上吽同上”

这是采取《六字大明咒》的末字译音。“吽”字梵文作𑖮𑖳𑖽,藏文作ཧཱུྃ,罗马字注音作 hūṃ,日译吴音作“オム”,但是现在多数转读作 hoŋ 音。五代本《切韵》既然把它收在侵韵，可见那时候的方音还有把侵韵读成 om 或 iom 的。

(2)漳州的《增注雅俗通十五音》对于闭口韵一共分作四部：

第三金韵	im	收《广韵》侵部的字
第十九甘韵	am	收《广韵》覃、谈、咸、衔等部字
第二十二兼韵	iam	收《广韵》盐、严、添等部字
第三十七箴韵	(?)	收《广韵》侵部的字

前三部的音读很显然，只有后一部发生问题。它所收的字上平有"箴簪森参宷"五字，上去有"嗛谮僭"三字，上入有"喥噏噆"三字，下平有"丼"字，其余各声都没有字。照现在的厦门音"箴簪森谮"四字均读-im，已然跟金韵没有分别。并且另外有一种刻本叫做《增注十五音汇集》，虽然还保留金、箴两韵的分类，可是两韵所收的字已然完全混乱了。假使金、箴两韵本来没有分别，那么《十五音》何以分成两部？因为这种疑问引起我的追求，终于发现箴韵有几个字在漳州音是不读 im 的：

例字	漳州音	厦门音
参	som	soŋ
丼	tom	toŋ
森	som	sim
嗛	khom(?)	khoŋ
喥	top(?)	tok

"参"字原注"人参药名"。按《说文》艸部"蓡，人蓡药艸，出上党，从艸浸声"。《系传》徐锴按"《本草》作参字，异者人形也，师今反"。字亦作"葠"。《广韵》侵韵"葠，所今切，人葠药也，古文作蓡"。"丼"原注"物投井中之声"。本古井字。《说文》井部"丼，八家一井，象构韩形，·罋之象也。古者伯益初作井"。隶省作

井。井行而丼废，于是别以丼为姓，或投物井中声。《广韵》感韵“丼，姓也，都感切”，《集韵》“丼，投物井中声，又姓，都感切”[①]。“森”字今《广韵》在侵韵亦“所今切”。照漳州这三个字的读音，那么侵、覃两韵都有读作-om的可能，箴、金的分别也或者就在这一点。又“嗙”原注“咳嗽声”，《集韵》荡韵“嗙，咳声，口朗切”。“喥”原注“吒也”，《广韵》铎韵“喥，口喥喥无度，徒落切”。《集韵》“喥，言无度也，达各切”。今《广韵》合韵有“缏”字，“徒合切”，亦从“度”声，恰好跟这个例相合。并且按厦门音的通例荡韵应转为[ɔŋ]，铎韵应转[ɔk]，《十五音》既然把它们跟侵、覃两韵的一部分同收入箴韵，姑无论它们的韵尾究竟是漳州的-m，还是厦门的-ŋ，可是箴韵的主要元音从前应当读作o音，似乎没有疑义。所以侵、覃的一部分在闽南的古方音应当有过读作-om的事实。

由此看来，覃、侵两部在上古音应当跟凡韵一样地读作合口，似乎不是十分武断的推测。只有咸韵由uɒm > om的证据，除去马伯乐所举的暹罗语hòm以外，我在方音上还没有另外找到好例。这应当跟盐、添两韵在以下三段详细讨论。至于严韵的日译吴音在牙音跟喉音晓母的后面有时读作-om，这跟现代吴音覃、谈两韵在g，h系声母后混而不分恐怕是一样的道理，不能骤然把它当作合口看待。

第二，从《韵镜》的开合上证明

《韵镜》对于这九韵开合口的分配，从第一表所据的享禄覆宋本，已然可以看出它跟后来的韵图有些差异。今本《韵镜》的归字固然有改从宋代音的事实，然而我很相信它的“母图”，比较《切韵指掌图》一

① 案凌迪知《万姓统谱》有丼姓，云“丼，音井，见直音。”并未著录“都感切”之音，《广韵》不知何据。

系总能多保留一点隋唐旧音的原型[①],这一点容我在《韵镜源流考》里详细讨论。不过关于这九韵的开合口问题并不如此简单,因为它本身在《韵镜》里就是一个待考的问题。我所见过的《韵镜》版本虽然不多,但是它们对于这几转的开合也就够纠纷的了。我们且看第五表(见下页):

在这十四种版本里,永禄、庆长、宽永三种较早的刻本都跟享禄本相同,从《谚解大成》以下已然逐渐改变了本来面目。照校勘的通例看,前四种的可靠性自然较大。但是从日本龟山天皇文永中(1264—1274)在奈良转经院库中发现《韵镜》,直到享禄元年覆刻宋本,其间已经过二三百年,钞刊屡易也难免有鲁鱼亥豕的错误。大矢透《韵镜考》曾据建长四年(宋理宗淳祐十二年,1252)明了房信范复写本跟醍醐三宝院藏嘉吉元年(明英宗正统六年,1441)写本,校勘享禄本,发现它很有许多地方不如信范本较为近古。关于这几转的开合他虽然没有说到,但是第二十七转(案即歌韵)信范本作开,嘉吉享禄二本皆误为合,可见享禄所定的开合也不能没有错误。照我观察第三十九、第四十两转的开合享禄本恰好前后倒置。因为(一)从现代吴语跟日译吴音所留的痕迹,覃合、谈开,已然很明显地分别出来;并且(二)文雄《磨光韵镜》在第三十九转下注云:"诸本皆作合,非矣",第四十转下注云:"一本作合,非矣"。他所谓"非矣",自然是"非其所非",但是从他所见的"诸本"跟"一本"比较,我们很可以是其所

① 《韵镜》之"母图"必远在北宋以前,可得二证:(一)永禄覆宋本《韵镜》序作下云:"旧以翼祖讳敬故为《韵鉴》,今迁祧庙,复从本名"。如为宋代所作,何不根本避讳翼祖嫌名?(二)日本河野通清之《韵镜古义标注》引旧记云:"皇和人王八十九世龟山院文永之间,南都转经院律师始得《韵镜》于唐本库焉",疑日本最初所得者并非张麟之刻本。且藤原佐世之《日本见在书目》著录《切韵图》一卷,则唐初或即有其原型。至于张麟之刻本所以改从宋代音者,当与《切韵指南》蜕化为《切音指南》之例相同耳。别详《韵镜源流考》。

第 五 表

版本 \ 开合 \ 转次	第三十八转	第三十九转	第四十转	第四十一转
日本享禄元年戊子刊本 （明嘉靖二十三年，1528）	合	开	合	合
日本永禄七年甲子刊本 （明嘉靖四十三年，1564）	合	开	合	合
日本庆长十三年戊申刊本 （明万历三十六年，1608）	合	开	合	合
日本宽永十八年辛巳刊本 （明崇祯十四年，1641）	合	开	合	合
日本延宝七年巳未 （清康熙十八年，1679） 津高益奥韵镜谚解大成本	开 “合者非ナリ”	开	合	合
日本元禄八年乙亥 （清康熙三十四年，1695） 毛利贞斋韵镜秘诀袖中钞本	开合 “平上入开，去声合”	开	开	合 “唇音三位轻”
日本元禄九年丙子刊本 （清康熙三十五年，1696）	开合	开	开	开
日本元禄十二年巳卯 （清康熙三十八年，1699） 沙门盛典韵镜易解本	开合	开	开	开

（续表）

转次 开合 版本	第三十八转	第三十九转	第四十转	第四十一转
日本享保十一年丙午（清雍正四年，1726）界浦叡龙韵鉴标注本	合	开（有墨笔旁注合字）	合	合
日本延享元年甲子（清乾隆九年，1744）沙门文雄磨光韵镜本	开“闭口呼一本作合非矣”	开“诸本皆作合非矣”	开“一本作合非矣”	合“闭口呼一本作开非矣”
日本明治四十五年（民国元年，1912）大岛正健韵镜音韵考	开	开	合	合
日本明治四十五年（民国元年，1912）大岛正健改订韵镜	开	开	开	合
日本大正十三年（民国十三年，1924）大矢透韵镜考	开	开	合	合
日本昭和五年（民国十九年，1930）佐藤仁之助韵镜研究法大意	开合	开	合	合

非,而非其所是。享禄本虽然还保留这两转开合的不同,但是因为其它开合相对的两转通例是开口在前合口在后,所以这里竟演成开合倒置的错误!幸而有吴语跟文雄所见的“诸本”作证,否则古本《韵镜》所保存的古音原型我们几乎无从想象了。如果以上的证据还靠得住,那么,除去第三十九、四十两转的三四等稍有问题外,我们设想这四转的开合应当是这样:

第三十八转:合　第三十九转:合　第四十转:开　第四十一转:合

我所校勘的若是不错,那末,除去盐添两韵稍有问题且留待下文讨论以外,侵覃咸凡应当是合口,谈衔严应当是开口已竟可以得到比较可信的证明了。《韵镜》所据的“母图”对于《切韵》“论定南北是非,古今通塞”的道理必然还能认识,所以才能保存这九韵的原型,供我们探讨古音的根据。后来《四声等子》、《切韵指掌图》跟《切韵指南》等并四转为两摄,固然把古音的遗迹湮没无余,就是《通志·七音略》把第三十三转以外的三转完全改作“重中重”也已竟不能了解原来分转的真义了!

第三,从谐声的系统上证明

从《韵镜》的开合及现代吴音、日译吴音里所得到的证据,我们已然可以知道,这九韵的开合口不单在上古音是有分别的,就是在《切韵》时代也还有遗迹可寻。若从此向上推溯,谐声的系统尤其值得我们探索。在用谐声的系统证明闭口九韵的开合以前,我们应当先注意一条谐声字的原则,就是:《切韵》里洪细不同的字虽然可以相谐,而开合不同的字往往不相通谐。例如寒韵的主要声符“干、亶、单、萛、旦、散、安、阑”等很少跟桓部的字谐声,同时桓韵的主要声符“官、毌、款、元、耑、段、专、叀、半、番、㒼、曼、雚、奂、宛、䜌”等也很少跑到寒部去的。此外如痕魂、真谆、殷文、歌戈几对开合相配的韵,除去唇声喉声间或有例外,大致也都是这样。应用这条原则去观察闭口九韵的谐声系统,我们也可以看出它们开合不同的痕迹来。因为我们根据现代吴语跟日译吴音既然可以断定覃韵是合口,谈韵是开口;又根据汕头等处方言也可以断定凡韵是合口:那末,凡是与凡、覃为伍的,除去少数例外都有合口的可能;凡是与谈韵为伍的,本来便应当是开口。所以据我归纳的结果这九韵的谐声字显然可以分成两大类:

第一类　与覃、凡韵同谐或递谐的

(1)贯通覃、侵、咸、盐、添五韵的有今声(孳声岑酓贪含禽阴念金钦)、咸声(孳声感缄覃[①] 潭),如第六表:

第　六　表

表例　此表据《广韵》闭口九韵所收之谐声字以推溯其开合同谐递谐之迹。如《广韵》所收字不与原则相违,则《说文》所收字当益少例外:故举多赅少不避"以汉后音惑"之嫌。表中在双线右方者皆为例外。其字为《切韵》所无者,于旁◦识之;《切韵》及《王仁昫切韵》俱无者于旁·识之;为正读之又音者,于下—识之。下同。

① 覃,《说文》作𠧟从鹹省声。

韵部 所谐字 声符	侵寝沁	覃感勘	咸豏陷
今 居吟	【见】今黔衿居吟【溪】衾去金 玪丘甚【群】黔邻庈雃钕聆 靲芩巨金矜龄矝紟笒巨禁 【疑】吟訡韵唫鱼金吟宜禁 【从】鈐昨淫【邪】枔徐林【床】笒锄針 頙士痒【审】鈐式任	【见】龕古南【溪】領钕戡口含 【匣】肣黔䤴胡男肣胡感 【从】鈐徂感	【见】玪古咸【晓】妗谽酓许咸钦火斩
岑 锄針	【床】岑涔梣锄針【禅】㑎时鸩 【从】梣鲹昨淫【群】舲巨禁		
酓 於琰	【影】歙於锦	【影】䳺䶲盦乌含【疑】媣五感 【匣】㟏胡感	
贪 他含		【透】贪他含喰他感倓他绀【来】倓郎绀	
含 胡南		【匣】含筨梒颔鋡硆胡南颔 莟胡感唅莟琀涻胡绀【晓】岭 酓谽歙谽唅火含【疑】㾕五含	
禽 巨金	【群】禽擒檎巨金		
陰 於金	【影】陰於金蔭瘖瘖於禁		
念 奴店	【日】餘稔棯脍如甚【审】諗淰式任		【娘】淰女减
金 居饮	【见】金衿黅居吟锦居饮【溪】荃 鐱去金鐱钦锦【群】庈鵭捦巨金 唫渠饮鈙巨禁【疑】唫崟鱼金趛牛锦	【见】淦古南淦古暗【疑】顉五感	
钦 去金	【溪】钦嵚去金【晓】廞许金廞许锦		

盐琰艳	添忝㮇	洽	帖	谈敢阚	严俨酽	盍
群 钤 雂 鸧 黔 岒巨淹 溪 鍦丘廉 穿 姈处占	晓 忺 姭许兼				溪 㲋丘严。 欦顩丘广· 㲋醶丘酽·	
影 䤁於琰	影 䤁於念					影 盦安盍
	泥 淰乃玷 念 緰奴店 端 唸 埝 都念 见 趝纪念		泥 諗 鯰 埝 捻 菍 鞥 惗奴协			

（续表）

所谐字声符 \ 韵部	侵寝沁	覃感勘	咸豏陷
咸（胡谗）	【照】葴瑊鍼箴鷀鱵（职深）	【溪】顑（苦感）	【匣】咸鹹醎騛諴椷 輱（胡谗）喊㛮糂減（下斩）【晓】㰹瀐（许咸）喊（呼豏）【见】瑊鰔黬（古咸）減瀐（古斩）【溪】麙㨔（苦减）【疑】黬𦎧䶢䶢 㺂（五咸）顑（玉陷）
感（古禫）		【见】感鰔礂（古禫）【溪】轗（苦感） 轗（苦绀）【晓】顑（呼唵）顑䫲（呼绀） 【匣】撼（胡感）憾（胡绀）【端】䉞（都感）	
缄（古咸）		【见】䵖（古南）	【见】缄䵖（古咸）
覃（徒含）	【喻】鱏镡蟫鷣撢（馀針） 【从】蕈（慈荏）【邪】鱏镡（徐林）【审】瞫 嫴（式任）	【定】覃鄿嫴橝谭趧燂镡 瞫醰穓𪐀（徒含）禫谭穓醰 嘾贉（徒感）醰贉瞫潭（徒绀） 【透】撢（他含）撢膻憛（他绀）	
潭（徒含）	【喻】潭（以荏）	【定】潭蘫（徒含）	

严韵[①] 有从今声的“砱钕钦頣”四字，转到入声盍韵的有从酓声的“盦”字，谈韵有从咸声的“喊”字；但是“砱頣钦喊”四字都不见于《切韵》[②]，“盦”字训覆，《切韵》列在盍韵之末，而注明是“新加”，“钕”[③] 是侵覃两韵的“又音”：所以这几个例外都是不成问题的。

---

① 此下所谓某韵仍系兼赅上去而言。

② 此所谓《切韵》指王国维写本第三种言。下同。

③ 《切韵》下平严韵有“钦”字，注云“钦敧不齐，丘严反，又丘凡反”，“钦”为“钕”之讹，“凡”为“广”之讹，故宫本《王仁昫切韵》及《广韵》均可证，而《广韵》上声俨韵之“钦”字亦“钕”之讹也。

（续表）

盐琰艳	添 忝 㮇	洽	帖	谈敢阚	严俨酽	盍
群鍼巨盐鍼 揻巨淹溪⿰忄咸丘廉		见鹹古洽 溪䀹苦洽		晓 喊·呼览		
	溪⿱⿰咸欠糸苦兼晓⿱⿰咸欠糸许兼					
从燂昨盐	定簟驔橝徒玷 磹徒念泥⿰女覃乃玷					
	定⿱⺮潭徒玷					

(2)贯通覃、侵、咸、盐四韵的有音声(孳声闇歆)、彡声(孳声寻[①]彭)、羊声(孳声⿱干火[②] 南),如第七表。

① 寻《说文》作㝷,从彡声。

② ⿱干火今本《说文》从火干声。徐锴云:“干非声,未详”。段玉裁《说文解字注》、苗夔《说文声订》、朱骏声《说文通训定声》均改为羊声,孔广居《说文疑疑》谓从羊省声。今从之。

第 七 表

所谐声符 \ 韵部字	侵寝沁	覃感勘	咸豏陷	盐琰艳	缉	合	帖	谈敢阚	衔槛鉴
音 於金	【影】音 陪 瘖 蹐 喑 醅 於金 愔 罄 挹淫 喑 稽 窨 於禁	【影】諳 腤 喑 乌含 揞 陪 罯 乌感 暗 乌绀	【影】猎 黯 乙咸 黯 乙减 韽 揞 猎 於陷	【影】稽 一盐	【溪】湆 去急	【影】罯 乌合	【透】謺 他协		
闇 乌绀	【影】灛 於锦	【影】灛 乌感 闇 乌绀							
歆 许金	【晓】歆 婜 许金	【影】婜 乌含						【晓】 婜。呼谈	
彡 息廉	【彻】彨 丑林		【审】杉。 雺。 彡・所咸	【心】彡。息廉 【审】貟・失冉				【心】帴 苏甘	【审】彡 衫 所衔 髟。 钐。 彡・ 彡・所鉴
寻 徐林	【邪】寻 浔 浔 樳 鄩 隯 膊 襑 撏 縎 徐林	【定】荨 蕁 徒含 【透】襑 他感 【从】撏 昨含		【邪】燖 徐盐 【禅】撏 视占					
彤 丑林	【彻】彤 丑林 覙 丑禁								
羊 如甚	【日】羊 如甚								
㶣 直廉				【澄】㶣 䵙 直廉 【来】覝 力盐 【邪】⿰糸㶣 徐盐				【定】 㶣・徒甘	
南 那含	【娘】䋻 女心	【泥】南 楠 那含 腩 湳 篰 揇 莔 奴感	【娘】諵 喃 女咸 諵 尼赚					【来】 罱・卢敢	

这个表里谈韵有“嫯夭闟”三字，均不见于《切韵》。至于从彡声的字虽然有六个在衔韵(但只二字见于《切韵》)，一个在谈韵，可是从它得声的“㝝”字绝对不与谈韵谐声，并且侵韵“肜，丑林反，祭名，又馀终反”；东韵“肜，馀隆反，祭名，又勑林反”①。“馀隆反”的音*[dǐuəŋ]就是从“丑林反”*[ȶʻǐuəm]变成的。还有冬韵从彡得声的“彤”[dʻuəŋ]也可以作为旁证。所以我认为彡声应当是合口而误入衔韵的。

(3)贯通覃、侵、盐、添四韵的有兂声(孳声兓朁蠶鬵)，如第八表：

第　八　表

所谐字声 \ 韵部	侵 寝 沁	覃 感 勘	监 琰 艳	添 忝 㮇	合
兂(侧吟)	照 兂(侧吟) 精 兓(子心)				
朁(七感)	照 瓉 簪 撍(侧吟) 谮(庄荫) 䫲 (章在) 床 䁮 鐕 穇(锄针) 精 䐶 𩀱 𪑻(子心) 䤐 䭙 膌 (子朕) 清 䤐(七稔) 从 鬵 (昨淫) 群 䅟(巨金)	精 簪 撍 膌 𨍷 鐕(作含) 撍(作绀) 撍 (子感) 清 朁 憯 噆 (七感) 从 鄫 蹭(昨含) 䅐 𠜱(徂感) 心 糣(桑感)	从 朁 潛 暜(昨盐) 潛(慈艳) 精 熸(子廉)	精 僭(子念) 清 憯(青忝) 从 膌(渐念)	精 噆 𨍷(子荅) 从 蹭 鄫(徂合)
蠶(昨含)		从 蠶(昨含) 精 鐕(作含)			
鬵(昨淫)	从 鬵 灊(昨淫) 邪 鬵 灊(徐林) 床 𣝗(锄针)		从 鬵 灊(昨盐)		

(4)贯通覃、咸、盐、添四韵的有臽声(孳声阎窞)，如第九表(见下页)：

谈韵有“啗䫮脂䧟”四字，其中“啗䧟脂”三字都不见于《切韵》，“䫮”字已见咸韵。

① 今本《广韵》侵韵有“彡”无“肜”，但东韵有“肜，以戎切，祭名，又勑林切”。此盖沿《切韵》第三种本误漏者，今据故宫本《王仁昫切韵》。

第 九 表

所谐声符＼韵部	覃感勘	咸豏陷	盐琰艳	添忝㮇	洽	敢谈阚
臽(苦感)	**溪**臽埳錎轁 惂(苦感)峆(苦绀) **匣**淊欿蜭(胡感) 蚿㴸(胡绀)**定**萏(徒感)	**溪**鵮歁(苦咸) **匣**臽陷輡脂 餡(户韽)**影**淊(乙咸) 淊(於陷)**见**䐄(公陷) **知**鵮(竹咸)	**喻**淊 餤(以冉)焰(以赡) **彻**谄(丑琰)	**见**鲐(古念)	**溪**掐䶢 帢(苦洽)	**匣**脂· 䧟·(下瞰) **见**䐄。(古蹔) **定**啗。(徒敢)
阎(余廉)	**定**萳(徒感)	**彻**僴(丑减)	**喻**阎痼 潤櫚壛(余廉) 缅(以冉)㷞(以赡) **邪**腡谰(徐盐)			
窞(徒感)	**定**窞棓(徒感)		**彻**谄(丑琰)			

(5)贯通侵、咸、盐、添四韵的有占声(孳声沾坫黏怗帖)、㦰声(孳声䜟孅),如第十表:

第 十 表

所谐声符＼韵部	侵寝沁	咸豏陷	盐琰艳	添忝㮇	葉	帖	谈敢阚	衔鉴槛
占(职廉)	**喻**袩(馀针) **知**砧 枮(知林)	**知**诂 酟䩞(竹咸) 站䩞(陟陷) **澄**诂(伫陷)	**照**占(职廉)颭(占琰) 占(章艳)**穿**姑(处占) **审**苫痁(失廉) 苫(舒赡)**彻**觇(丑廉) 觇貼(丑艳)**娘**黏 鲇粘(女廉) **日**蛅(汝盐) **喻**阽(余廉) **心**枮(息廉) **群**鉆(巨淹)	**端**髻战佔 诂聑貼(丁兼) 點玷耆刮 鉆(多忝)店痁 耆貼(都念) **透**黇(他兼) **定**㐰(徒玷) **泥**鲇鲇 拈(奴兼)	**穿**诂 姑(叱涉)	**端**鞊 跕笘(丁惬) **透**呫 鉆鞊 贴跕(他协)	**端**頕。(都甘) **匣**姑·(胡甘)	

（续表）

所谐声符＼韵部	侵寝沁	咸豏陷	盐琰艳	添忝㮇	葉	帖	谈敢阚	衔鉴槛
沾张廉			【知】霑沾张廉 【彻】⿱沾女丑廉 【从】⿱竹沾昨盐 【审】⿱沾女失廉	【透】沾他兼 【端】沾都念				
坫知林	【知】坫知林			【端】坫都念 【定】⿱艹坫徒念				
粘舒赡		【审】⿰木沾所咸	【审】粘舒赡	【透】粘他念			【匣】粘·胡甘	
怗他协			【穿】怗处占			【透】怗他协		
帖他协						【透】帖他协 【定】怗徒协		
𢦔子廉		【审】⿱雨𢦔所咸	【精】𢦔⿱雨𢦔子廉					
韱息廉	【审】襳所今 【穿】讖楚譖	【审】攕 櫼⿰車韱所咸 【床】⿺鬼韱士咸 【穿】⿰月韱 ⿰酉韱初减	【精】⿰口韱 ⿰巾韱 鑯 ⿰衤韱子廉 ⿰口韱子艳 【清】籖 ⿰月韱 ⿰巾韱 ⿰韱刂七廉 ⿰酉韱七渐 【心】韱 ⿰衤韱 纖 ⿰女韱息廉 【审】⿰衤韱史炎	【心】⿰石韱⿰禾韱先念				【穿】⿰忄韱楚鉴
瀸子廉			【精】瀸⿱艹瀸子廉					

谈韵有“䫲坫粘”三字，但都不见于《切韵》，惟衔韵有“⿰忄韱”字，《王仁昫切韵》已见之。

(6)贯通覃侵咸三韵的有参声（孳声篸）、甚声（孳声勘），如第十一表：

第十一表

所谐字 声符 \ 韵部	侵寝沁	覃感勘	咸豏陷	缉	合	谈敢阚	衔槛鉴
参 所今	【审】参蔘槮(所今)椮 瘆(疎锦)渗(所禁)【穿】嵾 槮参(楚簪)墋醦 碜(初朕)	【清】参骖趍傪 㜗(仓含)惨黪頾 㜗傪(七感)参謲 瞫(七绀)【心】毶蔘 憏(苏含)頾糁傪 槮(桑感)	【审】摻鬖 獑(所咸)摻 獑醦(所斩)		【清】趍 㜗(七合) 【床】遪(士合)	【心】参· 鬖·(苏甘) 【清】黪(仓敢)	【审】縿? 穇· 鬖。(所衔) 獑(山槛)
篸 作含	【穿】穇(楚簪)	【精】篸(作含)篸(作绀)					
甚 时鸩	【知】碪椹(知林)戡(张甚) 椹(知鸩)【彻】踸鍖 顠(丑甚)【澄】湛(直深) 【照】斟(职深) 【穿】覘(充針) 【床】葚黮(食荏) 【禅】諶愖煁瘎(氏任) 甚(常枕)甚(时鸩) 【从】醠(昨淫) 【喻】醠(馀針)【晓】歁(许金)	【端】湛媅覘(丁含) 【透】黮(他感)【定】覘 霮黮(徒感)【溪】堪 戡嵁(口含)歁(苦感)嵁 醦(苦绀)【疑】嵁(五含) 嵁(五感)糂(桑感)	【定】湛 偡(徒减) 【溪】嵁(苦咸) 【床】嵁(士减)	【穿】斟(昌汁)			
勘 苦绀		【溪】勘磡(苦绀)					

谈韵有“参鬖黪”三字,衔韵有“縿穇獑鬖”四字。不过“参鬖穇鬖”四字俱不见于《切韵》,“黪”字是覃韵的又音,“獑”字是咸韵的又音,“縿”字王仁昫本作“所咸切”入咸韵:所以都不能算是例外。此外还有谈韵的“三”字,《广韵》也作“参”,并且它在《诗经·摽有梅》二章跟“今”字押韵,所以我认为它也是第一类的谐声而误入谈韵的。

(7)贯通覃、侵、盐三韵的有突声(孳声滚)、林声(孳声林婪),如第十二表:

第 十 二 表

所谐字（声符）＼韵部	侵 寝 沁	覃 感 勘	盐 琰 艳
罧（徒感）	**审**罧(所今)**彻**琛瞅(丑林)	**透**探(他含)**定**罧(徒感)**心**傑(苏绀)	**禅**棎(视占)
深（式針）	**审**深蔜(式針)深㴱(式禁)		
林（力寻）	**来**林琳淋痳箖霖(力寻)菻(力稔)**彻**琴綝郴(丑林)**审**森琴(所今)罧(所禁)**心**罧(斯甚)	**来**惏啉(卢含)醂叅(卢感)	**来**蘫薘(良冉)·
禁（居吟）	**见**禁襟憷(居吟)禁僸襟(居荫)**群**捺凚(巨金)噤顜凚(渠饮)噤凚齽(巨禁)**疑**僸(牛锦)**喻**顜(于禁)		
婪（卢含）		**来**婪(卢含)漤(卢感)	

这个表里并没有例外，不过“蘫”“薘”两个僻字是不见于《切韵》的。

(8)贯通侵、覃、凡三韵的有凡声(搴声風)，如第十三表：

第 十 三 表

所谐字（声符）＼韵部	侵 寝 沁	覃 感 勘	凡 范 梵
凡（符咸）			**並**凡帆仉(符咸)軓(防錽)帆梵(扶泛)**滂**釩(峰犯)泛仉(孚梵)
風（方戎）	**邪**颯(徐林)	**来**嵐葻(卢含)	**並**驱(符咸)驱(扶泛)

(9)贯通覃、咸、凡三韵的有马声(孳声圅函氾范),如第十四表:

第十四表

所谐声符 \ 韵部	覃感勘	咸豏陷	凡范梵
马胡男	**匣**马胡男马胡感		**並**犯防錽
圅胡男	**匣**圅顄涵霤涵胡男檻胡感	**匣**椷胡讒	
函胡男	**匣**函涵箘鋡顄蜬 霤胡男涵菡崡胡感**见**蜬古南	**匣**函胡讒	
氾符咸			**並**氾舤符咸笵範防錽**滂**氾 溫孚梵
范防錽			**並**范蜰防錽

(10)贯通覃、侵二韵有㐭声(孳声稟畣)、冘声(孳声沈眈)、闖声,如第十五表:

第十五表

所谐声符 \ 韵部	侵寝沁	覃感勘	谈敢阚
㐭力稔	**来**㐭畣力稔**帮**稟笔锦		
稟笔锦	**来**廩瘭凜懍力稔**群**凜巨金	**来**燣卢含壈燣轋卢感	
畣力稔	**来**畣顲力稔**喻**鄙馀針	**来**鄙卢感鄙濝郎绀	
冘馀針	**喻**冘芜馀針**从**鈂歁昨淫**澄**芜 鈂牤枕直深鸩焧直禁 **知**炈张甚紞知鸩**禅**訦忱疣氏任 訦常枕**审**邥魫式任**照**枕煩章荏 枕之任**群**炈巨金	**端**耽眈酖妉紞丁含黕衴煩 瓴抌耽紞都感馾酖丁绀 **定**耽黕徒含髡徒感	**端**紞。芜·都敢
沈直深	**澄**沈沉莐霃直深沈直禁**审**沈式任		

（续表）

所谐字声符 \ 韵部	侵寝沁	覃感勘	谈敢阚
肬 他感		透 肬⿰月监 他感	
闖 丑禁	彻 闖 丑禁	透 ⿰氵闖 他绀	审 ⿰氵闖· 赏敢

谈韵有"紞芜⿰氵闖"三字,"芜""⿰氵闖"均不见于《切韵》,"紞"字《说文》作"都感切",可见二徐所据的《唐韵》还没有误入谈韵呢。

(11)贯通覃、盐二韵的有弇声,如第十六表:

第 十 六 表

所谐字声符 \ 韵部	覃感勘	盐琰艳	合	谈敢阚
弇 古南	见 弇 古南 影 ⿰女弇 乌含 ⿰黑弇 乌感	影 弇揜渰⿰女弇⿰山弇 衣俭 ⿰忄弇 於验 ⿰忄弇 於艳	影 ⿰女弇⿰革弇 乌合	影 揜· 乌敢

谈韵有"揜"字,但不见于《切韵》。

(12)贯通侵、咸二韵的有品声(孳声喦臨),如第十七表:

第 十 七 表

所谐字声符 \ 韵部	侵寝沁	咸豏陷
品 丕饮	滂 品 丕饮 疑 碞 鱼金	疑 碞 五咸
喦 五咸		疑 喦⿰言喦 五咸
臨 力寻	来 臨瀶 力寻 臨⿰亻臨 良鸩	

(13)贯通侵、盐二韵的有壬声(孳声任)、㝦声(孳声侵浸),如第十八表:

第十八表

所谐字声符 \ 韵部	侵 寝 沁	盐 琰 艳
壬 如林	**日**壬纴如林饪肚如甚妊衽汝鸠	
任 如林	**日**任鵀恁鉦誑如林荏恁荏衽 栠鉦如甚任鵀紝汝鸩**娘**誑鵀女心 拰尼凛**泥**赁乃禁	**日**銛而琰
㝦(七林)	**精**祲稄綅埐梫子心浸祲子鸠**清**浸 𥈌稄駸綅侵七林梫寑蔓鋟寝 寑七稔**从**埐昨淫**穿**梫駸楚簪	**精**鋟子廉**心**綅綅鬖息廉
侵 七林	**清**侵七林寑寖七稔鋟七鸩	
浸 子鸠	**精**濅子朕濅浸子鸩 **审**蔓所今	

(14)贯通凡、盐二韵的有乏声,如第十九表:

第十九表

所谐字声符 \ 韵部	盐 琰 艳	凡 范 梵	乏	缉	洽	盍
乏 房法	**帮**砭府廉貶方斂 窆砭方验	**滂**芝匹凡芝姂泛 眨孚梵**並**杋符咸	**溪**姂起法**並**乏 泛姂房法	**澄**尼直立	**照**眨侧洽	**定**鉽徒盍

盍韵有"鉽"字,但不见于《切韵》。

(15)贯通凡、添二韵有㞋声,如第二十表:

第二十表

所谐声符＼韵部	添　忝　㮇	凡　范　梵	严　俨　酽
乏亡范	**明**乏明忝	**明**乏鋄亡范**帮**䀀府犯	**明**䒦。亡剑

严韵有“䒦”字，但不见于《切韵》。

至于从“毚”声的字在咸、衔两韵里几乎势均力敌，并且除去盐韵有一个“嚵”字以外也没有转入其他各韵的，如第二十一表：

第二十一表

所谐声符＼韵部	咸　豏　陷	盐　琰　艳	衔　槛　鉴
毚士咸	**床**毚谗馋獑·鑱<u>欃</u>攙。儳。鄛。士咸 瀺士減儳䶣·仕陷	**从**嚵。慈染	**床**毚·巉嚵·镵𩚿鄛·锄衔 巉仕槛镵譹·𩚿䶣·欃·士懺 **穿**<u>摻</u>楚衔嚵儳。甑。楚鉴 **审**纔所衔

它究竟应当属于哪类呢？照我的意见还是归到第一类。因为衔韵的“毚嚵谗䶣欃”等字都是《切韵》所没有的；“鄛摻儳”等字不过是咸韵的又音；而且照徐锴所据的《唐韵》“纔”字应当跟“毚嚵谗鄛儳”等字一律作“士咸切”。再求之于经传异文“谮人”或作“谗人”①，“谗鼎”或作“岑鼎”“崇鼎”（见下），“谗”字既然可与第一类从朁声的字相通，又可与“岑”-iuəm“崇”-iuəŋ 旁转，那么它也有读作-uɒm 或-ɒm 的可能。还有《诗经·巧言》二章“涵”“谗”押韵，“涵”从“函”声既然属第一类，所以“谗”字也应照孔广森、严可均等以“毚”从“涵”的例把它归入

① 《毛诗·巷伯》“取彼谮人，投畀豺虎。”《礼记·缁衣》注，《后汉书·马援传》朱勃疏，均引作“谗人”。

第一类。若像段玉裁沿袭江永的错误把“毚”“圅”两声归入第八部(谈),而圅所从的马声又归入第七部,岂非自乱其例?至于毚声跟彡声的字所以转入衔韵较多,或许是受了某处方音的影响。因为日译吴音所据的方言覃、谈两韵本来有分别,而在齿音后面便混而不分,由此类推,从毚声、彡声的字所以互见咸、衔两韵,安知不是相似的转变呢?

此外还有侵韵从乑声、朕声、琴声、心声、㸒声(孳声淫)、宷声(孳声審)的字;覃韵从竷声(孳声贛赣)、宋声、昙声的字;也应当归入这一类。

第二类　与谈韵同谐或递谐的

(1)贯通谈、衔、严、盐四韵的,有敢声(孳声嚴),如第二十二表:

第二十二表

所谐字 韵部 声符	谈敢阚	衔槛鉴	严俨酽	盐琰艳	狎	侵寝沁	覃感勘	咸豏陷
敢古览	【见】敢橄 澉古览 鱤古蹔 【溪】厰口敢 阚 鱤瞰矙苦滥 【晓】憨呼谈 【匣】憨譀㺖下瞰 【透】厰吐敢 【定】噉徒敢 【照】澉止滥	【晓】㺖 [illegible]荒槛 儆譀 阚许鉴 【匣】橄胡黤 【影】黬於槛 黬黯去声 【穿】㺖楚鉴			【晓】譀呼甲	【疑】 厰·鱼金	【溪】 撖·口含	【溪】撖苦減 【晓】阚火斩
嚴语轗		【疑】巖嚴 礹五衔	【疑】嚴 巖语轗 儼 礹曮鱼掩 醶鱼欠	【晓】玁虚检				

侵韵有“㕃”字，覃韵有“撖”字均不见于《切韵》。咸韵有“撖阚”两字都是衔韵的又音。

(2)贯通谈、衔、盐三韵的有甘声(孳声拑嵌)、監声(孳声濫藍覽鹽)，斬声(孳声漸)，如第二十三表：

第二十三表

所谐字声符＼韵部	谈敢阚	衔槛鉴	盐琰艳	侵寝沁	覃感勘	咸豏陷
甘(古三)	【见】甘柑筸苷泔㽏(古三)筸(古览) 【溪】坩(苦甘) 【匣】酣䗣蚶㽏魽邯(胡甘)蚶(下瞰) 【晓】蚶䃭(呼谈)䃭(呼滥) 【明】姏(武酣)		【群】钳黚(巨淹)	【群】黚。(巨金)	【溪】㽏。(口含) 【见】绀。(古暗)	
拑(巨淹)	【从】拑		【群】拑箝(巨淹)			
嵌(口衔)	【从】嵌(才敢)	【溪】嵌(口衔)				
監(古衔)	【来】襤鬑擥籃䳩㜮䆾儖𧟁(鲁甘)爁擥(卢敢)㜮爁㠨劗醶嚂籃(卢瞰) 【晓】嚂㰈䁪(呼览) 【溪】嚂(苦滥) 【照】𪄳(止滥)	【见】監礛䁪鑑劗(古衔)監鑑䁪劗鑒(格懺) 【匣】檻劗獵轞壏艦䡾䃹(胡黤)䡾䃹(胡懺)	【来】爁(力验)			【匣】獵(下斩)
濫(卢瞰)	【来】濫(卢瞰)	【匣】濫(胡黤)				
藍(鲁甘)	【来】藍蘫(鲁甘) 【晓】蘫(呼滥)					

（续表）

韵部 所谐声符	谈 敢 阚	衔 槛 鉴	盐 琰 艳	侵寝沁	覃感勘	咸豏陷
覽 卢敢	【来】覽攬欖(卢敢) 纜(卢瞰)					
鹽 余廉			【喻】鹽[氵鹽][木鹽](余廉) 鹽[氵鹽](以赡)			
斬 侧减	【从】慙 慚 鏨 [斬鳥] [斬手](昨甘) [斬田](昨三) 槧 鏨(才敢) 暫 蹔 鏨(藏濫)【精】[斬食](子敢)	【床】嶄獑(锄衔) [斬鳥](士忏)【穿】攙(楚鉴) 【审】[斬手](山槛)【精】[斬見] [斬田](子鉴)	【清】槧(七廉) 槧 塹(七艳)【从】螹(昨鹽) 螹 鏨 槧 磛 蔪 [斬走](慈染)			【照】斬(侧减) 【床】獑 鏨(士咸) 嶄(士减) 【审】[斬艹](所斩)
漸 子廉			【精】漸(子廉) [漸食](子冉) 【清】[漸土][漸女](七艳) 【从】漸 [漸酉] 蔪(慈染)			

侵韵有"黚"字，覃韵有"厣绀"二字，均不见于《切韵》。咸韵有"獵"字是衔韵的又音。从"斩"声的字有五个跑到咸韵去的，其中"嶃蘄"两字不见于《切韵》，"鏨"字是谈韵的又音，"獑"字是衔韵的又音，只有一个"斩"字算是例外。至于"监"的字源，照《说文》是"从卧，衉省声，𧬈古文监，从言"。不过许氏所谓"省声"颇不可靠，所以王筠《说文释例》云："监下云衉省声，非也。《六书正讹》曰：'歃血为盟之词有曰明神监之，故盟与监从血会意。'是也。即观古文𧬈从言，亦可征矣。"因此我不认"监"是"臽"的孳声。

(3)贯通谈、盐、添三韵的有产声（孳声詹阇）、冉声（孳声聃），如第二十四表：

第 二 十 四 表

所谐字声符 \ 韵部	谈 敢 阚	盐 琰 艳	添 忝 㮇	盍	覃感勘	咸豏陷
产 职廉		【照】产(职廉)				
詹 职廉	【端】擔儋瞻 甔(都甘)膽 ⿰石詹 黵 鸇(都敢)擔甔(都滥) 【定】澹(徒甘)憺澹(徒敢) 憺澹(徒滥)	【照】詹蟾噡 瞻(职廉)【穿】韂 襜 幨(处占)⿰足詹 襜 幨 ⿰韋詹韂⿰土詹(昌艳) 【禅】蟾(视占)贍(时艳) 【喻】檐簷(余廉)	【透】⿰石詹(他兼)⿰石詹(他念)	【照】谵(章盍)【定】谵(徒盍)	【端】甔·(丁含)	【床】⿰阝詹·(仕陷)
閻 余廉		【喻】閻櫩(余廉) 【穿】閻(昌艳)				
冉 汝盐	【透】舑坍⿰身冉 ⿰氵冉(他酣)	【日】冉 舑 ⿸疒冉 ⿰黽冉 衻 ⿰言冉 枏 呥 蚺 ⿱髟冉 ⿰冉須(汝盐)冉 枏 姌苒䎃⿱竹冉(而琰) ⿱髟冉(而艳)【穿】⿸疒冉(处占)	【泥】姌⿰阝冉(乃玷) 【透】⿰阝冉(他念)		【泥】枏 抩。 ⿰黽冉。⿰舟冉·(那含)	
聃 他酣	【透】聃⿱艹冉(他酣)					

覃韵有"甔枏抩⿰黽冉⿰舟冉"五字,咸韵有"⿰阝詹"字,除去"枏"为"楠"的异文并且是盐韵的又音,其余均不见于《切韵》。

(4)贯通谈、盐二韵的有炎声(孳声淡剡棪),如第二十五表:

第 二 十 五 表

所谐字声符 \ 韵部	谈 敢 阚	盐 琰 艳	覃 感 勘
炎 于廉	【定】谈郯惔錟痰倓餤(徒甘) 啖惔(徒敢)惔腅倓啖(徒滥) 【透】緂(他酣)菼⿰鹵炎毯裧緂(吐敢) 【照】賧⿰鹵炎睒談(止滥)	【喻】炎(于廉)⿰炎鳥(余廉)琰棪⿰足炎棪 扊(以冉)【审】覢睒(失冉)掞(舒赡)【穿】⿰巾炎 緂⿰鹵炎(处占)裧(昌艳)【从】⿰炎炎(昨盐)	【晓】⿱穴炎·⿱穴炎·(火含)【定】倓·(徒感)

（续表）

所谐字声符 \ 韵部	谈 敢 阚	盐 琰 艳	覃 感 勘
淡 徒甘	【定】淡徒甘淡䉱徒敢淡徒滥【透】𥦟 菼他酣【照】𥦟止滥	【喻】淡以冉	
剡 以冉	【定】剡徒甘【透】剡𦈸吐敢	【喻】剡以冉【禅】剡时染	
棪 徐盐		【邪】棪薟撍橪燅徐盐	
焱 以赡		【喻】焱𢲷以赡	

覃韵有"倓𥧌𥨍"三字，均不见于《切韵》。

(5)贯通衔、严、盐、添四韵的有兼声（孳声廉），如第二十六表：

第二十六表

所谐字声符 \ 韵部	盐 琰 艳	添 忝 㮇	衔 槛 鉴	严俨酽	咸 豏 陷
兼 古甜	【来】鬑嵰䨢 镰力盐溓𩟗良冉 【溪】嵰丘检 【疑】𪘏语廉隒鱼检	【见】蒹 缣 鹣 鳒 蒹 䍐 鰜古甜 兼古念 【溪】谦苦兼 嗛 歉 慊 賺苦簟 傔 苦念【晓】馦 㾾 䝩许兼【匣】嫌 稴 户兼 鼸 獫胡忝【来】鬑 熑 溓勒兼 稴 溓 𤬻力忝 稴力店	【溪】顩丘槛【匣】𤬻户监	【疑】𪘏鱼欠	【匣】鳒·稴·胡谗 豏 獫·𤬻下斩 【见】㺌古咸 𪘏古斩 顩·公陷【溪】顩 歉·槏·苦减歉 顩口陷【疑】𪘏 顩五咸
廉 力盐	【来】廉 镰 簾 薕 㪘 䭠 䆍 蠊 礦力盐 蠊良冉	【来】濂 熑 薕勒兼			【澄】賺·谦·伫陷

咸韵"鳒稴獫𤬻歉槏"六字"谦賺"二字均不见于《切韵》；"顩"字是衔韵的又音，"𪘏"字是盐韵的又音。它们所以转到咸韵较多，或许

受了喉音声母的影响。

(6)贯通盐、添两韵的有夾声(孳声陜)：

第二十七表

所谐字声符＼韵部	盐　琰　艳	添　忝　标
夾 失冉	溪 脥 谦琰　晓 㛍 虚检　审 夾 失冉	晓 歉 许兼
陜 失冉	审 陜 陜 失冉	

此外还有衔韵的衔声，严韵的广声，及盐韵的染声、闪声、猒声(孳声厭)、忝声，也应当归入这一类。

从上面两类谐声的系统，参照第一二两项佐证，我们已然可以断定覃、侵、咸、凡是合口，谈、衔、严是开口。至于盐、添两韵来源比较复杂，大约跟侵、覃、凡、咸通谐的多由合口变来，跟谈通谐或不与他类相通的本来就是开口。《韵镜》把添韵跟盐韵三等列在第三十九转，只把盐韵的四等属于齿头音的字列在四十转，自然并不完全对，可是盐、添的一部分本来跟覃、咸有关系，也是无从否认的事实。我认为稍微有一点儿纠纷的只有"奄""欠""僉"三声。照《广韵》所收的字这三个声符的孳衍情形，如第二十八表(见下页)：

从这三个声符的字都不见于《诗经》押韵，不过《易经·坎》卦初六"习坎，入于坎窞"，六三"来之坎坎，险且枕，入于坎窞"；象曰"习坎，重险也"：以"坎""险"与"窞"同押或递押。并且"坎侯"转为"空侯"，"垂陇"一作"垂歛"(均见下)，从"空"k'oŋ"陇"lĭuəŋ 的转读，也可以推见"坎"或读 k'uəm、"歛"或读 lĭuəm；那么"欠""歛"两声似乎应当归入第一类，所有转到谈、衔、严韵的都算例外。又《楚辞·招魂》"朱

第二十八表　（表中字旁加△者内府本《王仁昫切韵》皆并入《广韵》，其他符号同前）

韵部 / 所谐字 / 声符	侵寝沁	覃感勘	咸豏陷	盐琰艳	凡范梵	谈敢阚	衔槛鉴	严俨酽	合	盍	洽	葉	业
奄 衣俭		【影】庵菴·𢈵◦醃乌含 晻𪾢唵 黤◦乌感		【影】淹菴崦醃郶△ 閹△央炎 俺·一盐 奄△郶閹 霒·棆·掩△腌△罨△ 裺△晻·衣俭 俺·於验	【影】俺△ 俺△淹· 䃃·媕◦ 裺◦ 誵 ◦於剑	【影】埯乌敢	【影】黤於槛	【影】醃 腌·於严 埯◦於严	【影】罯 庵· 踚· 鞥·乌合		【影】踚乌洽	【影】敆 腌·於辄	【影】腌 罨 稀殗·幝 ·敆·鋺· 鞥· 餣· 晻·於业
欠 去剑		【溪】坎苦感		【群】芡△巨险	【溪】欠△ 饮·去剑			【晓】杴枕·虚严 【溪】笒·丘严		【晓】歈·呼盍			【溪】疢·去劫
佥 七廉	【澄】㶴·直稔		【来】脸· 醶·力减 【见】鹼古斩	【来】薟匳獫△力盐 獫薟 撿·𥿋·撿良冉 殮· 賺·獫 霻力验 【见】檢△ 瞼△居奄 【群】儉△巨險 【疑】顩△嶮喚鰜·鱼检 驗· 㽀·噞△鱼窆 【晓】險△ 韥△獫譣憸嶮△虚检 【精】霻·子廉 【清】僉譣·憸鹼 臉七廉 憸七漸 【心】憸息廉	【见】劍△居欠 【明】䖃·亡范	【晓】歛·呼谈	【穿】醶初槛 【精】霻◦子鉴	【晓】𩐱 瘷·虚严				【清】𣀳七接	
敛 良冉				【来】蘞◦簽·力盐◦斂蘞· 瀲良冉 歛瀲力验				【晓】蘝◦虚严					
嬐 鱼检				【疑】嬐△鱼检 【影】醃△一盐									
㢛 苦咸	【溪】顩◦钦锦		【溪】㢛·苦咸					【溪】㢛丘严					

明承夜兮时不可掩，皋兰被径兮斯路渐”，以“掩”与“渐”韵，并且覃韵的“菴𪁺黭”，凡韵的“䱭㺢婘裺諳”，合韵的“庵踚鞥”，葉韵的“腌”等字都是《切韵》所没有的，而转到入声业韵的字又特别多，那么，“奄”声似乎应当归到第二类，至于那些混入第一类的字或许受了喉音声母的影响，跟吴语谈韵在 g，h 系后混入覃韵的现象正同。但是在这里还牵涉到一件事，就是严、凡分韵的沿革问题。因为隋唐以来的韵书，平声或严、凡并列[①]，或有严无凡[②]；上去二声则多有范梵而无俨酽，而且俨酽两韵的字有的附入琰艳，有的附入范梵[③]。因此《广韵》上声末四韵以俨、豏、槛、范为次，改俨与琰、忝同用，去声以酽、陷、鉴、梵为次，改酽与艳、㮇同用，跟平入两声都不相应：这种纠纷，戴东原、钱竹汀、王观堂等前后皆有考证[④]。尤其特别的，就是敦煌本的《王仁昫切韵》上声广韵去声梵韵跟今本《广韵》相近[⑤]，而故宫本的《王仁昫切韵》却从琰韵分出“广，俨酽，㻺嵰，顩嬐㜝噞険獫譣𩏩撿験檢儉，奄䨄郁掩淹棭腌罨裺，湆㟗弇，㛳，芡，贬，𩑾”等三十三字并入广韵，从梵韵分出“俺惓欠剑”四字并入严韵(案即《广韵》酽韵)。我们如果参证今本《广韵》“俨”字琰、俨两收跟酽韵的“鱼欠”“许欠”“亡

① 陆法言《切韵》，《式古堂书画汇考》所载《唐韵》，吴县蒋伯斧所藏《唐韵》，王仁昫《刊缪补缺切韵》及《古文四声韵》所据《唐切韵》平声均分严凡二部。

② 徐锴《说文解字篆韵谱》所据《唐韵》及徐铉改订《说文解字篆韵谱》所据《李舟切韵》平声均有严无凡。

③ 《式古堂书画汇考》所载《唐韵》，《古文四声韵》所据《唐韵》，徐铉所据《李舟切韵》，王仁昫《切韵》皆于范梵以外别立俨、酽，而韵目稍有异同。陆法言《切韵》，蒋氏《唐韵》，小徐《篆韵谱》皆不别立俨、酽二韵，惟《切韵》附入琰艳，《唐韵》附入范梵，其分类亦不一致。

④ 参阅戴震《声韵考》卷二《考定广韵独用同用四声表》，钱大昕《十驾斋养新录》卷五《韵书次第不同》及《唐宋韵书同用独用不同》，王国维《观堂集林》卷八《唐时韵书部次先后表》。

⑤ 巴黎图书馆藏敦煌写本二〇一一号，刘半农先生收入《敦煌掇琐》第三辑。

剑”三切都用凡韵的字，觉得故宫本的分配并不是全无根据。不过这样分韵，“奄”声应属开口固然更不成问题，可是“佥”“欠”两声却又生了疑义。关于这一点我现在暂且保留，容我在“敦煌本与故宫本《王仁昫切韵》之异同”那个题目里再去详细讨论。但是因为这种参伍错综的现象，我们可不可以设想：现在盐韵里同谈、衔相通的字本来应当在严韵？而其余同侵、覃、凡相通的字本来是凡韵不属于唇音声母的合口？[①] 这种推想如果可以成立，那么关于盐韵分谐开合口的问题便可以迎刃而解了。

这九韵的入声大致也可以援用上面的例把它们分成两大类：

第一类：贯通缉、合、洽、葉四韵的有“合声”（孳声翕荅答啚），及声（孳声急），邑声（孳声挹）；贯通缉、合、葉、帖四韵的有习声、集声（孳声杂）；贯通缉、洽、葉、乏四韵的有臿声；贯通缉、合、葉、帖四韵的有夹声（孳声匧）；贯通缉、合、葉三韵的有㬎声、讘声、龖声；贯通缉、合、帖三韵的有内声（孳声纳）十声；贯通缉、葉、帖三韵的有㚔声（孳声执）；贯通缉、合两韵的有立声（孳声拉）、翌声；贯通缉、洽两韵的有囟声；贯通缉、葉两韵的有咠声（孳声戢）、皀声、丏声、聶声、聿声；此外还有合韵的沓声、帀声、罘声（孳声遝）；缉韵入声、孨声等；它们在《广韵》里孳衍的情形如第二十九表（见下页）。

① 盐韵与严韵之关系由内府本《王仁昫切韵》等已可看出。至于盐韵从乏声之“砭贬窆”等字则凡韵分化后残余之痕迹也。

第二十九表

声符 所谐字 韵部	合 侯夹	翕 许及	荅 都合	答 都合	圗	及 其立
缉	【见】给居立【晓】翎许及 【禅】拾是执【彻】湁丑入	【晓】翕 鵨 闟 郄 熻 熻 潝 諗 歙 噏许及				【群】及 鸡 笈 庈其立 【见】汲 伋 级 芨 疲 彶居立【疑】岌鱼及【晓】 吸许及【审】鈒 霙色立 【心】靸先立
合	【匣】合 郃 迨 栺 詥 秴 齢 盒侯阁【晓】欱 瘩呼合 【见】阁 合 郃 鸽 敆 鉿 鲐 蛤 匌 颌 佮 毺 梒 鞈 韐 帢古沓【溪】答 匌口荅 【疑】哈 瘩五合【影】始 佮乌合 【端】畣 狢 瘩 龛都合 【透】謵 佮 齢他合	【定】蹹徒合 【来】搶卢合	【端】荅 嗒 嫔 褡都合【匣】榙侯阁	【端】答 榙 搭 蹹都合	【匣】菌 圅侯阁	【心】趿 靸 靸 馺 奺 毢 鈒苏合【疑】砐 舣 鲅五合【见】帹古沓 【晓】疲呼合
洽	【匣】洽 趇 玲 焓 袷 霅侯夹 【晓】鮯 欱呼洽【见】鞈 餄 晗 袷 跲 帢 韐古洽 【溪】恰 斛 帢 剑苦洽			【知】劄 偣竹洽		【穿】彶 笈 极楚洽
葉	【群】恰其辄	【审】歙书涉				【群】衱 笈 极其辄
转 平上去 声 者	(覃·)【溪】龛口含(感·) 【匣】颌胡感					
盍	【溪】謵·苦盍	【透】艙 榏·吐盍 【端】搶·都榼	【透】嗒·搭 塔。 鞳·吐盍【端】褡·都榼			【晓】疲·呼盍 【心】靸·私盍
业	【晓】跲·虚业【见】袷· 跲·居怯【群】跲 梒·巨业					【见】衱·居怯【溪】鲅·去劫 【群】吸·极· 笈·巨业

（续表）

所谐字 声符 韵部	急 居立	邑 於汲	挹 伊入	習 似入	集 秦入	雜 徂合	臿 楚洽
缉	【见】急 惹 居立	【影】邑 悒 唈 裛 浥 䓃 䭲 於汲 【澄】俋 直立	【影】挹 伊入 䓃 於汲	【邪】習 鰼 騽 飁 槢 鶍 蓸 箵 艒 褶 霫 似入 【心】霫 嘲 先立 为立 【禅】褶 是执 【喻】熠 騽 先立 为立 熠 羊入 【澄】慴 直立	【从】集 蕺 鏶 秦入 【精】噍 緁 濼 潗 寨 子入		【穿】屜 埴 褔 初戢
合		【影】唈 乌荅		【来】搯 翻 磖 歙 熠 卢合	【从】磼 雥 徂合	【从】雜 蕥 徂合	
洽		【影】浥 乌洽					【穿】臿 插 唒 媑 锸 楚洽 【照】諴 畝 褔 偛 屜 侧洽 【床】齨 牐 騒 士洽 【审】唒 歃 山洽 【晓】敁 呼洽
葉		【影】裛 於辄		【照】慴 摺 之涉 【穿】諿 叱涉 【清】緝 七接	【清】䅽 鏶 七接 【从】緁 疾葉		【审】歃 唒 山辄 【穿】唒 叱涉 【彻】鍤 笧 丑辄
帖				【定】䐑 褶 慴 徒协		【从】蕥 在协	
乏							【彻】䮢 丑法
盍						【清】囃。磼·仓雜	
狎							【审】屜·所甲
业		【影】䛳·鯑·浥·裛。於业					

（续表）

声符 / 所谐字 / 韵部	夹 古洽	匧 苦协	㬎 五合	䜚 直立	龖 徒合	内 （奴对）	纳 奴荅	十 是执
缉	【审】翜色立		【审】湿溼 𦗼失入【邪】 隰似入【澄】 𡑞直立【溪】𡅖去急	【澄】䜚直立	【邪】 袭似入	【娘】莦尼立		【禅】十什是执 【照】汁之入 【日】廿人执 【心】卅先立
合			【疑】㬎 儑 𡅖𥗦五合 【透】湿他合	【定】 䜚徒合 【心】雭苏合	【定】 龖徒合	【泥】軜衲 軜魶 妠奴荅	【泥】 纳 莦 𢫬奴荅	【心】卅苏合
洽	【见】夹鞅䴘袷筴郏 𤸰古洽【溪】峽苦洽【匣】眏 𪖐㾜硤峡狭陕侯夹 【晓】欶呼洽	【匣】陿侯夹						
葉	【精】睞即葉【来】𪘀良涉 【穿】㥦叱涉	【审】㰦山辄去涉 【溪】㾜	【澄】𡑞直葉	【照】䜚 䜚之涉	【照】 䜚之涉			
帖	【见】颊蛱铗筴梜荚 蛱唊秾古协【溪】悏㾜 𢘅𡠹苦协【匣】浹綊挟 侠胡颊【晓】㛍呼牒【精】浃 浹㼪子协	【溪】㥦 篋匧 㤼苦协			【泥】 㚷奴协			【匣】 叶胡颊
转平上去声者			（覃·） 【疑】𧮯五含 （勘·） 【疑】儑五绀	勘· 【透】䛥他绀		（勘·） 【泥】妠奴绀		（侵·） 【照】針职深 （沁·） 【照】針之任
盍			【疑】儑五盍			【泥】魶 䖓·奴盍		【心】卅·私盍
狎	【审】𨁵·㬒·翜所甲 【见】梜㾜·古狎【匣】浹胡甲			【澄】雭。 𤃛·丈甲 【匣】雭胡甲				

（续表）

韵部＼所谐字＼声符	㚔 尼辄	执 之入	立 力入	拉 卢合	歰 色立	⿴囗乂 女洽	咠 子入	戢 阻立
缉	【照】 瓡之入	【照】执⿱执金⿱执女慹之入 【知】絷⿱雨执陟立 【彻】漐丑入【澄】 蛰直立【精】蓻子入 【从】热秦入	【来】立⿰卤立粒 笠⿰立鸟苙岦 砬⿰立隶力入 【溪】泣去急 【群】苙⿰立瓜其立 【疑】⿰歹立鱼及 【彻】雴丑入		【审】 歰 澀 ⿰亻歰色立 【穿】⿰亻歰初戢	【娘】⿴囗乂 ⿰氵⿴囗乂尼立	【精】咠葺湒 ⿰目咠楫子入【清】咠 缉葺⿰讠咠⿱咠耳七入秦入 【从】辑卙箿 【照】⿰角咠阻立 【影】揖伊入	【照】戢⿰目戢 ⿰角戢蕺濈 ⿰目咠霵阻立 【床】霵仕戢 【从】檝秦入
合			【来】⿸厂立卢合 【心】飒苏合	【来】 拉 菈卢合	【心】 ⿰亻歰苏合			
洽						【娘】⿴囗乂女洽 ⿱⿴囗乂皿丑⿴囗乂 【知】⿰虫⿴囗乂竹洽		
葉	【娘】 㚔 ⿱罒㚔尼辄	【照】⿱执言慹之涉					【精】楫即葉	【精】檝即葉
帖		【定】⿱执衣⿱执足垫徒协 【端】⿱穴执丁惬【泥】⿱执日 慹奴协						
转平上去声者		（㮝·）【端】⿱穴执 垫⿱雨执都念				（⿰足兼·） 【娘】⿱罒⿴囗乂女减		
盍			【来】⿰卤立·卢盍			【泥】⿱竹⿴囗乂·奴盍		

（续表）

所谐字韵部＼声符	皀 彼及	丏 弥殄	曅 筠辄	聿 尼辄	沓 徒合	帀 子荅	眔 徒合	遝 徒合	入 人执	孨 尼立
缉	**帮** 皀鵖彼及 **见** 皀居立	**並** 鴄皮及 **见** 鴄居立	**喻** 曄为立	**群** ⿺辶聿其立					**日** 入人执	**娘** 孨湆尼立 **喻** ⿱孨日羊入
合					**定** 沓誻⿰扌沓⿰木沓涾騞偺⿰石沓⿰虫沓徒合 **透** 錔⿱艹沓⿰木沓⿰女沓⿰犭沓⿱竹沓踏⿰巾沓⿰車沓⿰沓羽⿰言沓⿰黑沓鞜⿱罒沓⿰酉沓⿰沓鳥他合	**精** 帀迊⿰口帀⿰魚帀⿰氵帀⿺走帀子荅 **从** ⿰言帀徂合	**定** 眔徒合	**定** 遝⿰木遝⿰言遝⿺辶遝徒合 **透** ⿰口遝他合		
葉	**见** 鵖居辄	**群** 鴄其辄	**喻** 曅曄瞱皣燁爗筠辄	**娘** 聿筆尼辄						
帖							**定** ⿰耒眔徒协			
乏										
转平上去声者										
盍					**端** ⿱艹沓·都榼		**定** ⿰眔羽·⿰眔鳥·徒盍			

第二类：贯通盍、狎、业、葉、帖五韵的有枼声（孳声牒）；贯通盍、狎、葉三韵的有盍声；贯通盍、业、帖三韵的有劦声（孳声胁）；贯通狎、葉、帖三韵的有妾声、疌声；贯通盍、业、葉三韵的有劫声、业声；贯通盍、狎两韵的有甲声；贯通盍、葉两韵的有巤声；贯通葉、帖两韵的有耴声、涉声、聂声；贯通狎、葉两韵的有厭声；

此外还有盍韵的曷声（孳声闟）、𡊄声、奄声；帖韵的叠声、燮声等：它们在《广韵》里孳衍的情形如第三十表。

第三十表

所谐字 韵部 ＼ 声符	枼 与涉	牒 徒协	盍 胡腊	劦 胡颊	脅 虚业
盍	**透**鰈吐盍		**匣**盍阖嗑盖譗篕郃熆胡腊**晓**欱呼盍**影**鰪廅㿯安盍**见**頡嗑盖譗蠚郃古盍**溪**榼磕榼㕎轞苦盍		**来**擸卢盍
狎	**澄**渫喋鞢丈甲		**见**鞈古狎		
业	**喻**殜諜余业			**晓**拹欲虚业	**晓**脅愶歙熁噏瀁虚业
葉	**喻**枼葉偞鍱揲楪煠殜篥与涉**彻**煠篥丑辄**澄**牒殜直葉**审**葉弽韘书涉		**喻**饁筠辄		
帖	**定**堞谍蹀喋蝶褋惵蝶渫揲蹀喋徒协**透**碟蝶他协**端**喋丁惬**心**屧屟韘鞢苏协谍先颊**晓**弽喋偞呼牒**来**䕢卢协	**定**牒鐷徒协**心**蘼苏协		**匣**劦勰協愶䪞胡颊	
转平上去声者			（艳·）**喻**豔灩以赡	（酽·）**晓**姭许欠	（酽·）**晓**脅许欠
合			**影**㿯罨·醘·搕·乌合**晓**欱·呼合**溪**溘磕·口荅		**来**擸·卢合
洽	**床**煠◦渫·士洽		**影**圔·乌洽		
乏					

（续表）

所谐字 声符 韵部	妾 七接	疌 疾叶	箑	劫 居怯	業 鱼怯	甲 古狎
盍				【见】砝[illegible]居盍 【匣】居胡腊 【透】魼吐盍 【清】䕨仓杂	【疑】䗪五盍	【见】闸钾古盍 【端】笚都榼
狎	【审】翜䬸所甲	【审】啑所甲	【审】𥳁所甲			【见】甲胛迊玾钾砷押古狎 【影】鸭庘窜闸押乌甲 【晓】呷欱讵呼甲 【匣】狎笚炠柙鞞虖匣柙翈胡甲
業				【见】劫脚䂵蜐鉣砝居怯 【溪】怯狜抾呿胠㾀痃去劫	【疑】業㦄䲜鸈澲𦢊鄴驜䰜䣐㸁噗䕭䥺鱼怯	
葉	【清】妾淁鯜踥七接 【精】接椄鯜箑萲即葉 【审】霎山辄	【从】疌捷寁倢崨踕諜疾葉 【精】涶婕睫即葉 【清】緁七接 【审】萐山辄 【娘】㚇尼辄	【审】箑山辄	【影】䂵於辄 【见】䂵居辄	【娘】緤尼辄 【清】䈉七接	
帖	【心】婑䐑苏协	【心】徢艓蜨苏协				
转平上去声者				（敢·） 【溪】䗁口敢（阚·） 【晓】䗁呼滥		
缉		【精】䞦·子入 【清】䞦·七入				
合				【见】层古沓 【溪】层口荅	【疑】礏五合	
洽	【审】霎箑·䬸·山洽	【穿】䠟·楚洽 【审】萐·山洽	【审】箑。山洽			
乏				【帮】法。灋。方乏 【滂】怯·孚法		

（续表）

所谐字 韵部 ＼ 声符	巤 良涉	耴 陟葉	涉 时摄	聂 尼辄
盍	来 臘䶫鑞蠟擸䯸䴤䉭邋 卢盍			
葉	来 巤獵鬣毼躐矙 曮擸儠獵鞢篸蠟 嚻劆邋欌䃳䃳 良涉 喻 欌 与涉	知 耴辄枮帄鲰挕茸 陟葉 彻 霅怗 丑辄 穿 怗𣲗䐑 叱涉 娘 䌰䟓弭 尼辄	禅 涉 㴸 䤮 时摄	娘 聂歃㒤矗躡镊 尼辄 知 襵 陟葉 照 襵玂櫐慑 嗫 之涉 穿 櫐 叱涉 审 摄欇曅 禅 摄 时摄 日 讘嗫䐑 灄 书涉 顳 而涉
帖		端 啰挕裿佴迊 丁惬 透 帖 他协 心 耴 苏协	端 涉 丁惬	泥 摄 奴协
转（平上去）声者		（添·）端 帖裿 丁兼		
合	来 䴤· 卢合			
洽				娘 嵒。女洽
乏		娘 揶·岤·淽· 女法		

（续表）

所谐字韵部 \ 声符	猒 於葉	𦐇 吐盍	闒 徒盍	𣁱 才盍	奄 都榼	疊 徒协	燮 苏协
盍		【透】𦐇榻毾鰨䵙偈䓪謵遢騔吐盍 【端】剔餲䫌搨都榼 【定】蹋䈎徒盍	【定】闒 躢爛 譋徒盍	【从】𣁱才盍 搚 【心】𠐲 㖩 搚蹅𣀮私盍	【端】 奄 皶都榼		
狎	【影】壓乌甲						
葉	【影】猒魘擪黶𡟎 檿於葉						
帖						【定】疊曡 㩸鸓轞 躡氎徒协	【心】燮 𤏿蠍 瓕躞苏协
转平上去声者	（盐·）【影】猒懕餍 𡟎一盐（琰·）【影】厭 魘曆擪黶𧜸 檿於琰（艳·）【影】猒 厭餍𡟎於艳						
转平上去声者		（勘·） 【透】偈。他绀					

在这两个表里凡是我所认为例外的字,除去极少数以外,大约不是又音就是《切韵》所没有的。所以照这样分类似乎没有什么问题。并且在《诗经》押韵里除去《大雅·烝民》七章以"业捷及"合用外,别处都分用划然,这也可以作我的旁证。至于它们一部分声符有跟王念孙所谓古韵"祭部"相通的,那又另外牵涉到"祭部"古读问题,容我另外作文章讨论。

第四,从古韵通转上证明

覃、侵、凡、咸跟盐、添的一部分若循着第一变轨 uəm > om > oŋ, uɒm > òm > òŋ 便可与古韵"东部"(oŋ, ĭoŋ, åŋ)通转;若循着第三变轨 uəm > uəŋ, uɒm > uɒŋ > uəŋ,便可与古韵"冬部"(uəŋ, ĭuəŋ)通转。这种现象从谐声转读、切韵又音、经传异文跟古书押韵等项都可以找到很多的佐证。

(1)谐声转读

第 三 十 一 表

声符	谐闭口韵者	转谐他韵者
㐺	侵○㐺霠鱼吟切 *꜁ŋjĭuəm	东○衆潨蝀霐貘职戎切 *꜀tśĭuəŋ ○衆之仲切 * tśĭuəŋ꜄ ○潨徂红切 *꜁dzʻoŋ
宋	覃○揔糉桑感切 * ꜂suəm ○倧顡苏紺切 * suəm꜄ ○涑卢感切 * ꜂luəm	冬○宋苏统切 * ꜂suəŋ
凡	凡○凡帆侃颿符乏切 *꜁bjĭuɒm ○軓防錽切 * ꜃bjʻĭuɒm ○汎侃孚梵切 * pjʻiwɒm꜄ ○梵帆颿扶泛切 * bjʻĭuɒm꜅ 覃○岚葻卢含切 *꜁luəm 侵○飒徐林切 *꜁zĭuəm	东○风枫猦偑黿方戎切 *꜀pjĭuəŋ ○讽风方凤切 * pjĭuəŋ꜄ ○汎芃堸諷黿房戎切 *꜁bʻjĭuəŋ ○凤冯贡切 * bʻjĭuəŋ꜅ ○芃颷薄红切 *꜁bʻoŋ

（续表）

声符	谐闭口韵者	转谐他韵者
乏	凡〇杋符芝切 *꜁bjĭuɒm 〇芝匹凡切 *꜀pjĭuɒm 〇泛眨芝姂孚梵切 * pjʻĭuɒm꜄ 〇乏泛姂房法切 * bjĭuɒp 盐〇窆砭方验切 * pĭuɒm꜄	鍾〇覂庈泛方勇切 * ꜂pjĭnoŋ
夅	覃〇赣匶籟蘱灨韂古禫切 *꜀kuəm 〇蘱灨赣古暗切 * kuəm꜄ 〇韄苦感切 * ꜂kuəm 〇篢都感切 * ꜂tuəm 〇韂徒绀切 * duəm꜅	东〇赣匶蘱檶古送切 * koŋ꜄ 〇戅呼孔切 * ꜂χoŋ 〇戆呼贡切 * χoŋ꜄ 〇洚碚户公切 *꜁γoŋ 〇隆癃蠭窿霳夆力中切 *꜁ljĭuəŋ 冬〇洚户冬切 *꜁γuəŋ 〇譥力冬切 *꜁luəŋ 江〇绛降廨洚古巷切 kåŋ꜄ 〇戆陟降切 * tåŋ꜄ 〇胮痵諍鞶黖匹江切 pʻåŋ 〇逄胮諍觪薄江切 *꜁bʻåŋ 〇夅降跭洚路下江切 *꜁γåŋ
灷	侵〇朕艕栚賸賸直稔切 * dʻjĭuəm꜅	东〇送苏弄切 * soŋ꜄ 鍾〇䶵褎（见《说文》，皆《广韵》氄字异体）而陇切꜂nźĭoŋ 蒸〇倂媵賸腾以證切꜂ĭəŋ꜄ 〇塍食陵切 ꜁dzĭəŋ 〇媵賸实證切 dźĭəŋ꜄ 〇勝识蒸切 ꜀sĭəŋ 〇勝膡藤滕诗證切 * sĭəŋ꜄ 登〇腾滕縢幐騰滕膯鰧儯癃臢 縢徒登切 *꜁dʻəŋ　〇幐徒亘切 * dʻəŋ꜅
今	侵〇今黔衿居吟切 *꜀kjĭuəm 〇衾去金切꜂kjʻĭuəm 覃〇顉坅口含切 ꜀kʻuəm 〇玪古感切 * ꜂kuəm 〇鈐巨淹切 *꜁gjʻĭuɒm 〇妗钦许兼切 *꜀χĭuɒm （馀见第五表）	蒸〇矜居陵切 *꜀kjĭəŋ

（续表）

声符	谐闭口韵者	转谐他韵者
琴	侵○琴琴巨金切 *꜀gjĭuəm	蒸○琴其矜切 ꜀gjĭəŋ

从这些个声符的转谐情形，我们很可看出《切韵》的冬、东、鍾、江四韵有许多由合口闭口韵变来的蜕形。并且除去少数舌音跟齿音字，其余的声母多半属于唇音或喉音，尤其可以证明它们是因异化而改变韵尾的。至于“灷”（即券）的孳声“朕”字，顾炎武、段玉裁、江有诰等都把朕声归到蒸部，我却不以为然。因为“𪗎”从“券”声、“縢”从“朕”声而皆读作“而陇切”，“送”从“倴”省声，“倴”即古“媵”字，而读若“宋”；又《周礼·弓人》“挢弓欲孰于火而无燂（盐合）”，注：“故书燂或为朕”，所以我不单不承认顾、段、江三氏的说法，且觉得古韵“登部”的“媵膡腾縢”等字也是循着第二变轨经过-ĭuəm > -ĭəm > -ĭəŋ 等历程的。它们所以有这样两歧的现象，或者还是受声母的影响，因为同登部转谐的，大部分都是“舌音”跟“齿音”的字。此外也许有方音错杂的关系，因为《吕氏春秋·季春纪》“具栚曲簇筐”，高诱注：“栚读曰朕”；而《淮南子·时则训》“具栚曲”，高注：“栚持也，三辅谓之栚，栚谓南阳人言山陵同”；又《说文》“塍”或作“凌”：这并不由于“朕夌古同声”，正是由于朕声在某处方音有转读为夌声的。朕声既可转入登部，那末《诗经·秦风·小戎》三章以“膺弓縢兴音”韵，《小雅·正月》四章以“蒸梦胜憎”韵，《小雅·十月之交》三章以“腾崩陵惩”韵，《大雅·緜》六章以“陾薨登冯兴胜”韵，《鲁颂·閟宫》四章以“崩腾朋陵”韵，五章以“乘縢弓綅增膺懲承”韵，《商颂·玄鸟》以“胜乘承”韵：无论侵循着第三变轨转读作-ĭuəŋ 或循着第二变轨转读作 ĭəŋ，在音理上都不难解释的。

(2)切韵又音

覃>东$_{一}$:感韵◦䶬(又音贡)赣䕬古禫切 kuəm

　　勘韵◦赣灨(亦作涜)䕬古暗切 kuəm

　　}送韵◦赣䶬(又音感)䕬湏古送切 koŋ

侵>东$_{三}$:侵韵◦肜丑林切 t‘ǐuəm 又馀终切 dǐuoŋ—东韵◦肜馀隆切 dǐuəŋ 又敕林切 t‘ǐuəm

凡>东$_{三}$:梵韵◦汎浮梵切 p‘ǐuɒm—东韵◦汎房戎切 bjǐuəŋ 又孚剑切p‘jinɒm

　　梵韵◦梵扶泛切 bǐuɒm—东韵◦梵房戎切 bjǐuəŋ 又防泛切b‘jiuɒm

凡>鍾:梵韵◦泛孚梵切 pj‘ǐuɒm—肿韵◦覂又作泛方勇切 pjǐoŋ

侵>蒸:侵韵◦琴巨金切 g‘iuəm—蒸韵◦琴其拯切 gǐəŋ 又音琴 gǐuəm

《切韵》或《广韵》里像这种又音的例子,虽然遗留的不多,但是跟谐声转读一项互相参证,也可以给我的假设增加不少的力量。

(3)经传异文

(a)覃韵转作冬、东、江、唐$_{合}$、谆的

男>农:《说文》"男,丈夫也,从田从力,言男子用力于田也"。《考工记总目》:"饬力以长地财谓之农夫"。"男""农"音近义同,实即一语之转。"男"nuəm 在覃韵,"农"nuəŋ 在冬韵。

南>隆:《淮南·俶真训》"孟门终隆之山不能禁",高诱注:"终隆则终南山,在扶风。"钱玷曰:"古隆读临,故终南为终隆也。""南"nuəm 在覃韵,"隆"ljǐuəŋ 属东韵三等古在冬部。

坎>空:应邵《风俗通声音篇》曰:"空侯又名坎侯。谨按《汉书》孝武皇帝赛南越,祷祠大一后土,始用乐人侯调依琴作坎坎之乐,取其坎坎应节也。侯以姓冠章耳。或说空侯取其空中,琴瑟皆空,何独坎侯耶?斯论是也。《诗》云:坎坎鼓我,是其文也。"今本《汉书·郊祀志》作"空侯"。"坎"k‘uəm 在感韵,"空"在东韵。

坎>竷:《毛诗·小雅·伐木》“坎坎鼓我”,《说文》夊部引作“竷竷鼓我”,又《魏风·伐檀》“坎坎伐檀兮”,《玉篇》土部引云:“坎或作竷”。“坎”“竷”k‘uəm今虽均收感韵,但从“夅”声的字转到东部的很多,所以“竷”也有读入东部的可能。

坎>钦>菌:楚霄敖名“熊坎”,见《史记·楚世家》。《索隐》:“坎苦感反,一作菌,又作钦”。坎 k‘uəm 在感韵,钦 k‘jĭuəm在侵韵,菌 gjĭuen 在准韵。

坎>圹:《礼记·杂记篇》“四十者待盈坎”,郑玄注:“坎或为圹”。“坎”k‘uəm 在感韵,“圹”k‘uâŋ 为宕韵合口。

函>降:《尚书·立政篇》“三亳阪尹”,孔颖达疏引郑玄注云:“三亳者,汤旧都之民服文王者,分为三邑,其长居险,故言阪尹。盖东成皋南轘辕西降谷也”。《尚书·大传》“孟诸灵龟隆谷”,郑玄注:“隆读厖降之降,或作函谷,今河南谷城西关山也”。“函”ɣuəm 在覃韵,“降”ɣåŋ 在江韵。

(b)侵韵转作冬东蒸谆的

簪>宗:《易·豫卦》九四“朋盍簪”,《释文》引荀爽作“朋盍宗”。“簪”t̤s̤ĭuəm 在侵韵,“宗”tsuəŋ 在冬韵。

临>隆:《毛诗·大雅·皇矣》“与尔临衝”,《韩诗》作“隆衝”,惠栋云:“临当为隆,桓宽《盐铁论》曰:衝隆不足以为强,高城不足以为固。衝为衝车,隆为隆车。后汉殇帝讳隆,改隆为临,汉有隆虑县,东京为临虑亦避讳也”。李富孙云:“案《淮南·氾论》曰:隆衝以攻,当即本《韩诗》。《后汉·袁绍传》:御隆车之隧。即《毛传》所云临车。《文选·鲁灵光殿赋》:隆崛岉乎青云。张载注引临衝茀茀。则注临字亦当作隆，或为后人窜改。”“临”ljǐuəm 在侵韵，“隆”ljǐuəŋ 属东韵三等古在冬部。

林 > 隆：《续汉书·郡国志》“河内有林虑县故隆虑改”。“林”在侵韵 ljǐuəm，“隆”ljǐuəŋ 古在冬部。

今 > 躬：《毛诗·邶风·谷风》“我躬不阅”，《礼记·表记》引“我今不阅”。“躬”kjǐuəŋ 属东韵三等古在冬部，今 kjǐuəm 在侵韵。

冘 > 容：《后汉书·窦武传》“太后冘豫未忍”，注“冘音淫冘豫不定也”，《史记·司马相如传》“翱翔容與”，《索隐》引郭璞云：“容與言自得也”。案“冘豫”“容與”音义并近，当即一语之转。“冘”dǐuəm 在侵韵，“容”dǐuoŋ 属鍾韵古在东部。

荏 > 戎：《诗经·大雅·生民》“艺之荏叔”，《周礼·冢宰》疏引作“戎菽”。李富孙案：“《释草》曰戎菽谓之荏菽。《毛传》荏菽戎菽也。戎、荏音近义同。邵氏晋涵曰：《释诂》戎，壬，大也。壬通作任，又转作荏。是戎、荏皆言大也”。“荏”nʑǐuəm 在侵韵，“戎”nʑǐuəŋ 属东韵三等古在冬部。

鵀 > 胜：《尔雅·释鸟》“鴟鴩，戴鵀”，郝懿行云：“《方言》云：鳸鳩，燕之东北，朝鲜、洌水之间谓之鶝鵖，自关而东谓之戴鵀，南齐海岱之间谓之戴南，南犹鵀也。或谓之戴鳻，或谓之戴勝。……然则鵀即勝也，声近字通，故《月令》作戴勝，《吕览》作戴任，高诱注：戴任，戴勝，鵖也”。“鵀”njǐəm 在侵韵，“勝”ɕǐəŋ 在證韵。

任 > 仍：《春秋》桓五年“天王使仍叔之子来聘”，《穀梁传》作“任叔”。“任”nʑǐuəm 在侵韵，“仍”nʑǐəŋ 在蒸韵。

钦 > 菌：“熊钦”一作“熊菌”（见前）。“钦”k‘jǐuəm 在侵韵，“菌”g‘jǐuen在准韵。

（c）咸韵转作侵、东的

谗>岑>崇:《左传》昭公三年"谗鼎之铭曰:昧旦不显,后世犹怠。"正义引服虔云:"谗鼎,疾谗之鼎。明堂位云:崇鼎是也。"李富孙案:"《韩非子·说林》曰:宋人求馋鼎,鲁人曰真也,齐人曰赝也。《吕览·审已》齐攻鲁求岑鼎,《新序》同。谗、馋、崇、岑皆音相近。王氏应麟曰:谗、岑二字音相近,谗鼎,鲁鼎也。《明堂位》鲁有崇鼎。服注不为无据。""谗"dz̤ʻuɒm,在咸韵,"岑"dz̤ʻuəm 在侵韵,"崇"dz̤ʻuəŋ属东韵二等古在冬部。

(d)盐韵合口转作鍾、蒸的

餤>庸:《尚书·洛诰》:"毋若火始餤餤",《汉书·梅福传》引作"庸庸"。"餤"dǐuɒm 为琰韵合口,"庸"dǐuoŋ 属鍾韵古在东部。

阎>庸:《左传》文公十八年:"齐懿公使歜仆,纳阎职之妻",《史记·齐世家》作"庸职",《水经》淄水注引同。《说苑·复恩》作"庸职"。"阎"dǐuɒm 为盐韵合口,"庸"dǐuoŋ 古在东部。

敛>陇:《左传》文公三年:"公孙敖会宋公陈侯晋士縠盟于垂陇",《公羊》、《穀梁》并作"垂敛"。"敛"ljǐuɒm 当为琰韵合口,"陇"ljǐuoŋ 属腫韵古在东部。

窆>封>塴:《周礼·乡师》"及窆,执斧以涖匠师",郑司农云:"窆谓葬下棺,《春秋传》所谓日中而塴,《礼记》谓之封,音相似。窆读如庆封汜祭之汜。《左传》毁之则朝而塴,不毁则日中而塴。"《释文》:"塴北邓反,下棺也,礼家作窆"。《仪礼·既夕》"乃窆",注:"今文窆为封"。《礼记·曲礼》"县棺而封",注:"封当为窆,窆下棺也,《春秋传》作塴"。《丧大记》"凡封用绋",注:"封《周礼》作窆,窆下棺也。

此封或皆作敛。《檀弓》曰:公输若方小敛,般请以机封。谓此敛也。然则棺之入坎为敛,与敛尸相似,记时同之耳。"《周易·系辞传》"不封不树",《集解》引虞翻曰:"封古窆字"。案"窆"pjuɒm 为艳韵合口,"封"pjǐuoŋ 属用韵古在东部,"堋"pjǐəŋ 在嶝韵。

(e)凡韵转作鍾的

泛 > 棒:《史记·吕后本纪》:"自起泛李惠启",《索隐》云:"泛音棒"。《汉书·食货志》"大命将泛,莫之振救",孟康音"方勇反"。案"泛"pjǐuɒm 在梵韵,"棒"pjǐoŋ 在腫韵。

在上面这些例里,除去少数字转入蒸、谆或唐韵的合口,大部分都是跟古冬部或东部相转的;并且完全是合口覃部的字,绝对没有羼杂开口谈部的字在内。我所找到的惟一例外,只有:

炎 > 融:《淮南子·天文训》"东北风曰炎风",《吕览·有始篇》高诱注:"炎风,艮气所生,一曰融风"。"炎"dǐam 为盐韵开口,"融"dǐuəŋ 属东韵一等古在冬部。

照第三段的系统,炎声本来是与谈类为伍的,至于它所以也跟"冬部"通转,恐怕因为喉音声母的同化?此外我们便找不到什末反证了。

(4)古书押韵

《诗经·秦风·小戎》二章:骐駵是中(东三),騧骊是"骖"(覃)。

《豳风·七月》八章:二之日凿冰冲冲(东三),三之日纳于凌"阴"(侵)。

《大雅·公刘》四章:食之"饮"(侵)之,君之宗(冬)之。

《大雅·荡》一章:天生烝民,其命匪"谌"(侵),靡不有初,鲜克有终(东三)。

《大雅·云汉》二章:旱既不甚,蕴隆蟲蟲(东三),不殄不祀,自郊徂宫(东三),上下尊瘗,靡神不宗(冬)。后稷不克,上帝不"临"(侵),耗斁下土,宁丁我"躬"(东三)。

《易经·屯卦》象曰:即鹿无虞,以从"禽"(侵)也,君子舍之,往吝穷(东三)也。

《比卦》象曰:显比之吉,位正中(东三)也,舍逆取顺,失前"禽"(侵)也。邑人不诫,上使中(东三)也。比之旡首,首所"终"(东三)也。

《恒卦》象曰:浚恒之凶,始求"深"(侵)也,九二悔亡,能久中(东三)也,不恒其德,无所容(鍾)也,久非其位,安得"禽"(侵)也。妇人贞吉,从一而"终"(东三)也。夫子制义,从妇凶(鍾)也,振恒在上,大无功(东一)也。

《艮卦》象曰:艮其限危薰"心"(侵)也,艮其身止诸躬(东三)也,艮其辅以中(东三)正也(姚小彭云当作正中),敦艮之吉以厚终(东三)也。

《逸周书·柔武解》:维在文考之绪功(东一),维周禁五戎(东三),五戎不"禁"(侵),厥民乃"淫"(侵)。

《楚辞·天问》:比干何逆而抑"沈"(侵)之,雷开何顺而赐封(鍾)之。

《卜居》:竭知尽忠而见蔽于"谗"(咸),心烦虑乱,不知何从(鍾)。

《九辩》:愿赐不肖之驱而别离兮,放游志乎云中(东三)。乘精气之抟抟兮,历诸神之湛"湛"(侵)。骖白霓之习习兮,历群灵之丰"丰"(东三)。

这种通押的现象在周秦古韵里数见不鲜。江永《古韵标准》第一部总论曰:"《小戎》以中韵'骖',《七月》以冲韵'陰',《云汉》以虫宫宗躬韵'临',《荡》以终韵'谌'。其诗皆西周及秦、豳,岂非关中有此音,诗韵偶假借用之乎?夫子传《易》于屯、于比、于恒、于艮,以穷中终凶功韵'禽''深''心',皆在侵韵,岂非鲁地亦有此音假借用之乎?东、冬、鍾既借侵亦可借蒸,皆转东、冬、鍾以就侵、蒸,非转侵、蒸以就东、冬、鍾也。”[①] 王静如尝师其意以论冬、蒸两部[②]。但是我以为它们通转的情形却是“皆转侵、蒸以就东、冬、鍾，非转东、冬、鍾以就侵、蒸也”。因为从方音转变实例看，由-m 变-ŋ 或-n 的所在皆有，而由-ŋ >-m 的我还没有看见一个。现在东、冬、鍾、江、蒸等韵里诚然有不少从闭口韵变来的字，但是不可举冬、蒸两部的字一律使它们闭口化！至于江氏所谓“其诗皆西周及秦、豳，岂非关中有此音，诗韵偶假借用之”，倒是开了一个用方音整理韵读的好例。上面所举的古书押韵，除了《楚辞》的两条，几乎全跟“西周秦豳”有关系。并且《十翼》之辞汉唐经生虽然都说是孔子作的，但是各家的计算方法极为纷纭，我们因为用韵的旁证，可不可以怀疑《象传》本来也是跟秦豳有关系的，并不是“鲁地亦有此音”？如果要问关中方音为什么有这种转变？那么，我们很可以将今比古地说，现代西北方音的-m，-n，-ŋ 韵尾几乎都变成鼻韵或极软的鼻声。假设古代的西北方音也跟现在相近，那么，主要元音相近的-m 尾韵跟-ŋ 尾韵，彼此因为韵尾软化而互相通转，岂不是很自然的现象？所以我对于这种转变的解释，认为应当以侵、覃就冬、东、鍾，而不应当以东、冬、鍾就侵、覃。并且拿谐声转读，《切韵》又音跟经传异文三种材料作旁证，也可以说，凡是相转的两韵它们的主要元音至少应当很近似，不能拿普通开合通押的情形作反证的。这种转变直到两汉还间或发现，例如：

东方朔(平原厌次人)

《七谏》：贤士穷而隐处兮，廉方正而不容(鍾)；子胥谏而靡躯兮，比干忠而剖“心”(侵)；子推自割而飤君兮，德日忘而怨“深”(侵)；行明白而曰黑兮，荆棘聚而成“林”(侵)。

---

① 《古韵标准》卷上。

② 中央研究院历史语言研究所《集刊》第一本第三分，第403—416页。

又:叩宫而宫应兮,弹角而角动(董);虎啸而谷风至兮,龙举而景云往(养);音声之相和兮,言物类之相"感"(感)也。

司马相如(蜀郡成都人)

《长门赋》:伊予志之慢愚兮,怀贞慤之欢"心"(侵)。愿赐问而自进兮,得尚君王之玉"音"(侵)。奉虚言而望诚兮,期城南之离宫(东三)。修薄具而自设兮,君曾不肯乎幸"临"(侵)。廓独潜而专精兮,天漂漂而疾"风"(古侵今东三)。登兰台而遥望兮,神怳怳而外"淫"(侵)。浮云郁而四塞兮,天窈窈而昼"阴"(侵)。雷殷殷而响起兮,声象君之车"音"(侵)。

刘向(楚人)

《九叹》:吸精粹而吐氛浊兮,横邪世而不取容(锺),行叩诚而不阿兮,遂见排而逢"谗"(咸)。

焦赣(梁人)

《易林·履之夬》:吉日车攻(冬),田弋获"禽"(侵),宣王饮酒,以告嘉功(东一)。

杨雄(蜀郡成都人)

《太玄经》进次四:日飞县"阴"(侵),万物融融(东三)。

《太玄经》减测曰:善减不减,常自冲(东三)也。心减形身,困诸中(东三)也。减其仪,欲自"禁"(侵)也。减于又无,以莅众(东三)也。

《玄莹》:夫一一所以摹始而测"深"(侵)也,三三所以尽终而极崇(东三)也,二二所以参事而要终(东三)也。

汉顺帝

《梁商诔》:孰云忠侯,不闻其"音"(侵),背去国家,都兹玄"阴"(侵),幽居冥冥,靡所归穷(东三)。

班固(扶风安陵人)

《窦将军北征颂》:宣惠气,荡残"风"(古侵今东三),轲泰幽,嘉凝"阴"

(侵),飞雪让庶,其雨洒"淋"(侵),榛枯一握兴,嘉卉始农(冬),土膏含养,四行分"任"(侵)。于是三军称曰亹亹,将军克广德"心"(侵)。光光神武,弘昭德"音"(侵)。昭兮首天"潜"(盐),眇兮与神"参"(覃)。

梁鸿(扶风平陵人)

《适吴诗》:逝旧邦兮遐征,将遥集兮东"南"(覃),心惙怛兮伤悴,志菲菲兮升"降"(古覃今江),欲乘策兮纵迈,疾吾俗兮作"谗"(咸)。

杜笃(京兆杜陵人)

《论都赋》:厥土之膏,亩价一"金"(侵),田田相如,鐇镬株"林"(侵)。火耕流种,功浅得"深"(侵)。既有蓄积,阸塞四"临"(侵):四被陇蜀,南通汉中(东三);北据谷口,东阻嵚"岩"(衔例外):关函守峣,山东道穷(东三)。置列汧陇,廱偃西戎(东三),守拒褒斜,岭南不通(东一):杜口绝津,朔方无从(鍾)。

崔骃(涿郡安平人)

《七依》:□□□以承宴,调欢欣以解容(鍾)。回顾百万,一笑千"金"(侵)。

崔瑗(涿郡安平人)

《和帝诔》:玄景寖耀,云物见徵(蒸),冯相考妖,遂当帝躬(东三)。三载四海,遏密八"音"(侵),如丧考妣,擗踊号"吟"(侵),大隧既启,乃徂玄宫(东三),永背神器,升遐皇穹(东三),长夜冥冥,曷云其穷(东三)。

蔡邕(陈留圉人)

《答元式诗》:伊余有行,爰戾兹邦(江),先进博学,同类率从(鍾),济济群彦,如云如龙(鍾),君子博文,贻我德"音"(侵),辞之集矣,穆如清"风"(古侵今东三)。

这些作者的生地固然不是一处,但是我想还不免受关中方音的影响。因为上面所举的十二家里,东汉的几家,除去蔡邕跟崔氏父子,本来都是关中人,西汉的几家既然旅居长安,难免不受当时"官音"的同化。否则也许有因袭拟古的嫌疑。在这些例子里,除去一个衔韵喉音"岩"字之外,都是我所认为合口的。反过来再看谈衔严几部的转韵方向便不然了。例如:

《诗经·大雅·桑柔》八章:维此惠君,民人所"瞻"(盐开),秉心宣犹,考慎其相(阳开)。维彼不顺,自独俾藏(唐开)。自有肺肠(阳开),俾民卒狂(阳合)。

《诗经·商颂·殷武》四章:天命降"监"(衔),下民有"严"(严),不僭不"滥"(阚),不敢怠遑(唐合)。

《楚辞·天问》:勋阖梦生,少离散亡(阳合),何壮武厉,能流厥"严"(严),彭铿斟雉弟何飨(阳开),寿命永多夫何长(阳开)。

这些个例子很可以帮助我们推断谈、衔、严的主要元音应当近于阳、唐,而异于冬、蒸。胡垣尝说:"作诗者既非一方之人,用韵者自非一方之音。《节南山》首章'岩瞻惔监'不杂东冬韵者,是诗人方音合于今韵覃、盐、咸类。《国风》中'骖风南心音',则诗人之方音读侵、覃、盐、咸笼口而得与东韵合也。《大雅》'仇方钩援''民人所瞻''考慎其相',《商颂》'下民有严',亦诗人之方音读盐、咸笼口微张而得与阳韵合也。"[①] 他虽然知道转东、冬的跟转阳、唐的由于诗人方音不同,可是他却没有注意古韵"覃""谈"两部根本就不是一类,这未免太可惜了!

总括上面四项所举的例,我们可以把这几韵的通转情形归纳成下面的统计表。

① 《古今中外音韵通例》卷四,第3页下。

第三十二表

本韵 \ 通转项目 \ 转韵统计 \ 转韵		古冬部 冬 -uəŋ	古冬部 东三 -ǐuəŋ	古东部 东 -oŋ	古东部 鍾 -ǐuoŋ	古东部 江 -åŋ	古登部 登 -əŋ	古登部 蒸 -ǐəŋ	古唐部 唐开 -âŋ	古唐部 唐合 -uâŋ	古唐部 阳开 -ǐaŋ	古唐部 阳合 -ǐuaŋ	古先部 谆 -uen
覃 *uəm	谐声	2	6	9		19	3	12					
	又音			4									
	异文	2	1	2		1				1			1
	押韵	1	1	1		1						1	
侵 *ǐuəm	谐声	1	6	1	2		13	14					1
	又音		1					1					
	异文	1	5		1			2					1
	押韵	4	31	5	8	1	6	20					
咸 *uɒm	异文		1										
	押韵				2	1							
盐合 *ǐuɒm	异文				4		1						
	押韵	1											
凡 *ǐuɒm	谐声		13	2	3								
	又音		2		1								
	异文				1								
谈 *âm	押韵									1			
衔 *am	押韵		1							1			
严 *ǐam	押韵									1	2	1	
盐开 *ǐam	押韵								1		2	1	

根据这个表的统计数，我们可以看出侵 * -ǐuəm 凡 * -ǐuɒm 跟古冬部 * -uəŋ，* -ǐuəŋ 通转的较多；覃 * -uəm 咸 * -uɒm 盐(合) * -ǐuɒm 跟古东

部* -oŋ,-ĭuoŋ 通转的较多。它们转变的方向虽然略有不同,可是援用闭口韵的三条变轨去逆推,都可以作为合口的佐证。所以我认为古韵通转的现象在考订古音上应当跟方音、《韵镜》、谐声等有同等的价值。此外覃韵有转作豪韵的:

参>操:《庄子·天下篇》“以参为验”。《释文》:“本又作操”。“参”在覃韵,“操”在豪韵。

惨>懆:《毛诗·小雅·白华》“念子懆懆,视我迈迈。”《释文》:“懆亦作惨”。《陈风·月出》“劳心惨兮”,《大雅·抑》“我心惨惨”,《五经文字》皆作“懆”。《小雅·北山》“或惨惨劬劳”,《释文》:“惨又作懆”。“惨”在感韵,“懆”在皓韵。

禫>导:《仪礼·士虞礼》“中月而禫”,郑玄注:“古文禫或为导”。《礼记·丧服大记》“禫而内无哭者”,郑玄注:“禫或皆为道”。“禫”在感韵,“导”“道”在皓韵。

突>导:《说文》穴部“突,读若三年导服之导”。“突”在感韵,“导”在皓韵。

灏字覃、皓两收:《广韵》覃韵“灏,古禫切”;皓韵“灏,胡老切”。

浩字合、皓两收:《广韵》合韵“浩,古沓切”;皓韵“浩,胡老切”。

闰从毛声:《广韵》勘韵“闰,苏绀切”,豪韵“毛,莫袍切”。

有转作宵韵的:

幓>幧:幓从参声应在覃韵。《切韵》宵韵“幓,七遥反,敛发谓之幓头”,《广韵》宵韵“幧,七遥切,敛发谓之操头,亦作幓”。

也有转作幽韵的:

慘字覃、幽两收:慘从参声,《广韵》覃韵“慘,苏含切”,幽韵“慘,山幽切”。

侵韵有转作尤韵的:

沈 > 流:《荀子·劝学篇》"昔者瓠巴鼓瑟而流鱼出听。"王先谦曰:"流鱼《大戴记》作沈鱼是也。鱼沈伏因鼓瑟而出故云沈鱼出听。《韩诗外传》作潜鱼,潜亦沈也。作流者借字耳。《书》沈湎,《非十二子》、《大略篇》作流湎;《君子篇》士大夫无流淫之行,《群书治要》引作沈淫:此沈流通借之证。"

冘 > 由 > 犹:《王仁昫切韵》侵韵"冘,余针反,行貌。亦作佔,又以周反"。尤韵"冘,以周反,冘预不定"。案《后汉书·窦武传》"太后冘豫未忍",注:"冘音淫冘豫不定也";《来歙传》"冘豫不决",注:"冘豫,不定之意也。《说文》曰:冘冘行貌也。音淫。《东观记》曰:狐疑不决也。"《易》豫卦"由豫",《释文》:"由马作犹,云犹豫疑也。"故"冘""由""犹"皆一音之转。

咸韵有转作豪韵的:

缪 > 缲:《切韵》及《王仁昫切韵》咸韵"缪,所咸反",豪韵"缪,苏遭反"。《广韵》豪韵"缲,苏遭切,俗又作缪,缪本音杉"①。

也有转作宵韵的:

缪 > 绡:《礼记·曲礼》"缪幕鲁也",郑玄注:"缪读如绡"。俞樾曰:"缪者旌旗之游也,非所施于此,故郑读为绡。缪绡一声之转,縿之为绡,犹惨之为懆,《毛诗·白华》'念子懆懆':《释文》曰:'本又作惨惨',是其例。""缪"在咸韵,"绡"在宵韵。

蘸 > 醮:《说文》艸部新坿字"蘸,以物没水也。此盖俗语,未详。所陷切"。钮树玉《说文新坿考》曰:"《玉篇》蘸,仄陷切,

① 今本《广韵》咸韵无"缪"字,证以《切韵·王韵》及《广韵》豪韵之又音,知系后来讹夺。

以物内水中。《广韵》去声五十八,醮训以物内水。按《释文》:水醮曰醪,郭注云:谓水醮尽。是蘸义与醮近。《楚辞·大招》汤谷宷只,王注:宷,水蘸之貌。知蘸当是醮,后人妄加艸。其音仄陷切者,盖方音之转。”“蘸”在陷韵,“醮”在笑韵。

盐韵有转作豪韵的:

棪 > 导:《说文》木部“棪,读三年导服之导”。“棪”在琰韵,“导”在皓韵。

有转作宵韵的:

瞻 > 昭:《汉书·郊祀志》引《祀典》曰:“明星辰所照仰也”,《礼记》《国语》并作“瞻仰”。“瞻”在盐韵,“照”在宵韵。

也有转作尤韵的:

潜 > 游:《荀子·劝学篇》“流鱼出听”,卢文弨曰:“《韩诗外传》作潜鱼,或说流鱼即游鱼,古流游通用。”王先谦驳云:“既是游鱼,何云出听,望文生义,斯为谬矣。”今案《方言》十“潜又游也”,郭注:“潜行水中亦为游也。”则卢氏所引或说,并非无据也。“潜”在盐韵,“游”在尤韵。

染 > 九:《说文》水部“染,从水杂声”,徐锴曰:“《说文》无杂字。”姚文田《说文校议》:“杂即杋,古簋字,在竹部。杋从九声,九,染声之转。”邹汉勋《五均论》云:“染杂声,即《尔雅》杋繄梅之杋,从木九声。”“染”在琰韵,“九”在有韵。

添韵有转作豪韵或祭韵的:

㐁 > 导 > 誓:《说文》谷部“㐁,㐁古文,读若三年导服之导,一曰竹上皮,读若沾,一曰读若誓。”“㐁”在添韵,“导”在豪韵,“誓”在祭韵。

衔韵有转作宵韵或幽韵的:

髟字衔宵幽三收:《广韵》衔韵“髟,所衔切,屋翼也,又长发貌”;宵韵“髟,甫遥切,发长貌,又所衔切”;幽韵“髟,甫烋切,发垂貌,又标、彡二音”。

也有转作虞韵或鱼韵的:

芟 > 殳 > 楈:《说文》艸部“芟”,小徐本作“从艸殳声,所监反”,慧琳《一切经音义》卷五十一页六芟字注,及《韵会举要》引《说文》并同。大徐本夺声字,非。又木部“楈,从木胥声,读芟刈之芟”。“芟”在衔韵,“殳”在虞韵,“楈”在鱼韵。

这便是孔广森等所谓“对转”。这种转变的方式非常复杂,我们虽然可以设想 uəm > əm > əb > əu,或 am > ab > au 都是可能的现象,不过既然跟我现在所要证明的问题并不十分切要,所以暂且留待以后再去解决。然而我可以不十分怀疑地假设豪、宵、尤、幽的一部分在上古音中是曾经有过-b 尾的。

总括上面所说的四项论据——吴音,《镜韵》,谐声,通转——再反回去观察我在本节开头所下的假设,我自己认为不单对于这九韵的源委正变可以讲得通,并且对于冬部的古读也可以附带着解决。所以现在姑且就拿它当做我的结论。

三 本篇假设与清代古韵学家的异同

清朝的古韵学家自从江永以后差不多都知道这九韵应当分作两部,但是各家的分类颇为参差:大致江永、戴震、严可均、丁履恒四家各成一派,段玉裁、王念孙、张成孙为一派,江有诰、夏炘、龙启瑞为一派,孔广森、黄以周、陈立为一派;而戴震、王念孙、江有诰、夏炘又把入声另外分成两部,孔广森、张成孙、陈立把入声另外分成一部。他们分配的异同情形如第三十三表:

第三十三表

家派 广韵韵目 古韵部	江永	戴震	严可均	丁履恒	段玉裁	王念孙	张成孙	江有诰	夏炘	龙启瑞	孔广森	黄以周	陈立
*覃	第侵分收 十 覃东 二 分桥 部 谈 分 盐 别	音侵分添 部 覃 第 分 二 谈 十 分 二 咸 分 盐 分	侵侵 类覃 十咸 五衔 凡 冬	乙侵分 部覃谈 上添分 咸盐 凡分 衔	第侵 七盐 部添	侵侵 部盐 第添 三	林侵 部盐 第添 四	侵侵 部覃咸 第 凡 十 之 八 半	侵侵 部覃咸 第 凡 十 之 九 半	侵侵分 部凡覃 第 分 十 咸 八 分 东	綅侵 类覃 第凡 七	覃侵 部覃 第凡 八	第侵 十覃 七凡 部
*谈	第添分 十盐覃 三咸分 部衔谈 凡分 盐	醃衔分分 部严覃盐 第凡分分 二 谈添 十 分 四 咸	谈谈 类盐 十衔 六严	乙谈 部盐 下衔 严	第覃 八谈 部咸 衔 严 凡	谈覃 部谈 第咸 四衔 严 凡	岩覃 部谈 第咸 五衔 严 凡	谈谈 部盐咸 第添凡 十严之 九衔半	谈谈 部盐咸 第添凡 二严之 十衔半	谈谈分 部盐覃 第添分 十衔咸 九盐	谈谈 部盐 第添 九咸 衔 严	谈谈 部盐 第添 九咸 衔 严	第谈 十盐 八添 部咸 严 衔

（续表）

<table>
<tr><th>古韵部 \ 广韵韵目 \ 家派</th><th>江永</th><th>戴震</th><th>严可均</th><th>丁履恒</th><th>段玉裁</th><th>王念孙</th><th>张成孙</th><th>江有浩</th><th>夏炘</th><th>龙启瑞</th><th>孔广森</th><th>黄以周</th><th>陈立</th></tr>
<tr><td>* 合</td><td></td><td>邑部第二十三 缉分帖合分盍分洽分叶分</td><td></td><td></td><td></td><td>缉部第十六 缉合盍洽之半</td><td rowspan="2">揖部第十三 缉合盍洽葉帖业狎乏</td><td>缉部第二十一 缉合盍洽之半</td><td>缉部第二十二 缉合盍洽之半</td><td rowspan="2">缉部第二十 缉合盍葉帖洽狎业乏</td><td rowspan="2">合部第十八 合盍缉葉帖洽狎业乏</td><td rowspan="2">合部第十二 缉合盍葉帖洽狎业乏</td><td rowspan="2">第二十部 缉葉帖合盍洽狎业乏</td></tr>
<tr><td>* 盍</td><td></td><td>谍部第二十五 狎业乏分帖合分盍分洽分叶分</td><td></td><td></td><td></td><td>盍部第十五 葉帖业狎乏盍洽之半</td><td>葉部第二十 葉帖业狎乏盍洽之半</td><td>葉部第二十 葉帖业狎乏盍洽之半</td></tr>
</table>

这几位学者还不像吴棫、郑庠、杨慎等“专就《唐韵》求其合，不能析《唐韵》求其分”[①] 的，不过他们既然参照《广韵》的韵部，又因为“诸韵字有参互，入声用韵复宽，若不可以韵为界”[②]：所以各家分类互有出入，很容易引起后人误会。如果能够根据谐声系统剔除各韵的例外，那么，不单对于各韵收字的正变可以分别清楚，并且对于《诗经》押韵所没有的谐声声符也可以得到分类的标准。像段玉裁分函声、毚声入第八部，江有诰分占声、乏声入第十九部，那一类的疏忽或者可以避免了。我对于这九韵的古韵分类，跟谐声声符的配列，所以不尽同于“前修”，就是因为这个缘故。至于古韵音读问题，那是清代古韵学家的一个大缺点！段玉裁对于支、脂、之的分部已经有了颠扑不破的自信力，然而他直到老年还不知道它们究竟怎样读法，希望江有诰替他完成这个未竟之志！其余也就可以想见了。关于这九韵的古读共有三种不同的说法。

江永说：

> 此九韵与真至仙十四韵相似，当以音之弇侈分为两部。“男南参三”等字，古音口弇呼之。若“岩詹谈焰甘监”等字《诗》中固不与“心林钦音”等字为韵也。[③]

黄以周说：

> 覃部以“骖函贪南”之类为古正音。近之言韵者泥于以少从多之例，覃从侵读，遂与真部音混。凡韵之音又转入谈。谈部以“监岩瞻斩”之类为古正音。谈咸衔为一类，其音多类于桓部之寒韵，宜合寒韵之今音读之，其音乃出。盐添严为一类，今音转又

---

① 江有诰《音学十书·凡例》论郑庠语。

②③ 江永《古韵标准》第十二部总论。

入覃。[①]

章炳麟说：

> 侵部古音略如今广东音，齐齿而收唇，故与幽对转。正音当举“酓妗咸缄雏喦绶潜”为准。其流变为“音歆金禽吟心梣”乃作蒸部音矣。孔氏改侵称绶，以绶有七林、息廉二音，盖先觉是也。《广韵》复有覃韵，其声视咸为开口齐齿之异，视谈则举颐、下颐不同。定海黄以周尝举是为侵部正音。今以幽部齐齿，故定对转如咸韵音，平声韵。缉部古音如今广东音，齐齿而收唇，故与幽对转。缉之与盍，缉横而盍纵，去入韵。谈部古音如今广东音，收唇，初发颐亦朵下，故与宵对转，平声韵。盍部古音如今广东音，收唇，初发颐亦朵下，故与宵对转，去入韵。[②]

这三种说法各不相同，然而都不能给我们一个满意的解答！照我的推想：古韵覃部所包括的几韵都是有 u-韵头的合口呼，它们的主要元音是 ə 或 ɒ，韵尾是-m；古韵谈部所包括的几韵都是没有 u-韵头的开口呼，它们的主要元音是 â 或 a，韵尾是-m；这两部的主要元音虽然稍有不同，但是在上古音中或许就是相对待的。自然，这也不过是一种揣测，然而比起“前修”来，已经渐渐具体化了。

（原载中央研究院历史语言研究所《集刊·外编》之《庆祝蔡元培先生六十五岁论文集》，1933 年，署名罗常培）

---

① 黄以周《六书通考》第八第九两集总论。

② 《国故论衡》上二十三部音准。

《中原音韵》声类考

自周德清据北音而作《中原音韵》，分部十九，平析阴阳，入衍三声，韵书系统为之丕变。然其所分声类若干？与三十六字母异同奚似？自来治韵学者犹未尠究及之。良以周书体例，但撮聚同音，分配各部，字多习见，不复别著切语。故不能适用陈澧系联《广韵》反切上字之法以求其声类。至于《中州音韵》虽有切语可稽，而平声不分阴阳，上去清浊异纽，显与周书不出一源。[1] 若据《中州音韵》之反切以考《中原音韵》之声纽，则当与蔡清、王文璧等混同二书者，其失惟均。[2] 舍此二途，惟有归纳周书韵字，参证等韵三十六母，以究其分合同异而已。

案德清之言曰："音韵内每空是一音，以易识字为头。止依头一字呼吸，更不别立切脚。"[3] 是每音所属之字当与建首者声韵悉同，

---

① 例如，《中原音韵》"洞动栋冻蝀"等同在一纽，而《中州音韵》分立"徒弄"、"多弄"二切；《中原音韵》"倚椅锜扆偯蚁矣已以苡顗拟舣"等同在一纽，而《中州音韵》分立"因已"、"银几"二切。

② 自虞集《中原音韵·序》误"中原"为"中州"，致后人对于周德清及卓从之二人之书多混淆不清。今所传王文璧《增注中州音韵》平声不分阴阳，又增加音切注释，与《啸馀谱》中之《中州音韵》相同，盖以卓书为蓝本者。乃蔡清及张某作序竟认为周德清书，故叶以震《重订中原音韵》遂以《中原》之结构体例，《中州》之音切注释，合而为一，殆即《也是园书目》所谓《合并卓周韵》也。

③ 《中原音韵·正语作词起例》第十一条。

凡一音之中而括有等韵三十六母二纽以上者，即可据以证其合并，偶有单见，不害其同。此一例也。① 德清又曰：“阴阳字平声有之，上去俱无；上去各止一声。”② 盖元以后之北音，全浊声母平声变同次清，而声调之高低微殊；去声变同全清，而声调之高低亦混。于是声母之清浊乃一变为声调之阴阳。其迁变之由固与清浊有关，而声母音值实已清浊不辨。故凡全浊声母去声混入全清者，则平声虽与阴调分纽，声值实与次清无别。此二例也。③

准此二例，遍考全书，则《中原音韵》声类之异于等韵三十六母者，轻唇非、敷不分，与北宋邵雍《皇极经世声音图》同。

[东鍾]（阴）〇风枫封葑非豐峰锋烽丰蜂敷④

[江阳]（阴）〇方枋坊肪非芳妨敷　（上）〇舫仿放昉非访敷

（去）〇放非访敷

[齐微]（阴）〇非扉绯騑緋飞非霏妃菲敷

[鱼模]（上）〇甫斧黼脯府俯腑父否非抚敷

舌上知、彻与正齿照、穿不分：

[东鍾]（阴）〇鍾鐘终照中忠衷知　（上）〇肿踵种照冢知

[江阳]（阴）〇章漳獐樟璋彰麞照张知

（上）〇掌照长知〇敞氅穿昶彻

---

① 例如东鍾部“鍾鐘中忠衷终”六字同属一音，而“鍾鐘终”在照母，“中忠衷”在知母，足征知、照不分。

② 《中原音韵·自序》。

③ 例如东鍾部去声“洞、动、栋、冻、竦”五字混端、定二母为一音，而阳平“同、筒、铜、桐、峒、童、僮、曈、瞳、朣、潼、罿”十二字俱属定母，不与阴平端母之“东冬”二字合并。若读以今之北音则“同”等十二字除与阴平透母之“通蓪”二字声调不同外，声母实无差别。故凡属此例概皆并入次清，不复别立一类。

④ 凡在同一“〇”号之后者，《中原音韵》皆认为同音。即德清所谓“音韵内每空是一音”也。

(去)○唱倡$_{\text{穿}}$畅怅鬯$_{\text{彻}}$

[支思](阴)○支枝肢巵氏梔榰之芝脂$_{\text{照}}$胝$_{\text{知}}$

(上)○纸砥底旨指止沚芷趾祉阯址咫$_{\text{照}}$徵$_{\text{知}}$

[齐微](阴)○追$_{\text{知}}$骓锥$_{\text{照}}$○笞痴絺郗螭$_{\text{彻}}$蚩媸鸱$_{\text{穿}}$

(上)○耻$_{\text{彻}}$侈$_{\text{穿}}$　(入作上)○尺叱赤$_{\text{穿}}$勅鶒$_{\text{彻}}$

[鱼模](阴)○诸朱珠侏$_{\text{照}}$猪潴株诛邾蛛$_{\text{知}}$○枢$_{\text{穿}}$摅樗$_{\text{彻}}$

(上)○主麈翥渚煮$_{\text{照}}$拄$_{\text{知}}$

(入作上)○筑竹$_{\text{知}}$烛粥$_{\text{照}}$○出$_{\text{穿}}$黜畜$_{\text{彻}}$

[真文](阴)○谆$_{\text{照}}$迍$_{\text{知}}$○真振甄$_{\text{照}}$珍$_{\text{知}}$○春$_{\text{穿}}$椿$_{\text{彻}}$

[先天](阴)○氈鹯饘旃栴$_{\text{照}}$邅鳣$_{\text{知}}$

[萧豪](阴)○昭招$_{\text{照}}$朝$_{\text{知}}$

[车遮](入作上)○拙$_{\text{照}}$辍$_{\text{知}}$○哲$_{\text{知}}$褶摺折浙$_{\text{照}}$

[庚青](阴)○征正蒸烝$_{\text{照}}$贞祯徵$_{\text{知}}$○称秤$_{\text{穿}}$赪柽蛏$_{\text{彻}}$

[尤侯](阴)○周赒週洲州舟$_{\text{照}}$啁辀$_{\text{知}}$　(上)○丑$_{\text{彻}}$醜$_{\text{穿}}$

(入作上)○竹$_{\text{知}}$烛粥$_{\text{照}}$

[侵寻](阴)○针斟箴鱵瑊$_{\text{照}}$砧椹$_{\text{知}}$

[廉纤](阴)○瞻詹占$_{\text{照}}$沾霑$_{\text{知}}$

且照组二等庄、初、生三类与三等章、昌、书三类《广韵》分用划然,《中原音韵》则照组二三等混用,或与知组合并者,凡十一组二十八字:

[江阳](阴)○庄妆装$_{\text{照庄}}$桩$_{\text{知}}$

[支思](阴)○眵$_{\text{彻}}$瞝$_{\text{穿昌}}$差$_{\text{穿初}}$○施尸屍鳲蓍诗$_{\text{审书}}$师狮蛳$_{\text{审生}}$

(上)○史驶使$_{\text{审生}}$弛豕矢始屎菡$_{\text{审书}}$

[皆来](入作上)○责箦帻窄迮侧仄昃$_{\text{照庄}}$摘谪$_{\text{知}}$

[萧豪](入作上)○捉$_{\text{照庄}}$琢卓$_{\text{知}}$○槊$_{\text{穿初}}$戳$_{\text{彻}}$

[家麻](阴)○挝$_{\text{知}}$髽抓$_{\text{照庄}}$　(入作上)○劄$_{\text{知}}$札$_{\text{照庄}}$

[庚青](阴)○铛铮狰琤$_{\text{穿初}}$撑瞠$_{\text{彻}}$

［廉纤］(阴)○襜幨穿初觇彻

而与齿头精、清、心合用者只有七纽十三字：

［支思］(阴)○髭赀觜兹孳孜滋资咨谘姿秄精淄照庄

［齐微］(阴)○崔催清衰榱穿初　　(上)○洗玺徙枲心屣审生

［鱼模］(阴)○粗清刍穿初　　(入作上)○蔌速心缩谡审生

［寒山］(去)○渲心潸审生

［尤侯］(阴)○邹陬緅驺照庄緅诹精○溲锼心餿审生

其分化现象与现代北音相近，盖以二三等不分为原则而以转入齿头为例外也。清康熙纂修《性理精义》案曰：“知、彻、澄、娘等韵本为舌音，不知何时转入齿音。等韵次于舌音之后。《经世》次于齿音之后，则疑邵子之时此音已变也。”[①] 此说果信，则舌上正齿之混当与非、敷同时。即令不然，而吴澄之三十六母有照、穿、澄、泥而无知、彻、床、娘，陈晋翁之三十二母有知、彻、澄、泥而无照、穿、床、娘，[②] 均足证明德清前有所据。惟全浊声母之消变，则固《中原音韵》之创举也。

《中原音韵》中旧属全浊去声及自全浊上声变入去声之字，多数并入全清。故並混于帮：

［江阳］(去)○谤帮傍蚌棒並

［齐微］(去)○背辈贝狈臂倍诐帮焙婢备被髲避币弊並○闭襞蔽
　　畀庇比祕贲饽帮毙陛並

［鱼模］(去)○布怖佈帮部薄哺捕步並

［皆来］(去)○拜帮败惫稗並

［真文］(去)○鬓殡帮膑並

---

① 《性理精义》卷三，第6页。案《性理精义》为李光地承修，则此案语或即出自榕村也。

② 并见吴澄《文正集·切韵指掌图节要序》。

[寒山](去)○办瓣$_{\text{並}}$扮绊$_{\text{帮}}$

[桓欢](去)○半绊$_{\text{帮}}$伴畔$_{\text{並}}$

[先天](去)○便卞汴弁辨辩$_{\text{並}}$变遍徧$_{\text{帮}}$

[萧豪](去)○豹爆$_{\text{帮}}$瀑$_{\text{並}}$○抱暴鲍鞄刨$_{\text{並}}$报$_{\text{帮}}$○俵$_{\text{帮}}$鳔$_{\text{並}}$

[家麻](去)○罢$_{\text{並}}$霸欛壩靶钯弝$_{\text{帮}}$

[庚青](去)○病並凭$_{\text{並}}$柄$_{\text{帮}}$

定混于端：

[东锺](去)○洞动$_{\text{定}}$栋冻蝀$_{\text{端}}$

[江阳](去)○荡宕砀$_{\text{定}}$当挡$_{\text{端}}$

[齐微](去)○帝谛蒂$_{\text{端}}$缔弟娣第悌地递棣$_{\text{定}}$○对碓$_{\text{端}}$队兑$_{\text{定}}$

[鱼模](去)○妒斁蠹$_{\text{端}}$杜肚渡镀度$_{\text{定}}$

[皆来](去)○带戴$_{\text{端}}$怠迨待代袋岱黛大$_{\text{定}}$

[真文](去)○顿$_{\text{端}}$囤沌钝盾遁$_{\text{定}}$

[寒山](去)○旦$_{\text{端}}$诞弹惮但$_{\text{定}}$

[萧豪](去)○钓吊窎$_{\text{端}}$掉调$_{\text{定}}$○道翿纛焘盗导悼蹈稻$_{\text{定}}$到倒$_{\text{端}}$

[歌戈](去)○舵堕鬌惰垛大驮$_{\text{定}}$剁瘅$_{\text{端}}$

[庚青](去)○邓$_{\text{定}}$磴凳嶝镫隥$_{\text{端}}$○定锭$_{\text{定}}$矴钉订饤$_{\text{端}}$

[尤侯](去)○豆脰逗窦$_{\text{定}}$鬬$_{\text{端}}$

[监咸](去)○淡啖惔$_{\text{定}}$擔$_{\text{端}}$

[廉纤](去)○玷店垫$_{\text{端}}$莨$_{\text{定}}$

群混于见：

[东锺](去)○贡供$_{\text{见}}$共$_{\text{群}}$

[江阳](去)○绛降洚虹$_{\text{见}}$强糨$_{\text{群}}$

[齐微](去)○贵愧桂桧脍鲙猃$_{\text{见}}$匮馈悸跪$_{\text{群}}$○计记寄繫继髻蓟冀骥季既蹶$_{\text{见}}$妓忮技偈忌骑$_{\text{群}}$

[鱼模](去)○锯据踞屦句绚$_{\text{见}}$惧具讵巨拒秬距炬苣$_{\text{群}}$

［先天］(去)〇见建绢见健件群〇眷倦绢狷罥见圈群

［萧豪］(去)〇叫见轿峤群

［庚青］(去)〇敬径俓经镜獍竞劲更见竞群

［尤侯］(去)〇臼舅咎旧柩群救厩究见

［侵寻］(去)〇禁见噤澿矜群

［廉纤］(去)〇剑见俭群

从混于精:

［东锺］(去)〇纵粽精从从

［江阳］(去)〇匠从将酱精〇葬精藏从

［支思］(去)〇字牸渍胔觜自从恣精

［齐微］(去)〇霁济祭际精剂从

［鱼模］(去)〇做精祚胙从诅照庄

［皆来］(去)〇在从再载精

［真文］(去)〇尽从晋进琎精

［寒山］(去)〇赞讚濽酇精瓒从

［先天］(去)〇箭煎溅荐栫精贱饯践从

［萧豪］(去)〇竈躁精皂漕从

［歌戈］(去)〇佐左精坐座从

［车遮］(去)〇借精藉从

［庚青］(去)〇净静穽靖从甑精

［监咸］(去)〇暂錾从揝精

床、澄同混于照、知:

［东锺］(去)〇众种照中仲知重澄

［江阳］(去)〇状床壮照庄撞澄〇帐胀涨知丈仗杖澄障嶂瘴照

［齐微］(去)〇坠懟縋澄缀知赘照〇製制质照置致智知滞雉稚彘治澄

[鱼模](去)○注炷畀澍铸$_{\text{照}}$著注驻$_{\text{知}}$住柱纻苎贮竚$_{\text{澄}}$

[皆来](去)○寨眦豸$_{\text{床}}$瘵债$_{\text{照庄}}$

[真文](去)○震振赈$_{\text{照}}$镇$_{\text{知}}$阵$_{\text{澄}}$

[寒山](去)○栈$_{\text{床}}$绽组$_{\text{澄}}$

[先天](去)○传啭转$_{\text{知}}$篆$_{\text{澄}}$○戰颤$_{\text{照}}$缠$_{\text{澄}}$

[萧豪](去)○赵兆召肇旐$_{\text{澄}}$照诏$_{\text{照}}$○罩$_{\text{知}}$笊$_{\text{照庄}}$棹$_{\text{澄}}$

[家麻](去)○诈榨$_{\text{照庄}}$乍柞$_{\text{床}}$

[庚青](去)○正政證$_{\text{照}}$郑$_{\text{澄}}$

[尤侯](去)○昼胄宙籀纣$_{\text{澄}}$呪$_{\text{照}}$咮$_{\text{知}}$○皱$_{\text{照庄}}$骤$_{\text{床}}$

[侵寻](去)○朕沈鸩$_{\text{澄}}$枕$_{\text{照}}$

[监咸](去)○蘸$_{\text{照庄}}$站$_{\text{知}}$湛赚$_{\text{澄}}$

而全浊上声之残余未变及以入作上者，则并于次清为多。故並混于滂者六字，混于帮者三字，与帮滂合用者一字：

[齐微](上)○痞否圮$_{\text{並}}$嚭秕$_{\text{滂}}$

(入作上)○匹僻劈$_{\text{滂}}$闢$_{\text{並}}$○必毕跸筚碧壁璧$_{\text{帮}}$甓$_{\text{並}}$

[鱼模](上)○補圃$_{\text{帮}}$鹋$_{\text{並}}$浦$_{\text{滂}}$　(入作上)○暴$_{\text{並}}$撲$_{\text{滂}}$

[真文](上)○牝$_{\text{並}}$品$_{\text{滂}}$

[先天](上)○贬扁匾緶$_{\text{帮}}$艑$_{\text{並}}$

[歌戈](入作上)○钵拨$_{\text{帮}}$跋$_{\text{並}}$

定混于透者八字，混于端者四字：

[齐微](入作上)○涤$_{\text{定}}$剔踢$_{\text{透}}$

[寒山](上)○坦$_{\text{透}}$袒$_{\text{定}}$

[先天](上)○腆$_{\text{透}}$殄诊$_{\text{定}}$

[庚青](上)○艇挺诞町$_{\text{定}}$奵$_{\text{端}}$

[监咸](上)○毯$_{\text{透}}$禫倓萏窞$_{\text{定}}$

群混于溪者一字，混于见者二字，与见，溪合用者一字：

[鱼模](入作上)○菊踘$_{\text{见}}$局$_{\text{群}}$

[皆来](上)○蒯$_{\text{溪}}$拐$_{\text{群}}$夬$_{\text{见}}$

[侵寻](上)○锦$_{\text{见}}$噤$_{\text{群}}$

从混于精者一字：

[监咸](上)○昝$_{\text{精}}$歁$_{\text{从}}$

床、澄混于穿、彻者四字，混于知、照者一字：

[鱼模](上)○杵处$_{\text{穿}}$楮褚$_{\text{彻}}$杼$_{\text{澄}}$

[车遮](入作上)○辙撤澈$_{\text{澄}}$掣$_{\text{穿}}$

[尤侯](上)○肘$_{\text{知}}$箒$_{\text{照}}$酎$_{\text{澄}}$

较诸已变去声者，颇相参差。至于平声则以阴阳分调，清浊独用者多，故其转读若何，不如仄声之显而易见。然周书中间有浊母变入阴平，或清母变入阳平者：

[东鍾](阴)○冲种翀$_{\text{澄}}$忡$_{\text{彻}}$充衝艟穜$_{\text{穿}}$

(阳)○重蟲$_{\text{澄}}$鳙$_{\text{禅}}$臃$_{\text{彻}}$崇$_{\text{床}}$

[齐微](阴)○醅披丕呸胚纰$_{\text{滂}}$邳$_{\text{並}}$

[皆来](阴)○台胎邰$_{\text{透}}$骀$_{\text{定}}$

[桓欢](阳)○盘槃瘢磐鬆般鞶媻磻蟠幋弁$_{\text{並}}$胖$_{\text{滂}}$

[先天](阴)○篇扁偏翩$_{\text{滂}}$蹁$_{\text{並}}$

[萧豪](阴)○飘$_{\text{並}}$漂$_{\text{滂}}$○绦饕叨滔韬慆$_{\text{透}}$掏$_{\text{定}}$○趫$_{\text{群}}$橇$_{\text{溪}}$

[歌戈](阴)○他拖佗$_{\text{透}}$诧$_{\text{定}}$

[家麻](入作阳)○达沓$_{\text{定}}$挞踏$_{\text{透}}$

[庚青](阳)○平评萍枰凴冯凭屏瓶$_{\text{並}}$俜娉$_{\text{滂}}$

[尤侯](阳)○䌷稠绸筹俦踌畴$_{\text{澄}}$犨$_{\text{穿}}$惆$_{\text{彻}}$

[侵寻](阳)○岑涔䨙𫛚$_{\text{床}}$锟$_{\text{彻}}$

其并合之迹不无可寻。若更参证兰茂《韵略易通》、毕拱宸《韵略汇通》、金尼阁《西儒耳目资》、方以智《切韵声原》、马自援《等音》、林本裕《声位》及樊腾凤《五方元音》等书，则可断定《中原音韵》以降之全浊声母平声读如次清，实与现代国音无异。惟以入作阳者，除家麻部定母“达沓”二字与透母“挞踏”合用外，审以今音皆读全清，惜合用之证全书只二见而已。

［鱼模］（入作阳）○族$_{\text{从}}$镞$_{\text{精}}$

［车遮］（入作阳）○捷截$_{\text{从}}$睫$_{\text{精}}$

奉、匣、邪、禅四母与其他全浊不同。非、敷全清次清之界已混，故平仄皆与奉母无别。

［东锺］（去）○凤奉缝$_{\text{奉}}$讽$_{\text{非}}$

［齐微］（去）○吠$_{\text{奉}}$沸费芾废$_{\text{非}}$肺$_{\text{敷}}$

［鱼模］（阴）○膚夫铁玞趺$_{\text{非}}$敷麸孚郛桴鄜$_{\text{敷}}$枹$_{\text{奉}}$

（入作上）○復$_{\text{奉}}$福幅蝠腹$_{\text{非}}$覆拂$_{\text{敷}}$

（去）○赴仆讣$_{\text{敷}}$父釜辅拊附鲋赙妇阜负$_{\text{奉}}$付赋傅富$_{\text{非}}$

［真文］（阴）○分纷芬$_{\text{非}}$氛汾$_{\text{奉}}$　　（去）○忿$_{\text{敷}}$分$_{\text{奉}}$粪奋$_{\text{非}}$

［寒山］（阴）○番蕃旛藩$_{\text{奉}}$翻轓反$_{\text{敷}}$

（去）○饭範范犯$_{\text{奉}}$贩畈$_{\text{非}}$泛$_{\text{敷}}$

晓、心皆属次清，别无全清相对。故匣、晓之混，

［东锺］（上）○汞$_{\text{匣}}$唝$_{\text{晓}}$

［齐微］（入作上）○吸翕$_{\text{晓}}$檄觋$_{\text{匣}}$

（去）○会溃阓惠蕙慧$_{\text{匣}}$晦诲讳$_{\text{晓}}$○戏$_{\text{晓}}$系$_{\text{匣}}$

［寒山］（去）○旱锝悍翰瀚汗鼾$_{\text{匣}}$汉$_{\text{晓}}$

［桓欢］（去）○唤焕涣奂$_{\text{晓}}$换逭缓$_{\text{匣}}$

［先天］（去）○献宪$_{\text{晓}}$现县$_{\text{匣}}$○韗绚$_{\text{晓}}$眩$_{\text{匣}}$

［萧豪］（去）○号昊皞浩颢灏皓$_{\text{匣}}$耗好$_{\text{晓}}$　　（去）○孝$_{\text{晓}}$效傚校$_{\text{匣}}$

［歌戈］（上）○荷$_{\text{匣}}$吹$_{\text{晓}}$

［家麻］（阳）○哗$_{\text{晓}}$划华骅$_{\text{匣}}$

(去)○下苄夏厦暇$_{\text{匣}}$嚇罅$_{\text{晓}}$○化$_{\text{晓}}$画华桦鳠话$_{\text{匣}}$

[庚青](去)○迥$_{\text{匣}}$詗敻$_{\text{晓}}$○杏幸倖胫行$_{\text{匣}}$兴$_{\text{晓}}$

[监咸](阴)○憨$_{\text{晓}}$酣$_{\text{匣}}$　　　(上)○喊$_{\text{晓}}$獫$_{\text{匣}}$

邪、心之混，

[东锺](阴)○松$_{\text{邪}}$嵩$_{\text{心}}$

[江阳](去)○象像$_{\text{邪}}$相$_{\text{心}}$

[支思](去)○似兕姒巳汜耜祀寺嗣饲食$_{\text{邪}}$赐笥思四肆泗驷$_{\text{心}}$

[齐微](去)○岁邃粹祟碎$_{\text{心}}$遂燧隧繸穗彗$_{\text{邪}}$

[鱼模](去)○絮$_{\text{心}}$序叙绪$_{\text{邪}}$

[真文](去)○信讯迅$_{\text{心}}$烬赆$_{\text{邪}}$○峻浚噀$_{\text{心}}$殉$_{\text{邪}}$

[先天](去)○线霰$_{\text{心}}$羡$_{\text{邪}}$○镟旋漩$_{\text{邪}}$选$_{\text{心}}$

[车遮](去)○谢榭$_{\text{邪}}$卸泻$_{\text{心}}$

[尤侯](去)○秀绣琇宿$_{\text{心}}$袖岫$_{\text{邪}}$

平仄亦皆一致。其尤异者，禅之仄声或以入作阳者，本与床三等相合，同并于审，

[江阳](去)○上尚$_{\text{禅}}$饷$_{\text{审}}$

[支思](去)○是氏市柿侍莳恃嗜视豉筮噬$_{\text{禅}}$使$_{\text{审生}}$施试弑$_{\text{审书}}$示谥$_{\text{床船}}$

[齐微](去)○睡瑞$_{\text{禅}}$税说$_{\text{审}}$○世势$_{\text{审}}$逝誓$_{\text{禅}}$

(入作阳)○实食蚀射$_{\text{床船}}$十什拾石$_{\text{禅}}$

[鱼模](去)○恕庶戍$_{\text{审}}$树竖署曙$_{\text{禅}}$

(入作阳)○赎術述秫术$_{\text{床船}}$属$_{\text{禅}}$

[真文](上)○哂$_{\text{审}}$蜃$_{\text{禅}}$　　　(去)○舜$_{\text{审}}$顺$_{\text{禅}}$

[先天](去)○扇煽$_{\text{审}}$善鳝膳单禅墠擅$_{\text{禅}}$

[萧豪](去)○少烧$_{\text{审}}$绍邵$_{\text{禅}}$

[车遮](去)○舍赦$_{\text{审}}$社$_{\text{禅}}$射麝贳$_{\text{床船}}$　　　(入作阳)○涉$_{\text{禅}}$舌$_{\text{床船}}$

[庚青](去)〇圣胜$_{\text{审}}$盛$_{\text{禅}}$賸乘剩$_{\text{床船}}$

[尤侯](去)〇受授绶寿售$_{\text{禅}}$兽首狩$_{\text{审}}$

[廉纤](去)〇赡$_{\text{禅}}$苫$_{\text{审}}$

而其平声则与床二等及澄为伍,同并于穿、彻。

[东锺](阳)〇重蟲$_{\text{澄}}$鳙$_{\text{禅}}$慵$_{\text{彻}}$崇$_{\text{床崇}}$

[江阳](阳)〇长苌肠场$_{\text{澄}}$常裳偿尝$_{\text{禅}}$

[鱼模](阳)〇除滁躇储厨幮蹰$_{\text{澄}}$蜍$_{\text{禅}}$

[真文](阳)〇陈尘$_{\text{澄}}$臣辰晨宸$_{\text{禅}}$娠$_{\text{审}}$

[先天](阳)〇廛躔缠$_{\text{澄}}$禅蝉$_{\text{禅}}$

[萧豪](阳)〇潮朝晁$_{\text{澄}}$韶$_{\text{禅}}$

[庚青](阳)〇澄呈程酲惩$_{\text{澄}}$成城宬诚盛承丞$_{\text{禅}}$

[尤侯](阳)〇紬稠绸筹俦踌畴$_{\text{澄}}$仇酬$_{\text{禅}}$雠$_{\text{穿}}$惆$_{\text{彻}}$

通塞异读,转变颇巨。至于床二等之仄声间有读与审、心同者,

[支思](去)〇是氏市柿侍莳恃嗜视豉筮噬$_{\text{禅}}$使$_{\text{审生}}$施试弑$_{\text{审书}}$示谥$_{\text{床船}}$士仕事$_{\text{床崇}}$〇似兕姒巳汜耜祀寺嗣饲食$_{\text{邪}}$赐笥思四肆泗驷$_{\text{心}}$涘俟$_{\text{床崇}}$

亦犹床三等平仄皆变通声,而平声间有四字仍读塞声耳。

[先天](阳)〇船$_{\text{床船}}$传椽$_{\text{澄}}$

[真文](阳)〇唇$_{\text{床船}}$莼纯淳醇錞鹑$_{\text{禅}}$

[庚青](阳)〇澄呈程酲惩$_{\text{澄}}$成城宬诚盛承丞$_{\text{禅}}$乘塍$_{\text{床船}}$

详审上例,可知全浊声值《中原音韵》已不复存在。明李登《书文音义便考私编》虽知“仄声纯用清母似为直截”,而以昧于阴阳与清浊之异,仍谓“平则三十一母仄则二十一母”,[①] 固未免有所囿蔽也!

① 谢启昆:《小学考》卷三十六,第11页。

次浊来、日、明、微[①] 四母,《中原音韵》读与旧谱相同。惟泥、娘不辨:

[齐微](阳)○泥臡$_{\text{泥}}$尼$_{\text{娘}}$　　(去)○泥$_{\text{泥}}$腻$_{\text{娘}}$

[萧豪](阳)○猱獶$_{\text{泥}}$铙呶怓譊挠$_{\text{娘}}$

[车遮](入作去)○捏$_{\text{泥}}$聂蹑镊$_{\text{娘}}$

[庚青](阳)○能$_{\text{泥}}$狞$_{\text{娘}}$

[监咸](阳)○南楠男$_{\text{泥}}$諵喃$_{\text{娘}}$

[廉纤](阳)○鲇拈$_{\text{泥}}$黏$_{\text{娘}}$

喻、疑与影无别:

[东鍾](上)○勇涌踊悀俑永$_{\text{喻}}$拥$_{\text{影}}$　　(去)○用咏$_{\text{喻}}$莹$_{\text{影}}$

[江阳](上)○养痒$_{\text{喻}}$鞅$_{\text{影}}$○枉$_{\text{影}}$往$_{\text{喻}}$

(去)○瀁羕炀养样漾恙$_{\text{喻}}$怏快$_{\text{影}}$

[齐微](阳)○围闱韦帏违为$_{\text{喻}}$嵬巍危桅$_{\text{疑}}$○移扅蛇姨夷痍彝贻怡眙饴颐圯遗$_{\text{喻}}$鷖$_{\text{影}}$兒鲵霓倪猊輗疑嶷沂宜仪螘$_{\text{疑}}$

(上)○倚椅扆偯$_{\text{影}}$矣已以苡$_{\text{喻}}$锜蚁颛拟舣$_{\text{疑}}$○委猥$_{\text{影}}$唯苇伟$_{\text{喻}}$隗$_{\text{疑}}$

(去)○胃蝟渭谓䈕纬衞位$_{\text{喻}}$尉慰畏秽餧饫$_{\text{影}}$魏$_{\text{疑}}$○異裔瘗枻曳易勚$_{\text{喻}}$懿饐翳瞖意$_{\text{影}}$義議谊毅藝诣刈乂劓$_{\text{疑}}$

(入作去)○逸佾溢镒泆易埸译驿液腋掖疫役翊翼射$_{\text{喻}}$益一乙邑億揖$_{\text{影}}$逆鹢$_{\text{疑}}$

[鱼模](阳)○鱼渔虞愚隅禺$_{\text{疑}}$余畬馀予妤舁与舆玙欤誉俞歈榆愉覦瑜窬渝逾臾萸谀于盂竽雩$_{\text{喻}}$

---

① 《中原音韵》微母字惟齐微部"微薇"纽下混入喻母"惟维"二字。案利玛窦标音亦注"惟"为 ūui,与其他喻母字不同。且今安南译音、客家、山西及闽语、吴语亦皆读为微母。故此二字乃喻母转微之例外,不足妨碍微母独立也。

(上)○语圄圉齬敔御$_{\text{疑}}$雨羽宇禹与愈庾$_{\text{喻}}$○五伍午忤仵$_{\text{疑}}$坞邬$_{\text{影}}$

(入作上)○屋沃$_{\text{影}}$兀$_{\text{疑}}$

(去)○御驭遇$_{\text{疑}}$妪$_{\text{影}}$裕谕誉预豫芋$_{\text{喻}}$○误悮悟寤$_{\text{疑}}$恶污$_{\text{影}}$

(入作去)○玉狱$_{\text{疑}}$欲浴鹆郁育$_{\text{喻}}$

[皆来](去)○艾$_{\text{疑}}$爱噫餲$_{\text{影}}$○捱$_{\text{疑}}$隘阨搤$_{\text{影}}$

(入作去)○额客辂$_{\text{疑}}$厄$_{\text{影}}$

[真文](阳)○银訚垠嚚鄞龈$_{\text{疑}}$寅夤$_{\text{喻}}$ (上)○隐$_{\text{影}}$尹引蚓$_{\text{喻}}$

(去)○醖愠蕴$_{\text{影}}$运恽晕韵$_{\text{喻}}$○印$_{\text{影}}$孕$_{\text{喻}}$○揾$_{\text{影}}$诨$_{\text{疑}}$

[寒山](去)○案按$_{\text{影}}$岸犴喭$_{\text{疑}}$○雁鹰$_{\text{疑}}$晏鷃$_{\text{影}}$

[桓欢](去)○翫玩$_{\text{疑}}$腕惋$_{\text{影}}$

[先天](阳)○延筵铤埏蜒缘沿$_{\text{喻}}$焉$_{\text{影}}$妍言研$_{\text{疑}}$○元鼋原嫄源$_{\text{疑}}$圆员捐圜湲铅鸢园袁猿辕垣援$_{\text{喻}}$

(上)○远$_{\text{喻}}$阮$_{\text{疑}}$苑畹$_{\text{影}}$○兖演衍$_{\text{喻}}$偃堰鼹$_{\text{影}}$

(去)○院远援$_{\text{喻}}$怨$_{\text{影}}$願愿$_{\text{疑}}$○砚彦谚喭$_{\text{疑}}$燕嚥讌嬿宴堰$_{\text{影}}$缘掾$_{\text{喻}}$

[萧豪](阴)○邀喓腰要葽$_{\text{喻}}$夭订妖幺$_{\text{影}}$

(阳)○遥摇谣瑶飖窑陶姚$_{\text{喻}}$尧峣$_{\text{疑}}$

(上)○杳夭殀$_{\text{影}}$舀$_{\text{喻}}$

(去)○曜耀曜鹞$_{\text{喻}}$要$_{\text{影}}$○拗靿凹$_{\text{影}}$乐$_{\text{疑}}$

(入作去)○岳乐$_{\text{疑}}$药跃钥瀹$_{\text{喻}}$约$_{\text{影}}$○萼鹗鳄愕$_{\text{疑}}$恶$_{\text{影}}$

[歌戈](去)○卧$_{\text{疑}}$涴$_{\text{影}}$

(入作去)○岳乐$_{\text{疑}}$药跃钥$_{\text{喻}}$约$_{\text{影}}$○萼鹗鳄鄂$_{\text{疑}}$恶垩$_{\text{影}}$

[家麻](阴)○鸦丫$_{\text{影}}$呀$_{\text{疑}}$ (阳)○牙芽釾衙涯$_{\text{疑}}$埡$_{\text{影}}$

(上)○雅$_{\text{疑}}$痖$_{\text{影}}$ (去)○亚娅$_{\text{影}}$迓讶砑$_{\text{疑}}$

[车遮](阳)○爷耶琊铘$_{\text{喻}}$呆$_{\text{疑}}$

(入作去)〇拽葉烨$_{\text{喻}}$噎谒$_{\text{影}}$〇月軏刖$_{\text{疑}}$悦说阅越钺樾$_{\text{喻}}$

[庚青](阳)〇盈羸赢櫺瀛茔营蝇$_{\text{喻}}$迎凝$_{\text{疑}}$ (上)〇影瘿$_{\text{影}}$郢颖$_{\text{喻}}$

(去)〇映应膺$_{\text{影}}$凝硬$_{\text{疑}}$〇咏$_{\text{喻}}$莹$_{\text{影}}$

[尤侯](阳)〇尤疣邮蚰遊游蝣由油庮猷蕕輶猶繇蕕栖悠攸$_{\text{喻}}$牛$_{\text{疑}}$

(上)〇有友酉牖羑诱莠$_{\text{喻}}$黝〇藕耦偶$_{\text{疑}}$呕殴$_{\text{影}}$

(去)〇又右佑祐宥囿侑狖柚$_{\text{喻}}$幼$_{\text{影}}$

[侵寻](阳)〇吟崟$_{\text{疑}}$淫婬霪蟫$_{\text{疑}}$

[廉纤](阳)〇盐阎檐炎$_{\text{喻}}$严$_{\text{疑}}$

(上)〇掩奄晻魘黶埯崦$_{\text{影}}$琰剡$_{\text{喻}}$

(去)〇艳焰滟$_{\text{喻}}$厌餍篭$_{\text{影}}$验酽$_{\text{疑}}$

而喻三等之转晓、匣：

[东鍾](阳)〇熊雄$_{\text{喻云}}$

[萧豪](阴)〇鸮$_{\text{喻云}}$

疑三等之转泥、娘者，殊为仅见：

[先天](上)〇撚$_{\text{泥}}$谳$_{\text{疑}}$

[车遮](入作去)〇捏$_{\text{泥}}$聂蹑镊$_{\text{娘}}$啮臬蘖$_{\text{疑}}$

若乃戛或入透：

[齐微](去)〇配沛霈$_{\text{滂}}$佩珮悖誖$_{\text{並}}$辔$_{\text{帮}}$ 〇替剃涕$_{\text{透}}$嚏$_{\text{端}}$

[桓欢](去)〇判$_{\text{滂}}$拚$_{\text{並}}$

[先天](阴)〇痊诠筌荃铨悛$_{\text{清}}$朘$_{\text{精}}$

[萧豪](入作上)〇鹊碏$_{\text{清}}$雀$_{\text{精}}$

(去)〇砲$_{\text{滂}}$泡$_{\text{並}}$〇粜眺$_{\text{透}}$跳$_{\text{定}}$〇俏峭$_{\text{清}}$诮$_{\text{精}}$

[庚青](去)〇倩$_{\text{清}}$请$_{\text{从}}$

[尤侯](阳)〇求赇銶毬逑球俅仇裘虬$_{\text{群}}$樛$_{\text{见}}$

[侵寻](阴)〇骎浸绶$_{\text{清}}$祲$_{\text{精}}$

[监咸](阴)○堪龛戡溪弇见

[廉纤](去)○欠歉溪芡群

透或入戛：

[齐微](去)○背辈贝狈臂倍诐帮焙婢备被髲避币弊並帔滂

○製制质照置致智知滞雉稚彘治澄帜炽穿

[鱼模](阴)○诸朱珠侏照猪潴株诛邾蛛知姝穿

[皆來](去)○拜帮敗憊稗並湃滂○寨眦豸床崇瘵债照庄蠆彻

[寒山](去)○旦端诞弹惮但定嘽透

[桓欢](去)○半绊帮泮沜滂伴畔並

[先天](去)○眷倦绢狷罥见绻溪圈群

[萧豪](上)○杲藁缟鄗见槁溪

(去)○俵帮鳔並醥滂○竈躁精皂漕从造慥清

(阴)○蕉焦椒燋精憔从

[庚青](去)○净静穽靖从甑精清圊清

[尤侯](去)○搆遘媾购姤句彀见诟溪

喉牙相变：

[江阳](阴)○冈刚钢纲亢扛玒见缸匣

[齐微](上)○迤喻婍溪　(入作上)○吸翕晓檄觋匣隙溪

(去)○贵愧桂桧脍鲙狯见柜馈悸跪群绘匣○计记寄系继髻蓟冀骥季既鳜见妓忮伎偈忌骑群缢影○戏晓系匣係见

[鱼模](阴)○虚嘘歔吁晓墟嘘溪

[皆来](去)○懈见械薤解獬匣

[寒山](去)○旱銲悍翰瀚汗鼾匣汉晓骭见○案按影岸犴喭疑闬匣旰见

[桓欢](阳)○丸綄纨完瓛匣刓蚖岏疑

[萧豪](阴)○枭骁$_{\text{见}}$鸮$_{\text{喻}}$嚣枵歊$_{\text{晓}}$○哮虓嗃烋$_{\text{晓}}$詨$_{\text{见}}$

(上)○杲藁缟鄗$_{\text{见}}$槁$_{\text{溪}}$镐$_{\text{匣}}$

[家麻](阴)○蛙洼窪哇$_{\text{影}}$娲蜗$_{\text{见}}$

[庚青](阳)○盈羸赢攍瀛茔营蝇$_{\text{喻}}$迎凝$_{\text{疑}}$萤$_{\text{匣}}$

口鼻互转：

[真文](上)○肯恳垦$_{\text{溪}}$龈$_{\text{疑}}$

[先天](上)○撚$_{\text{泥}}$谳$_{\text{疑}}$辗碾$_{\text{知}}$

[萧豪](上)○袅鸟$_{\text{端}}$嬲裹$_{\text{泥}}$

[廉纤](阴)○瞻詹占$_{\text{照}}$沾霑$_{\text{知}}$粘$_{\text{娘}}$

以及审变为穿：

[寒山](上)○产$_{\text{审生}}$铲划$_{\text{穿初}}$

禅变为照：

[鱼模](上)○主麈翥渚煮$_{\text{照}}$拄$_{\text{知}}$墅$_{\text{禅}}$

心变为穿：

[皆来](入作上)○策册栅测$_{\text{穿初}}$跚$_{\text{心}}$

穿变为心：

[支思](阴)○斯撕厮澌鸶思司私丝偲罳$_{\text{心}}$颸$_{\text{穿初}}$

知、心变精：

[江阳](去)○葬$_{\text{精}}$藏$_{\text{从}}$戇$_{\text{知}}$

[监咸](去)○暂鏨$_{\text{从}}$揝$_{\text{精}}$篸$_{\text{心}}$

审、晓、日变影、喻：

[鱼模](阳)○鱼渔虞愚隅禺$_{\text{疑}}$余畲馀予妤舁与舆玙欤誉于盂竽

雩俞歈榆愉覦瑜窬渝逾臾萸谀$_{\text{喻}}$毹$_{\text{审生}}$阈$_{\text{晓}}$

[侵寻](去)○荫廕窨饮$_{\text{影}}$恁$_{\text{日}}$

见、溪变穿、彻之类：

[先天](去)○钏穿$_{\text{穿}}$串$_{\text{见}}$

[齐微](入作上)〇尺赤叱$_{穿}$敕鶒$_{彻}$吃$_{溪}$

並皆单字之出入,不足为原则病也。

综观上举诸证,则等韵敷、知、彻、並、定、群、从、床、澄、奉、匣、邪、禅、娘、疑、喻十六母均为《中原音韵》所无,其所余者,惟帮、滂、明、非、微、端、透、泥、来、见、溪、晓、影、照、穿、审、日、精、清、心二十母,若标以《中原音韵》中每类初见之字则为崩、烹、蒙、风、亡、东、通、脓、龙、工、空、烘、邕、鍾、充、双、戎、宗、悤、嵩二十类,[①] 与附表(见下页)所列自兰茂以迄国音之十八种声母系统大体皆同。则此二十类者,固为元明以降北音共有之声系六百年来无大差异者也。

日人石山福治对于《中原音韵》声类之考证,尝谓:"观于时音变化以韵为主之事实,可以推定通行音中声母尚未改变《中原音韵》之面目。特如中国写音法之惯例,其反切必常遵守可信为古来正音之文献。故应先以当时之标准韵书如《唐韵》、《广韵》、《集韵》、《韵会》及《洪武正韵》之类为依据,并参考朝鲜《三韵声汇》中所传《四声通解》之谚文译音以决定其音切。"其所定之十九声母及对照之谚文如附表(见 278 页及附注)。

① 此二十类标目中,"充"前有"冲"字,"嵩"前有"松"字,"悤"前有"鬆"字,"冲""松"皆为浊声,"鬆"有清心两读,恐滋误会,故各改以第二次发见之字为类目。

《中原音韵》声类源流表

等韵三十六字母	帮並(去)	滂並(平)	明	非敷奉	微	端定(去)	透定(平)	来	泥娘	见群(去)	溪群(平)	晓匣	影喻疑	照知床澄(去)	穿彻床澄禅(平)	审禅(去)	日	精从(去)	清从(平)	心邪
中原音韵二十声类	崩 p	烹 p‘	蒙 m	风 f	亡 v	东 t	通 t‘	脓 l	龙 n	工 k	空 k‘	烘 x	邕① 〇	鍾 tʃ	充 tʃ‘	双 ʃ	戎 ʒ	宗 ts	惚 ts‘	嵩 s
兰茂二十字母	冰	破	梅	风	無	东	天	来	暖	见	开	向	一	枝	春	上	人	早	从	雪
桑绍良二十字母	苞	盘	民	弗	忘	德	天	赉	乃	国	开	向	王	桢	昌	寿	仁	增	千	岁
李如真二十二字母	邦	滂	明	非 敷	微	端	透	来	泥	见	溪	晓	影 疑	照	穿	审	日	精	清	心
乔中和十九字母	帮	滂	门	(非)	(微)	端	退	雷	农	光	孔	怀	翁 外	中	揣	谁	戎	钻	存	损
利玛窦二十六字父	p	p‘	m	f	v	t	t‘	l	n nh	c_2 k b	c‘$_2$ k‘ q‘	h	g_2 ng	ch	ch‘	x	j g_1	c_1 ç	c‘$_1$ ç‘	s
金尼阁二十字父	百 p	魄 ‘p	麦 m	弗 f	物 v	德 t	忒 ‘t	勒 l	搦 n	格 k	克 ‘k	黑 h	额 g	者 ch	撦 c‘h	石 x	日 j	则 ç	测 ç‘	色 s
方以智二十字母	帮	滂	明	夫	微	端	透	来	泥	见	溪	晓	疑	知	穿	审	日	精	从	心
马自援二十一字母	邦	滂	明	非	微	端	透	来	泥	见	溪	晓	影 疑	知	穿	审	日	精	青	心
林本裕二十四字母	邦	滂	明	非	微	端	透	来	泥	见	溪	晓	疑	知	穿	审	日	精	青	心
樊腾凤二十字母	梆	匏	木	风		斗	土	雷	鸟	金	桥	火	蛙 雲	竹	蟲	石	人	剪	鹊	系
李汝珍三十三字母	便 博	飘 盘	满 眠	粉		蝶 对	天 陶	涟 峦	鸟 嫩	惊 個	溪 空	翾 红	尧 鸥	中	春	水	然	酒 醉	清 翠	仙 松
许桂林十九音	帮	旁	忙	非		当	汤	郎		冈 姜	康 羌	昂 央	杭 香	张	昌	商	攘	(臧)	(仓)	(桑)
邹汉勋二十声	邦	滂	明	非 夫	微	端	透	来		见	谿	匣	影 疑	照	穿	审		精	清	心
周贇十九经声	逋	铺	模	敷		都	菟	攎	砮	枯	刳	呼	乌	朱	初	疎	濡	租	粗	苏
李邺二十一母	帮	滂	明	非 敷	微	端	透	来	泥	见	溪	晓	疑	照	穿	审	日	精	清	心
胡垣二十二字母	奔	喷	扪	分	闻 文	登	吞	能	仍	根	铿	享	恩 颖	真	称	申	人	增	层	僧
华长忠五十衍	伯 必	迫 僻	莫 觅	弗		德 狄 独	特 惕 秃	勒 力 鹿	诺 匿 讷	各 国 角 节	客 廓 阙 妾	赫 或 雪 挈	额 渥 月 叶	浙 卓	彻 绰	涉 说	日 弱 额(兒)	责 作	测 错	瑟 索
国音二十四声母	ㄅ	ㄆ	ㄇ	ㄈ	ㄪ	ㄉ	ㄊ	ㄌ	ㄋ ㄬ	ㄍ ㄐ	ㄎ ㄑ	ㄏ ㄒ	ㄫ	ㄓ	ㄔ	ㄕ	ㄖ	ㄗ	ㄘ	ㄙ

①影疑母开口或亦如现代咸阳等处方音读作[ŋ]，但由声类并合上不能定也。

音首罗马字		谚文初声	等韵字母	例字
一	ch	ᅐ	照(知)	之争庄锥征真止遮朱张竹知
二	ch‘	ᅕ	穿(彻)	昌初疮蚩枢叉楚充齿称抽
		ᅑ	床(澄)	床锄状长迟池痴持陈虫直重
三	f	ㅸ	非(敷)	夫方敷
		ㅹ	奉	房浮扶防符
四	h	ㅎ	晓	华荒希虚稀呼呵花亨烘火兴香休
		ㆅ	匣	胡何杭红河户携弦黄霞奚
五	j	ㅿ	日	如人仁穰而兒
六	k	ㄱ	见	瓜光歌哥冈孤姑沽公居鸡江 饥更笄经姜巾击俱踞柯
七	k‘	ㅋ	溪	康匡枯轲空可夸苦口丘区欺溪轻孔
		ㄲ	群	其渠强狂求擎
八	l	ㄹ	来	郎良离芦罗凌龙狼梨灵驴闾
九	m	ㅁ	明	忙眉谟蒙迷麻摸母暮明
十	n	ㄴ	泥(娘)	囊那泥乃猱奴农拿浓宁尼女
十一	p	ㅂ	帮	邦巴逋边兵补包博
十二	p‘	ㅍ	滂	滂铺葩偏批
		ㅃ	並	旁蒲毗平傍婢
十三	s(sz)	ᄼ	心	思桑丧苏稣僧梭虽西须斯澌相先星
		ᄽ	邪	辞词徐祥详
十四	sh	ᄾ	审	商尸师双伤升声疎申诗生书赊施所舒霜杀
		ᄿ	禅	殊时成徜城蝇蛇神
十五	t	ㄷ	端	多当低都丁东
十六	t‘	ㅌ	透	汤他拖梯天
		ㄸ	定	徒唐堂陀田停题提台
十七	ts(tz)	ᅎ	精	兹臧租滋增资赍精将疽蛆曾
十八	ts‘	ᅔ	清	仓粗聪囱苍此趍妻青清七
		ᅏ	从	藏慈徂从雌才齐前
十九	(1)(‘)	ㆆ	影	阿衣於依因么伊应乌蛙汪
	(。)	ㅇ	喻	移羊于余馀姚为俞怡盈王
	(2)(‘)	ㆁ	疑	吴鱼昂讹鹅敖俄五银宜
	(3)(ṳ)	ㅱ	微	无亡忘

附注:参阅石山福治《考定中原音韵》第十四节,第113—120页。表中加括弧之拉丁字母乃石山氏于本节中并未列入而于《发音顺序总表》中用之拼音者;加括弧之等韵字母,乃石山氏据《洪武正韵》而删并旧谱者。

案石山氏所得结果,除第十九类外,与余所考尚不相远。惟其论据,疑义滋多,颇待商榷焉。考《中原音韵·起例》既有"止依头一字呼吸,并不别立切脚"之明文,则石山氏所据之《中州音韵》反切已不足推证《中原音韵》声纽;若于其与通行音不合者,更反求《广韵》、《集韵》诸书,即使偶符,亦实昧于《切韵》音系与《中原音韵》音系之根本区别。此一失也。又其所参证之《四声通解》为朝鲜中宗十二年(明武宗正德十二年,1517)崔世珍撰,其书与崔恒《东国正韵》、申叔舟《四声通考》(二书作于朝鲜世宗三十一年即明英宗正统十四年,1449)并以《洪武正韵》为宗,所定三十一初声即以迁就等韵字母之《正韵》声类为准,而非依据《中原音韵》系之北音。故于全浊初声虽未别制谚文,而犹双写全清以存其读。然证之申叔舟《东国正韵·序》所谓"全浊之字平声近于次清,上去入近于全清,世之所用如此,而亦不知其所以至此",[①] 则《四声通解》实系遵用明代官韵而并非记写当时通行语音,固已彰彰明甚。今石山氏根据以《洪武正韵》声类为准之三十一初声而考证《中原音韵》之北音声类,已于中国语音演变真相隔阂甚深;至于误认《四声通解》之谚解为直接记写当时之通行音,[②] 于逻辑上尤为进退失据。假使其言果信,则 ch‘,f,h,k‘,p‘,s,t‘七母各有二谚文相对,何以合之? ch,ch‘,sh 与 ts,ts‘,s 两类谚译无别,何以分之? 如谓现代朝鲜语音除"双"(쌍)、"吃"(끼)二字以外都无全浊之声,则不如参证朴性源所著废弃双形初声之《华东正音通释》(朝鲜英宗二十三年即清高宗乾隆十二年,1747 撰),犹可言之成理,何必援引遵用《正韵》之《四声通解》以滋疑惑耶? 论证相违,前后

① 本节中凡讨论谚文源流者,均本朝鲜李能和《朝鲜佛教通史》下编,第 573—640 页,《谚文字法源出梵天》一章。

② 《考定中原音韵》,第 114 页。

矛盾,此二失也。且全浊之字平声近于次清,上去入近于全清,申叔舟犹能言之。石山所举例字限于平声,故双形初声皆与次清为伍,而全浊仄声之转变若何,无从推知。举例不全,易滋误会,此三失也。夫考证方法贵乎"顺材以求合而不为合以验材"。石山氏为中国现代北音系统所囿,成见在胸,不惜牵强附会以证实之,宜其陷于误谬而不自觉也。余今反求原书,创通二例,并参证元明以降诸家韵书之声母系统,考定《中原音韵》二十声类如上,六百年来之北音声母,庶几得论定欤?

(原载中央研究院历史语言研究所《集刊》第二本第四分,1932年,署名罗常培。又收入《罗常培语言学论文选集》)

刘继庄学述

一

清初有一位大学者，他的历史学为万季野所心折；地理学为顾景范所引重；音韵学有独到的卓见，为三百年来的小学家所未道及；而其学竟不传于后世，甚至于连他的姓名几乎默默无闻的，就是——大兴的刘继庄。继庄名献庭，一字君贤，别号广阳子。清顺治五年戊子(公元1648)，生在北京；康熙三十四年乙亥(公元1695)，死在苏州：年四十八。(案全谢山以继庄弱冠居吴，历三十年，又之楚之燕，卒死于吴在壬申以后，其年当不止四十八。今考《广阳杂记》卷四，页47，云，追忆往昔，念四十年来惟学问一事冷暖自知。……蘧伯玉行年五十而知四十九年之非，未知今日之所是者，非四十九年之非乎？据此，则刘氏生年当不止四十八。惟此条记于何年，既无从考；所云是否实数，亦未可定。吴江诸沈知君最谂，王昆绳为君同乡挚交，所云皆尔，当必有据。今姑从之。)在这四十几年里边，前有隆武、永历二帝，保守闽、粤，图复明室；后有郑成功割据台湾，抵抗清廷；事实上，明朝还没有完全灭亡，清朝也没有完全统一：这种政治的环境，和继庄一生的生活有很大关系的。

继庄的祖先，本来是吴人，后来因为到北京作太医，于是改籍大兴。他少年的时候，“颖悟绝人，博览负大志，不仕，不肯为词章之学”

(王源《居业堂集》卷十八,《刘处士墓表》页12),“读书每竟夜不卧,父母禁不予膏火,则然香代之,因眇一目”。(同上,页13)他19岁(公元1666),父母都殁了,乃挈眷南迁于吴。未几,西南有三藩之乱,人民惶惑不聊生。遂隐居洞庭山,为学益力。乱定,他的夫人张氏死了。于是慨然欲遍历九州,览其山川形势,访遗佚,交其豪杰,博采轶事,以益广其见闻,而质证其所学。(《刘处士墓表》页13)先是,昆山徐乾学兄弟,仰慕继庄的学问,想把他罗致幕中,继庄不就。康熙二十六年丁卯(公元1687),他回到北京,将他的儿子燮付托给他的哥哥宾廷。这时徐乾学方作《明史》总裁,又敦聘他,他才不好意思再辞谢了。继庄从此得与万季野、王昆绳一班人盘桓。并且当时长于舆地之学的顾景范、黄子鸿等也拉他参修《大清一统志》。他在北京住了四年,庚午(公元1690)又回到苏州,遂南游衡岳,以偿他数年来未了之愿。未几,贫困而归。正打算和同志结庐著书,终老吴下,谁想没到一年他就死了!

“继庄侨居吴江之寿圣院最久,诸沈皆从之游。及其子死,无后,即以沈氏子为后。”(全祖望《鲒埼亭集》卷二十八,《刘继庄传》,页15。——案王源《刘处士墓表》,继庄丁卯,归里将付其子燮于其兄御史宾廷。又《广阳杂记》卷二,页52,“余风尘奔走未卜归期,诸子四处,合并无时”。是继庄哲嗣尚不止“阿燮”一人,乃竟无后,亦云奇矣。)后来这个过继的儿子也死了!所以吴江征士沈彤为继庄作传已然语焉不详。现在假使没有王昆绳的一篇墓表,全谢山的一篇传,我们不单对他伟大的治学计划不能略窥端倪;恐怕连他的姓氏里居,出处本末,也没有人知道了。这是什么原故呢?据全谢山说:

> 予独疑继庄出于改步之后,遭遇昆山兄弟而卒老死于布衣。又其栖栖吴头楚尾间,漠不为枌榆之念,将无近于避人亡命者之所为?是不可以无稽也;而竟莫之能稽!……盖其人踪迹,非寻

常游士所阅历,故似有所讳而不令人知。……余则虽揣其人之不凡,而终不能悉其平生行事。(《刘继庄传》,页11,页15)

全氏所说,实在不为无因。继庄仅传的著作《广阳杂记》,是他的门人黄宗夏所编辑,虽然流传到现在不知经过几度的删削,可是字里行间往往流露出乃心明室的痕迹。书中有一段记永历帝被弑的情形道:

永历之自缅归也,吴三桂迎入坐辇中,百姓纵观之,无不泣下沾襟!三桂既得密旨,请帝于北门库饮奕,遂弑之。百姓初不之知也。是日天极晴朗,忽有黑云起,风雷交作。城外里许,有金汁湖,在归化寺侧,民储水灌田者也。有龙出于水中,蜿蜒升天,头角爪牙皆见。众方骇观,忽喧传帝崩于北门,备梓宫矣!嗟呼!人心天象如此,而明竟亡,天道果不可测也!(卷三,页32,述吉坦然语。)

这种传说,固然无稽;却很可看出继庄的怀抱来。因此,他对于仕清的"二臣"和殉明的烈士,褒贬分明,毫无假借。现在且举数例:

顺治间,吴梅村被召。三吴士大夫皆集虎邱会饯。忽有少年投一函,启之得绝句云:"千人石上作千人,一半清朝一半明。寄语娄东吴学士,两朝天子一朝臣!"举座为之默然。(卷一,页10)

太原王茂京言:吴梅村于壬子元旦梦两青衣来呼曰:"先帝召汝!"梅村以为章皇帝也,急往,乃见烈皇帝,伏哭不能起。烈皇帝曰:"何伤!当日不止汝一人也。"语毕,命之退。至午门见悬白牌一面,大书"限吴伟业于八月二十二日到此。"遂惊觉,后果以是年月日病卒云。(卷一,页12)

看这两条,可见他对于吴梅村毫无恕词。《杂记》中又有几段记载洪承畴的事情道:

洪经略入都后,其太夫人犹在也。自闽迎入京。太夫人见

> 经略大怒骂。以杖击之，数其不死之罪曰："汝迎我来，将使我为旂下老婢耶？我打汝死，为天下除害！"经略疾走得免。太夫人即买舟南归。（卷一，页44）
>
> 黄石斋先生被执拘禁中，洪承畴往视之。先生闭目不视。洪既出，先生举笔疾书一联曰："史笔流芳，虽未成名终可法；洪恩浩荡，不能报国反成仇。"盖"成仇"与"承畴"同音也。（卷二，页6）

这种两两相形的写法，也算是一种"史笔"了！此外，还有一段，借着说经影射当时降清的遗老道：

> 舜投四凶于四裔以御魑魅。四裔者，四"夷"也。余谓四凶在朝虽为凶族，然有君子所不能及者。是以彼之下驷亦足以走我之上驷也。不然，亦岂能以变四"夷"，御魑魅哉！今之君子且有居中国而身为魑魅者，不知舜何以处之！（卷一，页1）

这完全是借题发挥的讽刺语，很可看出他对于当时的"二臣"不能谅解了。但是，他对于那些不肯帝清的遗民，却尽量网罗他们的轶事旧闻，惟恐湮没不彰。如《杂记》里所载之韩世琦的母亲（卷一，页40），霍山黄鼎夫妻（同上），和梅花潦的张邓二老（卷一，页53）……都写得有声有色；至于台湾郑氏的史迹，更连篇累牍地记载，并且称成功为"国姓公"而不名。凡此种种，都可以给王昆绳《刘处士墓表》里所谓"负大志，不仕"，几个若有所讳的字作注脚。因此，我说继庄十九岁时好端端地搬到南方，晚年又遍游各处，结交豪杰，未始不蓄着一种异志。全谢山给他作传时，离他死后只有六七十年，他的著作竟至无从踪迹，恐怕有人鉴于康、雍两朝的几次文字狱，替他付之一炬罢？

继庄风尘奔走，足迹所经有北京、苏州、扬州、杭州、衡阳、武昌、江西许多地方，因此交游甚广。据他自己说：

> 忽念诸故人死已过半；今日之存者如深秋败叶，零落萧条，

天各一方，不能聚首！中年以来苦多忘失。庚午孟夏，始有日记。又录友谱一帙，记丁卯入都以来之新相知，大都有三百馀人。而丙寅以前，丙午以后，所交四方之士，其间事关性情学问振古今而轩天地，虽海枯石烂，情神不可磨灭，若夫杯酒言欢，意气相许，虽实繁有徒，亦记一不识十矣。……尽一日心力忆得三百馀人，草录一纸。他日有触绪而来者，可以续入，亦非何、刘、沈、谢矣。（卷四，页16）

我们现在可以考见的，除去前面所说的徐健庵、立斋兄弟，万季野、顾景范、黄子鸿、王昆绳诸人和他的高足黄宗夏以外，还有顾畇滋、王而农、彭躬庵、梁质人、吴修龄、林益长、虚谷、大悦、杨于两、何禹门、李含英、蔡瞻岷、袁尧文、钱慎庵、韩国麟、洪涵斋、吉坦然、李默斋、康甲夫、康继武、姜子发、唐子霖、子腾……等等都是《杂记》里所常提到的。只有他生平极口称许金圣叹，全谢山认为是大不可解的事情。其实，圣叹的放浪形骸，不拘细谨，恐怕也有政治上的关系，未必就是一个无聊的文人。全氏所言，还不免囿于时人的常见。我们若能认识刘继庄治学的根本态度，便可知道他所佩服的朋友，绝对不是仅以“雕虫之技”见长的人物了。

二

什么是继庄治学的根本态度呢？概括地说，就是要想求到“利济天下”的有用之学。他尝对学者说：

圣人谓人为天地之心。人渺焉尔，且众，胡为天地之心？尝学《易》而得其说：乾也，坤也，初交而生风雷，无形也；水火次之，形而虚；山泽又次之，实矣。由是草木生焉，鸟兽育焉，草木鸟兽，不已章乎？未竟也。草木不矣，则草木之生未竟，而草木熄，天不生人,则天之生未竟,而天地之生熄:人者,天地之实也;故曰人为天地之心。身岂心哉?心,心尔,所谓仁也。天地不能为者,人为之。剥复否泰存乎运,而转移之者心。人苟不能斡旋气运,徒以其知能为一身家之谋,则不得谓之人,何足为天地之心哉!(《刘处士墓表》,页12引)

他既然抱着这种经世致用的态度,所以极端反对读死书,忽略时事。他的求学方法第一要开拓胸襟,其次须将有用的学问一一淹贯,然后遍览九州,旁谘博访以质证其所学。《广阳杂记》里说:

今之学者,率知古而不知今;纵使博极群书,亦只算半个学者!然知今之学甚难也!(卷三,页10)

又说:

陈青来执贽于予,问为学之方。予言为学先须拓其心胸,务令识见广阔为弟一义。次则于古今兴废沿革,礼乐兵农之故,一一淹贯,心知其事,庶不愦于读书。若夫寻章摘句,一技一能,所谓雕虫之技,壮夫耻为者也!(卷四,页52)

因此他同万季野在徐健庵家处馆时,万氏终朝危坐观书,或瞑目静坐;继庄则每日出游,或兼旬不返。甚至像万季野、顾景范那样的该洽,继庄还嫌他们"考古有馀,而未切实用"。拿这个态度作出发点,所以他所治的学问非常广博,所抱的计划非常伟大。王昆绳说:

余与处士道同志合,日讨论天地阴阳之变,伯王大略,兵法文章,典制,古今兴亡之故,方域之要,近代人才邪正:其意见之同,犹声赴响,而处士于礼乐,象纬,医药,书数,法律,农桑,火攻器制,傍通博考,浩浩无涯涘!(《刘处士墓表》,页13)

全谢山也说:

继庄之学,主于经世。自象纬,律历以及边塞、关要、财赋、军器之属;旁而岐黄者流,以及释道之言,无不留心。深恶雕虫

之技。(《刘继庄传》页 11)

继庄有这样的抱负,这样的学殖,乃竟值明社既屋之后,不能施展他"斡旋气运"的手段,时常蕴着不可说出的痛苦,发生"天道不可测"的慨叹!《广阳杂记》里有一段说:

> 紫庭家废书套甚多,委积壁角,以饱蛇鼠耳!虞臣取而裁之,制成研匣一。会傅以胶漆,锦不可得,即以油纸饰其外。下藏小匣,可以贮墨,函盖相称,廉隅端直,俨然成器矣!自此与吾周旋晨光夜火,形影相接,又不知其历几年月日也。夫天下之良材佳质,委之无用之地者,不知凡几!念之惘然!(卷四,页 5)

这种缘物感伤的话,岂不是"怀宝迷邦"的哀音吗?王昆绳生平于人少所许可,然于继庄之死,殊为痛悼。他说:

> 呜呼!生死无关于天下,不足为天下士;即为天下士,不足与古人争雄长,亦不足为千古之士。若处士者,其生其死,固世运消长所关,而上下千百年中不数见之人也!……盖其心廓然大公,以天下为己任,使得志行乎时,建立当不在三代下;而竟溘然赍志以死也!岂不悲乎!(《刘处士墓表》,页 13、14)

我想继庄"斡旋气运"的梦想不能成功,他也情愿自委无用之地。所以南游衡岳穷困返吴以后,才想结茅著书,传诸其人。然也许因为这个原故,才使"如此人才,姓氏将沦于狐貉之口"(全氏《刘继庄传》语)罢!

他的著作,全谢山求之几二十年,竟不可得。究竟是欲作而未成,还是已成而亡佚,已不可深考。《广阳杂记》大部分是康熙庚午(公元 1690)以后的日记(《杂记》卷四,页 64 云:"余庚午孟夏始有日记"),由其门人黄宗夏纂辑而成。此种涉笔漫录之作,固不足以尽继庄之学,可是现在幸而还赖有这部书,和王氏的墓表、全氏的传,我们才能把继庄治学方法和他想治的学问,约略考见梗概,使我们缅想二百三十年前这么一个博大精深和顾亭林抱负相似的学者，竟至无闻于后，不禁为之扼腕！底下，便是我从《广阳杂记》里搜集一些材料，把他的历史学、地理学和声韵学作一番介绍；至于他的历数、乐律、医药等杂学，也附在后面大概说一说。

三

继庄对于历史学并没有完成的著作，尝觉得朱子《纲目》不是他自己作的，故多迂而不切，想别作《纪年》一书。他说：

> 历代史册，浩繁极矣；苟不提挈其纲领，便如一屋散钱，无从着手。如《春秋通鉴目录大纪事》，皆苦其太略；而朱子之《纲目》，又多书迂阔不切之事，关系重大者，反多遗漏。前人之书，纵极尽善，不经我手，如观他家宝，与予无益也。予最爱《竹书纪年》有绝人之识，《春秋》而外别为家。久思取《竹书》以后迄于有明，照例勒成一书，以备遗忘。年来奔走四方，无一日之宁，更有十倍于此者，亦皆置之高阁，况此考订编辑之末乎？（《广阳杂记》卷四，页36）

这很可见他对于史学不肯依傍前人的精神。可惜《纪年》一书，并未成功，只是一种计划罢了。他认为研究历史，也应当以利济天下为目的；像朱子《纲目》那样“多书迂阔不切之事，关系重大者，反多遗漏”，至于流俗传习的《通鉴大全》之类，那更是贻误后学的陋书了！他尝说：

> 两日兀坐看倪黄二子阅《通鉴大全》，此等书不知出于何伧之手，乃托文章巨公之名，以诳世之聋瞽！人家子弟辄奉以为圣经贤传，不敢别置一喙，闻人出一议，辄摇手闭目，以为侮圣人之言。嗟乎！学者识古今之成败是非以开拓其心胸，为他日经济

> 之具也；乃以此等粪秽瓦砾填塞心胸，牢不可破，求其磊落轩天地者，又胡可得耶！哀哉！可为痛哭流涕长太息者也！（同上，页36,37）

这一段里所谓"学者识古今之成败是非以开拓其心胸，为他日经济之具"云云，便是他心目中的史学。因此他教学者读史的方法，仍贯彻《竹书纪年》的计划，令他们预备两个本子，"上横书甲子，每简二十二行；后一册每简十行。自尧甲辰始，每年纪其年号并大事。上一册纪唐虞三代，其事简；后一册入《通鉴》事烦，故止十行"。（同上，页37）他说这样"经营一过，诸事皆有头绪"；就是现在看来，这种纂记《大事年表》的功夫，还不失为"提纲挈领"的读史方法呀！

继庄的史识，有时也独具只眼，发前人之所未发。《广阳杂记》里说：

> 因读史谓宗夏曰：古之诸侯，即今之土司也。后之儒者以汉、唐之眼目，看夏、商、周之人情，宜其言之愈多而愈不合也！（卷四，页42）

这是何等的眼光！不过继庄虽然指出后人据今以测古的谬误，同时尤其反对学者知古不知今的毛病。所以《广阳杂记》里对于明清之际的轶事旧闻，如张献忠、李自成之乱（卷一，页34,35），吴三桂之变（卷二，页27,28,66,67），林奂珠之征俄罗斯（卷二，页36至39），王辅臣之反平凉（卷四，页16至24），以及"国姓公"——郑成功——的史迹（卷一，页13,14,47,56；卷二，页3至6，页60,61；卷三，页53,54,64；卷四，页1,2,55,63；卷五，页9,19）……等都有很详细的记载，足供研究清初史实的采摭。至于当时的制度，如明朝的军制（卷一，页11），清初的旗制（卷一，页1至4），官制（卷一，页19,20），海关收入（卷一，页17），天下钱粮总数（卷二，页20至23），京省需用俸饷总数（卷二，页23至27），以及农政（卷三，页10），盐政（卷一，页38,57）

等,继庄尤其特别注意:凡此,都可以证明他的历史学,是教“学者识古今成败是非,以为他日经济之具”的。

四

清初修《大清一统志》的一班人,如顾景范、黄子鸿、阎百诗、胡东樵等都是方舆专家;继庄既参与是役,那么,他的地理学自当和同事诸君并美了。就他自己的学问比较,其地理学的造诣也在历史学之上,对于天文地理和人文地理有许多精辟的见解。尝谓:

> 方舆之书所纪者,惟疆域建置沿革,山川古迹,城池形势,风俗,职官,名宦,人物诸条耳;此皆人事,于天地之故概乎未之有闻也。余意于疆域之前,别添数条,先以北极出地为主,定简平仪之度,制为正切线表,而节气之后先,日食之分秒,五星之凌犯占验,皆可推求。以简平仪正切线表为一,则诸方之七十二候各各不同。如岭南之梅,十月已开;湖南桃李,十二月已烂漫,无论梅矣;若吴下梅则开于惊蛰,桃李放于清明:相去若此之殊也。今历本亦载七十二候,本之《月令》,乃七国时中原之气候也。今之中原已与《月令》不合,则古今历差为之。今于南北诸方细考其气候,取其确者,一候中不妨多存几句,传之后世,则天地相应之变迁,可以求其微矣。余在衡久,见北风起,地即潮湿变而为雨,百不失一;询之土人,云自来如此。始悟风水相逆而成雨。燕京吴下水皆东南流,故必东南风而后雨;衡湘水北流,故须北风也。然则,诸方山之背向,水之分合,支流何向,皆当案志而求,汇为一则,则风土之背正刚柔,暨阴晴燥湿之征,又可次第而求之矣。诸土产,此方所有,他方所无者,别为一则,而土音谱合俚音谱共为一则;而其人性情风俗之征,皆可案律而求之矣。然

此非余一人所能成,余发其凡,观厥成者,望之后起之英耳。(《广阳杂记》卷三,页44,45)

这段所论,颇能道出气象和地理的关系。然而继庄所要晓得的,是由"天地相应之变"和"风土之背正刚柔,暨阴晴燥湿之征"以求"其人性情风俗之征";处处还没有离开经世致用。他又觉得水利关系民生至巨,必"水利兴而后民食足,教化可施"。所以很提倡开发西北的水利。他说:

北方有二帝三王之旧都,二千余年未闻仰给于东南;何则,沟洫通而水利修也。自五胡雲扰,以迄金元,沦于夷狄者,千有余年,人皆草草偷生,不暇远虑,相习成风,不知水利为何事。故西北非无水也,有水而不能用也。不为民利,乃为民害,旱则赤地千里,潦则漂没民居,无地可潴,而无道可行;人固无如水何,水亦无如人何矣!元虞奎章奋然言之,郭太史毅然修之,未几亦废;有明三百年,更无过而问之矣!予谓有圣人出经理天下,必自西北水利始。水利兴,而后天下可平,外患可息,而教化可兴矣!(《广阳杂记》,卷四,页35)

这种利济天下的计划,继庄在二百多年前已经道及,可惜后人很少留意。前三年我在西安时,我的朋友李宜之、须君悌两先生曾为引泾开渠事孜孜矻矻地努力进行。然而那时的当局有钱打仗,没钱兴水利,竟使两先生的计划,到如今还没有实现!现在治下的西北,或许有人觉得这是一个当务之急的建设事业罢?继庄因为郦道元的《水经注》,于西北水道,甚为详备,堪作振兴西北水利的"粉本",所以他很恭维这部书。尝谓:

郦道元博极群书,识周天壤。其注《水经》也,于四渎百川之原委支派,出入分合,莫不定其方向,纪其道里。数千年之往迹故渎,如观掌纹而数家宝,更有馀力铺写景物,片语只字妙绝今古,诚宇宙未有之奇书也。时经千载,读之者少,错简脱字往往有之;然古玉血斑愈增声价。但其书详于北而略于南,世人以此少之。不知水道之宜详正在北而不在南也。……西北水道莫详备于此书,水利之兴,此其粉本也。虽时移世易,迁徙无常,而十犹得其六七。不熟此书,则胸无成竹,虽有其志,从何措手?有斯民之志者,不可不熟读而急讲也。(同上,页34,35)

但是他觉得千馀年来很少有人能读这部书,就是称赞他好的人,也不过欣赏他的词藻,用作游记诗赋里的点缀。他的朋友黄子鸿沉酣此书颇深,尝取宋人善本,正其错简脱讹,条分缕析,各作一图,并能参伍错综,各得其理,然而继庄还"惜其专于考古,而不切实用",所以更想将全书照宋板割裂改正,装裱成帙,附以黄氏之图,并辑录《二十一史舆地志考》,顾景范的《读史方舆纪要》和傅是楼的《一统志稿》等,作为《水经注疏》的资料。他说:

郦道元《水经注》无有疏之者,盖亦难言之矣。余不忖蚊思负山,欲取郦注从而疏之。魏以后之沿革事迹,一一补之。有关于水利农田攻守者,必考订其所以而论之。以《二十一史》为主,而附以诸家之说,以至于今日。后有人兴西北水利者使有所考正焉。予既得景范子鸿以为友,而天下之山经地志,又皆聚于东海,此书不成,是予之罪也。当与宗夏勉之!

这是继庄预备东归后即日"杀青"的,哪知返吴未久,竟至赍志以殁呢?不过他这部书虽然未成,后来赵东潜、全谢山、戴东原诸君疏证《水经注》的著作都受他很大的影响,那么,继庄有知,也当怡然泉壤了!

继庄对于地理学除注意气象和水利外,并想绘制地图的方法。他尝说:

自晋裴颇作"準望"为地图之宗,惜其不传于世。至宋朱思本纵横界画，以五十里为一方，即“準望”之遗意也。今之《职方图记》即用此法。非此，则方向里至皆模糊不可稽考。然其事甚难，至十里一方，则竟无从着手。四至八到，方方凑合，求其毛发不爽难矣！（同上，卷二，页1）

这种纵横界画的方法，虽然还未能毫发不爽，可是若不用它，非单里至不能详尽，并且纵横盈大的巨图，于张挂流览均感不便。所以继庄尝根据这种旧方法稍加改良，于图上先作一个经纬表，使可离合，自谓为图中的变调。《广阳杂记》上说：

紫庭家藏《楚地全图》，纵横皆丈馀，张挂甚难，流览亦苦。紫庭欲改为书册，可置案头，以便披阅，而请其法于予。予为之先造经纬表一通，纵横相遇，可合可离，亦图中之变调也。（卷三，页53）

又说：

紫庭欲作《四渎入海图》，取中原之地暨诸水道，北起登、莱，南至苏、松，西极潼关为一图，苦无从着手。余为之用朱墨本界画法，以笔纵横为方格，每方百里，以府、州、县按里而填之。府州定而水道出矣。（同上）

经他这度改良，绘图的方法，已然渐趋精密。他自己尝料理了一幅《秦边九卫图》，自谓于“山川之阨塞险要，驲站之迂直远近，兵将之所驻札，外夷之所游牧，已纤悉毕具。自来图边塞者未之能过。”（同上，卷二，页51）这便是他应用新法所得的成绩了。他又注意东南的水道，欲补《水经注》的不足（卷三，页11，卷五，页8）；记载要塞的里程，以明边境的交通（卷一，页54，55，58至61；卷一，页16）；甚至泛游湘、鄂等处的游记，也不仅描写景物而已，处处都留心到人情风俗的状况，时时都没忘记“质证其所学”。那么，继庄的地理又何尝离开“致用”呢？

五

近三百年来,治韵学而着眼到各地方音的,只有方密之、刘继庄和张行孚、李汝珍、劳乃宣等三五个人,其中旁考异族言语比较研究而能自有创造的,则惟刘继庄一人而已!继庄自谓"于声音之道别有所窥,颇窃造物之粤百世而不惑"。(《广阳杂记》卷三,页36)复从蜀僧大悦、湘僧虚谷等问等韵之学。尝参考华严字母,天竺陀罗尼,泰西蜡顶语,小西天梵书,暨天方蒙古女直等音,又证以同时林益长、吴修龄之说,定为《新韵谱》。他的方法是:

> 先立鼻音二(n,ŋ)。鼻音为声韵之元,有开有合,各转阴、阳、上、去、入之五音,共十声,而不历喉、腭、舌、唇、齿之七位。故有横转而无直送。横转为平、上、去、入,而平声则有阴阳,故五。等韵惟不达此,故多重叠,次定喉音四为诸韵之宗。太西腊顶语以"□"、"阿"、"咿"、"呜"、"午"之五音为韵父。然"午"即"呜"横转之上声。女直国书则有六音,而第六字实即第五字也。盖外国皆不知有横转之五音,故有此惑。惟梵音之十二字恰合此式。然喉不分则父子无别矣。今定"□"(a)为喉之喉,开之开;"阿"(ə)为喉之腭,开之合;"咿"(i)为喉之齿,合之开;"呜"(u)为喉之唇,合之合;四音定而万有一千五百二十之声举不出其范围矣,是之谓正喉音。又从"□"(a)字追出"▭"(æ)字,为"□"(a)之半音;从"阿"(ə)字转出"而"(əɹ)字,为"阿"之转音;从"咿"(i)字想出"□"(ï)字,而见之于齿之"□"(ï),"思"(sï),"慈"(ts'ï),"雌"(ts'ï),故"□"(ï)为"咿"(此二字原脱,今以意增)之伏音;从"呜"(u)字究至"于"(y)字,"于"为"呜"之送音:"▭"(æ)、"而"(əɹ)、"□"(ï)、"于"(y)四字为变喉音。又以合口

鼻音为韵，分配“□”(a)、“阿”、“咿”、“呜”，则为“鸳”(aŋ)、“鞥”(əŋ)、“英”(iŋ)、“翁”(uŋ)，此四音为东北韵宗。又以开口鼻音为韵，配以“□”(a)、“阿”、“咿”、“呜”，则为“安”(an)、“恩”(ən)、“因”(in)、“温”(un)，此四音为(案，以上八字原书误脱，今依文意校补)西南韵宗。此八音立，而四海之音可齐矣。次以喉自互交合，凡得音一十有七；喉鼻相互交合，得音一十；又“哀”(ai)、“爊”(au)二音，有馀不尽，三合而成五音；共三十二音，为韵父。韵历二十二位，则韵母也。横转各有五子，子凡若干。万有不齐之声无不可资母以及父，随父而归宗，因宗以归祖，由祖以归元，天地之秘藏十一朝启之。归山后次第成书也。(同上，卷三，页46，47)

这是在他衡州署中所定的初稿，既云“归山后次第成书”，则全书终未写定，也未可知。但是全谢山认其书已经完成，并谓“此书多得之大荒以外，囊括浩博，学者骤见而未能通。……世有如晁子止陈直卿者，尚附存其《新韵谱》之目，而以予所述其书之大意志于其后，犹可慰继庄于身后也。”(《鲒埼亭集》卷二十八，页12，又页16)继庄对于方音尤为注意，他说：

于途中思得诸土音之法，宇宙音韵之变迁，无不可纪。其法即用余《新韵谱》以诸方土音填之，各郡自为一本，逢人便可印证。以此法授诸门人子弟，随地可谱。不三四年，九州之音毕矣。思得之不觉喜。(同上卷三，页44，45)

我们现在打算的调查方音计划，继庄在二百多年前已经想到了，这能不佩服他眼光的深远吗？总之，继庄在声韵学上的贡献，就在注重方音和异族语言两点。他在湖南时，听见康甲夫家所藏刘孔当的《五经叶韵》后附有琉球红夷文字，甚至说这正是他“悬金而求，募贼以窃”的东西，深以面失为憾。我们姑且不论他《新韵谱》的价值如何，就论这种治学的精神和方法,已尽可作我们的楷模了。但是继庄治学是以“利济天下”为目的者,为什么致力在这平常人所认为不切人生日用的声韵学呢?其实,继庄对于声韵学,并不把它当作消闲的奢侈品,仍旧拿它当作应用的必需品。我在第四段里说他尝想在方舆书内附载土音谱和俚音谱,以考见各地人民性情风俗之征,那么,在他看来,声韵学还是和人生有关系的学问了。

六

以上三段,于继庄的历史学、地理学和声韵学已然略述其概;现在再从《广阳杂记》摘录一些材料,以见继庄所学范围之广:

> 乘除之法,唐九执婆罗门以书为计,其学不传久矣。回回土盘,未广流布,世亦无有知者。泰西来宾,书数始为合一。余别有序一通,雅论其故,汤道未更制方筹。尤为奇创,与盘珠而三,皆绝世之奇也。(卷一,页27)

> 《十三隻做纸式图》一册,宗夏得芜湖市者,不知作者何人,发明何事,留以俟予。予见之而魂惊魄惕,此予向者意地中固有之局,何斯人之先得我心邪?其图以一平方面截为十三块,或长方,或半长方,或锐角,或钝角,展转挪移,互为輧凑,或为圭形,或为磬形,或为屋宇形,或为桥梁形,或为飞燕形,或为舞蝶形;此宇宙之殊形异相总不出其范围矣。予意取一平方板,从横界画如棋罣然,而经纬皆以百分为率,以便算也。然后如其式而截之,增减离合,以度求数,数无遁情矣。若更于大方之外增四弧矢,如《周礼》衍羡之法,以证围径真旨,而《方田》、《少广》诸章其馀事耳。(卷三,页4)

> 计数之学不能独恃明悟,必假器以为加减乘除之具焉。若

古之六觚之筹,今之七珠之盘,皆所记繁多之数,补记载所不及者也。余以为凡物之有数者,皆可用以为计数之器。物之大者莫如苍天。然彼苍者,特寰宇中一大算器也。何以言之?浑天之形,两极不动,赤道中分,界而为二,是计数之一大盘也。宫次十二,县象昭然,三百六十五度,井然不紊,是盘中之三百六十五位也。二曜五纬,参伍错综,或入北陆,或出南陆,少者二十七日一周于天,多者二十八年一周于天,则位位皆具算珠,而二曜所以纪总,五纬所以纪零也。于是章蔀气数定,而百千万世之岁月时分秒莫不可纪矣。彼圣人者,敬授民时,俟百世而不惑,岂有异能哉?不过以苍天为一大算子耳!(卷三,页28)

梦中忽悟归乘算术之理,归之而尽者从乘来,归之不尽者不可乘也。有实于此,不知其纵横之数,以开方法求之可得也。(卷三,页53)

以上四条,可见继庄通历数之学。

琴之十三徽犹十二经络之穴也。以泛音观之,乃天地自然之妙,非人力所能为也。张一弦于弓,鼓之作泛音,与琴之十三徽无异。琴之定徽,中疏而两端密,乃变员为方之法。以七徽居中,左右各六分之,故有十三也。法以规作半员,平分十三格,变为直线,则成疏密之度矣。声音之体本员,见之于器,则不能不方也。(卷三,页55)

据此,可知继庄通乐律之学。此外继庄对于文学哲学也均别有会心。他尝说:

旧春上元在衡山县曾卧听采桑歌,赏其音调,而于辞句懵如也。今又来衡山于其土音虽不尽解,然十可三四领其意义,因之而叹古今相去不甚远,村妇稚子口中之歌而有十五国之章法。顾左右无与言者,浩叹而止!(卷四,页4)

这种见解,恰好和我们现在采集歌谣的意思相同了。他又说:

> 高邮舟中值晚晴,日色照远帆上皆作杏红色;春草映之,皆成绀绿。眼色为绿生于眼识,光色与相参相值而识生焉。吾又乌乎知其所在哉!(卷二,页17)

这又几乎是佛家的《唯识论》了。至于岐黄之术,那更是继庄的家学。(《杂记》卷二,页40、70;卷三,页48、52、55;卷四,页8、9,皆有论医学语)现在不复逐一列举。

统观以上所述,我以为刘继庄的学问,闳通类顾亭林,实事求是似颜习斋,而打破中国学者抱残守缺的积习,旁稽博考,攻错他山的态度,尤为并时诸子所不能及。所以他的著作虽未传于后,单就他治学的精神和方法论,的确应当在清学的启蒙期内占一个地位!不过,继庄的好处固然在博大,而他的失败也正由于博大!全谢山批评他道:

> 凡继庄所撰著,其运量皆非一人一时所能成,故虽言之甚殷,而难于毕业:是亦好大之疵也!(《鲒埼亭集》卷二十八,页14)

这的确是继庄的毛病!他自己有时也觉得所抱的计划太大,一时不易实现,所以说:“此非余一人所能成,余发其凡,观厥成者,望之后起之英耳。”因此我觉得治学问是要分工的:由一二先知先觉的学者所想出的伟大计划,为学术进展计应由公家组织研究机关征集一班同志扶助他成功;否则,即使提的是一个“圣人”,恐怕他终于“言之甚殷,难于毕业”!这种困难在如今还不能免,遑论继庄所处的那个时代呢!

1928年3月15日,写竟于广州东山。

参考书举要：

《广阳杂记》,《畿辅丛书》本

全祖望:《刘继庄传》,《鲒埼亭集》卷二十八,第 11 至 16 页,《四部丛刊》本

王源:《刘处士墓表》,《居业堂集》,卷十八,第 11 至 14 页,《畿辅丛书》本

梁启超:《清代学术概论》第 41 页

(本文手稿原题《中国近三百年学术史——刘继庄学述》,后以《刘继庄的音韵学》为题,其第一节《刘继庄略传》刊于《国语周刊》第 32 期〈1932.4.30〉,第二节《刘继庄治学的根本态度》刊于《国语周刊》第 33 期〈1932.5.7〉,第五节《刘继庄的音韵学上的主张》刊于《国语周刊》第 34 期〈1932.5.14〉,署名心恬。本文全文又以《刘继庄的生平及其学术概要》为题刊于《齐大季刊》第 2 期〈1933〉,署名尹耕)

京剧中的几个音韵问题

——1935 年 9 月 7 日为北京青年会剧团讲演

无论歌剧或话剧，总不会离开语言，而语言的表现尤其离不开声音；所以凡是作演员的人们，要想歌唱悦耳，或是说白动人，都得在语音的训练上下一番基本工夫。音韵学就是分析汉字或汉语里所含的“声”、“韵”、“调”三种元素，而讲明它们的发音和类别，并推究它们的相互关系和古今流变的。所以这种学问和戏剧的关系非常密切。现在先把中国旧有的歌剧一部分拿来讲一讲。

学唱歌剧的秘诀最要紧的是“字正腔圆”。无论唱昆曲或皮黄，都得拿这四个字作基础。“腔圆”固然是乐律学的职能，“字正”却是音韵学的功用；而且要想收“腔圆”的效果，非得先作“字正”的工夫不可。元朝的周德清说：

欲作乐府，必正言语；欲正言语，必宗中原之音。①

因此我们对于近来几位戏剧家所讨论的戏剧音韵问题，要趁机会在这儿商酌一下。

① 《中原音韵·自序》。

一 中州韵和十三辙

关于近代皮黄剧的押韵问题，现在有人主张根据范昆白的《中州全韵》，有人主张根据“鼓棒词”的“十三辙”。前一派可以曹心泉的《剧韵新编》作代表。据陈墨香给这部书所作的“小引”说：

> 曹心泉先生精熟周德清、范昆白中州音韵之学，素不乐鼓棒词所谓“十三辙”者。谓其姑苏之类举阴遗阳，遥条之类从阳遗阴，则部首二字其一为赘。若索拨一辙，以入统平，尤失古意。而皮黄袭其陋说，未免贻笑，因根据周、范及清代官修之《音韵阐微》，参以梨园老宿之所口传心授，部以二十一韵而厘正之。凡庚清、真文、寒删、廉纤诸部音本相近，仍可相通，其不为古人所拘缚，犹之夫十三辙也。[1]

他所分的二十一部是：

东同	江阳	支时	机微	归回	居鱼	苏模
皆来	真文	干寒	欢桓	天田	萧豪	歌罗
家麻	车蛇	庚亭	鸠由	侵寻	监咸	纤廉

后一派以张伯驹和余叔岩合编的《近代剧韵》作代表。这部书的叙例里虽然没有明白说出根据十三辙，可是它所定的韵目是和通俗所传的十三辙一样的：

鐘东	江阳	医欺	姑苏	灰堆	怀来	爷茄
发花	梭波	幺条	尤求	人辰	言前	

听说余叔岩后来怕人攻击，把已经印成的书都焚毁了，没敢发行。近来张氏把它改名为《乱弹音韵集要》，才用自己的名义在《国剧月刊》

① 见《剧学》第一卷第五期。

里另行发表。由此可见梨园名宿对于这个问题的意见是很不同的。最近齐如山折衷两者之间写了《论皮黄十三道辙》和《论皮黄用中州韵》两篇。[①] 他以为：

> “中州韵十三道辙”完全由范昆白《中州全韵》而来。按古今的韵书用中州二字命名的，只有《中州全韵》一书，如今既名为“中州韵”，则当然来源于此。并且有一个小小的证据：古今的韵书没有说过庚青韵与侵文等韵相通的，惟有《中州全韵》于庚青韵后附有小注云：“元明时代用庚青韵者往往通真文侵寻”云云，而皮黄之规矩也是如此。这可算是皮黄之“中州韵”与《中州全韵》有相当的关系。再说《中州全韵》虽分为二十二韵，若用口念来，也不过只有十三韵，比方干寒、欢桓、天田、监咸、廉纤等韵的分别，不过只有高低、清浊、开口、合口之分。各字虽分列各部，但是念着听着也没什么两样。梆子皮黄向来没有文字的记载，几百年来，全凭口授，嘴里说着，耳朵听着，则二十二韵之音也不过十三种，所以念来念去，久而久之，把二十二韵就变成十三道辙，这也是自然的道理。照这样说法是慢慢的由《中州全韵》自然而然的产生出来的。

这种调和依违的理论更使我们纠缠不清了。那么，我们现在应当何所适从呢？这还得从《中原音韵》以后的曲韵演变的情形来推求它的究竟。

专为戏曲而作的韵书，当然要首推元高安周德清的《中原音韵》。这部书成于元朝泰定甲子（1324），是音韵学史上一部革命的创作。它把平声分作阴阳两类，入声配列在平上去三声，分韵类为十九部，就是：

① 见《大公报·小公园·剧坛》。

东锺　江阳　支思　齐微　鱼模　皆来　真文
寒山　桓欢　先天　萧豪　歌戈　家麻　车遮
庚青　尤侯　侵寻　监咸　廉纤

在《中原音韵》成书后二十七年——元至正辛卯(1351)——燕山卓从之又作了一部《中州乐府音韵类编》,他所分的十九部只把周书的歌戈改作哥戈,侵寻改作寻侵;又把平声的“阴”、“阳”分作“阴字”、“阳字”、“阴阳字”三类;大体上看起来,总算是周规卓随,没有显著的差异。到了明朝洪武七年(1374),宋濂、乐韶凤等所修的《洪武正韵》,“以三衢毛居正、昭武黄公绍之说为据,不及者补之,及之而未精者以中原雅音正之。”(《正韵》凡例)平上去各二十二韵,加上入声十韵,一共是七十六韵。拿它的平上去二十二部和《中原音韵》的十九部比较起来,除去它把《中原音韵》的支思、鱼模、萧豪三部分作支、齐、鱼、模、萧、爻六部外,大体都很相近;最不同的就是在《中原音韵》里分配到平上去的入声,它又独立成十韵了。因为这一度杂糅南北的结果,于是使中原音韵的演化也分歧成“南从洪武”和“北问中原”的两条大路。现在为提纲挈领起见,先把这两大系的演化情形列成次页的表。

由次页所列的系统表,很显然地可以看出来,从《琼林雅韵》到《增订中州全韵》一系韵书,是随着北曲和南曲的消长而一步一步南化的。《琼林雅韵》、《词林要韵》和《增订中州全韵》三部书,从表面看起来,只有“不分阴阳”一点和周、卓两人的书不同。不过,从王文璧所增的反切“清浊分纽”一点来看,我很疑心他们不单知道平分阴阳,而且知道仄分阴阳。因为在吴语区域里清浊声和阴阳调是同时存在的,所以我们尽可以说王文璧以前对于清浊声和阴阳调两个观念还不能分析清楚,也可以说那一个时候只有阴阳之实,而没有阴阳之名;但是我们却不能说他们只知道声母的不同而不知道声调的区别,尤其不能说他们看见周德清把平声分出阴阳,才因为类推的结果把

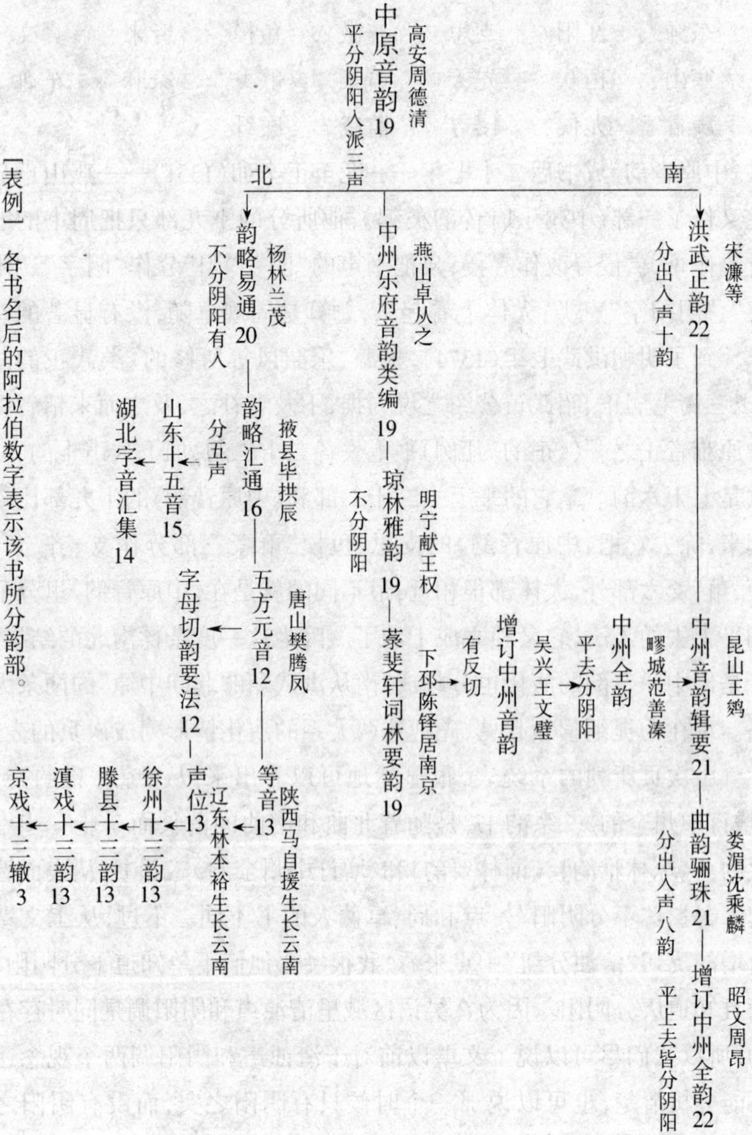

[表例]　各书名后的阿拉伯数字表示该书所分韵部。

仄声也构拟出个阴阳的分别来。这恰好像我们不能因为梁武帝不知道"平、上、去、入"的名称,就说齐梁的时候没有"四声"一样——语音演变的因果关系是不容我们随便颠倒的。所以《中州全韵》和《中州音韵辑要》分出平去两声的阴阳,《增订中州全韵》分出平上去三声的阴阳,完全是根据他们的方音,并不是向壁虚造(参阅下节)。至于《中州音韵辑要》和《曲韵骊珠》把周德清的鱼模部分作居鱼、苏模(《骊珠》作姑模)两部,把齐微部分作机微、归回(《骊珠》作灰回)两部,以及《曲韵骊珠》分出入声八韵,那都是受《洪武正韵》的影响。还有周昂的《增订中州全韵》从王、沈的齐微部里分出"知、痴、池"等字,从居鱼部分出"如、诸、书、枢、除"等字,另外合立一个知如部,并且注云:"官韵缩舌缩唇",在这个系统里是很特别的。所以周氏虽然也分二十二部,却和《洪武正韵》的二十二部不同;齐如山误认周氏的二十二部就是范昆白的韵部,恐怕是没见过范氏原书的原故。曲韵演变到了周昂的《增订中州全韵》,可谓南化到了极点,拿它和以北曲为主的《中原音韵》来比较,真是相去不可以道里计了。赵荫棠说:

它们的地域都是在江苏(莘田案:王文璧系吴兴人,现属浙江,但仍不出吴语区域);

产生的时代都在《洪武正韵》之后;

它们的背景是南曲。①

这是值得我们注意的一个很有趣味的统计。如果看清楚这段曲韵南化的历史,我们就可以知道曹心泉的《剧韵新编》,从分部上看和王鵕、沈乘麟的书很相近,大体上是沿袭曲韵南化的余波,不过上去不分阴阳罢了。现在为参考便利起见,把各种韵书的韵目列成后面的对照表。

① 《中原音韵研究》,第52页。

中原音韵	卓中州	洪武正韵	琼林雅韵	菉斐轩	王中州	范中州	王辑要	曲韵骊珠	周中州
东鍾	东鍾	东	穹窿	东红	东鍾	东同	东同	东同	东鍾
江阳	江阳	阳	邦昌	邦阳	江阳	江阳	江阳	江阳	江阳
支思	支思	支	诗词	支时	支思	支思	支时	支时	支时
齐微	齐微	齐〇微	丕基	齐微	齐微	机微	机微 〇归回	机微 〇灰回	齐微 〇归回
鱼模	鱼模	鱼〇模	车书	车夫	鱼模	居鱼	居鱼 〇苏模	居鱼 〇姑模	居鱼 〇知如 〇苏徒
皆来	皆来	皆	泰阶	皆来	皆来	皆来	皆来	皆来	皆来
真文	真文	真	仁恩	真文	真文	真文	真文	真文	真文
寒山	寒山	寒〇删	安闲	寒山	寒山	干寒	干寒	干寒	寒山
桓欢	桓欢		鳊鸾	鸾端	桓欢	欢桓	欢桓	欢桓	桓欢
先天	先天	先	乾元	先天	先天	天田	天田	天田	先天
萧豪	萧豪	萧〇爻	萧韶	萧韶	萧豪	萧豪	萧豪	萧豪	萧豪
歌戈	哥戈	歌	珂和	和何	歌戈	歌罗	歌罗	歌罗	歌罗
家麻	家麻	麻	嘉华	嘉华	家麻	家麻	家麻	家麻	家麻
车遮	车遮	遮	砗琊	车邪	车遮	车遮	车蛇	车蛇	车遮
庚青	庚青	庚	清宁	清明	庚青	庚亭	庚亭	庚亭	庚青
尤侯	尤侯	尤	周流	幽游	尤侯	鸠尤	鸠由	鸠侯	鸠由
侵寻	寻侵	侵	金琛	金音	侵寻	侵寻	侵寻	侵寻	侵寻
监咸	监咸	覃	潭岩	南山	监咸	监咸	监咸	监咸	监咸
廉纤	廉纤	盐	恬谦	占炎	廉纤	纤廉	纤廉	纤廉	廉纤
1324	1351	1374—又多出入声十韵	1398	1483	1508前	?	1781	1792—又多出入声八韵	1791?

至于从《韵略易通》到《十三辙》一系韵书，大部分是为一般“据音识字”的人而作，也颇能适合民间口头文学的天籁。它们大胆打破了文人的因袭思想，极力求着切合于当时当地的活语言。在这个时候，新兴的民间戏剧——皮黄——已然代替了渐趋僵化的南曲的地位，它所用的辙韵，自然而然也要根据当时当地的活语言，而不再去因袭南化的曲韵。这和北曲崛兴的时候，大家都依据《中原音韵》而不去理会《广韵》和《礼部韵略》的情形是一样的——《十三辙》就是应着这种需要而产生的一部民间剧韵。综起这一系韵书来看，我们应该注意下面几件重要的演变：

第一，闭口韵的消变——在《中原音韵》的“正语作词起例”里已然列举“针有真”、“金有斤”、“贪有滩”、“南有难”、“詹有毡”、“兼有坚”等-m -n互混的现象，可见闭口韵的消变由来已久。在《韵略易通》里还遵守着《中原》和《洪武》的规模，没敢公然取消侵寻、缄咸、廉纤三部，到了《韵略汇通》，就毫不客气地把侵寻并入真寻，缄咸并入山寒，廉纤并入先全。从此以后，在这一系韵书里就找不着闭口韵的踪影了。

第二，取消以等呼分韵的办法——《中原音韵》里的寒山、桓欢、先天只因为介音的不同而分为开口、合口、齐齿三个韵部，它们的元音和韵尾相去并不十分悬殊，照“欲广文路”的押韵原则来讲，本没有分成三部的必要。所以《韵略汇通》首先取消了桓欢部；《五方元音》更进一步地把寒山、桓欢、先天三部合成一个天韵，专为押韵设想，这是很合理的。

第三，东鍾和庚青两部的混并——东鍾部就是等韵家所谓“通摄”，庚青部就是由等韵家所谓“梗摄”和“曾摄”合成，从它们的来源上讲是不能混而为一的。不过从《中原音韵》起，一部分庚青部的合口字已然互见于东鍾部，可见-uèng和-ong两韵早就有混乱的趋势了。后来的韵书有的保存东鍾一类的韵目,有的保存庚青一类的韵目,实际上并没有什么差异,只是表现这两韵的不分罢了。至于皮黄戏把原来属于庚青部的开口齐齿两呼字押入人辰辙,那是受它发祥地的方音的影响。

第四,支思、齐微、鱼模三部的合并或分化——《韵略汇通》以后的韵书,除山东的《十五音》和湖北的《字音汇集》外,都不保存《中原音韵》的支思部;除《十五音》外都不分立《韵略易通》的居鱼部。但是把《中原音韵》的齐微分成-i -ei 两音,除《五方元音》外,却成了普遍的现象。照前一系的曲韵来讲,支思的独立,从周德清到周昂是始终一贯的;齐微分化成机微和归回,鱼模分化成苏模和居鱼,也是遵照《洪武正韵》的系统。这一系既然撤销了支思的独立,又不敢毅然分出居鱼。(《韵略汇通》把原来齐微部读 -ei 的字改作灰微,又把读 -i 的字并入居鱼,这是很不彻底的。)我想除去一小部分是所谓"上口字"的关系(参看本文第三节),大多数还是受韵部数目的限制(详下文)。

第五,阴阳平的分立和入声的保存——《韵略易通》承袭《洪武正韵》的办法,平声不分阴阳,入声配列有收鼻音的韵。从《韵略汇通》以下平声多半分别阴阳,入声也改成没有收鼻音的韵:这也是这一系韵书的特点。

为参考上的便利,这里也把这一系韵书的韵目列成对照表:(表见下页)

我们比较这两系韵书来看,可以说:前一系是从北向南变的,是由简单日趋繁复的,是越来越接近文人的,是拘守定型而没有创造力的;后一系是从南向北变的,是由繁复日趋简单的,是越来越接近平民的,是不泥成规而富有革新性的。从文学演进史上看,一种新兴的民间文艺总是活泼新鲜的,及至发达到了极点,经过文人的矫揉造

中原音韵	易通	汇通	十五音	汇集	五方元音	切韵要法	等音	声位	徐州十三韵	滕县韵	滇戏韵	十三辙	注音字母
东鍾	东洪	东洪	东	风	龙						空同	中东	ㄨ、ㄥ
江阳	江阳	江阳	江	央	羊	冈	冈	冈	秧养样阳	江	堂郎	江阳	ㄤ
支思	支辞	支辞	支	诗									ㄭ
齐微	西微	灰微	齐 微	依 威	地 （地）	祴（齐） 傀	基 规	基 圭	吉纪记极 灰惑会回	吉 饥	提携 灰堆	一七 灰堆	ㄧ、ㄦ、ㄟ
鱼模	呼模 居鱼	呼模 居鱼	姑 虞	夫	虎 （地）	（祴）（合） （祴）（撮）	孤	沽	屋武误吴	居	土伏	姑苏	ㄨ、ㄩ
皆来	皆来	皆来	皆	哀	豺	该	该	该	部咍泰台	皆	开怀	怀来	ㄞ
真文	真文	真寻	真	深	人	根	根	根	温稳问文	金	青沉	人辰	ㄣ
寒山	山寒	山寒	元	焉	天	干	干	干	焉衍彦言	坚	天仙	言前	ㄢ
桓欢	端桓												
先天	先全	先全											
萧豪	萧豪	萧肴	萧	蒿	獒	高	高	高	腰咬要尧	交	暴燥	遥条	ㄠ
歌戈	戈何	戈何	歌	呵	驼	哥〇（祴） （开）	哥	哥	豁火货和	角	梭波	梭波	ㄛ、ㄜ
家麻	家麻	家麻	家	巴	马	迦	他	迦	鸭雅亚牙	加	抓麻	发花	ㄚ
车遮	遮蛇	遮蛇	遮	赊	蛇	结	迦	结	叶耶夜爷	结	跌雪	乜斜	ㄝ
庚青	庚晴	庚晴				庚	庚	庚	青请倩情	经			ㄥ
尤侯	幽楼	幽楼	幽	优	牛	钩	勾	钩	幽有又尤	鸠	喉头	油求	ㄡ
侵寻	侵寻												
监咸	缄咸												
廉纤	廉纤												
1324	1442	1642			1654 — 1673?	1699— 1702?							1918

作，于是拘格律，尚词藻，渐渐地就把这种文学活活地弄僵化了！元曲代宋词而兴，的确是一种活泼新鲜的平民文学，渐渐从重本色的北曲变成尚细腻的南曲，便成了文人学士的玩艺儿了。皮黄的文学地位究竟怎样，虽然尚待研究，然而它确是昆曲衰落后的新兴文艺，在民间具有很大的势力。尤其是近十几年来，皮黄的发达可以说到了鼎盛的时代，于是一般成了名的艺人也在那儿约集了些个文人来附庸风雅，润色宏业。但是我却在旁边儿替皮黄担忧，深恐怕这种兴自平民的东西会丧在文人的手里。从这个观点来看，我对于皮黄押韵的问题总以为《曲韵骊珠》式的《剧韵新编》实在不如所谓《鼓棒词十三辙》反倒合乎皮黄的本色。然而我却不是说今后皮黄的押韵非拘守住十三辙不可。从前有的人拿"十二"当作神秘的数儿，有的人拿"十三"当作神秘的数儿。主张十二韵的说：

> 十二括应十二律，乃声气之自然，而阴阳迭运，有循环无端之情焉。[①]

> 一元有十二会，一运有十二世，一岁有十二月，一日有十二时，日月一年有十二会，黄钟一年有十二律，韵亦十二，出于自然，增之不可，减之不可，谓非天地之元音亦不可。[②]

主张十三韵的人说：

> 前人分韵，多寡不一，今援仅以天下之音按五音共并成一十三韵使归于正，以合十二律及闰月之数。[③]

> 前人分韵，多寡互异，……惟马桀什《等音》分属五音，每声各十三韵，合律闰之数，其入声止有五韵，内八韵系借声。诚独

① 乔中和：《元韵谱·应律圆图》下注。

② 樊腾凤：《五方元音·十二韵释》。

③ 马自援：《等音·提纲》。

得之妙,增之不可,减之不可,前无古人,后无来者矣。[1]

声有十三,减之不可,增之不能。[2]

人口中的天籁只有这十三个音,此外也不能再有别的音![3]

这是他们分韵的玄学根据。因为拘守住十二韵,所以《五方元音》的地韵糅合了国音的丨、ㄟ、ㄩ、ㄭ、ㄦ五韵;《字母切韵要法》的裓摄消纳着ㄜ、丨、ㄨ、ㄩ四音。甚至于明末的俗妓也知道十二辙是本诸十二地支,十二律吕(见杜颖陶〔笔名五微〕《论十三辙》引《鸳鸯珠传奇》)。因为拘守住十三韵,所以《等音》和《声位》上不能保持《韵略易通》里支辞和居鱼两部的独立,下不能安置国音ㄭ、ㄦ、ㄜ、ㄩ几韵。近人因为旧庚青部的字可叶中东和人辰两辙,本来想着把它们另列一辙,终于怕十三道辙变成十四道辙而没敢实行(见齐如山《论"庚青"韵可通"中东"、"人臣"两辙》)。这都未免"胶柱鼓瑟"了!

照我的看法,这个问题的解决只有两条路好走:一条是考古;一条是从今。考古的办法最好找几十出皮黄的旧本子(能够确定时代的更好),按辙来归纳它们的韵脚,看它们到底是依照十二辙还是十三辙。如果看出变化,要追究它从什么时候变起;如果看见特别的押韵法,得要注意原来的戏本子是从昆曲翻过来的,还是从梆子翻过来的。这种工夫,杜颖陶已然作了一点儿。(见他所作《十三辙》)不过还得扩大地去作,当然归纳的材料越多,时地分析得越细,所得的结果也越精密。我们希望专门弄戏剧音韵的人来试一下子。至于从今的办法那更容易了。皮黄的押韵最初当然保持些它的发祥地的方音,但是现在已然被人公认为京剧,就无妨改从京音——就是现代的

① 林本裕:《声位·十三韵论》。
② 牟应震:《韵谱》。
③ 齐如山:《论皮黄十三道辙》。

"国音"。照通例说,只有"国音"可以有"舞台标准音"的地位。所以现在要提议改良剧韵,我以为不如直截了当地采用所谓"佩文新韵"的十八韵,就是:

一狮ㄭ,二鲨ㄚ,三驼ㄛ,四蛇ㄜ,五蝶ㄝ,六豺ㄞ,七龟ㄟ,八猫ㄠ,九猴ㄡ,十蝉ㄢ,十一人ㄣ,十二狼ㄤ,十三僧ㄥ,十四龙ㄨㄥ,十五儿ㄦ,十六鸡ㄧ,十七乌ㄨ,十八鱼ㄩ。

(本段所用的材料,采自赵荫棠先生的《中原音韵研究》和魏建功先生的《说辙儿》两篇里的很多,文中来不及一一称引,特在这里凑在一块儿声谢一下!)

二　清浊和阴阳

音韵学上所谓"清"、"浊"是指着声母的"不带音"或"带音"来说。发不带音的声母时,声带不发生颤动,这就是等韵家所谓"清声";清声又因"不送气"和"送气"的区别分为"全清"(像帮[p]、端[t]、精[ts]、见[k]之类)和"次清"(像滂[p']、透[t']、清[ts']、溪[k']之类)两种。发带音的声母时,声带发生颤动,这就是等韵家所谓"浊声";浊声又因发音"久"、"暂"的不同分为"次浊"(像明[m]、泥[n]、疑[ŋ]、来[l]、邪[z]之类)和"全浊"(像並[b']、定[d']、从[dz']、群[gj']之类)两种。稍有近代语音学常识的人,对于这些个分别,大概都可以了解的。不过,清浊的分界,虽然从李登、吕静的时候就能判别[1];可是在后代的大多数方言里却都混淆不辨。因此从前一班"考古功多,审音功浅"的音韵学家,对于这个问题始终模糊影响,莫名其妙。例如,方以智说:

---

① 《隋书·潘徽传》云:"李登《声类》、吕静《韵集》,始判清浊,才分宫羽。"

> 将以用力轻为清，用力重为浊乎？将以初发声为清，送气声为浊乎？将以啌、喉之阴声为清，噇、喉之阳声为浊乎？[①]

江永说：

> 清浊本于阴阳：一说清为阳，浊为阴，天清而地浊也；一说清为阴，而浊为阳，阴字影母为清，阳字喻母为浊也。[②]

他们为什么这样纠缠不清呢？就是因为“清”、“浊”和“阴”、“阳”的概念牵混所致。我们要想解除这个纠纷必得先来判别“清”、“浊”和“阴”、“阳”的同异。

什么叫做“阴”、“阳”？假如我们在这里不牵涉孔广森所指的“阴声”（无鼻声随的）和“阳声”（有鼻声随的），那就可以简捷地说：阴阳就是字调的高低升降。从物理的意义来讲：凡是一种声音在一定时间内颤动数多的叫做高，颤动数少的叫做低，先少后多的叫做升，先多后少的叫做降。在各地方言里阴调固然有时较高，阳调固然有时较低，但阴调不一定全高，阳调也不一定全低：所以不能笼统地说阴是高调，阳是低调。

本来，照孙愐《唐韵序论》所说：“切韵者，本乎四声……引字调音，各自有清浊。”我们可以设想在隋唐的时候，汉字只有平上去入四个声调，所谓清浊只是声母的不同，和声调毫无关系。例如有：

	平	上	去	入
清：	端	短	锻	掇
浊：	团	断	段	夺

两套字，假定在隋唐时候的平声是 55 调˥*，上声是 35 调˧˥*，去声是 33 调˧*，入声是 5 调˥*，那么这八个字的读音应该是：

---

① 见《通雅》卷五十，《切韵声原》，第 19 页。

② 《音学辨微》，第 12 页。

	平	上	去	入
清:	tuan˥	tuan˧˥	tuan˧	tuat˥
浊:	d‘uan˥	d‘uan˧˥	d‘uan˧	d‘uat˥

同列的字除去声母不同外,其余都一样。后来因为浊声的影响,声调渐渐分化,于是就发生下列的现象:

	平	上	去	入
清:	tuan˥	tuan˧˥	tuan˧	tuat˥
浊:	d‘uan˩	d‘uan˧˥	d‘uan˧	d‘uat˩

这种声母和声调的区别并存的状况算是第一种演变。在这种状况之下,要是忽略声调的差别,仍旧把这两套字认作清浊的不同,还不算绝对的错误。可是在别的方言里,全浊声母有变成次清的,于是就发生第二种演变:

	平	上	去	入
清(阴):	tuan˥	tuan˧˥	tuan˧	tuat˥
浊(阳):	t‘uan˩	t‘uan˧˥	t‘uan˧	t‘uat˩

这种演变,全浊和次清的差异只在声调高低之间,可是在耳朵不好的人听起来,就分辨不出这种细微的声调差异,只觉得清浊是不送气和送气的区别,难怪方以智会发生"将以初发声为清,送气声为浊"的疑问了。

还有许多方言,全浊声母在平声分化成另一个声调,而本身又变成次清;在仄声却因为声调的影响先把送气的成素消失,慢慢地再和全清混并起来,于是浊声的遗迹一点儿都看不出来了。这是第三种变化:

	平	上	去	入
清(阴):	tuan˥			
		tuan˧˥	tuan˧	tuat˥
浊(阳):	t‘uan˩			

这三种类型可以作为汉字声调从四声蜕变成八声或五声的假定程序。在现代方言里吴语属于第一种；闽、粤属于第二种；官话属于第三种。[①] 操第一种方言的人对于清浊的观念认识较深；操第二种方言的人对于阴阳的观念认识较深；操第三种方言的人只知道平声有阴阳的区别，既不承认仄声也有阴阳，更不了解清浊是声母的差异。我们现在要确认：清浊是声母的不带音或带音；阴阳是声调的高低升降。阴阳调是由清浊声演变成的，但既经变成阴阳调以后，就和清浊声完全是两回事了。认清这个根本观点，就可以判定近来几位戏剧专家讨论这个问题的是非了。

我在第一节曾经说：自从周德清的《中原音韵》把平声分成阴阳以后，曲韵慢慢地南化，于是范善溱的《中州全韵》和王鵕的《中州音韵辑要》分出平去两声的阴阳，周昂的《增订中州全韵》分出平上去三声的阴阳。这都是根据他们的方音，并不是向壁虚造的。可是到了现在，谈到戏剧中清浊和阴阳的人，往往为方音所囿，还有不同的见解。例如：吴瞿安（梅）先生说：

> 音有清浊，韵有阴阳，……天下之字不出五音，五音为宫商角徵羽，分属人口为喉腭舌齿唇；凡喉音皆属宫，腭音皆属商，舌音皆属角，齿音皆属徵，唇音皆属羽，此其大较也。宫音最浊，羽音最清（！），苟一分析，异同立见。
>
> 惟韵之阴阳在平声入声至易辨别，所难者上去二声耳。上声之阳类乎去声，而去声之阴又类乎上声，此周挺斋《中原音韵》但分平声阴阳不及上去者，盖亦畏难也。迨后明范善溱撰《中州

① 注意：这里所用的声调符号完全是为说明的方便而假定的，读者不可误认为《切韵》的调值，也不可呆认为哪一种方言的调值。再者，这个例只为说明三大类型的区别，此外有分作六声、七声、九声的，可以归并到第一类或第二类；有因入声派入其他三声而减作四声的，可以归并到第三种。

> 全韵》,清初王鵕撰《音韵辑要》始将上去二声分别阴阳,[①] 而度曲家乃有所准绳矣。[②]

吴先生生长姑苏,所以能够分辨"音有清浊,韵有阴阳",没有把"清浊"和"阴阳"两个观念牵混在一块儿。不过他所说的"宫音最浊,羽音最清"两句话,未免有点儿语病。因为照他说起来"凡喉音皆属宫,唇音皆属羽",那么,喉音就应该都是浊音,唇音就应该都是清音,可是喉音的影母和唇音並、奉、明、微四母应该属于哪类呢? 至于他说:"上声之阳类乎去声,而去声之阴又类乎上声",也是受苏州方音的影响(苏州的阳上、阳去都是 42 调˦˨,阴去为 512 调˥˩˨,阴上为 51 调˥˩)。然而他却相信"上去二声分别阴阳,而度曲家乃有所准绳",始终是站在南方戏剧家的立场来讲话,这是北方人所不大了解的。所以杜颖陶(璟)说:

> 自来谈韵者,以为阴阳是由于母的清浊,……属于清母的字为阴,属于浊母的字为阳。基于这种道理,说平上去都有阴阳之分,当然无可非议了。不过一个字的音分头尾腹三部分,所谓清浊是头的清浊,而阴阳却是尾的扬抑。同是一个清母的平声字可以扬其尾读作阳平,也可以抑其尾读作阴平(!);而一个阳平字或阴平字也可以把字头的母更换(!)。所以母的清浊实不足以左右字的阴阳。这道理在稍明音韵学的人都能体会,何以许多音韵学家反昧而不明,且斤斤以清浊定上去的阴阳呢?
>
> 虽然周氏《中原音韵》中的阴平字率属清母,阳平字率属浊母,然而仅是偶然的巧合,而非相因的结果(!)。周韵入作阳平,竟有十三个属于清母,更见当时分阴阳并不是以母定论

① 按范、王两书,上声都不分阴阳。

② 《顾曲麈谈》卷上,第 23—24 页。

了。

有人说在昆曲的唱谱中，上去确有阴阳之分。不错，然而这也是狃于清浊定阴阳的理论家所造的孽。这事的发生，大概在明末。因为在明中叶以前的人虽有论及四声的唱法的，并未涉及上去的阴阳；至沈宠绥《度曲须知》才说："去声当高唱，……若去声阳字，初出不嫌稍平，转腔乃始高唱，则平出去收。"然止及去声，至于上声唱法分阴阳，约起于清初，论者以为是独发前人之秘，但这仍是在字头上着工夫，于字的阴阳并不发生关系。总之，上去的阴阳，纵可强辩于纸上，断难胜利于口中也。[①]

杜氏的意思，以为清浊是属于字头的，阴阳是属于字尾的；"母的清浊实不足以左右字的阴阳"；明末清初的度曲家所分阴阳，"仍是在字头上着功夫，于字的阴阳并不发生关系"。他对于这个意见非常坚持，所以不惜反复地申明：

阴阳之分，仅于平声有之，上去之分阴阳实不成立。四声之别，由于抑扬之不同，昔时字音之抑扬共分四类，因为之名曰平上去入。厥后平声之字又变成抑扬不同者二种，而此二种抑扬之情状又绝无与上去入相类者，后人不便于四声之外再创名目，因其均系由平声变化而来，遂冠以阴阳二字，以资识别。

平声因有抑扬不同之二种，故分为二；上去虽各有清浊二类，然其声调之抑扬则一，若强以所无之音使之必有，直庸人自扰耳。[②]

他又说：

清浊是清浊，阴阳是阴阳。四声各有清浊，共有八声，这是

---

① 见《剧学》，创刊号，第59—61页。

② 《论务头》，见《剧学》，第一卷第二期，第4—6页。

> 不容否认的,因为有些地方的方言确是如此,不为无据。至于四声各分阴阳,却是平空造出来的,和四声各分清浊情形也不同,性质也不同,完全是另外一回事。虽然有人也曾称清浊为阴阳,岂能因此便混为一谈?[①]

照我看起来,杜氏的说法有两点应当加以矫正:第一,他认为"母的清浊实不足以左右字的阴阳",这在稍有中国语音演变史常识的人就会指出他不对的。因为字的阴阳虽然不是清浊,可是从音韵沿革上看,除去很少的僻字以外,阴调都由古清声字变来,阳调都由古浊声字变来。这正是"相因的结果",而不是"偶然的巧合"。至于入作阳平却另有它的演变条理,不能拿这一点就认为"当时分阴阳并不是以母定论"。[②] 照他所说:"同是一个清母的平声字可以扬其尾读作阳平,也可以抑其尾读作阴平;而一个阳平字或阴平字也可以把字头的母清浊更换"。那未免昧于音变沿革,把清浊和阴阳之间的关系看得太随便了!第二,南方的上去的阴阳也是调的不同,并不仅是清浊的不同;不能因为北方的上去不分阴阳,就认为明末曲韵"上去之分阴阳实不成立",是"平空出来的"。

据我所知,现代方言里,吴语是浊声和阳调并存的(例如,苏州除保持古浊母外平去入俱分阴阳;上海除保持古浊母外平上去入俱分阴阳);粤、闽、客家、赣、徽等处方言是由浊声蜕变为阳调的(例如,广州平上去入俱分阴阳,且有中入;厦门、福州、临川除上声外俱分阴阳;客家平入分阴阳,上去不分;歙县、绩溪平去分阴阳,上入不分,都是调的区别。而不是声的区别。因为在这几种方言里全浊声母都消

---

① 《新国剧中的音韵》,见《剧学》,第二卷第五期,第7页。

② 关于入声演变的条理,请参看白涤洲《北音入声演变考》,女师大《学术季刊》第二卷第二期。

灭了)。中国地方这样大,方言这样复杂,我们哪里可以根据一地的方音就概量其他各处呢?我以为:谈北剧音韵的人,尽可主张在北剧里上去不分阴阳,却不能说南曲里所分的阳上阳去是向壁虚造的。张伯驹的态度比较好,他说:

> 王鵕《音韵辑要》平上去入各分阴阳,……李松石《音鉴》则极言仄无阴阳,与王著各执一说。然仄分阴阳于歌剧之道无所用之,姑备一说可也。[①]

这种说法虽然案而不断,却没有陷于错误,这倒是谈北剧音韵的人所应守的分际。末了儿,我再重新申明一回:清浊是声母的不带音或带音;阴阳是声调的高低升降。阴阳调是由清浊声演变成的,但既经变成阴阳调以后,就和清浊声是两回事。南曲里上去各分阴阳,也是声调的不同而不是声母的不同;谈北剧音韵的人尽可不分上去的阴阳,却不能说南曲里的阳上阳去是凭空造出来的。

关于昆曲和皮黄的四声,杜颖陶却有一个有趣的假定。他说:

> 京音大鼓八角鼓各种调子采用北平的四声,至于昆曲皮黄则不然。其阴平仿佛北平的阳平,阳平却仿佛北平的去声(有时尾音一挑,好像北平的上声),上声却仿佛北平的阴平,去声则绝类北平上声。[②]

照他所说的,画起声调符号来,应该是:

阴平 ˧˥ 35
阳平 ˥˩ 51
上声 ˥ 55
去声 ˨˩˦ 214

① 见所著《近代剧韵》,第4页。
② 《北剧音韵考》,见《剧学》创刊号。

不过,这种对照还得经过精密的审核,我们才能接受,所以在这里只能存而不论,留待以后研究。

三 尖团字和上口字

昆曲和皮黄里所谓"尖团字"和"上口字",如果按照音韵的条理来讲,本来是很简单的一回事,可是有些人却把他们看做神秘莫测的东西,因此解释起来也就纷纭无定了。先拿"尖团字"来说,据杜颖陶所引就有四种解释:

第一,以凡属齐撮两呼的字皆为尖,而凡属开合两呼的字皆为团。

第二,以凡属支时、机微、真文、庚亭、侵寻、居鱼等六韵中的字皆为尖,而其余十五韵中的字皆为团。

第三,以凡属ㄗㄘㄙ三母的字皆为尖,但对于团却有好几种说法:

(甲)以属ㄓㄔㄕ三母的字为团;

(乙)以属ㄐㄑㄒ三母的字为团;

(丙)以属ㄓㄔㄕㄐㄑㄒ六母的字为团;

(丁)以凡不属ㄗㄘㄙ三母的字为团。

第四,凡在戏剧音韵中应读ㄗㄘㄙ三母的字而北平方言不读ㄗㄘㄙ的字皆谓之尖;其余的字,甚至方言和戏剧音韵中都读ㄗㄘㄙ的,都谓之团。①

这四种说法都不免有囿于一隅,未见全体的毛病。照我的讲法,凡是属于古精清从心邪五母齐齿撮口两呼的字,换言之,就是用注音声符

① 《尖团字及上口字》,见《剧学》第二卷第四期。

ㄗ、ㄘ、ㄙ和元音ㄧ、ㄩ或介音ㄧ、ㄩ所拼成的字叫做“尖音”;凡是属于古见溪群晓匣五母齐齿撮口两呼的字,换言之,就是用注音声符ㄐ、ㄑ、ㄒ和元音ㄧ、ㄩ或介音ㄧ、ㄩ所拼成的字,叫做“团音”。凡是不合于上列两个条件的都和尖团没有关系,可以不必混在一起来讲。如果这个讲法可以成立,那么我们对于上面所举的四种解释,就可以下一番检讨了。

第一种解释只看见尖字是属于齐撮呼的,而没看见团字也一样是属于齐撮呼的(例如同是齐齿呼的字而“唧”、“妻”、“西”为尖,“基”、“欺”、“希”为团;同是撮口呼的字而“绝”、“雪”为尖,“决”、“穴”为团)。他们不知道尖团的分别不在齐撮呼和开合呼的不同,而在同是齐撮呼的字,声母有舌尖音(dental)和舌面音(palatal)的差异。

第二种解释只看见尖字是属于机微、真文、庚亭、侵寻、居鱼几韵的,却没看见团字也是属于这几韵的(例如,同属机微韵而“赍”、“妻”、“西”为尖音,“机”、“骑”、“奚”为团音;同属真文韵而“津”、“亲”、“新”为尖音,“斤”、“勤”、“欣”为团音;同属庚亭韵而“精”、“清”、“星”为尖音,“荆”、“卿”、“兴”为团音;同属侵寻韵而“浸”、“侵”、“心”为尖音,“金”、“钦”、“歆”为团音;同属居鱼韵而“疽”、“趋”、“须”为尖音,“车”、“驱”、“墟”为团音)。他们既不知道支时韵应当和其他十五韵里属于开合呼的字一律无所谓尖团;更不知道其他十五韵里属于齐撮呼的舌尖音和舌面音字也得同这五韵一样看待。这同第一种都犯了重视韵母条件忽略声母条件的错误!

第三和第四两种解释却和前两种犯了相反的错误:就是太重视声母条件而忽略韵母条件了。因为ㄗ、ㄘ、ㄙ和元音ㄧ、ㄩ或介音ㄧ、ㄩ相拼的,我们固然认为尖;可是ㄗ、ㄘ、ㄙ不和ㄧ、ㄩ相拼的,我们却认为与尖团无关。至于在戏剧音韵中应读ㄗ、ㄘ、ㄙ三母而在北平方言不读ㄗ、ㄘ、ㄙ的字,固然只有和元音ㄧ、ㄩ或介音ㄧ、ㄩ相拼的尖字,可是其余的字,除去用ㄐ、ㄑ、ㄒ所拼的以外,也都不能算是团字。所以这两种解释也不能成立。

从前讲尖团字的书,我觉得存之堂的《圆音正考》算是最合我的意思。关于尖团的解释,这部书的序里说得很明白:

> 自西域肇为字母,释神珙因之作等韵,从而为四声,衡而为七音,韵学于是备矣。第尖团之辨,操觚家阙焉弗讲。往往有博雅自诩之士,一矢口肆笔,而纰缪立形,视书璋为獐,呼杕作杖者,其直钩也。试取三十六母字审之:隶见溪郡晓匣五母者属团;隶精清从心邪五母者属尖。判若泾渭,与开口闭口,轻唇重唇之分,有厘然不容紊者。

他在这里虽然没有说明等呼的条件,可是本书里所举的字却只有齐撮呼而没有开合呼;间或有些古二等字(如"家"、"贾"、"价"、"戛"、"暇"、"夏"、"辖"、"揩"、"皆"、"解"、"交"、"间"、"柬"、"监"、"缄"之类),也都是近代已然变成齐齿呼的。所以照我的看法,《圆音正考》实在是讲尖团字的标准字典,有了这一部书便不至为曹心泉《剧韵新编》里所点的尖团字(尤其是所谓"入声尖团两念")和张伯驹《近代剧韵》里的《尖团辑要》所误了。

什么叫"上口字"呢?曹心泉的《剧韵新编》里只把这些字用特别记号标出来,却没有加以解释。而且他在《剧学》上所发表的只有七韵,这七韵里的上口字拢共才有五十二个字。

东同韵:隆窿浓秾容庸荣

机微韵:非飞痴知微肥池迟耻匪尾尺赤吃费世誓未滞日

归回韵:雷檑泪类

居鱼韵:诸朱枢书舒如儒殊除主暑楮汝乳恕庶注处辱祚助

从这五十二个字里归纳不出什么条理,那是不待言的。

张伯驹说:

> 上口字亦本于切音，如书，束于切，上口音也；疏，朔乌切，不上口音也；主，朱羽切，上口音也；阻，捉楚切，不上口音也。歌者不知所本，往往误念。[①]

从他的说明里实在看不出什么“所本”来。他在这节说明的后面又摘举了一百零九个例字，并且按照《音韵阐微》注明反切，就是：

> 知陟漪切驰池墀迟踟篪除移切职之亿切质之乙切值辙弋切吃乞益切日仁逸切世式艺切猪潴竹於切诸烛於切株邾诛蛛跦竹纡切朱珠侏跦烛纡切殊铢洙茱蜀于切除储滁篨躇蠡余切蜍蜀余切厨蹰幮蠡于切书舒纾鵟束於切枢出纡切输束纡切如茹驽缛余切儒濡襦嚅蠕繻缛于切楮褚黜语切杵处出语切煮渚朱语切拄黈猪羽切主麈朱羽切贮猪语切宁伫苎纻杼逐语切住逐豫切驻竹裕切注註炷羿澍铸朱裕切柱逐羽切驻逐裕切汝如语切乳如羽切暑鼠黍书语切墅蜀语切处穿豫切著竹豫切箸逐豫切助乍豫切恕庶暑豫切竖树蜀羽切署曙蜀豫切戍暑豫切黜褚聿切术出律切竹竺筑筑猪郁切祝朱郁切出处聿切畜虚郁切蓄褚郁切術述舌律切入日立切

照他所举的例字来说：所谓上口字不过是《中原音韵》齐微部里的“ㄓㄧ”、“ㄔㄧ”、“ㄕㄧ”、“ㄖㄧ”一类字和鱼模部里的“ㄓㄩ”、“ㄔㄩ”、“ㄕㄩ”、“ㄖㄩ”一类字罢了。事实上恐怕不会这么简单罢？

近人中只有杜颖陶对于这个问题下了一个概括的定义，他说：

> 凡在戏剧音韵中之读法和北平方言之读法不同的字，皆谓之上口字。[②]

这比零碎举例提不出通则来的总算好一点儿了，然而也不免有太空泛的毛病。照他的说法，尖字也是北平方言和戏剧音韵读法不同的，该不该算是上口字呢？所以这条定义还有修订的必要。

谈到戏剧音韵中和北平方言不同的读法，齐如山在《论皮黄之念

---

① 见所著《近代剧韵》，第5页。

② 《论尖团字及上口字》，见《剧学》第二卷第四期。

字》[1] 里所举的五条念法中,有三条是合乎这个条件的:

(一)采用"山陕土音"读兀母的字:

昂艾敖鳌嗷厫獒遨璈傲我哦蛾娥鹅峨讹讹譌额萼鄂鳄噩腭 鳄谔愕藕耦偶蕅爱隘案安袄奥澳隩恶阿讴欧瓯鸥殴之类;[2]

(二)由北方"耶邪辙"改叶南方"怀来辙"的字:

皆街鞋解蟹戒介之类;

(三)由北方"姑苏辙"改叶南方"一七辙"的字:

诸朱枢书如儒殊除赎逐汝烛恕处孺辱入注沮蓐褥之类。

不过,戏剧音韵中和北平方言读法不同的,实际上并不止这三类。据我所得到的材料,参酌最近和杜颖陶、佟晶心的一次谈话,我觉得所谓上口字的音韵条理,大致不外下列的十一项:

(一)《中原音韵》齐微部(即《中州全韵》机微部)里的舌尖后音ㄓ、ㄔ、ㄕ、ㄖ四母字,北平读ㄓㄭ、ㄔㄭ、ㄕㄭ、ㄖㄭ,在戏剧中应读ㄓㄧ、ㄔㄧ、ㄕㄧ、ㄖㄧ,皮黄入一七辙。例如:

知、蜘、制、製、置、雉、稚、治、智、直、值、侄、织、职、质之类,不读ㄓㄭ而读ㄓㄧ;

痴、鸱、绨、池、驰、迟、墀、篪、持、耻、侈、尺、赤、吃、叱之类,不读ㄔㄭ而读ㄔㄧ;

世、势、逝、誓之类,不读ㄕㄭ而读ㄕㄧ;

日不读ㄖㄭ而读ㄖㄧ。

但是皮黄一七辙里本来属于《中原音韵》支思部(即《曲韵骊珠》支时部)的字却仍和北平的读法相同。例如:

支、枝、之、芝、脂、纸、旨、止、志、至仍读ㄓㄭ,

---

① 见《大公报·小公园·剧坛》。

② 案齐氏原举有古泥母字,恐系羼入高阳乡音,今剔除之。

眵仍读ㄔㄭ；

施、诗、师、狮、尸、时、使、史、始、屎、是、氏、市、侍、示、事、试、弑仍读ㄕㄭ；

儿、耳、二仍读ㄦ。

(二)《中原音韵》鱼模部里的舌尖后音ㄓ、ㄔ、ㄕ、ㄖ四母字，北平读ㄓㄨ、ㄔㄨ、ㄕㄨ、ㄖㄨ，在戏剧中应读ㄓㄩ、ㄔㄩ、ㄕㄩ、ㄖㄩ，音转为ㄓ^{ㄩ}、ㄔ^{ㄩ}、ㄕ^{ㄩ}、ㄖ^{ㄩ} [tʂɥ, tʂʻɥ, ʂɥ, ʐɥ]。例如：

猪、潴、诸、株、邾、诛、蛛、朱、珠、煮、主、贮、宁、伫、住、驻、注、羼、铸、著、箸、助、术、竹、竺、筑、祝之类，不读ㄓㄨ而读ㄓ^{ㄩ}；

除、储、厨、褚、杵、处、出、畜之类，不读ㄔㄨ而读ㄔ^{ㄩ}；

书、舒、输、暑、鼠、黍、墅、恕、庶、竖、树、署、戍、術、述之类，不读ㄕㄨ而读ㄕ^{ㄩ}；

如、儒、孺、襦、汝、乳、入之类，不读ㄖㄨ而读ㄖ^{ㄩ}。

这类字皮黄本来应该入姑苏辙，但是从王鵕的《中州音韵辑要》和沈乘麟的《曲韵骊珠》起，已然把《广韵》的鱼虞两韵字特别分立居鱼一部来和苏模对峙，所以这些字也可以和一七合辙的。

(三)《中原音韵》齐微部里的轻唇音ㄈ、ㄪ两母的字，北平读ㄈㄟ、ㄪㄟ(ㄨㄟ)，戏剧中读ㄈㄧ、ㄪㄧ，皮黄入一七辙。例如：

非、扉、妃、飞、肥、匪、吠、沸、肺、废之类，不读ㄈㄟ而读ㄈㄧ；

微、薇、尾、未、味之类，不读ㄪㄟ而读ㄪㄧ。

(四)《中原音韵》齐微部里的ㄌ母字，北平读ㄌㄟ，属开口呼，戏剧中读ㄌㄨㄟ，属合口呼，皮黄入灰堆辙。例如：

雷、檑、罍、垒、磊、儡、泪、累、擂、类、耒、诔之类，不读ㄌㄟ而读ㄌㄨㄟ。

(五)《中原音韵》皆来部里的ㄐ、ㄑ、ㄒ三母字，北平读ㄐㄧㄝ、

ㄑ丨ㄝ、ㄒ丨ㄝ,戏剧中读ㄐ丨ㄞ、ㄑ丨ㄞ、ㄒ丨ㄞ,皮黄入怀来辙,不入乜斜辙。例如:

皆、喈、阶、街、解、戒、界、介、芥、疥之类,不读ㄐ丨ㄝ而读ㄐ丨ㄞ;楷不读ㄑ丨ㄝ而读ㄑ丨ㄞ(或ㄎㄞ);

鞋、谐、骸、蟹、懈、械、解、獬之类,不读ㄒ丨ㄝ而读ㄒ丨ㄞ。

(六)《中原音韵》歌戈部(即《中州全韵》歌罗部)ㄍ、ㄎ、ㄏ、ㄫ和ㄅ、ㄆ、ㄇ、ㄈ几母的字,北平读ㄜ韵[ɤ],戏剧中读ㄛ韵[o],皮黄入梭波辙。例如:

歌、哥、舸之类,不读ㄍㄜ而读ㄍㄛ;

科、蝌、可、轲、坷、课之类,不读ㄎㄜ而读ㄎㄛ;

何、河、荷、贺之类,不读ㄏㄜ而读ㄏㄛ;

蛾、娥、俄、峨、我、饿之类,不读ㄫㄜ而读ㄫㄛ;

波、玻、簸、播之类,不读ㄅㄜ而读ㄅㄛ;

坡、颇、叵之类,不读ㄆㄜ而读ㄆㄛ;

摩、磨、魔、麽、末、沫、莫、寞之类,不读ㄇㄜ而读ㄇㄛ;

缚、佛之类,不读ㄈㄜ而读ㄈㄛ。

还有这一部的入声字,北平音有转入ㄩㄝ或丨ㄠ的,在戏剧里仍然读丨ㄛ音。例如:

学不读ㄒㄩㄝ或ㄒ丨ㄠ而读ㄒ丨ㄛ;

岳、乐、药、约、跃、钥、瀹之类,不读ㄩㄝ或丨ㄠ而读丨ㄛ;

虐、瘧之类,不读ㄋㄩㄝ或ㄋ丨ㄠ而读ㄋ丨ㄛ;

略、掠之类,不读ㄌㄩㄝ或ㄌ丨ㄠ而读ㄌ丨ㄛ;

(七)《中原音韵》庚青部(即《中州全韵》庚亭部)里的开口、齐齿两呼的字,北平读ㄥ或丨ㄥ,在戏剧中读作ㄣ或丨ㄣ,所以皮黄归入人辰辙。例如:

登灯镫之类不读ㄉㄥ而读ㄉㄣ;

生、甥、声、升、陞、圣、胜、盛之类不读ㄕㄥ而读ㄕㄣ；

庚、更、羹之类不读ㄍㄥ而读ㄐㄧㄣ(或ㄍㄣ)；

京、惊、荆、经、泾之类不读ㄐㄧㄥ而读ㄐㄧㄣ；

丁、钉、鼎、顶、定、锭之类不读ㄉㄧㄥ而读ㄉㄧㄣ；等等。

但是这一部里的合口和撮口两呼的字，在戏剧中却往往和中东辙相叶。例如：

崩、绷、烹、彭、棚、鹏、盲、萌、觥、肱、轰、横、弘、猛、艋、孟、迸之类的韵母是ㄨㄥ而不是ㄥ或ㄨㄣ；

荣、永、咏、莹之类的韵母是ㄩㄥ而不是ㄩㄣ。

看清这个现象就可以知道庚青部不是随便分叶人辰和中东两辙，而是按照一定的音韵条理来分叶的。

(八)《中原音韵》东鍾部(即《中州全韵》东同部，皮黄的中东辙)里的唇音ㄅㄆㄇㄈ四母字，北平读ㄅㄥ、ㄆㄥ、ㄇㄥ、ㄈㄥ，戏剧中读作ㄅㄨㄥ、ㄆㄨㄥ、ㄇㄨㄥ、ㄈㄨㄥ。例如：

崩绷之类，不读ㄅㄥ而读ㄅㄨㄥ；

烹、蓬、篷、芃、髼、彭、棚、鹏、捧之类，不读ㄆㄥ而读ㄆㄨㄥ；

蒙、濛、朦、盲、瞢、萌、蠓、猛、艋、蜢、梦、孟之类，不读ㄇㄥ而读ㄇㄨㄥ；

风、丰、封、峰、蜂、冯、逢、缝之类，不读ㄈㄥ而读ㄈㄨㄥ。

(九)《中原音韵》东鍾部里古喻娘来三母的撮口呼字，北平读ㄨㄥ韵，而在戏剧中读ㄩㄥ韵。例如：

容、庸、荣、嵱、榕、溶之类不读ㄖㄨㄥ而读ㄩㄥ；

浓、秾之类不读ㄋㄨㄥ而读ㄋㄩㄥ；

隆、窿之类不读ㄌㄨㄥ而读ㄌㄩㄥ。

不过后两类字现在渐渐变的和北平音相同了。

(十)古疑影两母的开口呼字，北平都读成没有声母，在戏剧里却读成兀母。例如：

属于古疑母的：昂、艾、敖、鳌、嗷、厫、熬、遨、傲、我、哦、蛾、娥、鹅、峨、诶、讹、譌、额、萼、鄂、腭、齶、谔、愕、噩、鳄、藕、耦、偶、蕅之类；

属于古影母的：爱、隘、安、案、奥、袄、澳、隩、恶、讴、欧、瓯、鸥、殴之类，在戏剧中它们的前面都有兀母。

（十一）《中原音韵》车遮部（即皮黄的乜斜辙）里的ㄓ、ㄔ、ㄕ、ㄖ四母字，北平读ㄓㄜ、ㄔㄜ、ㄕㄜ、ㄖㄜ，戏剧中读ㄓㄝ、ㄔㄝ、ㄕㄝ、ㄖㄝ。例如：

遮、者、赭、柘、鹧、哲、折、浙之类，不读ㄓㄜ而读ㄓㄝ；

车、撦、撤、澈、掣之类，不读ㄔㄜ而读ㄔㄝ；

蛇、佘、捨、舍、射、赦之类，不读ㄕㄜ而读ㄕㄝ；

说，不读ㄕㄨㄜ而读ㄕㄨㄝ；

惹、热之类不读ㄖㄜ而读ㄖㄝ。

不过这类字在昆曲里还按规矩读，到了现代流行的皮黄里已经不大能和北平方音分别了。

此外，像"脸"字不读ㄌㄧㄢ而读ㄐㄧㄢ之类，也算是不成条理的特殊上口字。还有《中原音韵》尤侯部（即《中州全韵》鸠尤部，皮黄油求辙）里的几个字，像"州"、"叩"、"走"之类，说白或歌唱时，因为重读或腔调拖长的原故，往往使[əu]韵里的主要元音[ə]变成特别偏后的[ɤ]，梨园行的人管这类字叫做"半上口字"。我因为这些没有一定的条理，所以暂时不去管它。

总括上面所说，我们可以给上口字下一个定义：

凡戏剧音韵中和上述十一个条理相合的读法，还有尖字以外其他和北平方言不同的读法，都叫做上口字。

我对于戏剧虽然也算是一个"爱美的"欣赏者，然而毕竟是一个没经过老伶工口传心授。上面所谈的三个问题，不过综合各家所说寻绎出一些音韵学的条理罢了。我希望由这篇“外行”话引起“内行”和“专家”的注意，拿他们的经验参酌我所说的条理，使京剧中的音韵问题揭去了神秘的遮幕，清清晰晰的和一般人相见！

(1935年9月初稿，11月杪重订。本文第一节《中州韵和十三辙》是为张洵如《北平音系十三辙》所作的序，原题《音韵学与戏剧》，后改为《旧剧中的几个音韵问题》。全文收入《罗常培语言学论文选集》，题目中的“旧剧”改为“京剧”)

怎样整理声韵学史

从“小学”蜕化而成的文字学，脱离了经学的领域，已“附庸蔚为大国”，到现在才不过二百多年。声韵学本来是文字学的一部分，把它单独提出来研究，那更是最近的事了。但是声韵学之独立，虽然不很久，而韵书之创作，却远在一千六百年以前，因此不能不承认它已然具有悠久的历史。从前人关于韵学沿革的著作，据我所知道的，有万斯同的《声韵源流考》、潘咸的《音韵源流》和莫友芝的《韵学源流》。万氏的书是未完成的稿本，疏漏之处很多。潘氏乃乡曲之士，不知古书之存亡，其书更多向壁虚造的谬论！莫氏的书分古韵、今韵、反切三部分，亦不过略述沿革，并不能穷原竟委地建树声韵学史的系统。我们现在研究声韵学史之目的，是要用历史的方法（genetic method）把自来关于声韵学的材料结集起来，作一番“专史式的整理”，使人明了它在中国语言文字学史上的地位和今后的使命。所以它的出发点便和以前治“韵学”的方法不同。从前治韵学的人有三个毛病：第一是强分门户；第二是抱残守缺；第三是罔识通变。他们把韵学分作今韵、古韵、等韵三类。今韵之学专讲《广韵》；古韵之学专考周秦的古音；等韵之学是讲明反切的方法和《广韵》之读音的。其实从等韵以明《广韵》的读音，从《广韵》以溯周秦的遗音，本来是顺理成章的步骤。但是一班胶执的学者们往往丝毫不肯假借通融，以乱家法！他们讲周秦古韵或《广韵》，不单不肯沿用守温三十六字母的名称和标目（如戴震、钱大昕、陈澧之流）；有些人甚至于讲古韵的部居连《广韵》的韵目都不肯沿用（如张惠言、朱骏声之流）。这种门户之见，不可谓不深了！这是第一端。

凡是治一种学问，若得到外来的比较参证的材料，有了“他山攻错”的机会，他的进步是格外快的。声韵本乎天籁，出乎喉舌之自然，中外古今本无二致。不过，从文字的本体上说，中国文字是衍形系而不是衍声系，那么，讲到发音的条理，自然此逊于彼，亦是无庸讳言的。所以中印文化接触后，一班翻译内典的僧侣受了梵文（Sanskrit）的启示和参考，创造了三十六个字母应用到中国的反切和韵书里来，这实在是中国声韵学上的一大进步，并不是什么“用夷变夏”的耻辱！郑樵尝说：“梵人别音，在音不在字；华人别字，在字不在音。故梵书甚简，只是数个屈曲耳。差别不多，亦不成文理，而有无穷之音焉。华人苦不别音，如切韵之学，自汉以前人皆不知，实自西域流入。所以韵图之类，释子多能言之，而儒者多不识起例。以其源流出于彼耳。……故梵有无穷之音，而华有无穷之字，……梵人长于音，所得从闻入；……华人长于文，所得从见入。”（《通志·六书略·论华梵》下）他的话虽不全对，而大体上总算是不掩人长，不护己短的持平之论。无如有一辈传统思想牢不可破的学者们，却总以为“古已有之”的是“正统”，来自外夷的是“异端”。他们说什么“字母即双声，等子即叠韵，实齐梁以来之旧法也”，“字母之名，虽由梵学，其实则据中土切音。”我们何尝说字母所据的不是中土切音呢？不过因为有了字母作工具，对于中土切音的应用上格外便利一点罢了。然而竟有人为争“正统”的关系，情愿把“笨伯”的方法当做“坦途”，岂不是怪事！我们且看陈澧说：

> 双声之分类，则唐末僧家始有字母。字母未出之前，儒者传习切语之学以何者为双声之标识乎？必以切语上一字矣。切语

上字凡双声皆可用。今考《广韵》切语上字四十类,每类之中常用者数字耳。合四十数常用者不过百余字。……此等字实孙叔然以来师师相传以为双声之标目,无异后世之字母也。吕维祺《音韵日月灯》云:"古人作切有常用切脚者,若孰记之,亦翻切捷径也。"吕氏此说与古法暗合。但以为捷径,而未悟为坦途耳!(《切韵考》卷六)

自然,为能应用韵书里的旧反切,熟记切语上字也是不可少的工夫。若专为称举标目以明声类,还是联举"多德得丁都当冬"许多字代表一纽便利呢?还是单举一个"端"字代表一纽便利呢?恐怕不待智者而自辨了!可怜那班学者却是抱残守缺,执迷不悟的!这是第二端。

还有一层,声音本是语言的符号,而语言是人类的一种自然产物。它既不是一两个人力量所能随便创造,也绝非一两个人的力量所能任意改变。社会的需要变了,语言为适应环境随着它有所变化,那么附丽着它的声音也要有许多的增减移易:这是一种自然的现象,绝非纯粹人为可以成功的。例如,元明清以来的标准音不能强与隋唐时代相合,也正像隋唐时代的标准音不能强与周秦汉魏时代相合一样。所以在声韵学史上,《中原音韵》、《洪武正韵》等应当和《广韵》、《集韵》等一样的重视,绝不可有所轩轾。但是,有些治韵学的人传统的观念太深,因为《广韵》是现存最古的一部韵书,就封它为无上的"金科玉律",认为治古韵的必须以《广韵》为阶梯,治今韵的也必须以《广韵》为圭臬。后此删并《广韵》的几部韵书,在他们看来,都是些违背音理的无知妄作,甚至于现在读书说话都要处处和《广韵》相合,才算极韵学之能事呢!《广韵》在时代上的价值固然不能磨灭,若是只承认它的时代价值而蔑视其余韵书的时代价值,并且要把活的声音强纳在死的韵书里,便是"拘墟"、"笃时",罔识通变的见解了!这是第三端。

我们现在对于这三种态度通统应当打破！因为我们是要把以往研究声韵学的成绩构成一个历史的系统。历史是记录事实的，是注重贯通的，是研究因果关系的！对于上面所举三种褊狭的观念自然不会保存。且以第一端说：今韵古韵的名称实际上就讲不通。在我们看来，除去现代的标准音可以算是今韵外，其余不单《广韵》要算古韵，就是《中原音韵》也得算作古韵。不过，有的是隋唐时代的古韵，有的是元明时代的古韵，只是程度上的差异罢了。既然现代以前的通统算是古韵，通统算是声韵学史料，那么，只须依时代将它们排比贯通起来，还何必强分什么今韵古韵的畛域呢？至于所谓等韵，原是讲反切的方法和《广韵》一系韵书之读音的，本不应单独划出一类。现在应当将它所有的材料整理出个系统来，仍旧按着它所属的时代去讲。如此，从前治韵学的第一个毛病自然打破了。还有学术界之闭关自守的态度，尤其应当根本铲除。历史所记录的就是事实的因果关系。因此对于一件结果显然的事实绝对不能把构成它的原因一笔抹杀！从声韵学史上来看，不但受了梵文影响的字母等子之学我们不能排斥它，就是金尼阁的《西儒耳目资》、李光地的《音韵阐微》，因为受了外国文和满洲文拼音方法的暗示，对于反切旧法加以改良，也都不能否认它们是比较参证后的一种进步。它如现代瑞典的 Bernhard Karlgren 为考订《切韵》读音作了一部七百多页的 *Phonologie Chineise*。俄国的 Baron Von Staël-Holstein 用梵文原本对照汉文译音的文字，作了一篇《音译梵书与中国古音》，又把《大实积经迦叶品》的梵文、藏文残卷和中国汉、晋、秦、宋的四种译文合刊成一册，也于考订古音上有许多帮助。这些材料我们尤应虚心地承受过来，作为解决声韵学史上重要问题的参考。此外如日本语、朝鲜语、安南语……里和考订中国古音有关系的材料也应兼收并罗以资比较。若能抱着这种态度,那么,从前治韵学的第二个毛病自然也打破了！最后一层,更不成问题。因为某一时代有某一时代的标准音,根据当时的标准音而产生一部韵书,这本来是一件历史的事实。作历史的既不能否认事实,那么,绝不会因为正统派韵学家的反对,遂摒弃不复道。所以从前治韵学的第三个毛病,也就不攻自破了。

这便是历史的方法,这便是要把自来关于声韵学的材料结集起来,作一番"专史式的整理"的企图。

但是,胡适之先生说:"历史不是一件人人能做的事;历史家须要有两种不可少的能力,一是精密的功力,一是高远的想像。没有精密的功力不能做搜求和评判史料的工夫,没有高远的想像不能构造历史的系统。"谈到这里,难免令人望而却步,因为中国声韵学的史料拟清《四库全书》经部小学类韵书之属所收的凡 33 部 330 卷！又存目凡 61 部 537 卷。此外四库所未收的书和历代学人笔记中与声韵学有关系的零碎材料也不算少。并且就存目看来,那些未收入四库的韵书里也很有许多重要的著作。他们既为当时正统派的韵学家所轻视,有些书后来就很少流传:因此搜求声韵学的材料未免感觉困难。还有那些已经散佚的韵书,前人虽也作过一番辑佚的工夫,而现在想评判它在声韵学史上的价值,必须另外作一番"钩沉索隐"的研究:所以这"述学"的工作,便是一道难关。况且,周秦古音的真相如何？到现在仍然没有定论。汉魏的标准音怎样？到现在还是待考的问题。至于宋元等韵之说,更是一团棼不可理的乱丝。要想构造声韵学史的系统,真是谈何容易呢！然而,若是退一步想,也还有道理可讲。中国学问所以纷歧烦碎的原因,就是由于材料无所统属。声韵学史料虽然不十分多,若不先做一番历史的整理工夫,初学的人,实在无从下手,无从入门,后来的材料也无所统属。所以我们姑且用现在力量所能搜集考定的材料因陋就简地先做一次整理的尝试。等到声韵学史这个大的间架树立起来。现在和将来陆续所得的材料自然有了附丽的地方,我们理想中的声韵学史也不难有完成的一天了。

这就是我们现在整理声韵学史的旨趣。

1927 年 11 月 12 日,广州东山

(原载中山大学《语言历史学研究所周刊》第 1 集,第 6 期,1927 年)

双声叠韵说

语言文字的孳乳衍变和诗歌声律的参伍错综，在变化无方的中间仍离不开有迹可循的音理：约而言之，不外“双声互衍，叠韵相迆”罢了。因此我说，“双声”和“叠韵”是语言孳乳的“缘端”，是转注假借的枢纽，是调谐诗歌音节的要素，是构成“反切”、“韵书”的滥觞——是声韵训诂之学的策源地。

“双声”和“叠韵”的名称，是到了六朝时候才有的。据《南史·谢庄传》说：

> 王玄谟问庄：“何者为双声？何者为叠韵？”答曰“玄护为双声，磝碻为叠韵。”①

案：“玄”，胡涓切，匣声，先韵；“护”，胡误切，匣声，暮韵：其声同韵异，换言之，就是发声相同，所以叫做“双声”。“磝”，五交切，疑声，肴韵；“碻”，口交切，溪声，肴韵：其声异韵同，换言之，就是收音相同，所以叫做“叠韵”。六朝人对于这种音理，上自帝王，下至婢妾，几乎人人共喻：且看梁武帝开“大通门”以对“同泰寺”；② 羊戎所说的：“官家恨狭，更广八分”，和“金沟清泚，铜池摇飏，既佳光景，当得剧棋”；③

① 《南史》卷二十，第6页。

② 《南史》卷七，第3页。

③ 《南史》三十六，第3页。

崔岩、魏收互相嘲谑的“愚魏衰收”,和“颜岩腥瘦,是谁所生,羊颐狗颊,头团鼻平,饭房笭笼,著札嘲玎”;[1] 李元谦和郭文远的婢女春风互相问答的“是谁宅第过佳”,“郭冠军家”,“凡婢双声”,“儜奴謾骂”[2] 等例,就可以窥见一斑了。古时虽然没有“双声”、“叠韵”的名称,然而对于声韵“和”、“谐”的道理,却早已了然,并且能应用它。关于这一点,张行孚讲得最通。他说:

> 夫古人用韵,止取谐和,本无所谓“双声”、“叠韵”;而可以“双声”、“叠韵”名之者,由古人所谓“谐”、“和”,即后人所谓“双声”、“叠韵”也。[3]

可见古人虽无“双声”、“叠韵”之名,却早有“双声”、“叠韵”之实了。至于后来训诂家所谓“一声之转”和“音近而转”,等韵家所谓“同母之字”和“同韵之字”,那与“双声”和“叠韵”都是异名同实的。

古人既明双声叠韵之理,所以应用它们的地方也很多。约而举之,凡有四种:

(甲)助成诗歌的音节　诗歌中应用双声叠韵,若能恰到好处,很可以助成音节,增加美感。关于这一点,钱大昕在《潜研堂答问》中有一段话说得很详细:

> 人有形,即有声;发音在文字之先,而文字必假声音以成。综其要,不外双声叠韵二端;而叠韵易晓,双声难知。“股肱”、“丛脞”,虞庭之赓歌也。“次且”、“劓刖”,文王之演易也。至《诗》三百篇兴,而斯秘大启。《卷耳》之次章,“崔嵬”、“虺隤”两叠韵;三章“高冈”、“玄黄”两双声。《硕人》之次章,“巧笑”叠韵,

① 《北史》卷五十六,第 17 页。

② 魏杨衒之《洛阳伽蓝记》卷五,第 1 页。

③ 张行孚《说文发疑》卷一,第 28 页。

"美目"双声。《大叔于田》之次章,上句"磬控"双声,下句"纵送"叠韵。《出其东门》之首章,"綦巾"双声,次章"茹藘"叠韵。《七月》之"觱发"、"栗烈"双声兼叠韵,上下相对。《东山》之"伊威"、"蠨蛸"、"町畽"、"熠耀",四句连用双声。"佻兮达兮"、"哆兮侈兮"、"既敬,既戒"、"既沾,既足"、"如凋如螗"、"如蛮如髦"、"不吴不敖"、"不竞不绒"、"允文允武"、"令闻令望"、"宜岸宜狱"、"式夷式已"、"之纲之纪"、"以引以翼",隔字而成双声。"啴啴哼哼"、"颙颙卬卬",叠字而成双声。"与与"、"翼翼",隔句而成双声。"居居"、"究究",隔章而成双声。"死生"、"契阔"、"搔首"、"踟蹰",一句而两双声。"旅力"、"方刚"、"山川"、"攸远",一句而一叠韵一双声。其组织之工,虽七襄报章,无以过也。其音节之和,虽埙箎迭奏,莫能加也。其尤妙者,"角枕粲兮,锦衾烂兮",不独"粲"、"烂"韵,而"枕"、"衾"亦韵;"锦衾"叠韵,"角"、"锦"又双声也。"不敢暴虎,不敢冯河","暴"、"冯"双声,"虎"、"河"又双声也。此岂寻常偶合者可比,乃童而习之,白首而未喻,翻谓七音之辨始于西域,岂古昔圣贤之智,乃出梵僧下耶?四声昉于六朝,不可言古人不知叠韵;字母出于唐季,不可言古人不识双声。自三百篇启双声之秘,而司马长卿,杨子云作赋,益畅其旨。于是孙叔然制为反切,双声叠韵之理,遂大显于斯世。后人又以双声类之,而成字母之学。双声在前,字母在后。知双声,则不言字母,可也;言字母而不知双声,不可也。而双声已昉于三百篇,吾于是知六经之道,大小悉备,后人詹詹之智,早不出圣贤范围之外也。①

钱氏对于《诗经》里双声叠韵用得好的地方,认为"其组织之工,虽七

① 《潜研堂文集》卷十五,《音韵答问》,第10、11页。

襄报章,无以过也。其音节之和,虽埙篪迭奏,莫能加也。"可见双声叠韵和诗歌的音节是很有关系的。不过,用得太多,太不自然,反倒觉得可厌。所以钱氏又说:

> 汉代词赋家好用双声叠韵。如"泮渤"、"滵汩"、"偪侧"、"泌瀄"、"蜚织垂髾"、"翕呷"、"萃蔡"、"纡馀"、"委蛇"之类,连篇累牍,读者聱牙,故周沈矫其失,欲令一句之中,平仄相间耳。沈所作《郊居赋》,"雌蜺连蜷"恐人读"蜺"为"五稽反",此其证也。[①]

观此,可见古人在诗歌中所用的双声叠韵字,若能任其自然,出乎天籁,本来可以使声调铿锵,音节悦耳。但是后来的文人"尤而效之",有意去逐新趋异,雕琢造作,结果反倒成了"文家之吃"。[②] 到了齐梁之际,周颙、沈约等倡为"永明体"以"四声"、"八病"相纠绳;于是有"一简之内,音韵尽殊;两句之中,轻重悉异"[③] 和"双声隔字而每舛,叠韵杂句而必睽"。[④]种种议论——这都是"吃文"[⑤]的又动!在我们看来,周沈这班人的声律论,固然是矫枉过正;但是后代比汉赋更要翻新斗巧的双声叠韵诗"口吃诗",[⑥] 那也的确是"佶屈聱牙",不堪讽诵!我觉得还是钟嵘的议论,比较持平。他说:

> 余谓文制本须讽读,不可蹇碍;但令清浊通流,口吻调利,斯为足矣。至于平上去入,则余病未能;蜂腰鹤膝,则闾里已具。[⑦]

《诗经》里面虽然也常羼用双声叠韵的字,但是对于"清浊流通"、"口吻调利"的原则,还是没有违背;所以它和后代的"吃文"是不能相提并论的。

---

① 《潜研堂文集》卷十五,《音韵答问》,第13页。

②④⑤ 《文心雕龙·声律篇》。

③ 沈约《宋书·谢灵运传论》。

⑥ 赵翼《陔馀丛考》卷廿三,廿四所引。

⑦ 钟嵘《诗品·序》。

（乙）调谐诗歌的韵脚　古无“韵”字，但有“均”字。《说文》“韵”字注云：“和也从音员声。裴光远云古与均同”；[1] 梁顾野王说：“声音和曰韵”；[2] 刘勰说：“同声相应谓之韵”；[3] 可知所谓“韵”也者，便是音声里自然“均”、“和”的节奏。因此，古时虽无韵书，而诗歌的押韵，却能应用叠韵的道理，秩然不紊。并且古人用韵的地方，也不限于诗歌。毛先舒说：“三代以上人书，往往涉笔成韵，亦不必诗歌，经子皆然。……尝以语人，大噱绝倒，然解人闻之，必不河汉”。[4] 大概留心读古书的人，都不否认他这个话的。关于《诗经》的用韵，经明清以来古韵学家的考订，著有许多专书——如陈第的《毛诗古音考》，顾炎武的《诗本音》，孔广森的《诗声类》、《诗声分例》，丁以此的《毛诗正韵》等——我可以不再征引。至于经子散文里边许多“涉笔成韵”的地方，它的功用是在引起读者特别注意于韵语所表的意义，并使人觉得声调和美。例如：

坤，至柔而动也刚，至静而德方，后得主而有常，含万物而化光。坤道其顺乎！承天而时行。积善之家，必有馀庆。积不善之家，必有馀殃。（《易·坤·文言》）

鼓之以雷霆，润之以风雨；日月运行，一寒一暑；乾道成男，坤道成女。（《易·系辞》）

君子知微知彰，知柔知刚，万夫之望。（《易·系辞》）

无偏无党，王道荡荡；无党无偏，王道平平；无反无侧，王道正直。（《尚书·洪范》）

治人事天莫如啬。夫唯啬，是以蚤服；蚤服是谓重积德；重

① 《说文解字》卷三，音部，“韵”字下。

② 《玉篇》卷九，音部，“韵”字下。

③ 《文心雕龙·声律篇》。

④ 《昭代丛书》卷廿九，《用韵丛说》，第10页。

积德则无不克,无不克则莫知其极;莫知其极,是以有国。(《老子》)

五色令人目盲;五音令人耳聋;五味令人口爽;驰骋畋猎令人心发狂。难得之货令人妨:是故圣人为腹不为目,故去彼取此。(《老子》)

仁,可为也。义,可亏也。礼,相伪也。(《庄子·知北游》)

全汝形,抱汝生,无使汝思虑营营。(《庄子·庚桑楚》)

师行而粮食;饥者弗食;劳者弗息;睊睊胥谗,民乃作慝。方命虐民,饮食若流;流连荒亡,为诸侯忧。(《孟子·梁惠王》下)

这都是古人善用叠韵的证据。至于拿双声作韵脚的,虽然不多,但古时的诗歌里也往往发见。钱大昕说:

双声亦可为韵。小雅"决拾既佽,弓矢既调,射夫既同,助我举柴";"佽"、"柴"固韵,"调"、"同",双声亦韵也。[①]

后来张行孚更倡"古人双声叠韵通用"之说。他道:

古人于双声,不惟假借相通,亦用以为韵。王氏引之所云"平"与"便"字、"辨"字,古者皆相通。故《易》彖象传屡用以为韵。钱氏大昕所云后儒所疑彖象传者,不过"民"、"平"、"天"、"渊"诸字,此古人双声假借之例。……汪氏中云:"音固有以双声取协者"。此其明证也。然诸家虽知双声之可为韵,而不谓古人叠韵双声通用者,则以未举三百篇之韵概以双声参之也。诚举三百篇之未合于叠韵者,概以双声通之,则自无不合矣。……夫三百篇之双声为韵,不可胜言。今试以数证明之,已可知矣。如《七月》之"阴"与"冲"韵;《云汉》之"临"与"躬"韵;《荡》之"谌"与"终"韵;《小戎》之"骖"与"中"韵;《召旻》之"频"与"中"韵;《北

① 《十驾斋养新录》卷十六,第1页。

> 门》之"敦"与"摧"韵，钱氏皆以为"转音"。愚按"阴"与"雍"为双声。(原注:"阴"、"雍"之为双声，犹"英"、"雄"之为双声。)古音必有读"阴"为"雍"者，故"阴"可与"冲"韵也。"临"与"隆"为双声，古音必有读"临"为"隆"者。(原注:《诗》"临衝闲闲"，《韩诗》作"隆衝闲闲"。此"临"可读"隆"之证。)故"临"与"躬"韵。"谌"与"虫"为双声，(原注:"谌"、"虫"之为双声，犹"郑"、"重"之为双声。)古音必有读"谌"为"虫"者，故"谌"可与"终"韵也。"骖"与"松"为双声，古音必有读"骖"为"松"者，故"骖"可与"中"韵也。"频"与"蓬"为双声，古音必有读"频"为"蓬"者，故"频"可与"中"、"躬"韵也。"敦"与"堆"为双声，古音必有读"敦"为"堆"者，故"敦"可与"摧"韵也。是钱氏所谓"转音"，皆可以双声通之。……然古韵用双声，必因方俗先有此音。……知古韵之所以不能强合者皆方音为之，方音之所以不能尽合者，皆双声为之，然后古韵之条理可得而言也。[①]

案，音转虽然以双声作枢纽，而另外还有旁的关系，因此我觉得张氏之论未免稍近纡曲；但他所谓"古韵兼用双声，必因方俗先有此音。"云云，却是他的卓见。拙作从方言上说明"音转"之理一篇文章里边，将对于张氏的意思，略有补充，这里且不赘及。

(丙)言语孳乳的缘端　言语的孳乳，和双声叠韵也有很大的关系。语意的引申，不完全像抽稻剥茧一般的逐渐而起；有的循着双声叠韵的音理，相反相对，亦得引申：这是它的第一个功用。当言语才发起的时候，为求意义的明了，或表示丁宁反复，曲像形容的意思，亦往往用双声叠韵连缀成词，以表一事一物。后来，文字虽趋单音，而二节语的蜕形，犹赖之以表现：这是它的第二个功用。现在分别举例

---

① 《说文发疑》，卷一，第20—22页；又第25页。

于后：

(子)循双声叠韵的音理，相反相对而引申者。例如：

天—地　阴—阳　死—生　疾—徐　今—古　精—粗
加—减　夫—妇　公—姑　规—矩　褒—贬　山—水

以上双声。

旦—晚　好—丑　老—幼　聪—聋　祥—殃　取—与
起—止　寒—暖　晨—昏　至—致　明—冥　受—授

以上叠韵。

(丑)用双声叠韵连缀成词以表一事一物者。例如：

一、人名

与夷　弥牟　灭明　伊尹　嫫母　胶鬲　离娄　黎来

以上双声。

皋陶　庞降　奚斯　奚齐　祁黎　蒯聩　韦龟　於菟

以上叠韵。

二、物名

蒹葭　薏苡　唐棣　駒駼　枸檵　枇杷　藷蔗
鸳鸯　鹂离　蝙蝠　蜘蛛　蟋蟀　蝃蝀　鏙锑
詹诸　蛣蚍

以上双声。

玫瑰　芙渠　蜨蝶　蜉蝣　遮姑　鹈鹕　堂蜋
蝘蜓　昆仑　空桐　虾蟆　禰麈　令丁　锒铛
俾倪　嫛婗

以上叠韵。

三、动作和表象

踌躇　　黾勉　　饕锺　　拮据　　尴尬　　容裔　　参差

萧瑟　　仿佛　　惆怅　　匍匐　　忼慨　　𨈖𠘭　　踊跃

契阔　　栗烈

以上双声。

伛偻　　徘徊　　偃蹇　　绸缪　　旖旎　　蝉连　　怆怳

婆娑　　窈窕　　崔嵬　　房皇　　萎甤　　黯黖　　披靡

龙钟　　淟涊

以上叠韵。

此外,还有《说文》里边的谐声字,大多数都和它的声母是叠韵;但是,也有小部分和声母是双声的。如,"豈"从"豈"声,而读若"根";"縠"从"殸"声,而读若"库";"倗"从"朋"声,而读若"陪";"鱻"从"鲜"声,而读若"斯";"寘"从"真"声,而读若"资";"蛇"从"仑"声,而读若"戾"。它所从的声母,没有一个不和"读若"的字是双声的。可见,谐声字孳乳的轨迹,又何尝外乎双声、叠韵的两条大路呢?

(丁)转注假借的枢纽　文字的转注、假借,和古今语、方言的衍变,都是拿双声叠韵作枢纽的。因为造作文字之初,一字虽止一音,而字之叠韵双声一转即变。此处若读甲音,彼处由水土风气和习俗渐染的关系,喉舌唇吻间稍有舛侈,就会转变为乙音。到了后来,彼处所读的音流传于此处,那么,此处的一字遂同时有甲乙两音——这就是古今方俗语音转变的原因。绎其条理,大约不出双声叠韵二途。今试搜集例证,分别说明于后:

(子)转注　许慎《说文解字·叙》说:"转注者,建类一首,同意相受,'考'、'老'是也。"章炳麟解释道:"字之未造,语言先之矣。以文字代语言,各循其声,方语有殊,名义一也。其音或双声相转,叠韵相迤，则为更制一字，此所谓转注也。”[1] 例如：

一、叠韵转注例

“標”，木杪末也，从木，票声；“杪”，木標末也，从木，少声。（標，杪，同在豪部。）

“刑”，到也，从刀并声；“到”，刑也，从刀，𢀖声。（刑，到同在青部。）

“诫”，敕也，从言，戒声；“諅”，诫也，从言，忌声。（诫，諅同在咍部。）

“诪”，詶也，从言，寿声，读若诪；“詶”，诪也，从言，州声。（诪，詶，同在萧部。）

“焜”，火也，从火，尾声；“燬”，火也，从火，毁声。（焜，燬，同在灰部。）

“萧”，艾蒿也，从草，肃声；“萩”，萧也，从草，秋声。（萧，萩，同在萧部。）

二、双声转注例

“依”倚也，从人，衣声；“㥯”，所依据也，从受，工，读与隐同。（依，㥯，同在影类。）

“空”，窍也，从穴，工声；“窠”空也，从穴，果声。（空，窠，同在溪类。）

“屏”，蔽也，从尸，并声；“藩”，屏也，从草，潘声。（屏，藩，同在帮类。）

“谋”，虑难曰谋，从言，某声；“谟”，议谋也，从言，莫声。

---

① 《国故论衡》上《转注假借说》，第 42 页。

(谋,谟。同在明类。)

"颠",项也,从页,真声;"顶",颠也,从页,丁声。(颠,顶,同在端类。)

"嗞",嗟也,从口,兹声;"謎",嗞也,从言,差声。(嗞,謎,同在精类。)

(丑)假借　许慎《说文解字·叙》说:"本无其字,依声托事,'令'、'长'是也。"章炳麟解释道:"字者,孳乳而寖多。……孳乳日繁,即又为之节制。故有意相引申,音相切合者,义虽少变,则不为更制一字:此所谓假借也。"[①] 不过,这是指着造字的方法说;古书里边往往本有其字,亦要"依声托事"的。王引之说:"无本字而后假借他字,此谓造作文字之始也。至于经典古字,声近而通,则有不限于无字之假借者;往往本字见存,而古本则不用本字,而用同声之字。学者改本字读之,则怡然理顺,依借字解之,则以文害辞。是以后世经师作注,有'读为'之例,有'当作'之条,皆由声同声近者,以意逆之,而得其本字。所谓好学深思,心知其意也。"[②] 这种假借也有人叫做"通借",老实说,就是古人写的"别字";但是它在训诂上却很重要。何以呢?因为训诂是要通古今之殊语的,古人虽然不是故意的根据双声叠韵去写别字,而其方俗讹变之由,总不外乎双声、叠韵和同音三个关系。我们若不了解这种音理,而跟着古人将错就错地强作解释,那真不免"举烛"、"鼠璞"之讥了。所以现在有说明的必要。例如:

一、叠韵假借例

"所",伐木声也。本是比况音声的语词。《书·无逸》曰:"君

---

① 《国故论衡》上《转注假借说》,第42页。

② 《经义述闻》第三十二,《通说》下,《经文假借》条。

子所其无逸。"郑注:"所犹处也。"即借为"处"字。"所"、"处"同在模部。

"献",宗庙犬名羹献,犬肥者以献之。《书·大诰》:"民献有十夫。"传训"献"为"贤"。盖借为"彦"字。"献","彦"同在寒部。

"醜",可恶也。此美醜字。《诗》曰"仍执醜虏",《郑笺》训众;《孟子》曰:"今天下地醜德齐",《赵注》"醜"训类:并借为"雠"字。"雠","醜"同在萧部。"宅",所托也。《仪礼·士相见礼》:"宅者,在邦则曰市井之臣,在野则曰草茅之臣。"《郑注》:"宅者,谓致仕者去官而居宅……今文宅或为托。"案,"宅"即借为"托"字,谓"羁旅之人寄托于此国者也"。"宅","托"同在歌部。

二、双声假借例

"追",逐也。此追逐字。《诗》曰:"追琢其章",《毛传》"追"训"雕",即借为"琱"字。"追","琱"同在端类。

"烝",火气上行也。此烝热字。《诗》曰:"天生烝民",《毛传》"烝"训"众",即借为"众"字。"烝","众"同在端类。

"果",木实也。从木,象果形在木之上,此果实字。《左传》曰:"杀敌为果",与果敢义近,即借为"敢"字。"果","敢"同在见类。

三、同音假借例

"光",明也。《尚书·尧典》:"光被四表,格于下上",《传》曰:"光,充也"。盖借为"广"字。"光","广"同在见类唐部。

"方"并船也。《书·尧典》:"汤汤洪水方割",《传》曰:"大水方方为害",喧未有安。"方",盖借为"旁"字。"方","旁"同在滂类唐部。

"易",蜥蜴,蝘蜓,守宫也。《郑玄》谓易有三喧,"简易,一也;变易,二也;不易,三也。"简易之喧盖借为"敡",变易之喧盖借为"傷"。"易","敡","傷",同在影类齐部。

"夷",东方之人也。此东夷字。《诗》曰,"乱生不夷",《毛传》"夷"训平,则借为"徲"。"夷","徲"同在影声灰韵。[1]

我们统观前面所举的例证,可以知道文字训诂和双声叠韵关系的密切了。后来训诂学上的"音训"以及"绝代语"和"别国方言"的解释,没有不根据这种音理的。说到声韵学的本身,汉代的"读若"法,当然不能逾越双声叠韵的范围;"反切"的方法是"以二字为一字之音:上字与所切之字双声;下一字与所切之字叠韵。"[2] 自来的《广韵》学家和等韵学家都是这么样说;至于韵书之构成,亦不过"本乎四声,纽以双声叠韵"[3] 罢了。所以我说:双声叠韵是声韵训诂之学的策源地。

1927年12月31日,在广州寓次

(原载中山大学《语言历史学研究所周刊》第4集,第41期,1928年)

---

① 本篇标音,除记六朝人知双声叠韵一节外,关于周秦古音部分者,姑假定以黄君季刚所考之十九纽二十八部为准。(编者按:因原刊音标不清晰,今均删去。)

② 陈澧《切韵考》卷一,第2页。

③ 孙愐《唐韵序论》。

《广韵》声纽的讨论

刘文锦——罗常培

莘田吾师：

曩年获侍，恨晚且暂。忽别三载，景仰徒殷！近见国立第一中山大学校报，始知师座所在，关山梗阻，恨不能飞从也！

往者，文锦尝从先生受声音文字之学。自尔以还，致力独多。惟自先生行后，此间既乏诱导之师，复鲜切磋之友，擿埴索涂，事倍功半。两年来，虽于古今声韵分合通转之故，声音训诂相关之理，与夫六书要例及古文篆隶遭变之迹，自觉略窥端绪；然恐同闭门造车，未知出能合辙否耳。近据戴东原转语之说作表以验之方言，又通考《说文》全部谐声(将来更欲考春秋三传异文，四家诗异文)，只能明其大部，犹未克全体豁然。依古训"自弃者不可与有为"之义，不敢自分其学之必不能成；而后此之载愤载悱，尤望吾师之以为可启可发也。

今有就正者：《广韵》四十一纽中照、穿、神、庄、初、床诸纽既与他纽不相混用，则在陆法言作《切韵》时，必能辨析其发音。而验诸今人唇吻则与知、澈、澄、精、清、从不殊，心窃疑之。故于此诸纽发声部位，恒留心探究。继考咸阳之读，照、穿不与知、彻发声同，而尝居声出舌齿之间；长安之读，庄、初、床不与精、清、从发声同，而声出齿唇之间。先生尝居西安，此等语言，常接于耳，今尚忆否？意者此或六纽(神为穿浊亦可例知)之存于今日者乎？

苟上列之言不诬,尚有进而论者:四十一纽始影终微,叙列喉舌齿唇之次弟,其大齐无间然矣。乃庄等发声部位在齿唇间,列精等后,邦等前,为最当;而照等发声部位在舌齿间,列于精等前,不直接端等后;又知等发声部位在喉舌间,而列于照等前:似失其次。恒意以为四十一纽之叙如下:先深喉影,喻,于;次浅喉见,溪,群,晓,匣疑;次喉舌间知等;次舌端等;次舌齿间照等;次齿精等;次齿唇间庄等;次重唇邦等;末轻唇非等:不知当否?

文锦因于音理不太隔阂,常以治古书求假借本字。如于《诗·二子乘舟》篇"汎汎其景",《释文》"景如字,或音影"。《正义》曰:"观之汎汎然,见其景之去往而不碍。"王引之以为:"景读如憬。《鲁颂·泮水》篇'憬彼淮夷',《毛传》曰:'憬远行貌。'下章言'汎汎其逝',正与此同意也"。锦谓王氏以为"汎汎其景"与"汎汎其逝"同意,甚是;惟"憬"字《说文》"觉寤也",无远行义:则"景"不当读如"憬",亦不必定训"远行",盖"往"之借字,"景"、"往"古音只开合微异耳。而"憬彼淮夷"之"憬"《毛传》训"远行貌",亦当为"迋"之借字,"迋",《说文》"远行也","憬","迋"古音亦开合微异耳。又以方言解古语,如于《诗·汝坟》篇"惄如调饥",《毛传》"惄,饥意也"。"惄"之古音"泥萧切",而今西安有"泥豪切"之音,每于极饥时说:"肚子□(泥豪切)得很"。锦以为即此"惄"字。此等所用之方法当否?

以上数端倘所谓拘于禀赋,囿于方言,穿凿杜撰,非闳通之论乎?请一一教之!

西大自今年改组为中山学院,旧日班级,完全解散。现在又正着手改为西安中山大学,仍无法结束以前大学诸班。文锦尚未毕业,现在院中管理图书;家境贫寒,就正有道,不敢言也!

先生尝谓锦云:古齿头精等纽或归舌头端等纽,并于华县、岐山方言及古人反切中得有证据;时锦方看《广韵》,先生命将《广韵》中齿头、舌头诸纽字,逐一比较,以究其有无转变。锦尔时阅《广韵》未毕,未能立即如命;近已遵嘱详细考出。不知先生于此问题已论定否?锦亟以一闻为快!如尚须此条,来示当即奉上。专此敬颂

道安。

受业刘文锦顿首

1927 年 12 月 20 日

永久通讯处:西安窑店镇兴盛积号转交。

文锦兄:

别历三年,地隔万里,远劳惠札,欣慰奚如!来书所论数端,识见卓越,不落恒蹊,具征功力之勤,进益之速;居秦数月,获此知音,不禁喜畏交并也!惟迩来鄙见有与尊意不能尽符者,敢共足下一商榷之:

旧定《广韵》声纽为四十一类,兼采陈君兰甫及黄季刚先生说。陈君治学态度之谨严,方法之绵密,堪为吾人楷式者殊多。然其所定四十声类,只取《广韵》切语上字之同用、互用、递用者系联之;外此,除一字两音互注之切语可证声类相同者,虽验诸唇吻,并无差别,稽之旧说,亦尝并合,仍必自成系统,不相杂厕:此"为"、"庄"、"初"、"神"、"山"五纽所由分也。而迩来鄙见,于此不敢苟同者,约有三事。试缕述之:

《切韵》之作,盖取以前之韵书纂辑而成。而《声类》、《韵集》以下,诸书各有乖互。陆书切语沿袭诸家者为多,即使切语上字偶不系联,如发声无殊,亦未可遽定其分。章太炎先生云:"夫其开阖未殊,而建类相隔者,其殆《切韵》所承《声类》、《韵集》诸书芈岳不齐,未定一统故也。因是析之,其违于名实益远矣!"(《国故论衡》上,页 18《音理论》)此言虽指韵类,而按之声类,亦正相同。此一事也。

敦煌《唐写本切韵》出世较晚,陈君未及见之;故其所为《切韵

考》,虽自谓“得其大略”,实未能窥见陆书真相。今据《切韵残卷》考之,陈君所谓不系联者,盖未尽然。若更旁稽元朗释文所引诸家音义则可作“为”等五纽无须另分之证者尤夥。此二事也。

陈君反对字母,故力与守温旧谱立异,以明“双声”远在“字母”之前,且其类别亦与沙门据梵文所定之谱不同。此种成见,已难免抱残守缺之失;而守温时代亦未必在陆词后。(余别有《神珙守温考》。)即依旧说,以守温为唐末沙门,亦采陈说谓“为”等五纽为陆所区分,则《切韵》所分者,守温既已合之,陈彭年等岂能亦如陈君及钱晓徵辈力斥释子之说,仍反陆书之旧耶?此三事也。

综此三事,故余不复遵从陈君所定。拟即此,加之例证,撰为《切韵声纽考》,以申吾说。今不多及。

来书谓“咸阳之读,照等声出舌齿之间;长安之读,庄等声出齿唇之间。”案庄等不必强分,已如上述;足下谓其声出齿唇之间,今既不获与足下觌面辨析,复不能追忆长安语音,姑不具论。至谓照等声出舌齿之间,按之音理尚不相远。黄季刚先生亦定照等为舌齿间音,并谓:“以舌端抵两齿间而发音,音主在舌,不在齿,然借齿以成音,照是也。穿、神、审、禅,皆稍加送气,而分清浊。”(《音略》二,《今声发音法》)若以发音学术语别之,则知等为“舌上阻”,照等乃“舌叶阻”也。

足下据方音以辨析声纽之异,实为卓见。盖三十六字母之音,原非一方人所能尽发;劳乃宣尝云:古人三十六字母本参合当时宇内方音而设,今已多历年所,而各省方音尚不能出其范围。(《简字丛录》页17)准此,则章太炎《正言论》所谓“以纽韵正音,料简州国讹音,变节随在而有;妙契中声,亦或独至”(《国故论衡》上,页51)者,犹属隔阂之论也。余以1926年秋,离京之闽,自此更转历江、浙诸方而来百粤,漂泊逾年,足迹较广;乃知声韵学上诸疑难,有赖于各地方言之参证者实夥,欲明古音,必须自此求之。故年来曾于闽南及广州方音有所探讨;而颇悔曩在关中时,未遑留意及此也!然吾国方言至为复杂,绝非一人之力所能穷究;惟冀各地同志分任调查整理之责,始克有济。今秦中既得足下,则吾道可不孤矣!

倘足下确有志于斯者,可进而商推三事:

(一)王应麟《玉海》卷四十五引韦述《集贤记》注云:"天宝末,上以自古用韵不甚区分,陆法言《切韵》又未能厘革,乃改撰《韵英》仍旧为五卷。旧韵四百三十九,新加百五十一,合五百九十,分析至细。"王静安先生曰:"案旧韵四百三十九,不知何指;《南部新书》谓天宝末有陈友元廷坚撰《韵英》十卷,戴东原疑旧韵指廷坚韵,盖两书皆名《韵英》,天宝御撰之书,当因廷坚书而广之:理或然也。……唐景审序慧琳《一切经音义》云:'……近有元廷坚《韵英》及张戬《考声切韵》。今之所音,取则于此'。是慧琳《音义》全用廷坚及张戬《考声切韵》二书,故其反切与六朝以来诸家字书及韵书颇殊。其开卷音《大唐三藏圣教序》'覆载'二字云:'上敷务反,见《韵英》,秦音也;诸家字书皆敷救反,吴楚之音也'。此一条实为全书起例,凡琳师反切之异于陆、孙诸韵者,胥视此矣。据此,则《韵英》反切以当时秦音为据,与陆韵之据南北朝旧音者不同。……欲考唐时关中之音,固非由《韵英》及《考声切韵》不可。而琳师《音义》中反切实本此二书,苟能取而类之,虽不能见四百余部之全,亦可得其大略及其所以分析之故。此亦音韵学上一大事业,而有待于后人为之者也。"(《观堂集林》卷八,页23、24)案,汪黎庆《小学丛残》中有《韵英》辑本(在《广仓学窘丛书》甲类第一集中),其不完备处,可据慧琳《一切经音义》(有日本刊本,頻伽精舍印《大藏经》本,及上海医学书局影印本。后者较易得)补之。西人 Maspero 尝作《唐代长安的方音》(*Les dialectes de T ch'ang-ngan sous les T'ang*)一长文。以异邦学者探索此土古代方音,纵其方法可采,终不免于隔阂。足下为关中人,若能依王先生所示途径,并证以现代长安口语,则从事唐代关中方音之研究,当非难事:其能试为之乎?

(二)杨雄《方言》,网罗别国殊语;汉代方音藉此以考知者,当不在少。其书中所谓:"秦谓之某","关以西谓之某"者,皆系关中方言。若能汇聚而区分之,参以郭璞之注,证以现代之音,如来书推求"怼"字之例,必可得无数新解:足下其有意乎?

(三)虽然,吾侪研究方言,应于考古通今两途,兼程并进。以上二端,皆偏于考古,而不明现代陕西之方音,亦未必有所创获。此调查陕西方言之不可缓也。调查方言首要之事,约而举之:1. 如方言分布之区域;2. 民族迁徙与方言转变之关系;3. 纽韵及四声之特点;4. 与国语之异同;5. 与邻省方言之异同;6. 与古音之异同;7. 特异之语法;8. 新造之文字等,皆不可忽视。然此事恐非足下一人之力所能尽,必须征集陕西各县之同志,分工合作,始易奏效。中大语言历史研究所对于调查各地方言之计划及表式,均在拟议中。足下苟能分任一部之责,俟印就后,当以奉寄也。

各地方言之征集及整理,为余昕夕冀其实见者;来书偶涉及之,颇以得一同志为喜,故信笔书意,不惮辞费。今请续答第二问:

四十一声纽始影终微之叙,本钱玄同先生说,大致尚无违失。惟钱先生近已废弃旧说,谓应以邦、滂、並、明、非、敷、奉、微、端、透、定、泥、来、知、澈、澄、娘、照、穿、神、审、禅、日、庄、初、床、山、精、清、从、心、邪、喻、于、见、溪、群、疑、晚、匣、影为叙。(《国音沿革》第五讲页8至10)而刘半农先生则主张以见、溪、群、疑、端、透、定、泥、知、彻、澄、娘、帮、滂、並、明、非、奉、敷、微、精、清、从、心、邪、照、穿、床、审、禅、晓、匣、来、日、影、喻为叙。(见北大《国学季刊》第一卷第三号,《守温三十六字母排列法之研究》)余兹番所编讲义,除庄等五纽外,其排列次序悉从钱先生新说。足下谓知等声出喉舌间,应改列见等后,端等前,审诸音理,似未尽合也。

所考“汎汎其景”及“憬彼淮夷”两条,循声音以求本字,怡然理顺,毫无诘屈之病。虽伯申复起,亦或首肯。由此致力,所得当未可量！维足下勉之！此间文字学课程,由余及皖和丁山先生分任。丁君专治形义,学殖远在余上;且治鄦书,不主墨守,往往有独得之胜义,足下倘有质疑处,愿为介绍也。

旧谓古齿头精等纽古或转入端等纽,尽由钱晓徵之说引起。钱君尝曰:“古人多舌音,后代多变为齿音。不独知、澈、澄三母为然也。如《诗》重穋字,《周礼》作‘穜稑’,是‘重’、‘穜’同音。”(《十驾斋养新录》卷五,页30)居秦时,初与华县郭蕴生先生谈,闻其读“晋”如“ㄉㄧㄣ”,读“将”如“ㄉㄧㄤ”,读“就”如“ㄉㄧㄡ”,即窃异之,继询之岐山段绍岩先生亦与华县之音无殊。于是好奇心起,欲遍询陕籍各县同学,以期得一结论。其时惟渭南李君映辉,蓝田杨君潭静,及足下所读之音间有可资印证者,而齿头舌头两类亦非完全相混,尤以咸阳之音区别较多。至于长安鄠县三原、盩厔、郃阳、韩城、商县诸处方音,则相混者殆寡。嗣更就古书中搜集例证,如“坐”字或切“但卧”(宋刊小字本,《平津馆》本,《小藤花榭》本,大徐《说文》均同),“从”字或反“但容”(张守节《史记正义发字例》);“遂泥”亦作“隊泥”(《易震卦释文》。又《说文》“辵”部“遂”、“逃”同训为亡);“卒然”或借“突然”。他如“须”、“待”同训;“笥”、“箪”转注;“造”可训“到”;“迁”义为“登”……诸如此类,不少概见。所以未敢论定者,一以证据弗广,恐蹈武断之失;一以此种转变究为古音抑系方音,亦不能悬揣故也。今岁南来,闻苏沪方言每读“钱”为“ㄉㄟㄧㄢ”,粤中方音,东莞读“精”如“ㄉㄧㄑ”,鹤山读“清”如“ㄊㄧㄑ”,复引起探索之兴趣。承足下将《广韵》中齿头、舌头诸纽字,逐一比较,或可助我更得新义;亟盼速予寄下也。

中大《语言历史学研究所周刊》拟于本年4月出一"方言专号"，定3月中旬集稿；关于陕西各县之方言或方音，足下如能惠以大著，或代征稿，无任欢迎！

西大国学专修科同学想已星散！昝君元勋踪迹若何？能为探询否？

匆覆，敬祝学与日进！

罗常培手覆

1928年1月20日，自广州寓次

（原载中山大学《语言历史学研究所周刊》第2集第14期，1928年）

释 重 轻

郑樵《通志·七音略》四十三转图末，分标“重中重”、“轻中轻”、“重中轻”、“轻中重”诸目。中有数转，更旁注“内重”、“内轻”。其意云何？自来治韵学者鲜得的解。戴震著《声类表》以“轻”、“重”与“开”“合”、“内”“外”并列，参互而得八等。绎其表例，盖以一三等为“重”，二四等为“轻”。[①] 邹汉勋云：“轻重亦只在八等之中。内外言皆一三为重，二四为轻，正隅之辨也。重有大细，轻亦有大细，故八也。”[②] 其论虽适与东原相合，然不免附会旧词，强人就我，已与宋元等韵家言本旨乖违。持较渔仲所标，转滋迷惘！故陈澧谓：“《七音略》又分重中重、轻中轻、重中轻、轻中重，又有小注内重、内轻。戴东原《声类表》亦分内转重声，内转轻声，外转重声，外转轻声。然而何谓重，何谓轻，绝无解说，茫无凭据。皆可置之不论也。”[③] 快刀斩

---

① 《声类表》表首分为开口内转重声，开口内转轻声，开口外转重声，开口外转轻声，合口内转重声，合口内转轻声，合口外转重声，合口外转轻声八目；所谓“内转”皆一二等，“外转”皆三四等。“重声”在内转为一等，外转为三等，“轻声”在内转为二等，外转为四等。惟照组二等附入一等，知组三等附入四等，非微之三等附入四等，敷奉之三等附入一等，与等韵旧说不同。又卷一，第 1 页“磋”开一入开四；卷二，第 3 页“佁”开一入开三，“茝”、“佁”开二入开三，“腆”开一入开四；卷七，第 8 页“坚”、“牵”、“贤”、“烟”、“祆”等开四同入合四；亦与通例微有出入。

② 见《五均论》下《八呼廿论》之三《论轻重》。但邹氏以“开口为内言，为外转，为侈，合口为外言，为内转，为敛”（《八呼廿论》之一），与戴氏所谓内转外转复殊。

③ 《切韵考·外编·后论》，第 17 页。

麻,纠纷立解,未始非廓清旧说之一道。然竟诋为“欺人之说”,“谁能解之”,[①] 非特于渔仲标目原意不加体察,且于东原改订微旨亦未一撢究,则未免以我见自蔽,武断失真矣!闲尝参校宋元等韵诸谱,以窥其义蕴,窃意所谓“重”、“轻”者,固与“开”、“合”异名而同实也。试覙缕佐证,以申吾说。

韵谱之传于今者,以《七音略》及《韵镜》为最古。二书同出一源,审音堪资互证。[②] 且张麟之称郑樵为“莆阳夫子”[③],则于渔仲定名本意,必不至茫无所知。今考《七音略》四十三转,凡称“重中重”者十九,“轻中轻”者十四,“重中轻”者三,“轻中重”者二,“重中重(内重)”,“重中重(内轻)”,“重中轻(内重)”,“轻中重(内轻)”及“轻中轻(内轻)”者各一。《韵镜》则悉削“轻”、“重”之称,别标“开”、“合”之目。于《七音略》所谓“重中重”,“重中重(内重)”,“重中重(内轻)”,“重中轻(内重)”及“重中轻”者,均标为“开”。于所谓“轻中轻”,“轻中轻(内轻)”,“轻中重”及“轻中重(内轻)”者,均标为合。其因钞刊屡易,开合互淆者,且可据例校勘,有所是正。[④] 故《七音略》之“重”、“轻”适与《韵镜》之“开”、“合”相当,殆无疑义;此一事也。

---

① 《切韵考·外编·后论》,第 17 页,自注。

② 《七音略·序》:“臣初得《七音韵鉴》,一唱而三叹,胡僧有此妙义,而儒者未之闻。及尔研究制字,考证谐声,然后知皇颉、史籀之书,已具七音之作,先儒不得其传耳。今作《谐声图》,所以明古人制字通七音之妙;又述内外转图,所以明胡僧立韵得经纬之全。”可见《七音略》之四十三转图与张麟之所得之《指微韵镜》同出一源。

③ 案《韵镜》序例有“莆阳夫子郑公”及“莆阳郑先生”诸称谓。

④ 《韵镜》第二十六转宵韵,第二十七转歌韵,第三十八转侵韵及第四十转谈、衔、严、盐韵,《古逸丛书》本均作“合”。日本盛典《韵镜易解》、文雄《磨光韵镜》、大岛正健《改订韵镜》悉改为“开”,与《七音略》“重中重”之例合。又《韵镜》第二转冬、鍾韵,第三转江韵,第四转支韵,第十二转模、虞韵,《古逸丛书》本均作“开合”。案第二及第十二两转《七音略》作“轻中轻”,《韵镜易解》、《磨光韵镜》及《改订韵镜》均改为“合”,与七音略相等。第三转《七音略》作“重中重”,第四转《七音略》作“重中轻(内重)”,《改订韵镜》均改为“开”,《磨光韵镜》第三转与《古逸丛书》本同,惟第四转改为“开”耳。

《四声等子》并四十三转为十六摄二十图，于“轻”、“重”、“开”、“合”之称，兼存不废。顾归并数转，合成一摄，“轻”、“重”多寡，厥量弗均。于是以通、止、遇三摄及果摄（附假摄）合口为“重少轻多韵”，以宕、曾、梗三摄及果摄（附假摄）开口为“重多轻少韵”，以蟹、臻、山三摄为“轻重俱等韵”，以咸摄为“重轻俱等韵”，以效、流、深三摄为“全重无轻韵”。其所谓“重多轻少”、“重少轻多”诸韵，虽未必权衡适均，锱铢不爽，[1] 而所谓“轻重俱等”者，“开”、“合”对称，多寡相当。所谓“全重无轻”者，有开无合，奇而不偶。且《四声等子·序》谓：“审四声开阖以权其轻重，辨七音清浊以明其虚实。”则以“重”、“轻”为“开”、“合”，尤为确凿有据。此二事也。

综兹二事，则渔仲所标，虽不尽可解，然非全无可解，盖已甚明。且以《七音略》之“重”、“轻”与《韵镜》之“开”、“合”对较，确定东鱼两转是开非合，而后高本汉（B. Karlgren）据《等韵切音指南》读东为［uŋ］，读鱼为［iwo］之误，亦可得而正之。[2] 至于

---

① 《四声等子》所定重少轻多韵惟止摄开多于合，重多轻少韵惟宕、梗两摄开合相称，微与原则不合。但宕、梗两摄开口字数较合口为多，或亦被认为重多轻少之原因耳。至于重轻俱等之咸摄，《韵镜》原分三转，覃、咸、盐（三等）、添列第三十九，谈、衔、严、盐（四等）列第四十；凡列第四十一。此三转中，凡为合口已无问题。而日本释文雄之《磨光韵镜》于第三十九转注云：“诸本皆作合”，第四十转注云：“一本作合”，则此两转是否本如寒、桓两转之开合对列，因 u-与-m 之异化，驯致开合不分，殊有研究之价值。自《韵镜》以后，其辨已晦，故《切韵指南》并第三十九、四十两转为咸摄之开，而尚另分第四十一转为咸摄之合。至《切韵指掌图》及《等子》竟并三转为一，则三转开合之分益混淆矣。然《等子》所以标为“重轻俱等”者，岂将唇音-m 尾误认为合？或覃、谈开合之辨当时犹有疑问耶？

② 东、鱼两转，《七音略》皆为“重中重”，《韵镜》皆为“开”。及《切韵指南》并东、冬、鍾为通摄，并模、鱼、虞为遇摄，而改称“独韵”（《切韵指掌图》与《切韵指南》同，但未立摄名），于是《四声等子》遂俱改为“重少轻多韵”，《康熙字典》前之《等韵切音指南》遂俱改为“合口呼”，而东、鱼之应为开口乃不可考。高本汉沿《等韵切音指南》之误，定东、鱼为合口，因而读东为［uŋ］，读鱼为［ĭwo］，按诸旧谱，殊为未当。关于此点，余别有论文商榷之。兹不多赘。

“中重”、“内重”、“中轻”、“内轻”之别，已涉玄微，苦难质言。故于麟之所不深辨者，亦未敢强为之辞。近人或谓“重中重”、“轻中轻”诸目，“上一字似指韵部之声势，下一字似指表内各字之等音。”① 推验各转，动多疑滞。仁智见殊，不敢苟同。于其所不知，盖阙如也。

“轻”、“重”二词，为言音韵所习用，而异义纷歧，览者滋惑焉。《山海经》：“景山其上多草藷藇。”郭璞注：“根似羊蹄，可食。曙豫二音。今江南单呼为藷，音储。语有轻重耳。”此以“缓读之为二字”者为轻，而以“急读之成一音”者为重也。②《颜氏家训·音辞篇》云：“古语与今殊别，其间轻重清浊，犹未可晓。”《切韵·序》云：“吴楚则时伤轻浅，燕赵则多涉重浊。……欲广文路，自可清浊皆通；若赏知音，即须轻重有异。”之推、法言皆以重轻清浊并举。据贾昌朝《群经音辨·序》：“夫轻清为阳，阳主生物，形用未著，字音常轻。重浊为阴，阴主成物，形用既著，字音常重。……如衣施诸身曰衣(施既切)，冠加诸首曰冠(古乱切)；此因形而著用也。物所藏曰藏(才浪切)，人所处曰处(尺据切)，此因用而著形也。”是以平上为轻清，而以去声为重浊也。日本《口游》引《反音颂》云：“轻重清浊依上，平上去入依下。”③又《七音略·序》云：“七音之韵，起自西域，流入诸夏。……华僧从而定之，以三十六字为之母，重轻清浊，不失其伦。”其所谓重轻，复与《七音略》各转标目殊旨。案江永《音学辨微》云：“其有最清，最浊，又

① 曾广源《转语释补》卷三，第4页。

② 邹汉勋《五均论》下《八呼廿论》四《论轻重》引《郭璞注》而释之曰：“《广韵》诸常恕切，与曙同纽，于字母为禅。又藷署鱼切，即其平声也。又藷章鱼切，一训薯豫别名，一训似薯蕷而大。当即藷之别体也。而直鱼切不收藷字，失之。《玉篇》：‘藷，直居、上余二切，根似茅，可食。’‘茅’当为‘芋’之讹。《玉篇》之二音，与郭氏合。殆顾希冯之旧也。盖三四合等之均，禅为重，澈为轻也。”与鄙见不合。

③ 此书成于日本圆融天皇天禄元年，即宋太祖开宝三年(公元970年)。

次清，又次浊者，呼之有轻重也。”[①] 劳乃宣《等韵一得》云：“戛稍重，透最重，轹稍清，捺最轻。”[②] 而金尼阁《西儒耳目资》亦谓：“重音者，自喉内强吹而出，气至口之外也。惟同鸣之父有之。自鸣之母则无。然同鸣之中亦有能轻而不能重者，有能重而不能轻者。重而不轻者，重德之纯也。重而又轻者，重德之杂也。重而不轻曰黑 h，在同鸣之末，而其半声惟一，故纯重而不轻。同鸣之一至五曰则 ç，者 ch，格 k，百 p，德 t，其变重，半声有二，故杂。试观纯重有内吹及出气之强。杂重如克‘k 先有本半格 k 声，后又有黑 h 纯重之强。测‘ç，撦‘ch，魄‘p，忒‘t 无不皆然。西法重音有号，惟纯杂不同。纯号曰黑 h。杂号于本号之上，左有小钩如‘是也。”[③] 综兹三家之论，虽亦微有异同，然与《口游》引《反音颂》及《七音略·序》所云，固皆辨析声母音势，而与韵、调无涉。以今语释之，盖以塞声及塞通声之送气为重；而以其不送气及鼻声分声通声为轻。至于《等韵一得》以喉牙舌头、正齿重唇为“重音”，而以舌上、齿头轻唇为“轻音”，[④] 则以声母之发音部位为别，与其所谓“戛”、“透”、“轹”、“捺”之“重”、“轻”，复不相谋。一家之言，歧出若此，异代之作，参差可知。韵学不明，此亦一主因也。

其尤不可解者：《广韵》末《辨四声轻清重浊法》以“琎、珍、陈、椿、弘、龟、员、禋、孚、邻、从、峰、江、降、妃、伊、微、家、施、民、同”等为轻清；以“之、真、辰、春、洪、谆、朱、殷、伦、风、松、飞、夫、分、其、杭、衣、眉、无、文、傍”等为重浊(举平声上以概其余)。求诸前述之义，均不可通。盖以开合言，则“珍”、“真”皆开，而“孚”、“夫”皆合也；以等列言，则“同”、“傍”皆一，而“陈”、“辰”皆三也；以音势言，则“琎”、“真”

---

① 《音学辨微》五《辨清浊》。

② 《等韵一得·外编》，第 7 页。

③ 《西儒耳目资·列音韵谱问答》。

④ 《等韵一得·内编》，第 3 页，《字母简谱》。

皆戛，而“椿”、“春”皆透也。至于轻清重浊，四声分列，已足征其异乎贾(昌朝)说；而轻清兼收“邻”、“陈”、“民”、“微”，重浊兼收“真”、“春”、“飞”、“衣”，尤可证其清浊不辨。邹汉勋谓：“《广韵》末有《辨四声轻清重浊法》，主于明轻重，而清浊其所兼及耳。”[①] 又谓：“《广韵》所谓轻，殆内二外二内四外四之四等，重则内一外一内三外三之四等也。而清浊又非轻重，殆内为清而外为浊耳。”[②] 强纳旧说于设想之定型中，于原表内容实未尝深绎。今考《玉篇》卷首所载《辨四声轻清重浊总例》，以“琎、珍、真、桩、之、龟、春、䄄、孚、邻、朱、峰、飞、风、妃、伊、微、家、施”等为轻清；以“弘、陈、辰、员、洪、谆、从、殷、伦、降、松、江、夫、分、其、杭、衣、眉、无”为重浊(举平声上以概其余)。例字与《广韵》全同，而分类与《广韵》大异。其间除误以“邻”、“微”二浊声为轻清，以“江”、“谆”、“夫”、“分”、“衣”、“殷”六清声为重浊外，清浊之界，秩然不紊，则《广韵》所载，必经无识者所窜乱，盖可断言。邹氏所论，殆未能深思明辨耳！

夫名实日淆则学理日晦，凡百皆然，而以资乎口耳之韵学为尤甚。傥能综汇众说，从事正名，于异名同实及同名异实者，逐一勘究疏证之，使后之学者，顾名识义，无复眩惑之苦，盖亦董理韵学者之急务也。

1930年6月20日

(原载中央研究院历史语言研究所《集刊》第二本第四分，1932年。署名罗常培。又收入《罗常培语言学论文选集》，中华书局，1963年。原题下有副题“等韵发疑二，释词之三”)

---

① 《五均论》下《八呼廿论》之三《论轻重》。

② 同上，《八呼廿论》之十六《〈广韵〉辨四声轻清重浊法表》。

附:《七音略》、《韵镜》、《四声等子》重轻开合对照表

《广韵》韵部	高本汉音读	《七音略》之重轻	《韵镜》之开合	《四声等子》之重轻开合并列
歌	ɑ	重中重	合(?)	果摄,重多轻少,开口呼
麻 加 麻 耶	a ia	重中重	开	果摄,重多轻少,开口呼
鱼	iwo(?)	重中重	开	遇摄,重少轻多
咍 皆谐 祭例 齐鸡	ɑi ai ĭæi iei	重中重	开	蟹摄,轻重俱等,开口呼
脂夷	i	重中重	开	止摄,重少轻多,开口呼
豪 肴 宵 萧	ɑu au ĭæu ieu	重中重	开	效摄,全重无轻
宵(四等)	iæu	重中重	合(?)	效摄,全重无轻
侯 尤 幽	ə̆u ĭə̆u iə̆u	重中重	开	流摄,全重无轻
覃 咸 盐(三等) 添	ɑm(-p) am(-p) ĭæm(-p) iem(-p)	重中重	开	咸摄,重轻俱等
谈 衔 严 盐(四等)	ɑːm(-p) aːm(-p) ĭɐm(-p) iæm(-p)	重中重	合(?)	咸摄,重轻俱等
侵	ĭəm(-p)	重中重	合(?)	深摄,全重无轻

（续表）

《广韵》韵部	高本汉音读	《七音略》之重轻	《韵镜》之开合	《四声等子》之重轻开合并列
寒 删颜 仙延 先前	ɑn(-t) a:n(-t) ĭæn(-t) ien(-t)	重中重	开	山摄，轻重俱等，开口呼
痕 臻 真	ən(-t) ĕn(-t) ĭen(-t)	重中重	开	臻摄，轻重俱等，开口呼
红 东 融	uŋ(-k) (?) ĭuŋ(-k)	重中重	开	通摄，重少轻多
江	ɔŋ(-k)	重中重	开合*	宕摄，全重
唐冈 阳良	ɑŋ(-k) ĭaŋ(-k)	重中重	开	宕摄，重多轻少，开口呼
羹 庚 京 清征	ɐŋ(-k) ĭɐŋ(-k) iæŋ(-k)	重中重	开	梗摄，重多轻少，开口呼
耕争 清征 青经	ɐŋ(-k) ĭæŋ(-k) ieŋ(-k)	重中重	开	梗摄，重多轻少，开口呼
登灯 蒸丞	əŋ(-k) ĭəŋ(-k)	重中重	开	曾摄，重多轻少，启口呼
之	i:	重中重(内重)	开	止摄，重少轻多，开口呼(?)
支移	iĕ	重中轻(内重)	开合*	止摄，重少轻多；开口呼(?)
微衣	ei	重中重(内轻)	开	止摄，重少轻多，开口呼(?)
泰盖 佳街 祭例	ɑ:i a:i ĭæi	重中轻	开	蟹摄，轻重俱等，开口呼

（续表）

《广韵》韵部	高本汉音读	《七音略》之重轻	《韵镜》之开合	《四声等子》之重轻开合并列
山艰 元言 仙延	an(-t) ĭɐn(-t) iæn(-t)	重中轻	开	山摄，轻重俱等，开口呼
欣	ĭən(-t)	重中轻	开	臻摄，轻重俱等，开口呼
模 虞	uo iu	轻中轻	开合*	遇摄，重少轻多
戈 锅 戈 靴	uɑ ĭuɑ	轻中轻	合	果摄，重少轻多，合口呼
麻瓜	ua	轻中轻（一作重）	合	果摄，重少轻多，合口呼
泰外 佳蛙 祭岁	uɑːi waːi ĭwæi	轻中轻	合	蟹摄，轻重俱等，合口呼
支为	wiě	轻中轻	合	止摄，重少轻多，合口呼（？）
凡	iwɐm(-p)	轻中轻	合	咸摄，重轻俱等
山鳏 元原 仙缘	wan(-t) ĭwɐn(-t) iwæn(-t)	轻中轻	合	山摄，轻重俱等，合口呼
魂 谆	uən(-t) ĭuen(-t)	轻中轻	合	臻摄，轻重俱等，合口呼
文	ĭuən(-t)	轻中轻	合	臻摄，轻重俱等，合口呼
冬 鍾	uoŋ(-k) ĭwoŋ(-k)	轻中轻	开合*	通摄，重少轻多
唐光 阳方	wɑŋ(-k) ĭwaŋ(-k)	轻中轻	合	宕摄，重多轻少，合口呼
庚横 清倾	wɐŋ(-k) ĭwæŋ(-k)	轻中轻	合	梗摄，重多轻少，合口呼

（续表）

《广韵》韵部	高本汉音读	《七音略》之重轻	《韵镜》之开合	《四声等子》之重轻开合并列
耕宏 青萤	wɐŋ(-k) ǐweŋ(-k)	轻中轻	合	梗摄，重多轻少，合口呼
登肱 蒸域	wəŋ(-k) (ǐwəŋ)(-k)	轻中轻	合	曾摄，重多轻少，合口呼
微归 废秽	wĕi iwɐi	轻中轻(内轻)	合	止摄，重少轻多，合口呼
灰 皆怀 祭岁 齐圭	uɑi wai ǐwæi iwei	轻中重	合	蟹摄，轻重俱等，合口呼
桓 删关 仙缘 先玄	uɑn(-t) waːn(-t) ǐwæn(-t) iwen(-t)	轻中重	合	山摄，轻重俱等，合口呼
脂追	wi	轻中重(内轻)	合	止摄，重少轻多，合口呼

释内外转

一 《四声等子》及《切韵指掌图》中之《辨内外转例》

郑樵《通志·艺文略》载无名氏《切韵内外转钤》及《内外转归字》各一卷,其书久佚,内容无从探究。《通志·七音略》及《韵镜》所列四十三图,各标以内转、外转,而亦绝无解说。至《四声等子》、《切韵指掌图》及《切韵指南》虽已并转为摄,然犹兼存内外之称;《等子》及《指掌图》且释其义曰:

> 内转者,唇、舌、牙、喉四音更无第二等字,唯齿音方具足;外转者,五音四等都具足。今以深、曾、止、宕、果、遇、流、通括内转六十七韵;江、山、梗、假、效、蟹、咸、臻括外转一百三十九韵。[①]

> 内转者,取唇、舌、牙、喉四音更无第二等字,唯齿音方具足;外转者,五音四等都具足。旧图以通、止、遇、果、宕、流、深、曾八字括内转六十七韵;江、蟹、臻、山、效、假、咸、梗八字括外转一百三十九韵。[②]

两书所释,除摄次不同,文字微异外,固皆以二等字五音具足与否为区分外转内转之准则。然齿音独具二等者何以谓之"内"?五音皆具

---

① 《四声等子·辨内外转例》,《咫进斋丛书》本。

② 《切韵指掌图·辨内外转例》,《十万卷楼丛书》本。

二等者何以谓之“外”？仍未有明确之解释。若即其所释而推绎之，则凡正齿音独具二等者，其反切下字并与同韵之三等通，所异者惟在反切上字（例如：《韵镜》第十一转鱼韵正齿音二等，“葅”，侧鱼切，同韵三等，“诸”，章鱼切；第十二转虞韵正齿音二等，“刍”，庄俱切，同韵三等，“朱”，章俱切）；以视五音具足之二等与三等声韵俱异者，迥不相同（例如：《韵镜》第二十五转，二等肴韵正齿音“䫸”，侧交切，三等宵韵正齿音“昭”，止遥切；第二十四转，二等删韵正齿音“跧”，阻顽切，三等仙韵正齿音“专”，职缘切）。盖一在三等韵“内”，因声母之硬化而转等[①]；一出三等韵“外”，因元音之不同而转等也。此但就两书之《辨例》望文引申，至其是否得内外转之真义，是否按诸《韵镜》及《七音略》而皆合，后当详论。惟自元以降，即对于《等子》、《指掌图》所释，亦往往发生误解。《切韵指南》后附《门法玉钥匙》第十三云：[②]

> 内外者，谓唇、牙、喉、舌、来、日下为切，韵逢照一[③]，内转切三，外转切二，故曰内外。如：“古双”切“江”字，“矣殑”切“熊”字之类，是也。

是又专指反切下字之属于正齿二等者如何取字而言，与《辨内外转例》之本旨复异。

明清治等韵者，或引申《辨例》之说而犹豫两可。

袁子让《字学元元》曰：

> 《等子》有内八转，外八转，共十六转。其内外之取义，从二等之盈缩分也。（《凡例》十六）

> 《等子》内外各八转。……其谓之内外者，皆以第二等分；二

---

① 正齿音二等为“齿上音”（supradentals）。齿上音声母每与ɪ介音不相容，故在此类声母后，三等韵母之ɪ介音往往为其硬化而消失，因而在听感上遂与二等元音之音彩相近。

② 据明弘治九年仲冬金台释子思宜重刊本。

③ 此所谓照一即指照母二等。

等牙、舌、唇、喉下无字,惟照一[1] 有字者,谓之内转;二等牙、舌、唇、喉下皆有字,不独照一有字者,谓之外转。以二等字限于照一内,故谓之内;字浮于照一外,故谓之外。此其义也。或谓:二等发声,发者为外,故照一切二谓之外;三等收声,收者为内,故照一切三谓之内。其说亦通。(卷一,页 18,《十六转内外》)

吕维祺《音韵日月灯》曰:

案内外之分,以第二等字论也。二等别母无字,惟照二[2]有字,谓之内,以字少拘于照之内也;二等各母俱有字谓之外,以字多出于照之外也。

又曰:

二等属发,故谓之外;三等属收,故谓之内。

或沿袭《门法》之说,而不撢其究竟。

袁子让《字学元元》于前所引之内外转解释外,更于《门法玉钥匙》之内外门下附注云:

此明十六摄。其八名内转,又其八名外转者,谓各摄唇、牙、喉、舌、来、日之切,若韵逢齿中照一等,在内转摄中便切第三等字,在外转摄中便切第二等字。盖内转之摄,牙、舌、唇、喉下四音皆无二等字,惟齿音二等照一有字,故虽逢二等之韵而他音下无二等字可切,故只切第三,以二等字域于照一内也,故谓之内;外转之摄,不独齿中有照一,而牙、舌、唇、喉四音俱有二等字,故通可切二等,以二等广于照一外也,故谓之外。此门皆专以二等字之多寡而分也。如:"矣殑"切"熊","矣"喉切,而内转喉下无

---

① 此所谓照一即指照母二等。

② 《音韵日月灯》所谓照二,实即《门法玉钥匙》与《字学元元》之照一,亦指照母二等而言。

二等，故切三之“熊”；“古双”切“江”，“古”牙切，而外转牙下有二等，故切二之“江”。是其例也。自是内外切法，如：“香楚”切“许”，“王所”切“雨”，“呼士”切“喜”，“古祟”切“弓”，“九数”切“句”，“公士”切“几”，“元初”切“鱼”，“妇阻”切“父”，皆从内转切三；如“江卓”切“珏”，“牛要”切“瓦”，“亡爪”切“卯”，“古梢”切“交”，“户生”切“行”，“渔沙”切“牙”，“古生”切“更”，皆从外转切二。学者详之。至于果、假同摄，古谓之“内外混等”，谓果内而假外，二门互相切也。然此门法，予有疑于果，并有疑于臻焉。夫内转韵逢照一切三，而果止辖一等，照一三等皆非所辖，何以谓之内？外转逢照一切二，而臻摄唇牙喉下并无二等字，何以谓之外？此则袁生所未识也。内外不定，其此之谓乎？（卷三，页11，12）

《续通志·七音略·门法解》云：

内三者，谓见、溪、郡、疑，端、透、定、泥，知、彻、澄、娘，帮、滂、並、明，非、敷、奉、微，晓、匣、影、喻，来、日，此二十六母一二三四为切，韵逢内八转照、穿、状、审、禅第一者，并切第三：

姜居霜切　　金居林切　　玉牛数切　　仿甫爽切

外二者，谓见、溪、郡、疑，端、透、定、泥，知、彻、澄、娘，帮、滂、並、明，非、敷、奉、微，晓、匣、影、喻，来、日，此二十六母一二三四为切，韵逢外八转照、穿、状、审、禅第一者，并切第二：

江古双切　　麻末沙切　　班布山切　　皆官斋切

谨案，内三外二门亦因古人切脚不合今韵而立，故以内转外转而分切法，犹之通广、偈狭二门以通广六摄偈狭八摄而分切法也。或云：牙、舌、唇、喉四音无第二等字，惟齿音方具足，为内八转；五音四等字皆具足，为外八转。以其说考之：臻摄开合二呼牙、舌、唇、喉四音皆无第二等字，亦名外转，则二等字多少之说为不可通矣。

周春《小学馀论》云：

案内八转通、止、遇、果、宕、曾、流、深八摄是也；外八转江、蟹、臻、山、效、假、梗、咸八摄是也。何以谓之内外转？谓见、溪、群、疑，端、透、定、泥，知、彻、澄、娘，非、敷、奉、微，晓、匣、影、喻，来、日，此二十二母为切，韵逢照、穿、床、审、禅第一，内转切三，外转切二。如："居霜"切"姜"字，"矣殊"切"熊"字，是内三门；"古双"切"江"字，"德山"切"𧩊"字，是外二门之类是也。此亦十三门法之一，乃检查反切板法，但可因此悟入，若既悟之后，则亦无用矣。(卷下，页8)

要皆望文生训，未能彻底了解。

间有心知其意者，又以《辨例》本身已自相矛盾，主张"但云二等止有正齿，则切三等，……无庸立内外名目"。

梁僧宝《切韵求蒙》云：

通、止、遇、果、宕、流、深、曾八摄为内转。凡内转者，牙舌唇喉无二等字，独齿音具足四等也。江、蟹、臻、山、效、假、咸、梗八摄为外转。凡外转者，牙舌唇齿喉具足四等也。《切韵指掌检例》说本如此，而按之诸家韵谱不尽符，且必数韵合为一叶，其说始明，盖所谓具足四等者，非专在一韵也；若每韵各分叶，则此说可姑置弗论。又内转惟正齿有二等，则用三等引韵，如"侧吟"切"簪"，"仕兢"切"磳"，"簪"、"磳"皆二等，"吟"、"兢"皆三等，所谓内转切三也。若外转牙、舌、唇、齿、喉俱有二等，则仍用二等引韵，所谓外转切二也。然臻摄亦惟正齿有二等，如"测人"切"枂"，"所巾"切"𧊿"，"枂"、"𧊿"皆二等，"人"、"巾"皆三等，原同内转切三之例，何以又属之外转？矛盾若此，不如但云二等止有正齿则切三等说较合矣，无

庸立内外名目。(页6下小注)

盖臻摄二等只有正齿,而列之外转;果摄全无二等,而列之内转,皆与《辨例》显然牴牾。无怪陈澧、劳乃宣辈参互推求,每多龃龉,无从窥其条理,[①] 认为"内转外转但分四等字之全与不全,与审音无涉……宜置之不论"[②] 也。

果内臻外之与《辨例》牴牾,袁子让、梁僧宝及《续通志·门法解》均论及之。即明释真空《创安玉钥匙捷径门法歌诀》之《内外门例》亦谓:

> 通、曾、止、遇、宕、流、深,故号名为内转门,效、假、江、山、咸、梗、蟹,内三外二自名分。[③]

独于果臻两摄存而不论。又日人大矢透《韵镜考》引古写本《切韵指掌》[④]云:

> 内转者,取唇、舌、牙、喉四音更无第二等字,只齿音方具足;外转者,五音四等都具足。旧图以东(?)[⑤]、通、止、遇、宕、流、深、臻八字括内转六十七韵,江、蟹、山、效、果、假、咸、梗八字括外转一百三十九韵。(《韵镜考》页83引)

汤浅重庆《韵镜问答钞》所引亦同:

> 《切韵指掌》云:内转者,取唇、舌、牙、喉四音更无第二等字,唯齿音方具足;外转者,五音四等都具足。旧图以曾、通、止、遇、宕、流、深、臻八字括内转六十七韵,以江、蟹、山、效、果、假、咸、

---

① 劳乃宣《等韵一得·外编》,第49、50页。

② 陈澧《切韵考·外编》卷三,第12页下。

③ 《篇韵贯珠集》卷八。

④ 大矢透云:"河井仙郎所藏冈本保孝手泽本。《十六摄考》于《切韵指掌图》注云'又,古抄本藏于予家者',盖谓此也。"

⑤ 大矢透云:"东为曾之讹,由下引《韵镜问答钞》所举《切韵指掌》作'曾'可知。"

梗括外转一百三十九韵。(《韵镜考》页85引)

径以臻属内转,果属外转,与刊本《等子》及《指掌图》均异。惟其所谓“古”者,究在何时,既无从确定;且内转六十七韵及外转一百三十九韵仍沿刊本之旧,亦与臻、果互易后之韵数不符;故尚难资信据。窃谓臻、果两摄所以致乖互者,则以臻摄虽只有正齿二等,而臻韵独立一韵,与其他附入三等者不同;果摄全无二等,必与假摄同列,其转别始显;专据《辨例》之说,殊难判其内外。然二等具足与否,实系并转为摄后之偶然现象,聚韵成摄,乃可知其所指。今《韵镜》及《七音略》中之第九(微开)、第十(微合)、第十九(欣)、第二十(文)、第四十一(凡,《七音略》第三十三)五转,全无二等而各成一图,当其未并入止、臻、咸三摄以前,将何从判其内外?傥知内外转之分,别有所在,而二等具足与否之说不尽足据,则非特果应属外,臻应属内,即宕摄亦当自内移外也。(详下文)

二　关于内外转之异解

明清以来,不慊于《四声等子》及《切韵指掌图》之《辨内外转》而别抒新解者,实不乏人。举其著者,则或以收音为内,发音为外:

袁子让《字学元元》云:

> 或谓二等发声,发者为外,故照一切二谓之外;三等收声,收者为内,故照一切三谓之内。(卷一,页18《十六转内外》)

吕维祺《音韵日月灯》云:

> 二等属发,故谓之外;三等属收,故谓之内。

或以合口为内,开口为外:

戴震《声韵考》云:

> 各等又分开口呼合口呼,即外声内声。(页5下)

邹汉勋《五均论》云：

> 郑樵《七音略》有内转外转之目，刘鉴《切韵指南》每摄有内外之辨，江慎修谓之侈敛，即开口合口之说也。大氐开口为内言，为外转，为侈；合口为外言，为内转，为敛：其名殊，其实一也。(《八呼廿论》—《论内言外言即开口合口》)

或以开口为内，合口为外：

西人商克(S.H.Schaank)疑内转或即开口，外转或即合口。(*T'oung Pao*, Ser.1.vol.IX, p.36 note)

或以翕音为内，辟音为外：

方以智《切韵声原》引《邵子衍》：[①]

> 多良千刀妻宫心　　开丁安牛牙鱼男(外转)
>
> 禾光元毛衰龙寻　　回君湾侯瓜乌罷(内转)
>
> (《通雅》卷五十，页21)

或以辟音为内，翕音为外：

释宗常《切韵正音经纬图》云：

> 辟音开括：唇齿齐张而动，内转成音；
>
> 辟音发括：唇齿略张而微动，内转成音；
>
> 翕音收括：唇吻略聚而动，外转成音；
>
> 翕音闭括：唇吻相聚而微动，外转成音。

或以吸音为内，呼音为外：

日人毛利贞斋《韵镜秘诀袖中钞》云：

> 一说内转之字唱之必吸气，外转之字调和如呼息。(卷七，页15上)

---

① 案邵雍《皇极经世声音图》但以"多开"等为"辟音"，"禾回"等为"翕音"，其外转内转则为方氏所注。

日释盛典《韵镜易解》云：

或云内转所属字吟称之有吸气，外转所属字调和似呼息。（卷一，页22上）

或以舌缩为内，舌舒为外：

汤浅重庆《韵镜问答钞》云：

内转者，呼其字舌缩如没内。通、止、遇、宕、流、深、臻、曾八摄谓之内转。假令呼"东"字，舌声转于内。舌者，声音之总会也。故舌声转于内，馀声亦转于内，是名之为内转。外转者，呼其字舌舒如出外。江、蟹、山、效、假、果、咸、梗八摄谓之外转。假令呼江韵之字，舌舒出外。舌声转于外，馀声亦转于外，名之为外转。（《韵镜考》页85引）

毛利贞斋《韵镜秘诀袖中钞》云：

逐韵四十三转中有内转外转之别。内者，呼字音舌缩如入内者也；外者，唱字音舌舒似出外者也。舌者，音声之总会也。故依舌之舒缩，如唇、牙、齿、喉之馀声亦有内外之异也。（卷一，页3上）

日人河野通清《韵鉴古义标注》云：

内外转者，声音因舌展缩而内外互转也。转者，圆啭流利为义。（卷下，甲）

或以旋于口内者为内，旋于口外者为外：

日释文雄《磨光韵镜索隐》云：

雄案，转，《广韵》云："陟兖切，旋也。"音旋于口内，是曰内转，通、止等八字所属之韵是也；音旋于口外，是曰外转，江、蟹等八字所属之韵是也。《指掌》及《日月灯》之说未稳，盖为图以后之论也已。（页17下）

异说纷纭，莫衷一是。然稽之宋元等韵诸图，内转不皆收声（三等），外转不皆发声(二等),则袁子让、吕维祺之说不可通;内外转各有开合或辟翕,则戴震、邹汉勋、商克、方以智、释宗常之说不可通。至于吸音呼音,舌缩舌舒,内旋外旋之类,尤嫌玄而不实,难以质言。要皆未能豁然贯通,怡然理顺也。

三　内外转与主要元音之关系

闲尝遍考宋元韵谱,证以《切韵》音读,窃谓内转外转当以主要元音之弇侈而分。此说清儒江永已能言之。《古韵标准》云:

> 二十一侵至二十九凡,词家谓之闭口音,顾氏合为一部。愚谓:此九韵与真至仙十四韵相似,当以音之侈弇分为两部。神珙等韵分深摄为内转,咸摄为外转,是也。(第十二部总论)

惟始发其绪,语焉不详;且但举咸、深两摄示例,未能通考诸摄。日本之《韵镜》家亦有知内外转与元音之关系者:
津高益奥《韵镜谚解大成》云:

> 一说,内转者,字之始有ウ假名;外转者,字之始有アイエヲ四假名。(卷一,页5下)

其说至疏,按之各转,多不相合。至大岛正健及大矢透乃推阐加详,后出转精。
大岛正健《韵镜音韵考》云:

> 内转者,指在一等为o(オ)元音,或一等缺位,在二等以下为o(オ),u(ウ),i(イ)等元音者而言;外转者,指一二等为a(ア)元音,三四等为e(エ)元音者而言。开合两转对列时,内外之别同一,合转以开转为定则。(页13;《韵镜新解》同)
>
> 对照内外两转所属诸韵之性质,内转其响轻而弱,外转其响重而强。内转外转之别,当与吸音呼音之别同;内转之韵即吸

音,外转之韵多呼音。(页 18;《韵镜新解》同)

大矢透《韵镜考》亦以内外转之差别,由“体韵”之“撮口”、“张口”而定,并以假名示各摄等位之韵形如下表:

《韵镜考》中之内外转图

	摄目		果	遇	止	流	通	曾		臻	深
撮口体韵类	体韵	一等	オ	ウ	○	オ	オ	オ		○	○
		二等	○	○	○	○	○	○		○	○
		三等	イヨ	ウイエ	イ	ウイユ	ウイユ	イヨ		イ	イ
		四等	○	○	ㇾ	ㇾユ	○	ㇾヨ		ㇾ	ㇾ
	音尾		○			ウ		ㇷ		マ	ㄥ
	摄目		假		蟹	效	宕	江	梗	山	咸
张口体韵类	体韵	一等	○		ア	ア	ア	○	○	ア	ア
		二等	ヱヤ		アエ	アエ	○	アエ	アエ	アエ	アエ
		三等	イヤ		エ	エ	イヤ	○	エ	エ	エ
		四等	ㇾヤ		亻	亻	ㇾヤ	○	亻	亻	亻
	音尾		○		イ	ウ		ㇷ		マ	ㄥ

编者注:本表“音尾”一栏中的ㇷ = ng,マ = n,ㄥ = m。

且谓:

> 读者试连呼上下二段之各四等观之:上段撮口呼,岂非自一等至四等口形次第狭小,同时发声气息亦恰觉有引入内方之势?下段张口呼,岂非次第觉有向外方强呼之势?若以此分类为正当,而试释撮口呼为内转,张口呼为外转,则应何如?自宋以来对此区区内外转之意义问题迄无定论,岂非至此始得明快说明之耶?(《韵镜考》页99)

惟于《切韵》音值既未考证尽当,而“呼音、吸音”,“张口、撮口”之称,尤易滋人误会:是皆有待于修订者也。至于果、臻、宕三摄之属内属外,两人意见亦不一致。大岛正健认果、宕两摄之元音为o,故仍列于内转[1];而于臻摄则谓:

> 《韵镜》之古本中,有以第十七、第十八、第十九、第二十之四转为外转者,其理由不可窥测。第六、第七两转对第十七、第十八两转,及第九、第十两转对第十九、第二十两转,均系无尾韵对有尾韵之关系,应为同性质之转,故无尾韵方面与有尾韵方面当同属内转,自不待言。其作为外转者,殆误记也。(《韵镜新解》页18)

故亦改列为内转。大矢透以为:“第二等有字无字,为制图上偶然之现象,其理由不可解,而学术上之分类自当以体韵之开合为当然。”于是既移臻摄属内,复据《切韵指掌》宕江同图例(第十三、第十四)及唐译《陀罗尼集梵语杂名》之对音,改列宕摄为外转。惟于果摄独据明觉《悉昙要诀》之译音仍列于内转,“以使体韵之张撮与音尾之相同者两两对立”,则犹囿于内外各八之遗型,未敢使其偏畸。[2] 而不知果、

① 参阅《韵镜音韵考》及《韵镜新解》,第16页。

② 参阅《韵镜考》,第93—99页。

假两摄《切韵指掌》亦合为一图（第十一、第十二），果、假之不能同图异转，正犹宕、江之不能同图异转也。逮其晚年，始自觉未安，故于《隋唐音图》中决定以通、曾、流、止、臻、深、遇七为内摄，以宕、江、梗、效、蟹、山、咸、果、假九摄为外转。如附图（见下两页）所示[①]：

《韵镜》诸本中，关于果、臻、宕三摄内外之判定，所补殊鲜。其可稍资启发者，则日本醍醐三宝院所藏嘉吉元年（即明英宗正统六年，1441）写本以第二十七转（歌）为外[②]；宽永五年（明思宗崇祯元年，1628）刊本以第十七转至第二十转（真、谆、欣、文等）为内；又清乾隆十三年（1748）刊本《通志·七音略》以第三十四转（即《韵镜》第三十一转唐阳开口）为外，于参差错落中正可窥见古本《韵镜》之消息。若更就各摄所含之元音求得通则，以为判定内外之标准，则愈可增加校勘上之佐证也。

今若假定内七外九之说为可信，而就近人拟测之《切韵》音值[③]以归纳其通则。

（甲）内转七摄

1. 止摄四韵[④]，其主要元音为[i]：

　　脂[i]　之[iː]　支[iĕ]　微[ĕi]

2. 遇摄三韵，其主要元音为[u]及[o]：

　　模[o]　鱼[ĭo]　虞[ĭu]

3. 通摄三韵，其主要元音为[o]：

　　东[oŋ]　冬[uoŋ]　鍾[ĭwoŋ]

---

① 《隋唐音图》于昭和七年（1932）出版，系震灾后补修者。

② 据《韵镜考》，第211页所引。

③ 本文所用《切韵》音值，除模、鱼、东三韵外，皆依高本汉之拟测。

④ 此处所谓韵，皆举平以赅上去入。

《隋唐音图》中之内外转图(上)

内外转图		转别	内转																		
		口形	撮口呼																		
		十六摄目	通		曾		流	止							臻				深	遇	
	音别	等位	开	合	开	合	开	开	合	开	合	开	开	合	开	合	开	合	合	开	合
体韵晓匣二母ノ音二限ルハ〇ヲ附ス齿音二限ルハ〇ヲ附シ牙音ト	汉音	一	オ	オ	オ	オ	オ								オ	オ					オ
		二	オ゚	イ゚ ヨ	イ゚ ヨ		イ゚ ユ	イ゚		イ゚	ウ イ	イ゚			イ゚	イ エ			イ゚	オ゚	ウ゚
		三	イイ ユ	イ ヨ	イ ヨ	エ	イイ ユ	イ		イ	イウウ イヰ゚	イ	イ	イウ ヰ	イ	イイウ エヰ	イ	ウ	イ	イ ヨ	イ エ
		四	イ ユ	イ ヨ	イ ヨ		イイ ユ	イ	イウウ イヰ゚	イ	イウウ イヰ゚	イ			イ	イイ ユ			イ	イ ヨ	ウイ ユ
	吴音	一	ウオ	ウ	オ	オ	ウ								オ	オ					オ
		二	ウ゚	オ゚	オ゚イ ヨ		ウ゚	イ゚	ウ イ゚	イ゚	ウ イ゚	イ゚			イ゚	イ ユ			イ゚	オ゚	ウ゚
		三	イオウ ユ	イウ ユ	オイ ヨ	エ	イ ユ	イ	イウウ イヰ゚	イ	イウウ イヰ゚	イ	イエ	イウ ヰ	イオ	イイオ エ	オ	ウオ	イオ	イオ ヨ	ウイ ユ
		四	イウ ユ	ヨ	イ ヨ		イ ユ	イ	イウウ イヰ゚	イ	ウウ イイヰ゚	イ			イ	イ			イ	オ	ウイ エ
	音尾	汉原音 平上去	ヷ		ヷ		ウ								マ				ム		
		汉原音 入	ワ		ワ										[illegible]				フ		
		汉音 平上去	ウ		ウ		ウ								ン				ム		
		汉音 入	ク		ク										ツ				フ		
		吴音 平上去	ウ		ウ		ウ゚								ン				ム		
		吴音 入	ソ		ク										チ				フ		
每转排当二百六韵		转次	一	二	四二	四三	三七	四	五	六	七	八	九	一〇	一七	一八	一九	二〇	三八	一一	一二
		平	东	冬锺	登蒸	登蒸	侯尤幽	支		脂		之	微		痕臻真	魂谆	欣	文	侵	鱼	模虞
		上	董	肿	等拯		厚有黝	纸		旨		止	尾		很轸	混准	隐	吻	寝	语	姥麌
		去	送	宋用	嶝证		候宥幼	寘		至		志	未		恨震	慁稕	焮	问	沁	御	暮遇
		入	屋	沃烛	德职	德职									没栉质	没术	迄	物	缉		

《隋唐音图》中之内外转图(下)

外转																							
张口呼																							
宕		江	梗				效		蟹				山				咸			果		假	
开	合	开	开	合	开	合	开	合	开	合	开	合	开	合	开	合	开	开	合	开	合	开	合
ア	アウワ						ア		ア	アウワ		アウワ			ア	アウワ	ア	ア		ア	アウワ		
ア°		ア	ア	ウワ	ア	ア	ア		ア	アウワ	ア	アウワ	ア	アウワ	ア	アウワ	ア	ア				アイヤ	アウワ
アイヤ	アイウヤワ		エ	ウエ	エ		エ		エ	エウワ	ア	アウワ	エ	アウエ	エ	エウエ	エ	エ	エア			イヤ	アウワ
イヤ			エ	ウエ	エ	エ	エ	エ	エ	エウエ	エ	エ	エ	エ	エ	エウエ	エ	エ				アイヤ	
ア	ア						オ		ア	エウエ		アウエエ			ア	アワ	アオ	ア		ア	アウワ		
イヤ°		オ	イヤ	ウワ	イヤ	ア	エ		ア	エウエ	エ	アウエ	エ	アウワ	アエ	ワエ	ア	ア				ア	エウエ
アイヤ	アワ		イヤ	イヤ	イヤ		エ		ア	エウエ	エ	アウエ	オ	オウエ	エ	エエ	エ	エオ	オアエ			イヤ	エウエ
イヤ			イヤ	イヤ	イヤ	イヤ	エ	エ	エア	エウエ	アエ	エ	エ	エ	エ	エエ	エ	エ				アイヤ	
ヷ		ヷ	ヷ				ウ		イ				マ				ム						
ワ		ワ	ワ										ツ				ハ						
ウ		ウ	イ				ウ		イ				ン				ム						
ク		ク	クキ										ツ				フ						
ウ		ウ	アイヤ				ウ		イ°				ン				ム						
ク		ク	ク										チ				フ						
三一	三二	三	三三	三四	三五	三六	二五	二六	一三	一四	一五	一六	二一	二二	二三	二四	三九	四〇	四一	二七	二八	二九	三〇
唐阳		江	庚清		耕清青		豪爻宵萧		咍皆咍齐	灰皆齐	佳		山元仙		寒删仙先	桓删仙先	覃咸盐添	谈衔严盐	凡	歌	戈	麻	
荡养		讲	梗静		耿静迥		晧巧小篠		海骇海荠	贿	蟹		产阮狝		旱潸狝铣	缓潸狝铣	感豏琰忝	敢槛俨琰	范	哿	果	马	
宕漾		绛	诤敬劲		诤劲径		号效笑啸		代怪霁	队怪祭霁	泰卦祭		裥愿線		翰谏線霰	换谏線霰	勘陷艳㮇	阚鉴酽艳	梵	箇	过	祃	
铎药		觉	陌昔		麦昔锡				夬寄托		废寄托		辖月薛		曷末黠薛屑		合洽葉帖	盍狎业葉	乏				

4. 流摄三韵,其主要元音为[ə]:

侯[əu]　　尤[ĭəu]　　幽[iəu]

5. 臻摄七韵,其主要元音为[ə]及[ĕ]:

痕[ən]　　魂[uən]　　臻[(ĭ)ĕn]　　真[ĭĕn]

谆[ĭuĕn]　　欣[ĭən]　　文[ĭuən]

6. 深摄一韵,其主要元音为[ə]:

侵[ĭəm]

7. 曾摄二韵,其主要元音为[ə]:

登[əŋ]　　蒸[ĭəŋ]

(乙)外转九摄

8. 果摄二韵,其主要元音为[ɑ]:

歌[ɑ]　　戈[uɑ]

9. 假摄一韵,其主要元音为[a]:

麻[a]

10. 蟹摄九韵,其主要元音为[ɑ],[a],[ɐ],[æ],[e]:

哈[ɑ̣i]　　灰[uɑ̣i]　　泰[ɑi]　　皆[ại]　　佳[ai]

夬[uai]　　废[ĭwɐi]　　祭[ĭæi]　　齐[iei]

11. 效摄四韵,其主要元音为[ɑ],[a],[æ],[e]:

豪[ɑu]　　肴[au]　　宵[ĭæu]　　萧[ieu]

12. 山摄七韵,其主要元音为[ɑ],[a],[ɐ],[æ],[e]:

寒[ɑn]　　桓[uɑn]　　山[ạn]　　删[an]

元[ĭɐn]　　仙[ĭæn]　　先[ien]

13. 咸摄七韵,其主要元音为[ɑ],[a],[ɐ],[æ],[e]:

覃[ɑ̣m]　　谈[ɑm]　　咸[ạm]　　衔[am]

严[ɐm]　　盐[ĭæm]　　添[iem]

14. 宕摄二韵,其主要元音为[ɑ],[a]:

唐[ɑŋ]　　阳[ĭaŋ]

15. 江摄一韵,其主要元音为[ɔ]:

江[ɔŋ]

16. 梗摄四韵,其主要元音为[ɐ],[ɛ],[æ],[e]:

庚[ɐŋ]　　耕[ɛŋ]　　清[ĭæŋ]　　青[ieŋ]

准是而论,则所谓内转者,皆含有后元音[u]、[o],中元音[ə]及前高元音[i]、[e]之韵;外转者,皆含有前元音[e]、[ɛ]、[æ]、[a],中元音[ɐ]及后低元音[ɑ]、[ɔ]之韵。如自元音图中第二标准元音[e]引一斜线至中元音[ə]以下一点,更由此平行达于第六标准元音[ɔ]以上一点,则凡在此线上者皆内转元音,在此线下者皆外转元音,惟[e]之短音应属内,长音应属外耳。其分配如下图:

内外转元音分配图

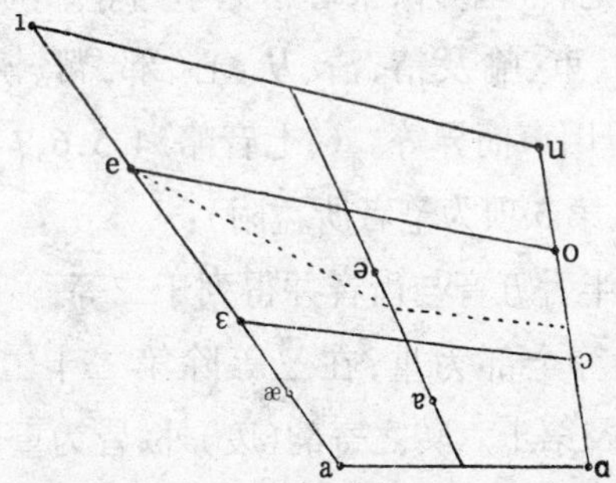

线以上之元音非后即高,后则舌缩,高则口弇,故谓之"内";线以下之元音非前即低,前则舌舒,低则口侈,故谓之"外"。其理即明,而后知江慎修内弇外侈之说确有所见也。大矢透辈演绎其旨,推阐加详,其

功诚不可没。惟竟谓支那不能了解内外转真义，必待彼而后明，[①]其亦知我国前修固已早发其端，而日人拘守假名，审音尚未精密耶？

四 内外转之特征

由上所论，可知二等字具足与否，乃内外转之现象，而非内外转之本题。《四声等子》及《切韵指掌图》之著者既并转为摄，求内外转之意义而不可得，于是乃揭橥二等具足与否一端，以为《辨内外转例》。按诸实际，内外转之特征，固不止此。据大岛正健《韵镜新解》所举，内转之特征如下(第5项为笔者所益附)：

1. 二等只能有正齿音，不得再有其他诸音；
2. 除第二十二转(元)、第四十一转(凡)及第十六转之寄韵(废)[②]外，轻唇音只存于内转而不属于外转；
3. 匣母不现于三等，又除第十七转(真)外，亦不现于四等；
4. 除第三十七转(幽)外，来母不见于四等。(页13,14)
5. 照、穿、床、审、喻及精、清、从、心、邪，帮、滂、並、明，见、溪、群、疑诸母因声而异等。(《七音略》4,5,6,7等图)

外转之特征如下(第5项为笔者所益附)：

1. 唇舌牙喉半舌五音与齿音并得列于二等；
2. 唇音在二等全部为重，在三等除第二十二(元)、第四十一(凡)两转及第十六转之寄韵(废)外，皆为重母；
3. 匣母不现于三等，与内转同，其所异者，即在能现于四等；

---

① 参阅《韵镜考》，第100页。

② 案《韵镜》各本，废韵多附内转第十(微合)，惟《七音略》列于第十六转(佳)内。

4. 来母得现于四等。(页 17,18)

5. 同一图内无因声异等者,有则另列一图如《七音略》21、22 仙四,23、24 仙三;25 宵三,26 宵四;31 盐三,32 盐四;36、37 清四,38 清三。但麻、阳两韵是例外。

所指各点,除宕、果两摄外,大体皆然。可知二等具足与否,实非内外转惟一之特征。且如验诸音理而不合,则与其迁就表面之特征,勿宁但求音理之通达。大岛正健对于宕摄既据和汉对译、梵汉对译之音读,及《正韵字汇》阳江相通之事实,而疑其应属于外转,终以此摄性质悉合于内转之条件,又断定其应读如江南之 ông 音;[①] 对于果摄既知其在和汉对译及梵汉对译中韵响有 a,而亦不能从《韵镜发挥》之说改列外转,反谓《韵镜》当时之音已同于现在中国各省之 o,[②]则皆不免瞻徇旧说,舍本逐末矣! 至于唇音在外转之变轻母者,惟限于元、凡、废三韵,则因主要元音[ɐ]与内转之[ə]相近,故得有此相同之演变也。

五 附释转字义

案,河野通清《韵鉴古义标注》云:

> 转者,圆啭流利为义;

井上文雄《磨光韵镜索隐》云:

> 《广韵》,转,陟兖切,旋也。

余谓前义差胜于后,然"转"虽与"啭"同,而非即"圆啭流利"。《淮南子·修务训》:

> 故秦楚燕魏之歌也,异转而皆乐。

①② 参阅《韵镜音韵考》及《韵镜新解》,第 16 页。

高诱注：

转，音声也。

《广韵》去声三十三线：

啭，韵也，又鸟吟，知恋切。

《集韵》：

啭，株恋切，声转也。

据雷浚《说文外编》：

啭，知恋切，鸟鸣也。《说文》无"啭"字，只可作"转"。周伯琦《六书正讹》曰：转别作啭，非。

是"转"与"啭"实即一字，于此应训唱诵。等韵之学传自沙门，其义当本于六朝经师之"转读"。慧皎《高僧传》第十三，论曰：

天竺方俗，凡歌咏法言，皆称为呗。至于此土，咏经则称为转读，歌赞则号为梵呗。

《支昙籥传》云：

尝梦天神授其声法，觉因裁制新声。梵响清靡，四飞却转，反折还弄。

《智宗传》云：

若乃八关之夕，中宵之后，四众低昂，睡蛇交至。宗则升坐一转，梵响干云；莫不开神畅体，豁然醒悟。

又道宣《续高僧传》第四十，《善权传》云：

每读碑志，多疏俪词。……及登席，列用牵引而啭之。

盖皆以唱诵经文，宏宣教义，殆即所谓"此方真教体，清净在音闻，我昔三摩提，尽从闻中入"者也。由此演变，遂成唐五代之"俗文"、"变文"，故敦煌石室所发现之民间唱本，如《太子五更转》之类，犹以转称。至于以声经韵纬，纵横成叶之图为一转者，则源出梵音之《悉昙章》。日本入唐求法僧空海所撰《悉昙字母并释义》[1]于所列五十根本字后，更举迦(a)、迦(ā)、祈(i)、鸡(ī)、句(u)、句(ū)、计(e)、盖(ai)、句(o)、晧(au)、欠(am)、迦入(aḥ)十二摩多，[2] 并谓：

> 此十二字者，一个迦字之一转也。从此一迦字母门，出生十二字。如是一一字母各出生十二字，一转有四百八字。如是有二合、三合、四合之转，都有一万三千八百七十二字。(页7)

《七音略》及《韵镜》之四十三转图，当即模仿《悉昙》型式而归纳《切韵》音类以演成者。其所谓"转"，固应指唱诵言也。郑渔仲谓："释氏以参禅为大悟，通音为小悟。"[3] 后代释子，有所谓"韵主"者，即纯以唱韵开悟后学。刘献廷《广阳杂记》中记虚谷大师事云：

> 虚谷大师本无锡秦氏，其祖为长沙太守，遂流寓衡山，宗族间久不通音问矣。师年七十六，而精健如少年，视听尚不稍衰。其教下法派，则本之二《楞》一《两》，固贤首也。曾听《南华》内七篇于耳观师，有省，自此深好外典。为人直逼前古，好学之诚，出于天性。更能诲人不倦，毫无覆藏，见处亦自超脱。尝受等韵之学于语拙韵主。韵主真定巨鹿人，为黄山第二代教授师。当明中叶，等韵之学盛行于世。北京衍法五台，西蜀峨眉，中州伏牛，南海普陀，皆有韵主和尚，纯以唱韵开悟学者。学者目参禅为大悟门，等韵为小悟门。而徽州黄山普门和尚，尤为诸方所

---

① 据北京刻经处《弘法大师杂著八种》本。

② 原本列有梵字，今改为拉丁字注音，以便印刷。

③ 《通志·七音略·序》。

各韵图中之内

<table>
<tr><td colspan="2" rowspan="3">摄名
转次
书目</td><td colspan="2">通</td><td>江</td><td colspan="7">止</td><td colspan="2">遇</td><td colspan="4">蟹</td><td colspan="4">臻</td></tr>
<tr><td>1</td><td>2</td><td>3</td><td>4</td><td>5</td><td>6</td><td>7</td><td>8</td><td>9</td><td>10</td><td>11</td><td>12</td><td>13</td><td>14</td><td>15</td><td>16</td><td>17</td><td>18</td><td>19</td><td>20</td></tr>
<tr><td>一东</td><td>二冬鍾</td><td>三江</td><td>四支</td><td>五支</td><td>六脂</td><td>七脂</td><td>八之</td><td>九微</td><td>十微</td><td>一一鱼</td><td>一二模虞</td><td>一三咍皆齐祭夬</td><td>一四灰皆齐祭夬</td><td>一五佳泰祭</td><td>一六佳泰祭废</td><td>一七痕臻真</td><td>一八魂谆</td><td>一九欣</td><td>二〇文</td></tr>
<tr><td rowspan="2">七音略</td><td>至</td><td colspan="2">内</td><td>外</td><td>(缺)</td><td colspan="6">内</td><td colspan="2">内</td><td>内</td><td colspan="3">外</td><td colspan="4">外</td></tr>
<tr><td>乾</td><td colspan="2">内</td><td>外</td><td colspan="7">内</td><td colspan="2">内</td><td>内</td><td colspan="3">外</td><td colspan="4">外</td></tr>
<tr><td rowspan="6">韵镜</td><td>信 谚 钞(后)
古 磨(后)
汉(前)</td><td colspan="2">内</td><td>外</td><td colspan="7">内</td><td colspan="2">内</td><td colspan="4">外</td><td colspan="4">外</td></tr>
<tr><td>嘉</td><td colspan="2">内</td><td>外</td><td colspan="7">内</td><td colspan="2">内</td><td colspan="4">外</td><td colspan="4">外</td></tr>
<tr><td>享 永 宽(18)</td><td colspan="2">内</td><td>外</td><td colspan="7">内</td><td colspan="2">内</td><td colspan="4">外</td><td colspan="4">外</td></tr>
<tr><td>庆</td><td colspan="2">内</td><td>外</td><td colspan="7">内</td><td colspan="2">内</td><td>内</td><td colspan="3">外</td><td colspan="4">外</td></tr>
<tr><td>宽(5) 元 解
订 改 磨(前)
汉(后)</td><td colspan="2">内</td><td>外</td><td colspan="7">内</td><td colspan="2">内</td><td colspan="4">外</td><td colspan="4">内</td></tr>
<tr><td>钞(前)</td><td colspan="2">内</td><td>外</td><td colspan="7">内</td><td colspan="2">内</td><td colspan="4">外</td><td colspan="4">内</td></tr>
<tr><td colspan="2">四声等子</td><td colspan="2">内</td><td>外</td><td colspan="7">内</td><td colspan="2">内</td><td colspan="4">外</td><td colspan="4">外</td></tr>
<tr><td colspan="2">切韵指掌图</td><td colspan="2">内</td><td>外</td><td colspan="7">内</td><td colspan="2">内</td><td colspan="4">外</td><td colspan="4">外</td></tr>
<tr><td colspan="2">切韵指南</td><td colspan="2">内</td><td>外</td><td colspan="7">内</td><td colspan="2">内</td><td colspan="4">外</td><td colspan="4">外</td></tr>
<tr><td colspan="2">等韵切音指南</td><td colspan="2">内</td><td>外</td><td colspan="7">内</td><td colspan="2">内</td><td colspan="4">外</td><td colspan="4">外</td></tr>
<tr><td colspan="2">今所考定</td><td colspan="2">内</td><td>外</td><td colspan="7">内</td><td colspan="2">内</td><td colspan="4">外</td><td colspan="4">内</td></tr>
</table>

略字解：

至＝元至治二年版通志本

乾＝清乾隆十三年版通志本

信＝日本建长四年明了房信范复写本

谚＝日本延宝七年津高益奥《韵镜谚解大成》

钞(后)＝日本毛利贞斋《韵镜秘诀袖中钞》元禄八年改订本

古＝河野通清《韵鉴古义标注》

磨(后)＝日本井上文雄《磨光韵镜》安永九年重版正字本

汉(前)＝日本太田方《汉吴音图》文化年中原刻本

嘉＝日本嘉吉元年写本

享＝日本享禄元年刊本

附注：表首阿拉伯数码表示《七音略》转次，汉字数码表示《韵镜》转次。

外转异同表

山				效		果		假		宕		梗				流	深	咸			曾	
21 二一山元仙	22 二二山元仙	23 二三寒删仙先	24 二四桓删仙先	25 二五豪爻宵萧	26 二六宵	27 二七歌	28 二八戈	29 二九麻	30 三〇麻	34 三一唐阳	35 三二唐阳	36 三三庚清	37 三四庚清	38 三五耕清青	39 三六耕青	40 三七侯尤幽	41 三八侵	31 三九覃咸盐添	32 四〇谈衔严盐	33 四一凡	42 四二登蒸	43 四三登
外		(缺)	外	外	(缺)	内		外		内		外	内	外		内	内	外			内	
外				外		内		外		外	内	外	内	外		内	内	外			内	
外				外		内		外		内		外				内	内	外			内	
外				外		外	内	内	外	内		外				内	内	外			内	
外				外		内		内	外	内		外				内	内	外			内	
外				外		内		内	外	内		外				内	内	外			内	
外				外		内		外		内		外				内	内	外			内	
外				外		内		外	内	内		外				内	内	外			内	
外				外		内		外		内		外				内	内	外			内	
外				外		内		外		内		外				内	内	外			内	
外				外		内		外		内		外				内	内	外			内	
外				外		内		外		内		外				内	内	外			内	
外				外		外		外		外		外				内	内	外			内	

永 = 日本永禄七年刊本

宽(18) = 日本宽永十八年改订本

庆 = 日本庆长十三年刊本

宽(5) = 日本宽永五年原刊本

元 = 日本元禄九年刊本

解 = 日本元禄十二年沙门盛典《韵镜易解》

订 = 日本太田嘉方《订正韵镜》

改 = 日本明治四十五年大岛正健《改订韵镜》

磨(前) = 日本井上文雄《磨光韵镜》延享元年原刻本

汉(后) = 日本太田方《汉吴音图》文政年中重刻本

钞(前) = 日本毛利贞斋《韵镜秘诀袖中钞》原刻本

推重。语拙师幼不识字,年三十矣,入黄山充火头,寒暑一衲,行住坐卧惟唱等韵。如是六年,一旦豁然而悟,凡藏典缁译,无留难者。遂为第二代韵主教授师。岁在丁卯,传法南来,五台颛愚和尚甚器重之。桂王闻其名,延入藩府,执弟子礼,学等韵。后养于南岳以终老焉。虚谷大师尝从之学,深有所得,受付属,迄今五十矣。尝抱人琴俱亡之惧,逢人即诏之学等韵。①

所记事迹,虽涉神奇,然亦可见唱诵在等韵中之重要矣。今《字母切韵要法》中之《内含四声音韵图》及《禅门日诵》中之《华严字母韵图》犹存"唱"字之迹,赵憩之先生已论及之,② 余因诠释内外转之意义,更附论转与唱之关系如此。

(原载中央研究院历史语言研究所《集刊》第四本第二分,1933年。署名罗常培。又收入《罗常培语言学论文选集》,中华书局,1963年。原题下有副题"等韵发疑二,释词之二")

---

① 畿辅丛书本卷三,第35页。

② 参阅赵荫棠《康熙字典字母切韵要法考证》第四节,中央研究院历史语言研究所《集刊》第三本第一分,第101—105页。

音韵学研究法

我尝说：音韵学并不是什么“绝学”，也一点儿不神秘，因为向来讲韵学的书太乌烟瘴气了（例如讲五音要牵扯到五行，论四声要用钟鼓木石作比方之类），所以闹得初学的人不是望而生畏，不敢问津，就是误入歧途，枉费精力。所以对它有点研究兴趣的人们第一步就得要知道怎样来研究它。

照我个人的经验，我觉得研究音韵学的方法可以分作四项：

第一 审 音

这种学问既然偏重“口耳相传”，要是听见一个声音耳朵不能辨别，嘴里不能模仿，而且不能把它所含的音素分析出来，那么，无论在纸上讲得怎样天花乱坠，也是根本不中用的。从前的人因为缺乏工具，或者蔽于成见，或者囿于方音，往往有“考古功多，审音功浅”的毛病，就是有几个心知其意的人也很难把他自己所了解的清清楚楚地写出来使人看了就能懂得。现在既然有了语音学（phonetics）的帮忙，对于审音一层就比较有把握得多了。语音学有应用语音学和实验语音学两方面。对于一个声音所含的每个音素都能分辨出它的发音部位、发音方法而且能用严式或宽式的国际音标（International Phonetic Alphabets）写出来，这是属于应用语音学范围。对于一个语音现象，都用生理的或物理的道理来解释它；对于从前讲得玄妙不可测的东西，都可以把它“质言”：于是音韵学才能从玄学走向科学了。语音学本身虽然是很精深的学问，不过为研究音韵学的应用，却也不十分繁难。为初学说法，我且举几部入门的书：

1. Daniel Jones: *Outline of English Phonetics*, 4th edition

2. Noël-Armfield: *General Phonetics*, 4th edition

3. Paul Passy: *Petite Phonétique Comparée des Principales Langues Européennes*

4. Harold E. Palmer's *Principles of Romanization*（有宫田斋译本）

要是不会看外国文，那么就可以看：

5. 刘复译《比较语音学概要》（上文第三种的译本，商务出版）

6. 魏肇基编《英语发音学》（商务出版）

等到懂得一点发音原理之后，还可以看几部旧书：

7. 劳乃宣《等韵一得》（自刻本，版存蟫隐庐）

8. 陈澧《切韵考外编》（《东塾丛书本》，渭南严氏刻本）

9. 江永《音学辨微》（《贷园丛书本》，渭南严氏刻本）

10. 佐久间鼎《一般音声学讲话》

最要紧的，对于常用的国际音标得要经过靠得住的口授。

第二　正　名

对于审音稍有根柢以后，其次就要作一番“正名”的功夫。旧的韵学书里往往有许多同名异实或异名同实的情形，闹得人越看越糊涂，甚至于有些学问很好的人也会上了名实不清的当。举例来说罢，同是所谓“声”，而有的指声母（initial consonants）说，有的指声调（tone）说；同是所谓“阴声”、“阳声”，而有的指声调的高低升降说（如

“阴平”、“阳平”、“阴上”、“阳上”之类），有的指不带声尾的“开音节”（open syllable）和带鼻声尾的“关音节”（close syllable）说（如戴震、孔广森所谓“阴声”、“阳声”）：这便是同名异实的现象。至于讲到声母发音方法的，江永、江有诰、陈澧分“发声”、“送气”、“收声”三类，钱大昕分“出声”、“送气”、“收声”三类，洪榜分“发声”、“送气”、“内收声”、“外收声”四类，劳乃宣分“戛”、“透”、“轹”、“捺”，邵班卿分“戛”、“透”、“拂”、“轹”、“揉”五类。乍一看起来，很难知道它们有什么相互关系，其实稍有语音学常识的人一看下面的对照表，就可以了然他们所讲的是什么了：

<table>
<tr><th>语音学名词</th><th>邵班卿说</th><th>劳乃宣说</th><th>洪 榜 说</th><th>江永等说</th><th>钱大昕说</th></tr>
<tr><td>不送气的破裂音和破裂摩擦音</td><td>戛类</td><td>戛类</td><td>发声</td><td>发声</td><td>出声</td></tr>
<tr><td>送气的破裂音和破裂摩擦音</td><td>透类</td><td>透类</td><td>送气</td><td rowspan="2">送气</td><td rowspan="2">送气</td></tr>
<tr><td>摩擦音</td><td>拂类</td><td rowspan="2">轹类</td><td rowspan="2">外收声</td></tr>
<tr><td>边音</td><td>轹类</td><td rowspan="2">收声</td><td rowspan="2">收声</td></tr>
<tr><td>鼻音</td><td>揉类</td><td>捺类</td><td>内收声</td></tr>
</table>

可见他们定名虽然不同，分类虽然有粗细，而实际上所讲的是一回事，因为彼此矜奇立异，所以把初学闹得如入五里雾中！这便是异名同实的现象。对于正名这件事自然得需要专家们尽一番力，把所有同名异实和异名同实的例都胪列起来，用语音学的术语给它们每个确定一个清晰的概念，以后就不至于使初学的人枉费很多心血了。不过这件事始终还没人系统地作过，我自己只在《中国音韵沿革》讲义里零零碎碎地说到几点，打算作的《等韵释词》已刊布两篇：

1.《释重轻》（中央研究院历史语言研究所《集刊》第二本第四

分)；

2.《释内外转》(中央研究院历史语言研究所《集刊》第四本第二分)。

其余的《释等呼》、《释广通侷狭》、《释清浊与阴阳》、《释发送收与戛透轹捺》待刊，均见《等韵发疑》中之释词一章。大矢透《韵镜考》中关于等韵名词之解释，也可参考。

为初学设想，最好在自己读书的时候，遇到一个名词，先想想它所指的是什么，如疑不能决，就得找人请教，切不可模糊影响的展转误会！

第三　明　变

人类语音是随着时间空间演变的。关于空间的演变涉及方音学的范围，我在这儿先不提它。关于时间的演变在中国音韵学上可以分作四期：

1. 古音期(纪元前十一世纪到纪元后二世纪)；
2. 韵书前期(三世纪到六世纪)；
3. 韵书后期(七世纪到十三世纪)；
4. 北音期(十四世纪到现代)。

这四期各有它的特彩，应该平等看待，不可妄加轩轾。我们不单要客观地认清一时期的现象，而且要根据音理来解释各种现象。譬如受梵文影响的守温字母对于研究中古声类的帮助很大，而戴震、陈澧等偏不肯用它；《中原音韵》的系统明明可以代表元明以来的北音，而一班墨守《广韵》、《平水韵》的人总以为它不是正统的韵书，他们虽然"节节失败于口中"，却仍要"时时争持于纸上"：这便是抹煞历史事实不达通变的态度。至于推测古音的读法和通转，尤其要顾到后代演变的情形，要让它在整个的演进历程上可以讲得通。譬如，钱大昕说："古无轻唇音"，我们就得问后来为什么会有了轻唇音？如果能指出轻唇音所以分化由于三等合口的影响，那我们就认为满意，而承认这条通则；要是有人说古无全浊及次清，因而帮、滂、並可以算一纽，端、透、定也可以算一纽……那就得问后来的全浊跟次清是怎么变出来的？如果不能举出充分的理由和可靠的证据，但就古书上几处通用，就随随便便地用"古人音简，后代音繁"一类的话来搪塞，那我们就要根本否认它！处处还它一个历史的地位，时时要求一个合理的解释，这就是研究音韵学史的正当态度。关于这方面的门径书，可以看：

1. 罗常培《中国音韵沿革》(1931年清华大学讲义本，未印全)；

2. 魏建功《古音系研究》(北京大学印行)；

3. 张世禄《中国声韵学概要》(商务出版)。

断代研究的，可以看：

4. 罗常培《中国声韵沿革表集说》上(1929年广州中山大学排印本)；

5. 张世禄《古音学》(商务出版)；

6. 张世禄《广韵研究》(商务出版)；

7. 黄淬伯《慧琳一切经音义反切考》(中央研究院历史语言研究所印行)；

8. 赵荫棠《中原音韵研究》(北京大学《国学季刊》第三卷第三号)。

如果要研究周秦古音的，那么自清朝的顾炎武、江永、戴震、段玉裁、王念孙、孔广森、江有诰，以至近人章炳麟、黄侃等都有专书，我在《中国声韵沿革表集说》中都有介绍，这里不再列举。至于要知道现在人研究上古音的态度，有两篇文章是不可忽略的：

9. 李方桂《切韵 â 的来源》(中央研究院历史语言研究所《集刊》第三本第一分);

10. 李方桂《东冬屋沃之上古音》(中央研究院历史语言研究所《集刊》第三本第三分)。

第四　旁　征

一切学问的进步仗着比较参证的力量很大,印欧语言学的发展就可以说是比较研究的成绩。拿中国音韵学而论,因为参证梵文的结果,才产生了守温字母;因为受了罗马字的启示,才知道怎样分析音素;因为对照满洲文的拼音才可以创造"合声反切":这都是历史上由比较而促成进步的事实,并不是什么"用夷变夏"的耻辱。无如有一班传统思想很深的人总以为"古已有之"的是正统,来自外国的是异端,所以有的只承认变声而不承认字母;有的说李光地《音韵阐微》的合声反切不如明朝吕坤的《交泰韵》道地;至于参照蟹行文字的更要叫人骂作"怪旧艺而善野言"了!我们要知道:方块汉字的不适于标音是无可讳言的,因为得到比较参证的材料而把中国音韵系统讲明白,这当然应该提倡而不应该反对。我以为现在可以供研究中国音韵学的比较材料至少有下面的三种:

(a)现代方言　研究音韵所以比研究文字困难,因为古文字有形可稽,而古音韵则无声可寻。假使能够从地下发掘出周代的留声机片,像殷墟的甲骨文那样的确实可靠,那就可以不费多少争论便决定古音是怎样读了。无如这种收音的设备直到科学进步的 20 世纪才发明,所以要想考证古音就不得不别辟蹊径了。现代活语言虽然去古已远,然而在方言的错综中往往流露出古音的遗迹。例如闽粤语保存闭口韵的-m 尾和入声的-k -t -p 尾,吴语保存全浊声母,徽州话

有"阴阳对转"的实例:这都很值得我们注意的。关于这方面的参考书有:

1. 赵元任《现代吴语研究》(清华研究院出版);

2. 罗常培《厦门音系》(历史语言研究所出版);

3. 陶燠民《闽音研究》(历史语言研究所《集刊》一本四分);

4. 罗常培《临川方音小记》(历史语言研究所《集刊》四本三分);

5. 罗常培《中国方音研究小史》(《东方杂志》第三十一卷第七号)。

(b)借字及译音 中国邻近的国家如安南、朝鲜、日本之类还保留一部分很早的借字读法,这在比较参证上也是很贵重的材料。还有佛经译名里有许多华梵对音;唐朝吐蕃占据沙州时代,为他们学习汉字的方便起见有许多用吐蕃字母拼切的汉语读物,这种材料对于拟测古音的读法上也有很大的帮助。关于这方面的参考书,有:

1. 马伯乐(H. Maspero)《安南语音史研究》(河内《远东学会报》第十二期,法文);

2. 本居宣长《汉字三音考》(日本刊本);

3. 闻宥《论字喃之组织及其与汉字之关系》;

4. 西门华德《藏汉语之比较》;

5. 高本汉《藏语与汉语》;

6. 武尔夫《汉语与泰语》;

7. 前间恭作《鸡林类事丽言考》(日本《东洋文库论丛》第三);

8. 汪荣宝《歌戈鱼虞模古读考》(北大《国学季刊》第一卷第二号);

9. 罗常培《知彻澄娘音值考》(历史语言研究所《集刊》第三本第一分);

10. 罗常培《唐五代西北方音》(历史语言研究所出版);

11. 财津桃溪《敦煌出土の汉藏对音材料ト韵镜の比较》(其一);

12. 财津桃溪《唐代音ト日本所传音の比较》;

13. 太田方《汉吴音图》、《汉吴音征》、《汉吴音图说》;

14. 大岛正健《汉吴音研究》。

(c)西洋人关于中国音韵学的著作　自从清代中西通商以后,西洋的传教士或外交官因为学习汉语的需要也很有些人注意到这方面的研究。起初,像 J. Edkins, Z. Volpicelli, S. H. Schaank, Kühnert 等等都作有专书(参阅我所写的《汉语音韵学的外来影响》),这些东西虽然算不得精深的研究,却也总算是金尼阁《西儒耳目资》以后的嗣响。最近,像马伯乐(H. Maspero)所作的《唐代长安的方音》(*Les dialectes de Tch'ang-ngan sous les T' ang*),高本汉所作的《中国音韵学研究》(*Études sur la phonologie chinoise*),《分析字典》(*Analytic Dictionary of Chinese and Sino-Japanese*),都是很有价值的东西。自然,我们不是"长他人的志气,灭自己的威风",但是要想学术的进步,万不可不有"知己知彼"的精神。

此外,对于印度中国语系的研究,像中暹语的比较,藏缅语的比较之类,也是推究原始汉语的一条活路。不过这是进一步的研究,不是初学所必需的,也不是三言两语所能说清楚的,所以在这儿我们先不讨论它。

以上四项,都是为初学说法。假使照着这种步骤,循序渐进,我想音韵学并不是什么难懂的东西。希望有这方面兴趣的同志鼓起劲来往前赶!

(原载上海商务印书馆《出版周刊》新 80、81 号,1934 年 6 月 9 日,6 月 16 日"读书指导"版。署名罗莘田)

释 清 浊

凡发音时声带不颤动者谓之"清声",或谓之"不带音";若声带颤动而生乐音者,则谓之"浊声",亦谓之"带音":此稍具语音学常识者皆能辨之。

案《隋书·潘徽传》云:"李登《声类》、吕静《韵集》,始判清浊,才分宫羽"。孙愐《唐韵序·后论》云:"《切韵》者,本乎四声,……引字调音,各自有清浊。"则清浊之辨,由来已久。顾以定名含混,涵义不明,致后来说者乃淆乱。方以智云:"将以用力轻为清,用力重为浊乎?将以初发声为清,送气声为浊乎?将以啌喉之阴声为清,嘡喉之阳声为浊乎?"(《通雅》卷五十,页19)江永云:"清浊本于阴阳。一说清为阳,浊为阴,天清而地浊也;一说清为阴而浊为阳,'阴'字影母为清,'阳'字喻母为浊也。"(《音学辨微》页12)其立论纷纭,从可概见矣。尝谓清浊之辨所以淆乱者,盖由二事缴绕其间:一为牵混受阻之状态及送气不送气;二为牵混声调之阴阳。自《韵镜》以帮、非、端、知、见、精、照、心、审、影、晓为"清",以滂、敷、透、彻、溪、清、穿为"次清",以並、奉、定、澄、群、从、邪、床、禅、匣为"浊",以明、微、泥、娘、疑、喻、来、日为"次浊";其后沈括《梦溪笔谈》、黄公绍《韵会》、刘鉴《切韵指南》、李元《音切谱》等亦皆分为四类,而定名及区划微有异同。惟《四声等子》及《切韵指掌图》另分邪、禅为"半清半浊";江永《音学辨微》另分来、日为"浊",心、审为"又次清",邪、禅为"又次浊":是为异耳。

今据《韵镜》分类，参酌诸家异名，定为全清、次清、全浊、次浊四类。若以语音学术语释之，则全清者，即不送气不带音之塞声、擦声及塞擦声也；次清者，即送气不带音之塞声、塞擦声及不带音之擦声也；全浊者，即送气带音之塞声、塞擦声及带音之擦声也；次浊者，即带音之鼻声、边声及喻纽也：分类虽嫌稍疏，而讨论旧音，颇便称举，故可并存不废。

惟自元、明以降，全浊平声北音变同次清，而仄声又复不辨清浊，于是“以初发声为清，送气声为浊”之误会乃因之而起。虽以陈澧之明辨，犹谓《梦溪笔谈》及《四声等子》所论清浊为“发”、“送”、“收”，(《切韵考·外篇》卷三，页5)似是而非，未能悉合。后学淆惑，复奚怪焉：此一事也。四声各有清浊，孙愐之论，至为显明。然全浊声值，唐以后多数消失，清浊遗迹，但能于声调之变异中寻之。且自元周德清《中原音韵》以北音为宗，平分阴阳，入派三声，而谓：“阴阳字平声有之，上去俱无”，于是声母之清浊逐一变而为声调之阴阳。盖以北音之全浊声母平声变近次清，而声调之高低犹殊；仄声变同全清，而声调之高低亦混，浊声本值已不复辨矣！江永《音学辨微》云：“平有清浊，上去入皆有清浊，合之凡八音。桐城方以智以啌嗤上去入为五声，误矣。盖上去入之清浊，方氏不能辨也。”(《音学辨微》页12)余谓上去入清浊之不辨，实不自方氏始。且方氏既以“啌”、“嗤”代表阴平阳平，而不沿用清浊旧称，则其所谓“五声”乃指声调之高低言，而不指声母之带音不带音言，已甚显著。此固不只北音为然也，更以现代南部方音证之：今吴语、闽语、粤语中平仄兼具阳调者甚夥。溯其源起，虽皆由古浊声衍成，然除吴语而外，大抵皆为声调之异，其能保持全浊本值者殊不多睹。又西藏字母之ག[ga]、ཛ[dza]、ད[da]、བ[ba]、ཛ[dza]，本应读为全浊，而现代拉萨音乃变为：ཀ[ka]、ཙ[tsa]、ཏ[ta]、པ[pa]、ཙ[tsa]之低调。其演变之迹亦可引为旁证也。然则阴阳虽出于清浊，而与清浊非一物。自清浊之辨不明，于是或以“喉之阴声为清，喉之阳声为浊”；或以“清为阳，浊为阴”；或以“清为阴，浊为阳”。声母与声调混为一谈而清浊本义转以日晦：此二事也。若乃《广韵》卷末附《辨字五音法》，一唇声并饼，注云清也；二舌声灵历，注云清也；三齿声陟珍，注云浊也；四牙音迦佉，注云浊也；五喉声纲各，注云浊也。此惟以“并饼”为清不误，其余“灵历”浊而误以为清，“陟珍”、“迦佉”、“纲各”皆清而误以为浊。又有《辨四声轻清重浊法》以“琟、珍、陈、桩、弘、龟、员、禋、孚、邻、从、峰、江、降、妃、伊、微、家、施、民、同”等为轻清；以“之、真、辰、洪、春、谆、朱、殷、伦、风、松、飞、夫、分、其、杭、衣、眉、无、文、傍”等为重浊；清浊混举，不可依据。今以带音不带音为清浊，以声调之高低升降为阴阳：命名既定，纠纷立解，往昔支离缴绕之谈，皆可存而不论也。

（原载《中央日报·文史》第六期，1936年12月13日。署名罗莘田）

释 等 呼

一 前人对于“等”之解释

治梵音者应自悉昙章入，治日本音者应自五十音图入，治汉字音者亦应自等韵入。等韵之性质与悉昙章及五十音图同，盖即汉语之音缀表(syllabary)也。然悉昙、假名，为彼邦童蒙所共喻，等韵转图乃此土学人所难通；或则矜为“秘钥”、“玄关”，或则病其支离缴绕：此虽由汉字不便析音，“门法”变本滋惑，而“等”、“呼”之义不明，亦一因也。爰裒次旧说，试为新解，倘能验诸音理而可通，按诸旧谱而不悖，庶几玄关可启，缴绕可除，或亦治韵学者所乐闻欤？

四等之分始于唐代，今所传敦煌写本《守温韵学残卷》中有“四等重轻例”，其分等与宋元韵图悉合。(参阅刘复《敦煌掇琐》下辑)可知以等分韵在守温以前盖已流行。降及宋代以等名书者，则有《四声等子》及《四声等第图》。等韵之名，盖始于此。晁公武《郡斋读书志》云：

僧宗彦《四声等第图》一卷，皇朝僧宗彦撰切韵诀也。

其书久佚，内容无可覆按。又《四声等子》序云：

切韵之作，始乎陆氏；关键之说，肇自智公，……其指玄之论以三十六字母约三百八十四声，别为二十图，画为四类。

但言“画为四类”，亦未诠释等名。后人研求，遂难定其的解。惟邵雍

《皇极经世·声音倡和图》分字音为"开发收闭"四类，原书虽无解说，而四字含义隐有所示，且就图中所举例字以与《四声等子》之类相较，除舌头、齿头及舌上娘母与等韵微有参差外，馀则适与一二三四等之区划相当。故后世谈等韵者，往往演绎邵氏所定四名，以释四等之义，如：

袁子让《字学元元》云：

> 开发收闭四者之义，故记未载。或者疑开发为开口，收闭为合口，其义似通，然考《经世图》开摄有开发收闭，合摄亦有开发收闭，则辟翕之分非矣。予细研之，一音中"古甲九癸"，古则见一等，甲则见二，九则见三，癸则见四也；二音中"黑花香血"，黑则晓一等，花则晓二，香则晓三，血则晓四也。合而观之，是以四等为分，开一、发二、收三、闭四也。以此例统概其大，则来晓见帮十三母全辖四等，则开发收闭全有之，端精九母止辖一四等，则有开闭而无收发；知照九母止辖二、三等，则有收发而无开闭；日非五母止辖第三等，则有收而无开发闭矣。四音分于水、火、土、石之四象，自宜是四种。然音别于毫微，殊难分辨。当反复以开发收闭四等字口诵心惟，但觉开与发相类，收与闭相类。至发之别于开，闭之别于收，则不能知也。盖细绎其义，开则必发，收则必闭，义亦颇通，则两分之说亦或然乎？……故予以意分四等为上下等，开发总谓之上等，收闭总谓之下等，使人易于此彼也。（卷一，页13，《四音开发收闭辩》）

又云：

> 等子之设分于开发收闭，开发者粗而宏，收闭者细而敛口。即见母根干、高、冈，巾、坚、骄、姜可别。（卷二，页20，《佐等子上下四等议》）

又云：

等字虽列为四，细玩之，上二等开发相近，下二等收闭相近，须分上下等读之。读上等之字无论牙、舌、唇、齿、喉皆居口舌之中，盖开发之等其声似宏故居口中。下等之字无论牙、舌、唇、齿、喉皆居口之杪，盖收闭之等其声似敛，故居口杪便是下等。（卷一，页26，《读上下等法辩》）

吕维祺《同文铎》云：

一母之中又有开发收闭之异，故分为上下四等，所谓见一、见二、见三、见四之类是也。（卷首《图说》）

又云：

按见一系牙音第一等字属开，见二系牙音第二等字属发，见三属收，见四属闭。上二等其声粗而洪，下二等其声细而敛。（卷首《四等说》）

又《韵钥序》云：

约之钥以四，所谓开发收闭之四等者，是犹地之有水、火、土、石，子之有伯、仲、叔、季也。

王兰生《音韵阐微·凡例》云：

排列字母各有等第，见溪诸母下系一二三四等字，乃其等也。历代韵谱多分四等，故俗呼等韵，邵子《皇极经世书》分开、发、收、闭四音，即四等之意。

日本释文雄《磨光韵镜》云：

每声有四等，曰开、发、收、闭也。《日月灯》云："开发收闭之异，故分为上下四等，所谓见一、见二、见三、见四之类，是也"。又云："邵尧夫先生之作《经世》也，以日、月、星、辰象平、上、去、入，以水、火、土、石象开、发、收、闭，而以阴、阳、刚、柔相乘因之"。又云："第一等字属开，第二等字属发，三属收，四属闭。上二等其声粗而洪，下二等其声细而敛"。雄按韵书立四等其为有开、发、收、闭不同也。若不然，则四等庸讵乎别焉？水火之动也，开发之象也；土石之静也，收闭之象也。况复开及收闭字属各等，独发字属三等可疑耳。或执人误开发收闭配七音之说，却排属四等者，无他，未知有吕氏之明辩也已。自不知非，则其焉得议他。（卷下，页18）

又云：

平上去入各声之中，有一等、二等、三等、四等之不同，亦可谓之一位、二位、三位、四位，乃由开发收闭之差别而分为四等也。即如平声中同类之音，若细分之，则开音属第一等，发音属第二等，收音属第三等，闭音属第四等，纵有千差万别之音，亦不能出开、发、收、闭四音之外也。然开、发、收、闭四音亦可成两种开合：开发为粗开合，收闭为细开合。盖粗疏分之则可以一转为开，一转为合，精密分之则平、上、去、入各声中更可分为开合之四等也。（《指要录》，页14，《四等序次》）

佐藤仁之助《韵镜研究法大意》云：

韵镜每转依平上去入四声将图面横分为四段，每一段更别为四等，是即谓之"等位"。自上数之或呼为一位、二位、三位、四位，或呼为一等、二等、三等、四等。以其由发声缓急而分，故定为开、发、收、闭四目。（页17，等位）

至李光地《字音图说》更牵涉平、上、去、入及喉、舌、齿、唇而强为之辞：凡声不离开发收闭。以六部轻声论之，第一声为开，第二声为发，第三声为收，第四声为闭。以四声论之，平为开，上为发，去为收，入为闭。以等母论之，喉音为开，鼻音为合，齿音为收，唇音为闭。又以六部全声论之，前三部为开，第四部为发，第五部为收，第六部为闭。（《榕村续集》卷一，页10）

则诚如光地自谓："《经世》所谓开发收闭四位古今音异不可尽知，且

推之多有未密者矣!”(《榕村续集》卷一《等韵辨疑中语》)

其不拘开发收闭之名而以洪细释四等者,则有江永、胡恒二家。江永《音学辨微》云:

> 音韵有四等,一等洪大,二等次大,三、四皆细,而四尤细。学者未易辨也。(页19,辨等列)

胡垣《古今中外音韵通例》云:

> 等韵之名以字之洪纤分等,犹天文家以星之明暗分等也:一等洪大,二等次大,三等细,四等尤细。刘襄宗云:上二等,声粗而洪,下二等,声细而敛。(《分等法》)

此外如沈括《梦溪笔谈》所言:

> 每声复有四等,谓清、次清、浊、平也。如颠天田年,邦滂庞厖之类是也。皆得之自然,非人为之。(卷十五,艺文二,页1)

则指声母之发音状态而言;马自援《等音》叙例及周春《小学馀论》所释:

> 昔人旧有等韵之名,其等字取义谓韵中有四等也,是等为阶等之等矣。(《等韵》叙例)

> 四声等子固指其分等第而言,亦谓如等子称物不爽锱铢也,上下二字自宜恰称。(《小学馀论》下)

亦不免望文生训:皆不足以阐明宋元等韵家所以分别四等之意义也。

二　关于各家之批评及“等”之新解释

综观上述各说,除望文生训及牵强附会者可存而不论外,其持开发收闭说者,或因《经世·声音图》所列“古甲九癸,坤巧丘弃”诸文皆以双声相贯,辄谓四等之辨应属于声;或则命义含混,无所确指。即持洪细说者,亦或谓“辨等之法须于字母辨之”(《音学辨微》八《辨等列》)；或谓等法宜以“音母”(即声)与“声韵”(即韵)并论《古今中外音韵通例·分等法》。惟陈澧《等韵通序》首揭等“当主乎韵，不当主乎声”之说，由兹触发，四等之所以分，乃可求得音理上之根据矣。其言曰：

> 等韵之学其源出于切语，而有异同，余为切韵表因明白矣。尝就而论之，以为字母标变声之目，呼等析叠韵之条，纵横交贯，具有苦心。然三十六母既据当时之音，于隋、唐以前切语之法稍有并省。又等之云者，当主乎韵，不当主乎声。乃等韵家则因字母而定四等，于是考之韵书有异部而同等者，有同部而异等者，有同部类而异等者。加之舌头舌上，重唇轻唇，唐韵时沿古音，而后人不解，益以滋惑！由是凭切凭韵莫能画一，而门法兴焉。

(手稿未刊。原题下有副题“等韵发疑二，释词之一”)

《韵镜》源流考

一

郑樵《通志·七音略·序》云：

> 臣初得《七音韵鉴》，一唱而三叹，胡僧有此妙义，而儒者未之闻。及尔研究制字，考证谐声，然后知皇颉、史籀之书，已具七音之作，先儒不得其传耳。今作《谐声图》，所以明古人制字通七音之妙；又述内外转图，所以明胡僧立韵得经纬之全。

《韵镜》见于著录当自此始，惟犹避宋翼祖讳改"镜"为"鉴"。其后《七音略》行而《韵镜》遂晦。惟《宋史·艺文志》录有释元冲《五音韵镜》，明王昕《续文献通考》录有宋崔敦诗《韵镜》及宋吴恭《七音韵镜》等书。其书久佚未审内容何若。及清朝末年遵义黎庶昌始于日本访得永禄七年甲子覆刻宋庆元丁巳重刊本，而刊入《古逸丛书》第十八。其所撰《拙尊园丛稿》云：

> 覆永禄本《韵镜》一卷，三山张麟之撰。有绍兴辛巳、嘉泰三年两序。其说本之郑樵，以为反切之要莫妙于此，不出四十三转而天下无遗音矣。序末有庆元丁巳重刊图记，亦宋版也。日本享禄戊子(明嘉靖七年)清原朝臣宣贤缮刻之，至永禄七年(嘉靖四十三年)又以张氏的本重校。

自是而外，不见他书。故欲捭究《韵镜》源流，舍东瀛载籍外，其道无由。

二

《韵镜》撰自何人,起于何时,郑樵、张麟之辈已不能明。宋嘉泰三年张麟之所撰《韵镜序作》说:

1."往昔相传,类曰'洪韵',释子之所撰也。有沙门神珙号知音韵,尝著《切韵图》,载《玉篇》卷末。窃意是书作于此僧,世俗讹呼'珙'为'洪'尔。然又无所据。自是研究,今五十载,竟莫知原于谁。"

2."近得枢密杨侯(倓)淳熙间所撰《韵谱》,其自序云:'朅来当涂得历阳所刊《切韵心鉴》,因以旧书手加校定,刊之郡斋。'徐而谛之,即所谓'洪韵',特小有不同:旧体以一纸列二十三字母为行,以纬行于上,其下间附一十三字母,尽于三十六,一目无遗;杨变三十六分二纸,肩行而绳引,至横调则淆乱不协。不知因之则是变之非也。"

3."既而又得莆阳夫子郑公(樵)进卷先朝中有《七音略·序》,其要语曰:'七音之作,起自西域,流入诸夏。梵僧欲以此教传天下,故为此书,虽重百译之远,一字不通之处,而音义可传。华僧从而定三十六为之母,轻重清浊不失其伦,天地万物之情备于此矣。虽鹤唳风声,鸡鸣狗吠,雷霆经耳,蚊虻过目,皆可译也,况于人言乎?'又云:'臣初得《七音韵鉴》,一唱而三叹,胡僧有此妙义,而儒者未之闻。'是知此书其用也博,其来也远,不可得指名其人。故郑先生但言梵僧传之,华僧续之而已。"

是此书撰自何人,张氏迄未解决。是否与释元冲、崔敦诗、吴恭有关亦不可知。黎氏《拙尊园丛稿》误刊者为著者,尤不足为训。以今考之,此书著者虽未能确指,而其原型必非起自宋代可得证:

1. 张麟之《韵镜序作》标题下注云:"旧以翼祖讳敬,故为《韵鉴》,今迁祧庙,复从本名。"案翼祖为宋太祖之祖所追封,《宋史礼志》绍宋代讳例,敬改为恭,为严,为钦,或为景;镜改为鉴,或为照;敬州改为梅州,居敬改名居安。祧者,远祖之庙,迁主之所藏也。准故事祧迁后不当更讳。《宋史礼志》:"绍兴三十二年正月,礼部太常寺言:钦宗祔庙,翼祖当迁,以后翼祖皇帝讳,依礼不讳。诏恭依。"麟之重刊《韵镜》在庆元三年(715),例得不讳翼祖嫌名,惟云"复从本名",可确证其必非宋人所作,否则即应根本避免也。

2.《通志·七音略》转次与《韵镜》转次自第三十一转以下互有参差,今先比较其异同,而后究其异同之故:

《七音略》转次:27. 歌(重),28. 戈(轻),29. 麻(重),30. 麻(轻),31. 覃咸盐添(重),32. 谈衔严盐(重),33. 凡(轻),34. 唐阳(重),35. 唐阳(轻),36. 庚清(重),37. 庚清(轻),38. 耕清青(重),39. 耕青(轻),40. 侯尤幽(重),41. 侵(重),42. 登蒸(重),43. 登蒸(轻)。

《韵镜》转次:27. 歌(开),28. 戈(合),29. 麻(开),30. 麻(合),31. 唐阳(开),32. 唐阳(合),33. 庚清(开),34. 庚清(合),35. 耕清青(开),36. 耕青(合),37. 侯尤幽(开),38. 侵(开),39. 覃咸盐添(开),40. 谈咸严盐(合),41. 凡(合),42. 登蒸(开),43. 登(合)。

案,唐代韵书部次陆法言《切韵》及孙愐《唐韵》等为一系,李舟《切韵》及宋陈彭年《广韵》等为一系。前系"覃"、"谈"在"阳"、"唐"之前,"蒸"、"登"居"盐"、"添"之后,后者降"覃"、"谈"于"侵"后,升"蒸"、"登"于"青"前。故《七音略》列"覃"、"谈"于"歌"、"麻"之后,实沿陆、孙旧次,至连类而升"盐"、"添"、"咸"、"衔"于"阳"、"唐"之前,则为配例韵目等呼之方便而然。《韵镜》移"唐"、"阳"于"庚"、"清"之前,降"覃"、"谈"、"凡"于"侵"后,显系依据《广韵》加以改排,惟"蒸"、"登"

二部列于最后,仍遗留不可掩饰之痕迹。就两书而言,则《七音略》似保留原型较多,而最初必本于陆、孙一系之韵书可无疑义。[①]

3. 日本河野通清《韵鉴古义标注》引旧记云:“皇和人王八十九世,龟山院文永之间,南都转经院律师始得《韵镜》于唐本文库焉。”其所谓“唐”本如非泛指中国,则最初流入日本之《韵镜》或非张麟之所刻本欤?

准是以言,则《韵镜》之母图,则远在北宋之前,又日僧当可置信。且藤原佐世之《日本见在书目》著录《切韵图》一卷,则唐初或即有其原型。又日僧安然《悉昙藏》所引武玄之《韵诠·明义例》云:

> 凡为韵之例四也:一则四声有定位,平、上、去、入之例是也;二则正纽以相证,令上下自明,人、忍、仞、日之例是也;三则旁通以取韵,使声不误,春、真、人、伦之例是也;四则虽有其声而无其字,则阙而不书,辱、蜃、眘之例是也。

《大矢透》据此以拟测唐初即当有《韵镜》声经韵纬同式之音图,[②]且谓编集《切韵》时即当有之[③]。余谓音图之定,当由隋唐释子。陆法言既已论定南北是非古今通塞而成《切韵》一书,其时沙门为转诵之方便,音读之统一,乃师彼悉昙,创为转图,形式悉准梵音,内容全纳《切韵》。今所传本,殆经数度改删,亦由《切音指南》出自《切韵指南》而内容多已因时代而改变也。

(手稿未刊。原题下有副题“等韵发疑一,源流之四”)

---

① 参阅魏建功《唐宋两系韵书体制之演变》,北京大学《国学季刊》三卷一号;张世禄《等韵学系统的分析》,第17页,暨南大学《文史丛刊》第一集。

② 《韵镜考》,第15、16页。大矢透《日本见在书目》有武玄之所作《高宗实录》六十卷,故推断武氏为亲仕于高宗之人。

③ 作者未注明。

拟答郭晋稀《读〈切韵指掌图〉》

大作辩证《切韵指掌图》之谬误，其辨析之精密，立论之严谨，能道破数百年来研究是书者之蔽塞，诚属难能之作。惜手头除《指掌图》(《丛书集成》影墨海本)一书外，别无所有，未能详加案证，实为憾事。仅于大作所论，略述己见而已。窃意足下之失有三：1. 未能注意古今音变之时代观念，每以上古音系统责韵图之不合，不知《切韵》后于《诗经》已近千年，而《指掌图》又后于《切韵》约五世纪(《切韵》成书在西历 601 年，《指掌图》约成于 12 世纪中)，其间音变，自各不同，不能并论也。2. 忽略等韵图在中国音韵演变史及音韵学史上之价值，故不追究其所以定某字为某等之历史价值，而误认其为"妄加割裂"，任意"填空"之作。3. 以等韵图与韵书同观。然韵书之作用为便文士行文用韵而已，其对象大多一为残存之古音遗迹，一为当时语音。而等韵图其作用为审音表，其对象纯为当时之语音，虽不无受韵书之影响与拘束，然终不能以早数百年之韵书音系衡之也。此三者似为足下所忽。此外，所据版本间有讹误字，尚需详加校勘订正，所谓"需先还其面目，始可论其得失"者也。今依上述观点，为以下逐条之商论。

(甲)关于"校正原书者"

一、文以今本图次前后颠倒者，改十六图为十五图，十五图为十六图;二十图为十八图,十八图为十九图,十九图为二十图。所举论证,皆具卓识。按之全书大例,当为的论。惟据邵光祖《检例》云:“图自一至六者独用,七至十六,一开一合通用,十七至廿,两开两合通用。”则次序颠倒,由来已久,或温公原书即如此欤? 又以为“十五、十六两图颠倒,乃有唇音合口混入十六开口图中,十七、二十两图乖隔,乃有二十图之合口唇音混入十七图中。”惟次序之颠倒,或为后人所讹编,而开合口字之混列,则绝非后人讹误。盖唇音之开合相淆杂,为此书之最大缺点。足下所谓“不知唇音亦有开合之分”是也。

二、文以“庚耕一等字为二等之误”。案庚耕韵字本应为二等,乃十五图中一等字仅有“觵”、“泓”、“轰”、“横”四字,婺源江慎修《四声切韵表》,亦列“觵”、“横”字于二等合口呼,而左书小字谓“此类古通唐荡宕铎”,其意即以为此类字古本一等字也。则温公独以四字为一等,盖又为无因也(《诗经》“冈、黄、觵”押韵)。若仅以“庚耕为变韵侈音”,不应入一等,似觉尚待考虑。“变韵”之说,依今日眼光视之,殊难成立也。

三、文谓“十七图平声三列佳韵,乃齐韵之误”。甚是。“腝”,《集韵》人移切,《广韵》(作“臡”)人兮切,乃齐韵字(《丛书集成》影墨海本注作汝来切,恐非),三列无佳韵字,是也。惟上声三列韵目虽为荠韵,而实则图内无荠韵字,案上声三列仅有“掜”字一,注仄蟹切,是韵目荠,实为“蟹”之误。又谓“去声三列为祭韵”。案《丛书集成》影墨海本(以下简称“墨海本”)十七图去声三列无字,韵目也无“祭”字。又《广韵》以齐、荠、霁相承,非“齐、荠与祭相配”也。

四、文谓“十九图帮母字下之‘不’字乃后来窜入,十图入声亦用此韵,不用‘不’字可证”。案墨海本十图入声,固有“不”字,与十九图全同。是皆版本有误,不得引为论证者。二十图之觩卓皆切、搋冲皆切皆应入十七图,是(墨海本十七图“搋”作“拳”,误)。

（乙）关于“论温公之用法不密，所以遗累千年者”

一、“以三十六母统括《广韵》声类，不知照等诸母，二等、三等判然两事，与喻母当归匣、归定致误者”。案，照系诸母，二、三等判然有别，乃《切韵》（隋唐音）及其以前之上古音系统为然，非复宋时音也。谓照二、三等来源不一可，必谓照合为一非，则未必然！唐末以来，照母二等与三等（齿音与舌音）之合一，为显明存在之事实，一若唇音之分化为重轻然。以其先有此事实之存在，而后始克有三十字母及三十六字母之产生，决非等韵家所向壁虚构者也。《广韵》反切大致据法言所作，故仍保持古音耳。今日国语中，“章”照三等、“庄”照二等同读为“ㄓ”，能谓其为非耶？《切韵指掌图》时此种音变必已完成无疑。不可以古音衡今读，正与不可以今读限古音同。至于二、三等字在图中虽同隶一行（一母下），大部仍不相混淆，则犹存音变演递之迹者也。吾人于读等韵图表时，应有一前题：即需知韵图乃据韵书而作之审音表。故一方面仍不免受古音反切之影响，一方面又极力表现其时代之实际语音。等韵之一切门法及其矛盾不便处，皆由此然。故在《指掌图》以前之《韵镜》及《七音略》诸书，皆以三十六字分列为二十三行，盖明知当时口音实如此，而又拘于古音（韵书反切）以定其分合者也。《切韵指掌图》乃能明白作三十六行之分列，诚一大进步，不能以其不合于古而非之。要知其时代为宋，非隋，更非周秦也。至于“喻三归匣”，也谓中古喻三变自上古之匣，非即中古喻三即读为匣也。《广韵》声类，喻三与匣亦固判然不同也，乃竟改“尤”属匣，殊为大误！若然，则“喻四归定”，何不改“由”属定，而竟取消喻母乎？此皆足下未能顾及古今音异之失也。至于反切下字同而不同等者，足下以为“妄加割裂”及“同格不能置二字，乃上下其字所成”，是则等韵图直成儿戏矣！

用以审音定字，岂可得欤？诚若足下所改正之第四图：精系之“揪、秋、酋、修、囚”；照$_{\text{三}}$系之“周、收、雠”；照$_{\text{二}}$系之“邹、搊、愁、搜”；影之“忧”；晓之“休”；匣之“尤”；喻之“由”，排成一列，则将何“等”之言？皆为二等乎？三等乎？抑皆为一等、四等乎？且明书“照$_{\text{三}}$”、“照$_{\text{二}}$”字样，何以同“列”？是直否认“等韵”之存在矣！

夫《广韵》二百六韵之分，每韵不限于一等，法言著《切韵》时，“等韵”之学尚未成立，其审音也未能精到如等韵家之微细，故虽大体已具，而出入难免，由反切所用字之杂乱可知之。以同下字切不同等音，其分别当从声母定之，则其等次之分，仍属可能（如照$_{\text{二}}$等为“ㄓ”，不应随以有“i”介音之三等韵母），董南一序云：“同音而分两韵者，谓之凭切巨宜切其、巨沂切沂”，“韵阙则引邻以寓之，谓之寄韵”。既有“凭切”、“寄韵”，则借他等字为反切下字，不亦同理耶？盖古人无今日之音标，含糊及不科学之弊，吾人不能求之过苛。等韵之出，在中国声韵学史上，实属一大进步。其所未臻完善处固尚有之，而其所为，则决非任意为之者，藉以求古今音变之迹，固仍属不二之途。即以喻母三、四等论，在中古时代，其区别只在有无腭化之分。“喻三为匣细音”之说，乃知其当然未明其所以之不科学说法耳，未能据之竟以喻三为匣也。匣母无三等，仅足以启示吾人：“古匣三等变入何母？何以变入？”焉有审音之精如温公（？）者，既能作此图，不能辨匣喻之同异乎？邵光祖《检例·辨匣喻二母切字歌》云：“匣阙三四喻中觅，喻亏一二匣中穷。上古释音多具载，当今篇韵少相逢。”正谓古本相通，今则迥别也。

二、“以韵之并合者致误者”。足下以《指掌图》并二百六韵（平声仅五十七）为二十图，较《平水韵》之合并《广韵》“通用”韵为“尤乖”于音理，是盖未明作者之苦心也。其合并之动机，当非仅为“以要御详”，而音变实际情形使之然耳。《指掌图》之二十图，实为后世十六摄之所本(如《四声等子》及《经史正音切韵指南》等),而其所分未密,则固不容讳言者。中国语音“由繁趋简”为音变之显著法则,由韵书分部之演变及近代国语语音证之,殆无可疑。《指掌图》乃宋代产物,去法言《切韵》已数百年,若必以法言为准以量之,是直强今为古耳!元周德清《中原音韵》分十九部,其后韵者亦未过二十部者,音变趋势为然也。文又称“图以韵之并合致误者有二焉:一为正变不分,如合肴于萧、豪、宵,合幽于尤、侯;合咸、凡、衔、严于谈、盐、覃、添;合元、山、删于先、仙、寒、桓;合文于魂、谆、真;合麻于歌、戈;合江于阳、唐;合、庚、耕于蒸、登、清、青;合皆、佳于咍;合微于之、支、脂、齐是也”。案韵有正变之说,以近代语言学眼光视之,殊有未妥处,而“古弇今侈”之论,更为清儒之谬见,而大背于语言演变之一般法则者也。盖每一不同音变之发生,必有其不同之条件使之然者。《广韵》二百六韵,即隋时有此二百六种之不同音(包括韵母之音值及其声调),每一音由上古某一音(或数音)变来,皆自具其法则及过程,而必谓某也为正,某也为变,或弇韵为正,侈韵为变,则误矣。至于何以某韵只具某几母,则适足以启示吾人对音变法则之探求耳。诚若足下所谓“视某格无字时则以配入”,则岂非图之排列皆漫无规律而任意为之者耶?将何以言等韵乎?是所谓“此谬明白可笑者”,恐非如是其单纯耳!“二为未能细察开合”。文谓图“合东一与冬,合东二于鍾,顾东一开,冬合,东二合副(?)鍾开副不可合也。”案《韵镜》内转第一、开,为东董送屋;内转第二、开合,为冬〇宗沃,鍾肿用烛;《七音略》内转第一、重中重(即开),内转第二、轻中轻(合),是皆以东为开,未闻“东二为合副”也,夫东冬之分,自汉以来,已有混合之趋势,《切韵》犹存古音遗迹,或方音有别耳。《指掌图》乃以当时口音合之,又为过也(要以其为审音之作,非以考古也)。瑞典中国声韵学者高本汉君拟《切韵》音系,东为 ung, i̯ung;冬为 uong;鍾为 i̯wong;是冬仅有一等,鍾仅有三等,东无二等,故东一并冬,东三(东二,非)并鍾,实为《切韵》后音变之自然趋势耳。江慎修《四声切韵表》即以东韵公类与冬皆为一等合口乎;东类、弓类与鍾,皆为三等合口呼。则温公之作不为非也。其余以"鱼为合副、虞为开副";"德一开、德二合";"质一开副,质二合副"之说,也皆有未妥,未知何所据以判其为开合也? 至于覃开谈合之说,《韵镜》之误固甚显然,《七音略》覃谈皆为"重中重",是也。惟十四图,合江与唐阳之合口,确为图之误。足下所云甚是。

三、"以入声所承不合《广韵》致误者"。图之入声配合,有不妥处,诚属"其谬明白易知",惟所举一例,则非原书之误。文称"没本灰、魂两韵之入,然痕韵之入声迄亦附焉。今图并以作魂、灰两韵之入,自不免以开为合矣"。查墨海本,第十图韵目下入声第三列亦有"迄"字,而实则表中未收"迄"韵字,是"迄"字盖后人误加者也。惟唇音四母下所收三、四等字多开口"真"、"质"韵字耳。唇音字开合混杂,为此书之显著错误,不仅十图为然也。

四、"以不知增加字之致误者"。"有以增加字而占两列者。"案第一图,镳与飚,苗与蜱,表与褾,皫与缥,藨与摽,庙与妙,皆三等字,而表各分为三、四等,惟此诸字在《广韵》(《集韵》也然)即同音值而异反切字,则其误当不由于《指掌图》,盖由来已久。又"以增加字而妄增韵目者",文称"第十图入声第二列强增质韵",似未妥。案十图入声二等有"黜、龇、率"三字,"率"虽所律切,而《广韵》入质韵(文以为术韵,非;律乃质韵借术韵字),"龇"入质、栉二韵,惟"黜"《广韵》入术韵,"率、龇"既皆为质韵,则韵目之"质",不为非矣。又文谓第十二图平声三等戈韵"脞、鞾、肥",上声三等马韵之"硰葰","皆不需有韵有字",未知何据? 戈韵三等之三字,意当无误;惟马韵三等二字:"硰",叉瓦切;"葰",沙瓦切,则皆应为二等字,或后人误置耳。又十七图文称三列字皆增加字,案平声三等"犄、胰"(文自注《广韵》作痏,非。案当为《广韵》麲，有骨醘也，见《集韵》)。“犄”，昌来切；“腴”，人兮切(《集韵》人移切)，皆为三等字，当无误，惟韵目作“咍佳”，佳当为“齐”之误。墨海本“腴”下注汝未切，则韵目佳字衍，恐讹。“移”、“埧”二字，墨海本未见，惟上声三等韵目为荠而表仅有“抧”一字，注仄蟹切，则荠目亦误，凡此皆版本有异，急待校勘确定后，始可下断评。又“十九图入声三、四等，唇音质韵诸字应改归术韵”，甚是。也是本篇唇音之通病。禅母所有二等字：一为三等之误列者(其为后人所增，或原本三等本列二字，而为后人所分置)。墨海本十九图，禅母去声“睡”字误列二等，由平声“谁”字为三等可证。一为床母二等字之误置：如五图去声“儳”(仕陷切)；十六图之“賾”(士革切)；三图上声“䝙”皆床二等字，此可能有两种解释：一为后人误置，一为当时作者方音如此。惟十七图喻母上声一等佁字，似为例外。就其韵(海韵)视之，当为一等无疑也。文所称七图与十一、十七图之“镝”，墨海本未见，可知版本传流之讹误也。

五、“不知轻重唇音之辨，古今互异致误者”。案《切韵》声类无轻重唇之分(轻唇专指唇齿摩擦音言)，仅三等字有腭化介音而已，后世轻唇音，皆由此腭化影响而变成。然古唇音三等未尽变轻唇，如“宾”是也。温公之书以审其当时语音耳。其音与现代正合。若必使合于古，则反失其历史价值矣！

六、“以不知唇音亦分开合致误者”。案此实《指掌图》之一大错误，图中独唇音为混淆不清，皆此弊使然。所言极是！

七、“有以切语行韵疏略致误者”。案文所谓有以反切下字开合相借为切，作者不知而致误者，容或有之，惟文中所举之例则非！查《广韵》质韵反切下字，只有“所律切”(如率字等)之“律”字，为借自术韵之合副字，其他皆开副，文谓“乙暨肸耴”四字为合副，未知何据而言？案四字实开副，非合副也，则十八图入声未尝有误！

以上仅就文中各节，略述己见，案头一时无书可资参证，愿候来日详为讨论。

1943 年 8 月 6、7 两日作于联大宿舍

（手稿未刊）

《经典释文》音汇凡例

总例

一、本书汇辑陆德明《经典释文》中之反切、直音及诸家又音，以觇服虔以后陆词以前之音韵概况。

二、首叙陆德明之身世、师承；《经典释文》之体制、源流；诸家切语之异同。

三、其次胪列陆氏反切之声类、韵类、调类及音系总表等。

四、复次汇集陆氏之直音归纳其音系以与反切参证。

五、再归纳陆氏所引诸家音切，分别部居，与陆氏所校音系比勘异同。

六、最后总集全书反切，直音依《广韵》编次，附列《集韵》音切，依次胪列诸家音，以四角号码索引，以便检查。

七、《经典释文》版本据以《通志》、抱经二本为主，而以《通志》参以士礼居影宋刻本，并及段玉裁手校本、法伟堂校本及唐写本，择善而从。仍有疑滞，则断以音理。

八、本书分四大类，义各有主，可各自为书单行，合之仍为一部。

凡例

一、凡《经典释文》中有反切直音悉为钞纳，无反切直音者不录。

二、凡云“如字”者以直音论。

三、凡异文下无反切或直音者不录；其音与本文同者系于本文之下（例如：谬，靡幼反，本或作缪，音同）；案或云“本亦作某，同某某反”者亦准此（例如：邪或作耶，同馀嗟反），惟于异文下注反切或直音者即认为异文之音（例如：邪字又作耶，似嗟反）。

四、凡一字之下只记反切直音而不标明出处者，是为本音；本音假定为陆氏所作（例如：易，盈只反；偏音篇）。

五、凡称“又音某”、“又某某反”或“音某”、“一音某”、“又一音某”或“某人音某”、“某人作某某反”者，是为又音。又音有主名者从其主名，无主者别为一卷（例如：大人造，郑徂早反，为也；王肃七到反，就也）。其称“旧音某”、“众家音某”者亦视为又音。

六、凡称师读者，认为周弘正音。

七、凡止写一字或致疑殆者，依《经典释文》之例连类书之，以示音义相关之理。

八、训释之语有与音义相关者，随应迻录，使得互证。

九、同一字而有多切，声韵同，切语用字同者，但录其一；声韵同，切语用字异者，一二列之。但每音总记其发现次数。

十、《经典释文》或为注中之字作音，其字乃为经传本文所无者，方便列入，不别出。

十一、经典文字，间有师承异读，与本字截然两音者，亦方便列入，不别出。

十二、别本异文与本字截然两音者，亦方便列入，不别出。

（手稿未刊）

《经典释文》之版本

《唐书·经籍志》:“《经典释文》三十卷,陆德明撰。”(《新唐书·经籍志》同)周显德二年二月诏刻《序录》,《易》、《书》、《周礼》、《仪礼》四经释文,皆田敏、尹拙、聂崇义校勘。自是拙等相继校勘《礼记》、《三传》、《毛诗》音。建隆三年判监崔颂等上新校《礼记》释文。开宝五年判监陈鄂与姜融等四人校《孝经》、《论语》、《尔雅》释文上之。二月,李昉知制诰,李穆、扈蒙校定《尚书》释文。时以德明《释文》用古文尚书,命判监周维简与陈鄂重修定,诏并刻板颁行。咸平二年十月十六日,直讲孙奭请摹印古文《尚书》音义,与新定释文并行,从之。是书周显德六年田敏等校勘,郭忠恕核定古文,并书刻板。景德二年二月甲辰,命孙奭、杜镐校定《庄子》释文。四月丁酉,吴铉言国学板本《尔雅》释文多误,命杜镐、孙奭详定。铉复驳释智骞所撰《尔雅音义》多有舛误。天圣四年五月戊戌,国子监请摹印德明音义二卷,颁行(王应麟《玉海》卷四十三,页15)。准是,自周显德以后《释文》全书均经陆续刻板颁行,而以《尚书》、《尔雅》、《孝经》更定为甚。惟宋代刻本绝少流传。明文渊阁有宋椠一部都八百六十叶,乃海内孤本。后为钱牧斋所得,藏庋绛云楼中。震泽叶林宗购书工谢行甫影写一部。及绛云楼火,宋刻为祝融所收,幸赖叶本流传,昆山徐氏遂据以刻入通志堂经解中,“其扑尘扫叶,诚不为无功。然有宋本是而或不得其意,因而误改者亦所不免”。

(手稿未刊)

《经典释文》和原本《玉篇》反切中的匣于两纽

——跋葛毅卿《喻三入匣再证》

在《切韵指掌图》的《检例》里，有一首《辨匣喻二母切字歌》，原文是：

> 匣阙三四喻中觅，喻亏一二匣中穷。上古释音多具载，当今篇韵少相逢。（原注：户归切帏，于古切户。）

从这首歌里，我们可以看出一些匣喻两纽在古代音韵中的关系来。几年以前，葛毅卿君曾经根据这首歌诀和王国维手写本《切韵残卷》里"雲"、"越"两字的反切，在《通报》里发表了一篇文章，假定喻三（即于纽）的音值应该和匣纽字相同。近来他又怀疑《残卷》里"于，明俱反"的"明"字或许是"胡"字的形讹，另外举了原本《玉篇》"云"作"胡勋反"和敦煌写本《尚书释文》残卷"滑"作"于八反"两条旁证，写了一篇《喻三入匣再证》。在葛君以前，曾运乾的《切韵五声五十一纽考》[①] 也曾根据《切韵·序》"先仙尤侯俱论是切"那句话，把喻纽三等当作匣纽的"细音"。他说：

> 先仙尤侯皆举类隔双声以明分别纽类之意。……又如尤，于求切，于胡不能相易者，尤为萧韵之弇音，于在虞韵亦弇音也，例音弇者声细，故尤于求切也。侯，胡沟切，胡于不能相易者，侯

① 《东北大学季刊》，第一期，第14页。

为虞韵之侈音，胡在模韵亦侈音也，例音侈者声鸿，故侯胡沟切也。

他于是拿“胡、乎、户、侯、下、黄、何”7字当作“匣一”，拿“于、羽、雨、王、云、雲、韦、有、永、远、荣、为、洧、筠”14字当作“匣二”。这和他在《喻母古读考》[①]里以喻三归匣的说法可以互相印证。如果再往前推溯，那么，邹汉勋《五均论》[②]的《廿声卌论》里有“论喻当并匣”一条，虽然目存文佚，却未尝不可以作我们进一步探讨的启示。

当葛君写后面那篇文章的时候，我正在整理《经典释文》的反切，因为十年前我在《切韵探赜》里也曾经提出过这个问题[③]，所以对它还颇感兴味，顺便给葛君写信指出《释文》里的两个例子，已承葛君引入篇中。不过我现在认为还有补充的必要，因此又参照《经典释文》和原本《玉篇》中匣于两纽的反切，写成这篇跋尾。

在讨论本题以前，先得约略说明我整理《经典释文》反切的方法。《释文》这部书本来不是专为审音而作的，它的反切系统当然不能像《广韵》那样秩然不紊；所以整理这一大批棼如乱丝，将近六万张卡片的反切材料也要比陈兰甫作《切韵考》的功力更加繁难。现在先就整理声类的方法来说。我系联《释文》声类的方法，共有三种：

第一，反切上字同用、互用、递用者：如“巴”有“必加、必麻”二反，“包”有“必交、必茅”二反，同用“必”字；“薄”有“旁各、旁博”二反，“旁”有“薄刚”、“薄葬”二反，“薄”、“旁”二字互用；“缚，扶谋反”，“浮，

① 《东北大学季刊》，第二期，第58—64页。其后《安徽大学月刊》第一卷第一期又载方景略《喻母古读考》一篇，举于纽与影纽相通例15条，与晓纽相通例7条，谓“于母乃自古音数母所变，未可专定为某一母变音”。

② 《邹叔子遗书》本。

③ 广州中山大学《语言历史学研究所周刊》第三集《切韵专号》，第48页，曾举《切韵》“越”作“户伐反”一例。

缚谋反”,“缚”、“扶”、“浮”三字递用,是也。

第二,反切上字《释文》未著切语而据其直音之切语系联者:如“补”《释文》无反切,而其直音“圃”字有“必古、布古、布五”三反,故得与“必”、“布”系联,是也。

第三,反切上字在《释文》中无切语与直音可稽,而据其所切字中同音异切之上字系联者:如“方”字《释文》无反切与直音,但其所切之“奋”字有“方问、甫问、弗运”三反,三反既同切一音,故“方”、“甫”、“弗”声同一类,是也。

前两条算是“直证”,后一条算是“佐证”。不得已而用佐证时,我很谨慎地看那些不同的反切在《广韵》里是否同音,同时还顾到训诂一方面有无出入;否则宁可存疑,不敢强联。根据上面所说的三个条例来看,《释文》里在《广韵》应属“匣”、“于”两纽的反切上字,我们可以得到“户”和“于”两类:

(甲)户类(和《广韵》的匣纽相当,在《释文》里以“户”作反切上字的,共发现 1087 次,较本类其他各字均多,所以拿它作标目。)

户:胡:河:① 何$^{\text{户户胡胡何河}}_{\text{可我可我可可}}$下$^{\text{户遐遐}}_{\text{嫁嫁稼}}$华$^{\text{户户胡胡}}_{\text{花瓜瓜花}}$:$^{\text{户胡}}_{\text{化化}}$行$^{\text{户户户}}_{\text{郎刚康}}$:$^{\text{户下}}_{\text{庚庚}}$:$^{\text{户遐}}_{\text{孟孟}}$侯$^{\text{户}}_{\text{豆}}$和$^{\text{胡}}_{\text{戈}}$:$^{\text{户胡}}_{\text{卧卧}}$迥$^{\text{户}}_{\text{顶}}$爻$^{\text{户胡}}_{\text{交孝}}$环$^{\text{户}}_{\text{关}}$曷$^{\text{户何何寒火·}}_{\text{割葛末末葛}}$学$^{\text{户户胡}}_{\text{教孝孝}}$洪$^{\text{户}}_{\text{工}}$衡$^{\text{华}}_{\text{盲}}$咸$^{\text{行洽}}_{\text{缄斩}}$滑$^{\text{胡乎于·}}_{\text{八八八}}$回(洄$^{\text{音胡}}_{\text{回恢}}$)遐(瑕$^{\text{音户下下}}_{\text{遐加加家}}$)获(画$^{\text{音胡乎}}_{\text{获麦麦}}$)兮(鼷$^{\text{音户}}_{\text{兮鸡}}$)幸(倖$^{\text{音胡}}_{\text{幸耿}}$)衔($^{\text{音洽行}}_{\text{咸斩缄}}$)洽(狭$^{\text{音户户胡乎}}_{\text{洽甲夹夹夹}}$)乎(壞$^{\text{户乎}}_{\text{怪怪}}$)寒(翰$^{\text{户胡寒}}_{\text{旦旦半}}$)亥(孩$^{\text{户亥}}_{\text{哀才}}$)闲(黠$^{\text{户闲}}_{\text{八八}}$)黄(获$^{\text{户黄}}_{\text{郭郭}}$)贤(见$^{\text{贤贤胡}}_{\text{遍编荐}}$)玄(铉$^{\text{胡胡玄玄玄}}_{\text{犬畎犬畎典}}$)形刑(胫$^{\text{户胡刑形}}_{\text{定定定定}}$)恨(很$^{\text{户胡胡恨}}_{\text{垦垦恳恳}}$)惠(萤$^{\text{户惠}}_{\text{扃丁}}$)穴(携$^{\text{户穴}}_{\text{圭圭}}$)弦

---

① 凡不同音的反切或本无反切而据第三例系联的上字,文中皆用[:]号隔开;“类隔”切语则于字旁加[·]号以别之。

以上 38 字惟“弦”字无可系联。案《广韵》“弦”和“贤”同作“胡田切”，虽不系联，亦应属于这一类。

（乙）于类（和《广韵》的于纽相当，即喻纽三等字，在《释文》里拿“于”作反切上字的，共发现 1048 次，较本类其他各字均多，所以拿它作标目。）

于 音羽/为危 为 于/威：于於·/伪伪 炎 于于于荣/廉沾凡钳 羽（音于/雨矩）又（宥 音于/又救）袁（援 音于/袁眷）韦（苇 于韦/鬼鬼）位（鲔 于位/轨轨）往（王 于往/方方：于往/况况）云韵（陨 于于云韵/敏闵敏谨）荣（禜 为荣/命敬）尤 有下/牛求 有

以上 14 字惟“尤”、“有”两字和其他不能系联。案“尤”作“下求反”只见于《论语·为政章》“寡尤”下，各本均同，诸家也没加校订，照上述第三例，应当和户类系联。不过，法伟堂的校本却说：“下乃于之讹”，若然，那就可以和本类系联了。然而，问题却没有这么简单！

这两类虽然大体上自成系统，可是彼此间常有错综的关系。例如户类的“滑”字有“胡八、乎八、于八”三反，它所切的字里“猾”有“于八、户八”二反，“皇”有“于况、胡光”二反，并且《尚书》释文“蛮夷猾夏”的“猾”字今本作“户八反”，敦煌写本作“于八反”。这当然不能诿为偶然的讹误。既然“猾”字可以有“户八”和“于八”二反，那么“尤”字也未尝不可以有“有牛”和“下求”二反。再说于类所切的“鸮”字同时有“于骄、于娇、于苗、户骄”四反，也可以作户于两类相通的例。若在本书以外找材料，我们还有许多有力的旁证。

据周祖谟所考《万象名义》中的原本《玉篇》音系[①]，匣于两纽简直有不可分的趋势，所以他并称“胡类”。其反切上字为：

胡 护/徒 护 胡/故 户 胡/古 互 胡/（故） 扈 胡/古 後 胡/走 侯 胡/沟 黄 胡/光 缓 胡/管 会 胡/外 奚 胡/题 谐 胡/阶 孩 胡/（改） 穴 胡/决 衡 胡/庚 红 胡/工 和 胡/戈 候 胡/遘 厚 胡/茍 後 胡/狗 华 胡/瓜 嫿 胡/馘 获 胡/馘 形 胡/经 骇 胡/骇 嵇 胡/鸡 何（胡）/可 贺 何/佐 遐

① 1935 年度北京大学中国文学系毕业论文稿本。

何加下遐雅行遐庚杏遐梗荷贺多河贺户柯多乎户枯悦胡拙尹胡准越胡厥为胡妫鲔为轨荣为明核为革解核洒覆

解械革革械于禹俱迂禹俱竽禹朱往禹往尤禹尤王禹方右禹九曰禹月有于九又有救雄有宫雨有诩禹

在《广韵》里本来应属于纽的“尹越为鲔荣”五字既然和匣纽系联，周君又说：“于以下十三字不能与上系联。案《名义》：云于勋反，部目作胡熏反；又庽胡甫反，原本《玉篇》云：古文寓字，《名义》寓作于甫反：是胡于声同一类。”由此看来，原本《玉篇》里的匣于两纽比在《经典释文》里还混乱得厉害。

此外，我还发现两个有趣的旁证。在南齐王融的集子里有一首双声诗：

园蘅眩红蘤，湖荇烨黄花，回鹤横淮翰，远越合云霞。①

又北周庾信的《问疾封中录》也是一首双声诗：

形骸违学宦，狭巷幸为闲，虹回或有雨，云合又含寒。横湖韵鹤下，回溪狭猿还，怀贤为荣卫，和缓惠绮纨。②

第一首里的“蘅、眩、红、蘤、湖、荇、黄、花、回、鹤、横、淮、翰、合、霞”15字在《广韵》应属匣纽，“园、远、越、云”4字应属于纽；第二首里的“形、骸、学、宦、狭、巷、幸、闲、虹、回、或、合、含、寒、横、湖、鹤、下、还、怀、贤、和、缓、惠、纨”25字应属匣纽，“违、为、有、雨、云、又、韵、猿、荣、卫”10字应属于纽。不过在第一首里杂入喻纽的“烨”字，第二首里杂入溪纽的“溪绮”两字，除去这三个例外，他们既然把匣于两纽当作双声，可见这两纽的发音应该很相近的。

就以上所引的材料来推断这种现象发生的时代，我们知道王融

① 张溥《汉魏六朝百三名家集》本《王宁朔集》，第20页；钱大昕《十驾斋养新录》卷六“论双声”条亦引之。

② 张溥《汉魏六朝百三名家集》本《庾开府集》卷二，第31页；丁济《双声诗选》亦引之。此例承魏建功先生提示，特此声谢。

生在宋泰始四年戊申(468),死在齐隆昌元年甲戌(494)①;庾信生在梁天监十二年癸巳(513),死在周大定元年辛丑(581);顾野王生在梁天监十八年己亥(519),死在陈太建十三年辛丑(581),大同中为太学博士奉诏撰《玉篇》(535—546);陆德明的《经典释文》是从陈至德元年癸卯(583)作起的;那么就可以说,从5世纪末到6世纪末匣于两纽都有混乱的现象,而且时代越早,混乱得越厉害。不过,这种现象究竟是因为同音而合并呢,还是因为音近而相通呢?要解答这个问题,我们不得不推溯匣于两纽的历史。

我尝说,曾运乾的《喻母古读考》在钱大昕古无轻唇音和舌音类隔之说不可信以后,对于古声母的考证上,是一篇很有贡献的文章。然而,就音变的普通规律来讲,在古代完全相同的声音后来不会无条件地变成两个不同的声音。所以我们只可以说匣于两纽在上古是很相近的音,而不能说他们是完全相同的音。照高本汉的拟测,匣纽的上古音是[*g‘-],于纽的上古音是[*g-],两音极相近,只有送气和不送气的区别。这样固然可以填上群纽洪音的空当儿,可是于纽的洪音仍然空着。拿这种拟测来解释上面所讨论的现象,若从庾信诗里羼入的“溪绮”两个溪纽字大胆地假设上古的[*g‘-][*g-]在六朝时候的某种方音里还保持未变,似乎近理一点儿;可惜这种孤证太不够作我们推断的根据了。如果说那时候[*g-]已经变[j-],不能解释它为什么算是匣纽的双声;若说[*g-]在[i]前和[*g‘-]同样地变[ɣ],又不好解释群纽的[*g‘]在[i]前何以不变。所以从这一点来看,高氏的拟测似乎还有商酌的余地。两年前,李方桂曾经怀疑匣类有两

① 《南齐书·王融传》:“永明十一年使兼主客,接虏使房景高、宋弁。弁见融年少,问主客年几?融曰:五十之年久逾其半。”又“鬱林深忿疾融,即位十馀日,收下廷尉狱。诏于狱赐死,时年二十七。”据此推定其生卒年如上文。

个上古的来源：(1)和[k][k‘]谐声或互读的是[*g‘-]；(2)和[x]谐声的是[*ɣ]。[①] 照他的假设，那么匣、于、群三纽应该按下面的程序来演变：

上古音	六世纪初	六世纪末
*g‘-	ɣ-(匣)	ɣ-
*ɣ-	ɣ-(匣)	ɣ-
*ɣ-(i)-	ɣ-(i)-(于)	ɣ-j > j-
*g‘(i)-	g‘(i)-(群)	g‘j-

如果这个假设可以成立，我们就可以说，在第五世纪末叶[ɣ]在[ĭ]音前面还没[j]化，所以王融、庾信的诗里把匣于认为双声，在原本《玉篇》的反切里这两纽系联的地方也比较多。到六世纪末叶，[ɣ]在[ĭ]音前面已经[j]化，所以在《经典释文》的反切里这两类分化的倾向渐强。至于这两类在《切韵》里的关系也就像见母有古居两类，溪母有苦丘两类一样，只是洪细的不同[②]；陆法言在《切韵·序》里既然明白指斥"先仙尤侯俱论是切"的不对，他自己当然不会又把匣于合并成一纽。我们若把《切韵》里的匣纽拟作[ɣ-]，于纽拟作[ɣj-]，像[k]:[kj]和[k‘]:[k‘j]的对峙一样，就可以说得过去了。并且于纽在现代吴语里大部分还和匣一样地保持着[h-]音，在现代闽语的话音里也有好些读[h-]音的例[③]，这也可以表现它曾经读过[ɣ]音的。

总结上文所说，我对于《切韵》里匣于两纽的关系，赞成曾运乾拿于纽当作匣纽细音的说法，并且觉得高本汉所拟的[j]或许经过[ɣj]

---

① 这是他和我私人通信中说的，并未正式发表。

② 在我这篇文章初稿写完后，北平辅仁大学的葛信益君，曾给我一封信说："《广韵》入声廿一麦，㦍，呼麦切，又于馘切（诸本均同）；而麦韵有匣无于，查《集韵》麦韵亦无于，惟胡麦切有㦍字，未审可否作匣于相通之一证？"附录于此，以资参证。

③ 参看《厦门音系》第九表（乙）。

一个阶段。不过从发音原理讲,这个[ɣj]音不会保持长久,很快就会变成[j]的。葛君因为几个“类隔”反切的牵联要把它们并成一类,反倒不容易解释后来在大多数方言里何以匣变[h]而于变[j]了。

1937年4月作于北京,1938年1月重订于长沙

(原载中央研究院历史语言研究所《集刊》第八本第一分,1939年。又收入《罗常培语言学论文选集》)

关于《经典释文》中同字异切为同音或异音的几个判断标准

同一个字有几个不同字形的反切，我们叫做同字异切。这在《释文》中是相当普遍的，例如“恣”字有“咨嗣、资历、姿利、七咨”等四个反切，“酋”字有“在由、子由、将由”等三个反切。同字异切多半是表示同一个音，只是反切用字的不同；但也有不是表同一个音，不光是反切用字的不同。如何判断同字异切是一个音或不是一个音，是研究《经典释文》反切的先决问题。下面拟就几个在形式上有根据的可利用的标准举例地谈一谈。

(一)切语互注有“又如字”的字样　“如字”都是表示最通常的读音，要是一个字下面既书切语又注“又如字”，那就表示这个字在这里不读通常之音，而有所改读。“如字”之音一般都可以找到，《广韵》里一般收有。改读之音与“如字”之音之间声、韵、调三项至少有一项不同，根据这一条我们可以判断《经典释文》中一个字有无异读情形。例如上举的“恣”“七咨反”是注在“恣睢”之下，后面并注有“又如字”，“恣”字其余三个反切都没有“又如字”。查《广韵》“恣”字只收有“资四切”一个反切，跟“资利、咨嗣、姿利”等声、韵、调完全一样。《广韵》并没有收“七咨反”之音，我们据此可以判断“恣”字在《经典释文》里有两个读法，一个是通常的读音，即所谓“如字”之音，这个音《广韵》收有的，即“咨嗣”等反；另一个是“七咨反”，这两个音不能联系。

用“又如字”这项标准，还有一项好处，一个字不读通常之音，而要改读，一定有其原因，根据注明“又如字”的材料一般都能够把改读的原因找出来。例如上举的“七咨反”的系因为“恣睢”连语。表示这个“恣睢”的，可以用另外的字形表示，不一定要写成“恣”。

（二）又音　又音有两种，一种是他人的又音，即陆氏出了切语之后，又注某某人又××反，前面冠明别人姓氏的；另一种是陆氏自己的又音，前面不冠别人姓氏的。无论哪一种，凡是注明“又音”的，两个音读音一定有差异（即声、韵、调至少有一项差异），表示有两种不同的读法。要是一个字有几个反切，而其中有一个是跟“又音”声、韵、调完全相同的话，那么就可以判断这个字在《经典释文》中有异读情形，跟“又音”相同那个反切，就不能用跟“又音”前面那个反切联系。比如“酋”有“在留、子由、将由”三个反切，可是“在留反”有两处都注有“又子由反”，据此可以判断“在留”、“子由”是表示两个不同音，“在”跟“子”不能联系。

上述“又如字”其实也是一种“又音”，都是表示一个字可有两种读音，但其主从上，两者很有区别：注“又如字”的表示前面的切语在此属主读，但并非通常，通常之音应该是后面“又如字”之音。注有“又音”的情形就适相反，“又音”的前音既属主读，也表通常之音，至于后面的“又音”只表明此一读，不一定是通常的读法。“又如字”之音一般都可以在一个字首切中找到，至于“又音”的音就不一定能在一个字首切中找到。好多“又音”都不用做一字的第一个切语。

（三）两读　两读是表示一个字有两种读法，但这两种读法都是主要的，无主从之分，随便用哪一个都可以，因此它跟上述（一）、（二）两种情形又有所不同。《释文》有时用这一个切语，有时又用那一个切语，要是找出“两读”的证据，这两个反切当然不系联。比如“瀸”字有“子廉”、“息廉”两个反切，但“瀸”字下注明有“子廉、息廉”二反，据此可断“子廉”、“息廉”表示两种读音，“子”、“息”不能系联。

(四)假借字　字有假借。《释文》往往与假借的字作音。假借的情形是多种多样的，有些是字形的假借，有些是字义的假借，要找出所假借的那个本字，不大容易。这一项标准应用起来比(一)、(二)、(三)三项标准要难得多，因为它没有上述三项那么明显。我们要肯定一个反切是不是假借音，必须有凭有据，否则就不能轻易下判断。下面的两条应该认为在形式上是有根据的：

(1)注明假借的。例如《释文》“清”字“七性反，字宜从冫，从氵者假借也”，这“七性反”并不是为“清”字作音，而是为“凊”字作音。

(2)注有“本又(或)作某”、“与某同”等字样。例如“且”字《释文》有三个反切：“子馀反、七也反、七馀反”，“子馀反”和“七也反”《广韵》收有，表示不同的读音，但“七馀反”《广韵》未收。我们不能够决定它能不能与前面两个反切系联。但这个“七馀反”是注在“次且”下面，“亦作趄，或作咀”，同“七馀反”，我们据此知道这个“七馀反”是为“趄”字作音，跟“子馀反”及“七也反”之“且”都不能系联。

这一项情形有很多种，从字面上说有“本作某”、“或作某”、“又作某”、“字音作某”、“依字音作某”、“某(书)或某(人)作某”、“与某同”……从切语先后上分，一种是先出切语，后注上述那些字样；一种是先注上述那些字样，再注切语。情况不同，就不能一概而论。

(五)依注音　依注音大致也有两种情形：(1)依某家之注又作音。(2)依某家之读音(读若、读如等)依音。“依注音”有些就是“假借音”，但有些不是。“依注音”有的是注出来的，如“献”“依注音莎，素何反”；有些并没有注，但是根据注文可以判别出来。“依注音”的断定，跟上述“假借音”一样，必须要确切有据，否则宁缺勿滥。

(六)依反切上下字既不能同是双声，又不能同是叠韵的原则断定某两个反切能不能系联　反切的原则，切语上下两个字不能同属一纽,也不能同属一韵,要是下字同上字同属一纽的话,等于用“德东”切“东”,切语下语跟两切字就是同音,无需再作反切。同理,要是下字同上字同韵的话,等于用“东红”切“东”,切语上字跟所切字就是同音。反切的方法虽疏,但这个原则无论哪部韵书都严格遵守。根据这条原则可以判断某两个反切不是一个音。比如上举的“恣”“七咨反”跟“咨嗣反”绝不能系联。“咨”在子纽,“七”就绝不能在“子”纽跟“咨”同纽,“七”要是在“子”纽,则“七咨反”双声相切。“七咨反”跟“咨嗣反”虽同是“咨”字的反切,但所代表的都是两个音。

（手稿未刊）

《经典释文》中的齿头音

《广韵》精、清、从、心、邪五纽，《释文》只分成四类：子、七、才、息。才类包括《广韵》的从、邪两纽，其中才纽相当于从纽，似纽相当于邪纽，四类之间都有若干例子表面上好像是通假情形，大多数都有原因，可以解释。真正彼此联系，不能解释的只有少数一两字。至于才纽和似纽的相通，情形跟上述就不一样：(1)没有意思上的差别；(2)没有“又如字”的注释；(3)大批出现。兹将互联的例子列下：

(一)才联系似

1. 疵:才斯$_{10}$,在斯$_{3}$,疾斯$_{1}$,字斯$_{1}$——似斯$_{2}$,似移$_{1}$,祀知$_{1}$(《广》:疾移)

2. 訾:才斯$_{1}$——似斯$_{1}$(《广》:疾移)

3. 聚:才住$_{1}$,才喻$_{5}$,才遇$_{1}$,才柱$_{1}$——似裕$_{1}$,似主$_{1}$(《广》:才句,又慈庾)

4. 萃:在醉$_{7}$,在季$_{1}$,徂醉$_{1}$——似醉$_{2}$,似类$_{1}$(《广》:秦醉)

5. 瘁:在醉$_{4}$,在季$_{1}$,徂醉$_{1}$——似醉$_{4}$(《广》:秦醉)

6. 渍:才赐$_{1}$——似赐$_{1}$,辞赐$_{1}$(《广》:疾智)

7. 樵:在遥$_{1}$,在消$_{1}$,在焦$_{1}$,徂焦$_{1}$——似遥$_{2}$(《广》:昨焦)

8. 蕉:在遥$_{1}$——似遥$_{1}$(《广》:即消)

9. 渐:捷检$_{1}$——似廉$_{1}$(《广》:慈染,又子廉)

10. 践:贱浅$_{1}$——似浅$_{2}$(《广》:慈演)

11. 沮:在吕$_{2}$,在汝$_{1}$,慈吕$_{1}$——辞吕$_{1}$,辞汝$_{1}$(《广》:慈吕)

12. 缯:才陵$_{4}$,在陵$_{3}$,疾陵$_{1}$,茨陵$_{1}$——似陵$_{5}$,似绫$_{1}$,似仍$_{1}$(《广》:疾陵)

13. 鄫:才陵$_{7}$——似陵$_{5}$,似绫$_{1}$(《广》:疾陵)

14. 丛:才公$_{9}$,才工$_{3}$,才空$_{1}$,才东$_{1}$,徂供$_{1}$——似东$_{1}$(《广》:徂红)

15. 茨:在私$_{2}$,在思$_{1}$,徂咨$_{1}$,疾私$_{1}$——徐资$_{1}$,徐私$_{1}$,徐咨$_{1}$,祀咨$_{1}$(《广》:疾资)

16. 嚼:才略$_{1}$,疾略$_{1}$,字若$_{1}$——详略$_{1}$(《广》:在爵)

总:切次 38,切字 16

(二)似联系才

1. 羡:似面$_{1}$,徐箭$_{1}$——饯面$_{1}$,才箭$_{1}$(《广》:慈演)

2. 烬:似刃$_{1}$,徐刃$_{1}$——才刃$_{1}$,才信$_{1}$(《广》:徐刃)

3. 荩:似刃$_{1}$,徐刃$_{1}$——才刃$_{2}$(《广》:徐刃)

4. 讼:才用$_{1}$,自用$_{1}$——似用$_{1}$(《广》:似用)

5. 燗:似廉$_{2}$,似盐$_{1}$,徐廉$_{1}$——在廉$_{1}$(《广》:徐盐)

6. 祠:嗣丝$_{2}$,嗣思$_{1}$——自丝$_{1}$(《广》:在爵)

总:切次 9,切字 6

此外还有《广韵》邪纽字《释文》用才纽切,《广韵》从纽字《释文》用似纽切的,也附在下面:

才切似:

1. 鲳:才吕$_{1}$(《广》:徐吕)

似切才:

1. 蝤:似修$_{1}$(《广》:自秋,又即由)

2. 蕈:辞荏$_{1}$(《广》:慈荏)

3. 橧:辞陵$_{1}$(《广》:疾陵,又作滕)

4. 驓:辞陵$_1$(《广》:疾陵)

5. 骴:似赐$_1$(《广》:疾智,又疾移)

才纽跟似纽互联系的反切，在意义上没有区别，同时才纽所切诸字没有出似纽的又音，似纽的情形也正同样，才似两纽应该合为一类，即《广韵》的从、邪两纽在《释文》中是不分的。这一点是肯定的。

才纽总切字为140,跟似纽相通的切字为16,占十分之一强。才纽总切次为903,跟似纽相通的切次为38,约占二十四分之一。

似纽总切字为64,跟才纽相通的切字为6,占十分之一弱。似纽总切次为273,跟才纽相通的切次为9,约占三十分之一。兹列一表如下(原稿阙如)。

子(精) 切上字29,总切次为1094,总切字220(每一切上字后两个数目字,前一个表切次,后一个表切字)

子 888/180	作 33/16	将 22/13	尊 16/3	早 9/2	则 7/5
足 6/5	哉 5/1	节 5/2	咨 5/3	即 4/3	租 4/3
牋 4/2	精 3/3	井 4/3	资 2/2	笺 2/2	遵 2/1
宗 2/1	左 1/1	再 1/1	姊 1/1	兹 1/1	醉 1/1
遭 1/1	走 1/1	接 1/1	薦 1/1	迹 1/1	

子:兹(子斯)哉(子来)迹(子亦)租(子胡,子奴)且(子馀,子徐,子余)① 再(子代)作(子各,子洛)薦(作见,将见,将电,牋练,遭练)节

① 《周易夬传》:"次且"《释文》:"本亦作趑,或作跙,同;七馀反,注及下同。马云语助也"。案《广韵》鱼韵"趄"字下注:"趑趄,七余切"。"七馀反"当为"趄字作音。

(薦絜,才结,在结,在切)将(子亮,子匠)[①] 足(子住,将注,将树)即(子栗)笺(即田)朘[揃(音朘,子浅)]精[菁(音精,子丁,作寧,子零)]井(精领)遭[糟(音遭,子曹,早劳)]早[藻(音早,子老)]尊[樽(音尊,子存)]咨资[赍(音咨,音资,子兮,子西)]秭(咨履)遵[卒(子忽,子恤,子律,尊忽,祖忽,遵律,遵聿)]——祖——宗[综(子宗,宗宋)]——左[鑽(子官,作官,左端)]走(徂口)[陬(子候,走候)][②] ——姿[恣(咨嗣,资利,姿刺,七咨)][③] 接(似辄)[湛(子廉,子潜,接廉)][④]则——醉

七(清)　切上字 16,总切次 1115,总切字 141

七 869/160　千 27/14　寸 24/4　仓 10/5　采 8/5　翠 4/1
草 2/2　浅 2/1　清 2/2　促 2/2　取 1/1　侵 1/1
麤 1/1　切 1/1　苍 1/1　且 1/1

---

① 将又有"七羊反"17 见,"七良反"1 见。情形有四种:(一)"将将"表声音,即锵字。《诗·雅·烝民》:"八鸾将将"《释文》:"七羊反,本亦作锵,同"。案锵,《释文》正"七羊反"。《广韵》同。属于这一类用"七羊反"的 8 见,"七良反"1 见。(二)是"愿"或"请"的意思。《诗·卫风·氓》:"将子无怒"《释文》:"七羊反,毛:愿也,郑:请也"。跟这情形同"七羊反"凡 4 见。(三)是严正的意思。《诗·大雅·绵》:"乃立应门,应门将将"《释文》:"七羊反,注同,严正也"。仅此 1 见。(四)是集或蹩字之音。《诗·周颂·执竞》:"磬筦将将"《释文》:"七羊反,集也,注同。《说文》作蹩蹩,行貌"。亦仅 1 见。

② 《尔雅·释宫》:"中庭谓之走"《释文》:"走,徂口反"。与才纽联系,按"走"用作切上字的 1 见,即"陬,走候反",与"子"联系。

③ 七咨反之解释,详后见子类跟七类相通假项。

④ 接用作切上字,仅 1 见,即:湛,接廉反,跟"子"字联系。接在《释文》有三个音:(一)《礼·内则》:"国君世子生,告于君,接以大牢"《释文》:"接,依注音捷,字妾反,胜也,下'接子'同"。(二)《周礼·司徒廪人》:"大祭祀则共其接盛",郑注:"接读为扱,再扱之扱",《释文》:"接依注音扱,扱,初洽反"。(三)《礼记·儒行》:"孙接者,仁之能也"《释文》:"接,似辄反,又如字"。(一)、(二)两条,一音捷,一音扱,都是依注作音(其音即"捷","扱"之音)。为接音作音的是(三)条,据此条《释文》"接"当有两读:1. 所谓"如字"之音,即《广韵》"即葉切",属"子"纽用作切上字的。2."似辄反"属才纽,此音《广韵》、《集韵》均失收。(《尔雅·释宫》:楶,作截反,又音节。)

七:翠(七遂)促(七玉)且(七也)采(七代,七在,苍改)苍(七荡,且刚)取(七住,七喻,七具,七揄,七与,七树)——仓[戚(七历,七秋,千历,千寂,仓寂)]切(千结)千——寸[卒(七忽,寸忽)]侵[葺(七入,侵入)]——麤[竄(七乱,麤乱)]草[造(七报,七到,草报)]——清(七性)[1] [趣(七须,七于,清须)]

才(从)

才 569/83	在 217/63	徂 33/25	慈 8/5	昨 6/5	疾 5/5
贱 5/5	字 4/3	存 4/4	捷 4/2	自 2/2	钱 4/3
粗 2/2	齐 2/2	罪 2/2	曹 2/1	秦 2/2	情 2/2
财 1/1	茨 1/1	杂 1/1			
似 210/39	徐 30/12	辞 18/12	囚 5/5	详 4/4	嗣 3/1
祀 3/2	词 1/1	翔 1/1	旬 1/1	夕 1/1	

才:粗(才故)昨(才各)齐(才兮,粗兮,才计,才细,子兮)[2] 捷(才接,

---

① 清:七性反,2见。一见《庄子·人间世》(《庄》上,14,11),原注"字宜从冫,从氵者假借也。"凊《释文》正"七性反"。二见《诗·泂酌》(《诗》下,11,4'),下注"又如字"。《集韵》凊凊"七正切","《说文》寒也,或作清"。"七正切"就是"七性反"的音。"清"又有"才性反"3见。下面都有"又如字"的解释。又《周礼·天官·冢宰》下凌人:"秋,刷",郑注:"刷,清也……可以清除共富"。《释文》:"清,如字,又才政反"。此可证"清"《释文》有两读:一在七纽,一"才性反,才政反",在才纽,即《集韵》"疾政切"下的"瀞、清":"《说文》无垢秽也,或作清,通作净"。"疾正切"之音,《广韵》未收。

② 齐,子兮反,3见,两个都是为齑字作音。(1)《周礼·天官·冢宰》醢人:"以五齐七醢七菹三臡实之",郑注:"齐当为齑,五齑:昌本,脾析,蜃豚,拍深,蒲也"。《释文》:"徐刘子西反,下同。徐才细反"。紧接此条之下即醯人:"醯人掌共五齐七菹"。《释文》:"齐,子兮反,下之齐、共齐、酱齐皆同"。子兮反即子西反之音。(2)《礼记·曲礼》上"献孰食者操酱齐",《释文》:"齐,本又作齑,同,子兮反"。一个是赍字。《礼记·杂记》:"有司官陈器皿",郑注:"器皿其本所齑物也","齑"通志堂本、卢本《释文》都作"齐":"子兮反,下同"。卢于此无校,法伟堂校书:"齐当为齑",今按阮刻注疏本《礼记》及所附《释文》,均作齑字。据阮氏校,"齑"各本均同,惟惠栋所校宋本及卫氏集说本作赍,《释文》出"所齑"二字云下同,是阮氏所据本《释文》仍为齑字。阮氏又据正义,"陈夫人嫁时所赍器皿之属"。各本并同,谓"齑"当作赍,说似是。

在接，在妾）在［裁（音才，才再，在代）］存［蹲（音存，在尊，在困）］茨（在私，在思，徂咨，疾私，徐资，徐私，徐咨，祀咨）徂（才孤）雜（徂合，七合）[1] 慈［疵（音慈，才斯，疾斯，字斯，在斯，似斯，似移，祀知）］字—疾—祀—似—俗［续（音俗，似欲）］旬（似遵）——贱［饯（在浅，徂浅，贱浅，贱衍，钱浅）］——钱［羡（才箭，钱面，徐箭）］——自［讼（才用，自用，似用）］——罪［摧（徂回，昨回，粗雷，罪雷）］——曹［凿（才报，在报，曹报）］——情［瘠（在亦，在益，在昔，秦昔，情昔）］——秦［悴（在醉，在季，秦醉）］——财［餈（才私，在私，财资）］——词［兕（徐履，徐里，徐子，词履）］辞［词（音辞）］嗣［祠（音辞，嗣丝，嗣思）］——囚［紃（似伦，囚春）］——详［褎（徐救，详又）］翔——夕

息（心）切上字 37

息 873/84　悉 181/37　素 166/49　星 72/9　思 70/33　苏 54/35
先 35/24　西 28/20　虽 15/7　桑 13/7　仙 11/4　荀 13/8
相 11/7　宣 9/2　私 8/7　恤 8/6　丝 7/4　胥 6/5
粟 4/3　夙 4/3　斯 3/3　雪 3/1　辛 3/2　细 2/2
司 2/2　葸 2/2　孙 2/2　昔 2/2　萧 1/1　须 1/1
小 1/1　三 1/1　屑 1/1　峻 1/1　送 1/1　宿 1/1
速 1/1

息：三（息暂）相（息羊，息亮，悉亮）—悉—胥（息徐，息馀，息鱼，息余，息庐，思徐，思馀，相吕）思（息嗣，息吏，息利，悉吏，丝嗣，司嗣）—司—丝（思似）先（息荐，悉薦，悉见，苏薦，苏遍，苏徧，苏练，西薦，西见）西［犀（音西，苏赍，细兮）］萧（先辽，先条）细（先计））宿（息六，先

[1] 雜：“七合反”4见，都见于《公羊传》，而且都是在“雜然”下，从而又都注有“又如字”。如《公僖二十三年》何休注“皆雜然助之”，《释文》：“七合反，又如字”（《公》，16，10’）。其余三个（《公》24，8；25，9；32，1’）文字一样。可见“雜”《释文》有两读：(1)“如字”即“徂合反”之音。(2)七合反。《广韵》只收前者，而未收后者，实际上两读不相联系。

六)—苏—素(苏故)叟(素口)桑(苏臧,子郎)屑(素节,苏节,先结)峻(思俊,思闰,荀俊,私俊,恤俊)—私—斯(私赀)恤(辛聿,峻律)荀[洵(音荀,息旬,苏遵,私旬,恤旬)]虽[绥(音虽,息遗,息隹,荀隹,须唯)]须(宣喻)宣—仙[鲜(音仙,息连,仙前,仙浅,斯践,息浅,悉浅)]夙[宿(音夙,息六,先六)]孙[飧(音孙,素门,素昆,苏尊,素尊)]——雪[选(息兖,宣兖,胥兖,雪兖,息恋,息转,息变,宣面,宣恋,宣转,雪恋)]——星[琐(息果,素果,素火,星果,桑果,悉果)]——粟[竦(息勇,思勇,粟勇)]司[笥(息嗣,息吏,思嗣,丝嗣,司吏)]四[襄(息羊,四羊)]——昔[燮(息协,悉协,素协,苏颊,昔协)]——速[薮(素口,速苟)]送[餗(音速,送鹿)]脩

(附记:《穀梁传·定四年》:“公及诸侯盟于皋鼬”,《释文》:“鼬,叟又反”,通志堂本及卢本均同,“叟”《释文》:“素口反”在此纽。按“鼬”《广韵》“余救反”,与“叟又反”之音声类相差很远。卢氏考证鼬下注:“由又反,旧由讹叟,据《左传》音改”。今按阮刻注疏本《穀梁传》此条附《释文》作“由又反”。又查《左传·定四年》“公及诸侯盟于皋鼬”,《释文》正作“由又反”,不是“叟又反”。“叟”简写为“叓”,即“由”、“又”两字之并,此“由又反”误为“叟又反”之由。“叟”不是反切上字,“叟又反”应依卢校为“由又反”。)

子类跟七类的互通假

(一)子类字通七类

1. 咨:咨嗣$_1$,资利$_1$,姿利$_1$;七咨$_1$

《庄子·应帝王》:“恣睢”下“七咨反,又如字”,“李云皆云咨睢自得貌”。据此“咨”《释文》实有两读:(1)如字之音即“咨嗣,资利,姿利”等反;《广韵》有;(2)七咨反,此音《广韵》、《集韵》都没有收,惟《五音集韵》收之(千咨切)。又案

"咨"《释文》在子类，依双声不能为切之理，七咨反跟咨嗣反不能联系。

2. 僭：子念$_{45}$，作念$_{2}$，牋念$_{1}$；七寻$_{2}$，七念$_{1}$

《礼记·文王世子》"不僭"下："七寻反，又子念反"（《礼》二，3，8'），又《明堂》"不僭"下："七寻反，又则念反（《礼》二，24，6'），《诗·鼓钟》"不僭"下："七念反，沈又子念反，又楚林反"（《诗》中，28，2），下面都注有"子念反"或"则念反"的又音。可证"七寻反"、"七念反"跟"子念反"是两个音，并不联系。

（二）七类字通子类

1. 次：七私$_{1}$；资利$_{1}$

《周易·夬传》"次且"，《释文》："次，本亦作趑，或作欧，《说文》及郑作趑，同，七私反，注下同。马云：却行不前也。《说文》：仓卒也"（《周易》17，3'）。《左传·昭二十八年》"榆次"（地名）下："资利反，又如字"。七私反跟资利反实不联系。《广韵》"次"，七四反，"七私反"跟"资利反"之音《广韵》都没有收。但趑，取私切，趑趄，趋不进也，"七私反"即切私切之音。据第二条，"次"《释文》当有两读：（1）资利反；（2）如字。如字之音，当即《广韵》"七四切"。至于"七私反"则是趑字之音。

子类跟才类的联系

（一）子类字联才类的

1. 攒：子管$_{4}$，祖管$_{1}$，再宦$_{1}$；才宦$_{1}$（《公羊》2，11）

案《公羊传·隐元年十二月》"所闻异辞"下何注："宣十一年秋晋侯会狄于攒函"，《释文》："攒，才宦反"，各本均同。阮氏校刊记跟卢氏考证于此都无校。今案这个"攒"

字实是"樻"字之误。但这个错误发生很早,阮氏所据诸本大致都是从"扌"不从"木"。《四部丛刊》影印宋本《公羊传》也是"攒"字。但何氏所引宣十一年这一条三传都作"樻函",各本都没有作"攒",应以此为正。"樻"《释文》正是"才宦反"。

2. 醮:子妙$_3$,子召$_3$,子笑$_3$;在遥$_1$(《庄》下,22,7')

案《庄子·盗跖篇》"戚醮"下"在遥反,李云顦顇也,又音子妙反"。据此"在遥反"与"子妙反"实不联系。醮《释文》有两读:(1)"子妙反",《广韵》收有此音;(2)"在遥反",《广韵》未收。据李注,此"醮"与"顦顇"之"顦"意同。顦(即憔)是"在遥反"。

3. 訾:子斯$_{18}$;似斯$_1$(《记》一,20,6'),才斯$_1$(《记》三,2,1)

案《礼记·学记》"多其讯"郑注:"讯或为訾":"才斯反,又音紫"。据此"訾"《释文》有两读:(1)音紫(此当即"子斯反"之音),(2)才斯反。才斯反与子斯反是两个音不联系。《礼记·檀弓》下:"亦非礼之訾也":"似斯反。病也",案此据郑注"訾,病也"作音,疑是"疵"字,"疵"字《释文》有"才斯反$_{10}$,在斯$_3$,疾斯$_1$,字斯$_1$,似斯$_2$,似移$_1$,祀知$_1$",都在才类。

4. 卒:子忽$_{60}$,子恤$_{11}$,子律$_1$,尊忽$_1$,祖忽$_1$,遵律$_1$,遵聿$_1$;才忽$_1$

《礼记·少仪》:"毋拔来,毋报往"郑注:"拔赴皆疾也,人来往所之常有宿渐,不可卒也",《释文》:"卒,才忽反",依郑氏意,此"卒"当是"卒然尚日","卒"仓卒之"卒"。《广韵》"卒"有三个音,但无才忽之音,表"急也",仓卒之意为"仓没切"系清纽字,与此亦不相应。

5. 节:薦絜$_1$;才结$_1$(《左》四 26,7);在切$_1$(《诗》中 18,11');在结$_1$(《诗》中 20,11')

案三个才类反切,都是为《诗·节南山》的"节"字作音。(1)《左·昭二年》:"武子赋节之卒章"下:"才结反,徐又如字";(2)《诗·节南山》下"在切反,徐又如字,又音截,下及注同,高峻貌";(3)《诗·十月之交》下郑笺:"节刺师尹"下"在结反"。据此"节"《释文》有两读:(1)"如字"之音,即薦絜反,建立或分段支节之意,《广韵》有。(2)才结反,在切反,在结反。意思是高峻貌,"节,高峻貌"系据郑氏"节彼南山"下笺,此音《广韵》失收。(第(2)条"又如字"据第(1)条为徐读,当脱徐字,意思是徐邈的《毛诗音》有两读:(1)如字,(2)又音截,因音"截"即"在切反"之音,《释文》"截":"才结反"不应在"在切反"之后,又出此音。)

(二)才类字通子类

1. 缯:才陵$_4$,在陵$_3$,疾陵$_1$,茨陵$_1$,似陵$_1$,似绫$_1$,似仍$_1$;则能$_1$(《周易》14,3)

案"则能反"见《周易·遯》:"上九,肥遯无不利",王注:"矰缴不能及"下,实作"矰",阮氏《校刊记》云:"岳本,闽,监,毛本同。《释文》出缯缴。案矰正字,缯假借字"。"矰"《广韵》"作滕切","则能反"即"作滕切"之音。又案《礼记·礼运》"瘗缯"下注"本又作增,同似仍反又则登反又似登反","则登反"即"则能反"之音,既出此又读,则"则能反"与其上诸反实不联系。

2. 瘠:在亦$_1$,在益$_1$,在昔$_2$,秦昔$_1$,情昔$_1$;精亦$_1$(《周易》32,6)

案"精亦反"见《周易·说卦》"其于马也,为美脊,为亟心,为下首,为薄蹄"下,各本都作"脊"。依意亦当为"脊"。脊《释文》:子亦$_2$,子昔$_1$,井益$_1$,井亦$_1$(跟"精亦反"音同)。

3. 從:才用$_{171}$,在用$_1$;子用$_{11}$,足用$_1$

案"子用反"跟"足用反"都是为"縱"字作音。"足用反”见于《礼记·曲礼》:“敖不可长,欲不可從”下并注:“放縱也”。子用反十一见,有四处都注明:“本又作縱”。如《诗·大雅·卷阿》:“伴奂尔游矣”,郑注:“伴奂自縱弛之意也”,《释文》为“自從”:“子用反,本又作縱”(馀例从略)。有一处注:“或音如字”(《左》,22,11’),此可见“從”有两读,在才类者即如字之音,在子类者实縱字之音。

4. 從:才容$_{2}$;子容$_{24}$,足容$_{3}$

案《广韵》“從、縱”都有两读。從,才容反《广韵》有,子容反、足容反之音《广韵》没有。足容反三见,其中有一个是为“蹤”字作音。《诗·召南·羔羊》:“委蛇委蛇”,郑笺:“委蛇,行可從迹也”,《释文》:“從,足容反,字亦作蹤”,其馀二个都为縱横之縱作音。也见《诗·齐风·南山》“衡從其亩”及《礼·丧大记》“小敛,布绞,缩者一,横者三”注“缩,從也”下。子容切凡二十四见,都是为縱横之縱作音。如《尔雅·释鱼》(18,10)“從”下:“子容反,本今作縱”,又案《庄》二(8,8)“縱”下:“本亦作從,同,将容反”,也可证從、縱是互通的。

5. 酋:在由$_{6}$;子由$_{1}$,将由$_{1}$

《礼记·月令》:“乃命大酋,秫稻必齐”,《释文》:“酋,子由反,大酋,酒官之长”,《周礼·天官》:“酒正掌酒之政令,授酒材”,郑氏引《月令》此两句为注。《释文》:“酋,将由反”,都是酋长之酋,跟“在由反”之“酋”好像联系。但“在由反”之“酋”,又两处都注明“又子由反”。《诗·大雅·卷阿》:“似先公酋矣”,《释文》:“酋,在由反,又子由反,又在幽反”(《诗》下,11,8’)。据此“在由反”跟“子由反”实属两音。陆氏是有分别的。又《尔雅·释诂》:酋,“在由反,又子由反,郭音遒”。此外还有一处注明“或且由反”(《周礼》

下,21,1)。

6. 践:贱浅$_1$;子践$_1$(《诗》中,15,8'《车攻》郑笺:"而仿不献,践毛不献"下)

7. 渍:才赐$_1$,似赐$_1$,辞赐$_2$;子赐$_1$(《诗》中,29,5'《信南山》"是剥是菹",郑笺:"天子剥削淹渍以为菹"下)

子类跟息类联系

(一)子类字系联息类:

1. 瀐:子廉$_3$;息廉$_1$

案瀐字(《广韵》从韱的都写作韯,"瀐"即《广韵》"瀐")《广韵》只有一读,《释文》实有两读,"子廉,息廉"。陆氏有区别,这有两事可证:(1)在这个"息廉反"陆氏又注:"又子廉反",(2)《尔雅》下(6,10')"藖""息廉,子廉二反",可见子廉,息廉确是分为两音。

(二)息类字通子类:

1. 桑:苏藏$_1$;子郎$_1$

《论语·雍也》:"子桑伯子",《释文》:"桑,子郎反,郑云秦大夫"。

七类跟才类联系

(一)七类字通才类只有一个清字,已见七类联系下注。

(二)才类字通七类:

1. 蹲:在尊$_1$,在困$_1$;七旬2(《诗》中,10,4';《庄》中,22,2')

案蹲:七旬反二见,一个是墫字音,《诗·小雅·伐木》:"蹲蹲舞我",《释文》:"七旬反,本或作墫,同。舞貌也。……《说文》云:士舞也,从士尊"。《广韵》墫:"七伦切,舞貌"。《集韵》七伦切下有"墫蹲"两字:"士舞也,墫墫舞貌,或从足”。

另一个见《庄子·至乐》:“蹲循勿争”下,“七旬反,郭音存,又趣允反”。郭音存即“在尊反”之音。此见“七旬反”跟“在尊反”应别为两音(蹲循连语,当即“逡巡”,“逡”《释文》正是“七旬反”)。

2. 萃:在醉$_7$,在季$_1$,徂醉$_1$;七内$_1$(《周礼》上,36,2)

《周礼·春官》:“车仆掌戎路之萃”,郑注:“萃犹副也”,《释文》:“萃,七内反,下及注同”。案这个萃实是“倅”字。《周礼·夏官》:“戎仆掌驭戎车,掌王倅车之政”郑注:“倅,副也”,《释文》:“倅,七内反”,又《周礼·射人》:“乘王之倅车”郑注:“倅车戎车之副”。都可证《释文》“七内反”之“萃”乃是倅字。倅《释文》:七内反$_5$,七对反$_5$。

七类跟息类通假

(一)七类字通息类

1. 缞:七雷$_1$;西雷$_1$(《雅》下,23,1)

《尔雅·释鸟》:“鹭:舂鉏”郭注:“白鹭也,头翅背上皆有长翰毛,今江东人所以为睫檎,名之曰白鹭缞”。《释文》:“缞:西雷反,又西河反”。案这个“缞”字当是“蓑”字之借。《广韵》蓑有两个音:(1)素回切,(2)苏禾切。“素回切”即“西雷反”之音,“苏禾切”即“西河反”之音。“睫檎”是头巾之类,《晋书·山简传》:“例著白接䍦”,把鹭的羽毛拿来作睫檎,所名曰“白鹭缞”,可能是因它形式跟雨衣的蓑形式有相似之处。

(二)息类字通七类

1. 洒:素殄$_1$,西典$_1$,素典$_1$,先典$_1$;七罪$_1$(《诗》上,15,7)

《诗·邶风·新台》:“新台有洒”,《释文》:“洒,七罪反,高峻也。《韩诗》作漼,音同"。案"漼"《广韵》正"七罪切",这个"七罪反"当为"漼"字作音。

2. 削:息略$_2$,息约$_1$,悉若$_1$,思约$_1$,思略$_1$,相略$_1$,胥略$_1$;七妙$_1$(《庄》中,6,3')。

《庄子·胠箧》:"削格罗落罝罘之知多",《释文》:"削,七妙反","李云:削格,所以施罗网也"。

(手稿未刊)

《经典释文》中的徐邈音

一　徐邈传略

案,《晋书》卷九十一《儒林传》云:

徐邈东莞姑幕人[①]。祖澄之为州治中,属永嘉之乱,遂与乡人臧琨等率子弟并闾里士庶千馀家南渡江,家于京口[②]。父藻,都水使者。邈姿性端雅,勤行励学,博涉多闻,以慎密自居。少与乡人臧寿齐名,下帷读书,不游城邑。及孝武帝始览典籍,招延儒学之士,邈既东州儒素,太傅谢安举以应选。年四十四,始补中书舍人,在西省侍帝。虽不口传章句,然开释文义,标明指趣,撰正五经音训,学者宗之。迁散骑常侍,犹处西省,前后十年。每被顾问,辄有献替,多所匡益,甚见宠待。……迁中书侍郎,专掌纶诏,帝甚亲昵之。……时皇太子尚幼,帝甚钟心,文武之选皆一时之俊。以邈为前卫率,领本郡太中正授太子经。……安帝即位,拜骁骑将军。隆安元年遭父忧,邈先疾患,因哀毁增笃,不逾年而卒,年五十四。州里伤悼,识者悲之。

---

① 姑幕晋属青州城阳郡,后改城阳郡置徐州东莞郡,移治东莞,后复治莒。案姑幕县今山东诸城县北五十里,东莞县今山东沂水县治,莒县今山东诸城县西南百八十里。

② 京口今江苏丹徒县治,以京岘山得名,一说谓京江口也。吴孙权徙镇于此,筑京城,号曰京镇。寻移秣陵,使孙河镇焉。

又《宋书·徐廣传》云：廣兄邈太子前卫率，家世好学。

据其卒年推溯，则当生于晋康帝建元二年（公元344—397）。自澄之渡江，徐氏侨寓京口已历三代，则东莞姑幕盖侨郡而已。又《经典释文·叙录》“为《易》音者三人”注云：“徐邈字仙民，东莞人，东晋中书侍郎太子前卫率”。

《初学记》引晋中兴书曰邈字景山，殆何法盛误以曹魏之徐邈与此为一人，不足据也。

二　徐邈所作音

据《晋书》本传称邈“撰正五经音训，学者宗之”。朱彝尊《经义考》亦云“徐氏于诸经皆有音，《颜氏家训》‘书证’、‘音辞’篇屡引之。”今据《释文·叙录》，参以《隋书·经籍志》诸书，著录徐氏所作各音于下：

《周易音》一卷

《释文·叙录》云：“为《易》音者三人，王肃、李轨、徐邈”。

《隋书·经籍志》：“《周易音》一卷，东晋太子前率徐邈撰”。

唐《日本国见在书目》：“《周易音》一卷，徐仙民撰”。

马国翰《玉函山房辑本·序》曰：“徐氏《周易音》，《唐志》不著录，佚已久。《释文》云：为《易》音者三人，王肃、徐邈、李轨。而引徐音尚有百余条，采为一卷。”

《古文尚书音》一卷

陆德明《尚书》音义《舜典》第二注云：“王氏注。相承云梅赜上孔氏传《古文尚书》，亡《舜典》一篇。时以王肃注颇类孔氏，故取王注，从慎徽五典以下为《舜典》，以续孔传。徐仙民亦音此本，今依旧音之。”

《隋志》：“《古文尚书音》一卷，徐邈撰”。

唐《日本国见在书目》:"《尚书音》一卷,徐仙民撰"。

《尚书音》五卷

《释文·叙录》云:"为《尚书》音者四人,孔安国、郑玄、李轨、徐邈。案汉人不作音,后人所托。"

《隋志》:"梁有《尚书音》五卷,孔安国、郑玄、李轨、徐邈等撰"。

《周礼音》一卷

《释文·叙录》:"徐邈《周礼音》一卷,七录无"。隋、唐《志》均未著录。马氏《玉函山房辑本·序》曰:"邈五经皆有音。其《周礼音》,隋、唐《志》不著录,佚已久。陆德明《经典释文·叙录》载其音,《周礼音义》亟引之,兹据裒辑。《集韵》亦多引徐邈读,而反切时与《释文》不同。廛人条《释文》所无,并采录以资参考焉。"

《礼记音》三卷

《释文·叙录》:徐邈"《礼记音》三卷"。

《隋志》:《礼记音》下"梁有……徐邈音三卷,……亡"。

《旧唐书·经籍志》:《礼记音》"又三卷,徐邈撰"一本误作徐逊。

《唐书·艺文志》:《小戴礼记音》"徐邈音三卷"。

马氏《玉函山房辑本·序》曰:"徐氏《礼记音》,《释文》引之较诸家为多,据以辑录,仍厘为三卷"。

《春秋左氏传音》三卷

《释文·叙录》:《左氏》"徐邈音三卷"。

《隋志》:"《春秋左氏传音》三卷,徐邈撰"。

《旧唐书·经籍志》:《春秋左氏传音》"又三卷,徐邈撰"一本徐误作孙,有杜预注三字。

《唐书·艺文志》:《左氏》"孙邈音三卷"孙邈沿旧志之误。

马氏《玉函山房辑本·序》曰:"徐氏《春秋音》,隋志三卷,今佚,从《释文》参《集韵》辑为一卷"。

《春秋穀梁传注》十二卷

《晋书》本传:"邈所注《穀梁传》见重于时"。

又《范宁传》:"初宁为《穀梁集解》,为世所重。既而徐邈又为之注,世亦称之。"

《释文·叙录》:《穀梁》有"徐邈注十二卷"。

《旧唐书·经籍志》:"《春秋穀梁》十二卷,徐邈注"。

《唐书·艺文志》:《穀梁》"徐邈注十二卷"。

《四库》著录《穀梁注疏》提要曰:"《晋书·范宁传》称此书为世所重,既而徐邈复为之注,世亦称之。今考书中乃多引邈注,未详其故。"

阮元《穀梁注疏校勘记·序》曰:"《晋书·范(宁)传》云:徐邈复为之注,世亦称之。似徐在范后,而书中乃引邈注一十有七,可知邈成书于前,范宁得以捃拾也。读《释文》所列经解传述人,亦可得其后先矣。"

吴承仕《经典释文序录疏证》云:"《晋书》本传称邈所注《穀梁传》见重于时。《隋志》有传注十二卷《唐志》同、《传义》十卷《唐志》同、《答义》三卷《唐志》无、《唐志》有《音》一卷。"

马国翰《辑本·序》曰:"范为《集解》,引述独多。则以其书辞理典据,实有可观。亦以为豫章时,采问风教,邈与宁书,极论诸曹,心折有素。序所谓二三学士者,徐其选也。"案据范宁本传,徐邈注《穀梁》在范氏之后,范所引者盖其口义耳。马说未谛。

《毛诗音》十六卷,又二卷

《释文·叙录》云:"为《诗》音者九人,郑玄、徐邈、蔡氏、孔氏、阮侃、王肃、江惇、干宝、李轨"。

《隋志》:"梁有《毛诗音》十六卷,徐邈等撰;《毛诗音》二卷,徐邈撰;……亡"。

唐《日本国见在书目》:"《毛诗音义》一卷,徐仙民撰"。

《旧唐书·经籍志》:"《毛诗诸家音》十五卷,郑玄等注"。

《唐书·艺文志》:《诗》"郑玄诸家音十五卷"。

马氏《玉函山房辑本·序》曰:"《隋志》云:梁有《毛诗音》十六卷,徐邈等撰;《毛诗音》二卷,徐邈撰。《唐志》不著目而有郑玄等诸家音十五卷,则邈音固统在十五卷中矣。今佚。从《颜氏家训》、《经典释文》、《匡谬正俗》、《六经正误》、《类篇》、《集韵》所引,合辑为卷。"

王氏《汉魏遗书钞》曰:"今抄出《颜氏家训·书证》篇二条,《匡谬正俗》一条,《文选注》二条,《太平御览》三条。"

《论语音》二卷

《释文·叙录》:《论语》"徐邈音一卷"。

《隋志》:"梁有……《论语音》二卷,徐邈等撰,亡"。

《旧唐书·经籍志》:"《论语音》二卷,徐邈撰"。

《唐书·艺文志》:《论语》"徐邈音二卷"。

《庄子音》三卷

《释文·叙录》:《庄子》"徐邈音三卷"。

《隋志》:"《庄子音》三卷,徐邈撰;《庄子集音》三卷,徐邈撰"。

两唐志均未著录。

以上十种中,惟《尚书音》、《论语音》、《庄子音》,马国翰未有辑本。又《唐志》虽著录《穀梁音》一卷,而马氏所辑《春秋穀梁传注义》惟载文公十四年秋七月有星孛入于北斗,传孛之为言犹茀也。《释文》"徐邈扶勿反"一条[①],盖散佚已久无从辑录矣。

三 《释文》中之徐邈音辑

马国翰所辑徐邈诸经音取材皆以《经典释文》为主,略参《颜氏家

① 扶勿反下《释文》尚有"一音步勿反,又音弗"二句,非徐氏音,马氏一并引入,殊误!

训》、《匡谬正俗》、《六经正误》、《类篇》、《集韵》诸书，于《释文》中之徐邈音搜罗殆备。案，《玉函山房辑佚书》自汉迄唐引用书不下四百种，辑录之书凡632种。朱修伯增订《汇刻书目》、沈乾一《丛书书目汇编》、皮锡瑞《经学历史》等，均沿其说。嗣蒋式惺为马书作《书后》，惟乙酉新刊湖南试牍中载胡元玉《汉魏六朝为〈说文〉之学者几家考》谓《若今世不传，及经任大椿、章学（案，‘学’为‘宗’字之讹）源诸人所搜辑者，前人既未言其精于《说文》，今又不睹原书体例”，自注云：“章氏所辑即今《玉函山房辑佚书》也。马国翰购得其稿，因易以己名而刊布之。”其后三篇，力辩其诬，罗列两书非出一手及马辑多出章君卒后之证据甚丰富。近人王重民亦续有补苴。[1] 经此辩证，冤谳殆可平反。又《山东省立图书馆季刊》载文安邢蓝田《鹅庄访书记》，内影印马竹吾致李戟门手札二通，均述及辑佚事，尤可订马书窃取章辑之妄。据王献唐跋语谓邢氏尚藏有一札，叙辑佚尤详，惜为红笺不能影印为憾耳。[2] 惟蒋式惺谓：“马氏之学博而或失之疏，无论其随手札记者，即辑佚一书竭一生之力而成，为当世所推重，可云善矣。然如卢氏《礼记注》，蔡氏《月令章句》，《国语》贾唐诸家注，及小学类各种，尝以杭大宗、秦味芸、蒋侑石、任子田辑本校之，乃互有出入。而蒋辑《韩诗传》多于马者且百有馀条。至偶见各书称引，检阅所辑遗漏未采者，不可胜数。甚矣辑佚之难也。……马君之创始为之，固未可苛论耳。后有如吴门惠君、归安丁君者，取各书而重校之，缺者为补入，疏舛者是正，其裨于来学当非浅鲜，殆亦马君之所深冀也乎？”余重校马氏所辑徐邈音竟，与蒋君殆有同感。今但取《释文》斠补之，犹未遑遍检群书，已得马氏之缺误若干条，并补成《庄子音》三卷。岂敢以惠、丁两君自居，聊以有裨于来学而已。

---

① 见《辅仁学志》三卷一期，第30、31页。

② 见1936年12月印行之《奎虚书藏落成纪念专集》。

案马氏所辑《周易徐氏音》一卷共一百十五条。今据嫏嬛馆补校本覆按之：

坤，“利牝扶忍反又扶允反”（一上，7）[①]，“扶允”《释文》作“扶死”（通志堂本二上，7）[②]。

讼（讹作松），“而逋方吴反”（二上，2），“逋”误刊作“通”。

谦，“自牧”（三上，8）条下应据《释文》补“豫，簪徐侧林反”一条（七上，8）。

临，“而长丁丈反，六三注末及象咎不长皆同”（三下，4），《释文》“六三”上有“除”字（八上，1），辑本误以“除”为“徐”故窜入此间，致与原义全乖！应删。

此下又应据《释文》补入：

观，“以观天下，徐唯此一字作官音”（通志堂本，八上，11）。

贲，“有喜”（三下，8）条上应按《释文》补入“贲，徐甫寄反”（九上，5）。

剥，“德舆《释文》得尊，徐京作德舆”（四上，4），案《释文》作：“得舆”音馀。

（手稿未刊）

---

① 一示页数，7示行数。行页均以嫏嬛馆本为准。下仿此。

② 《释文》行页均以通志堂本为准。下仿此。如通志堂本与抱经堂本或诸家校语有异，另标明。

从“四声”说到“九声”

治中国音韵学者，每苦“四声”不易辨识，甚且有人谓通音韵者未必能调平仄，此蔽于所习而未审“四声”所以难辨之故也。因穷源竟委，草为兹篇，以示来学。

〔声调之定义〕 声音之构成由于弹性物体之颤动(vibration)。在一定时间内，颤动次数(frequency)多者，则其音“高”，反之，则其音“低”。此种“高”、“低”之差别，在物理学及乐律学中谓之“音高”(pitch)，在语言学及音韵学中则谓之“声调”(tone or intonation)。汉字之分“四声”，即由“声调”有高低抑扬之异也。①

〔平上去入之起源〕 以“平上去入”为四声，自齐梁之际始。《南史·陆厥传》云：“永明末，盛为文章。吴兴沈约、陈郡谢朓、琅邪王融，以气类相推毂。汝南周颙善识音韵。约等文皆用宫商，以平上去入为四声。以此制韵，平头上尾，蜂腰鹤膝，五字之中音韵悉异，两句之内角徵不同，不可增减，世呼为‘永明体’。……时有王斌者，不知何许人，著《四声论》，行于时。斌初为道人，博涉经籍，雅有才辩，善属文，能唱导。”②《梁书·沈约传》云：“约撰《四声谱》，以为在昔词人累千载而不悟，而独得胸衿，穷其妙旨，自谓入神之作。高祖雅不好焉，尝问周捨曰：‘何谓四声？’ 捨曰：‘天子圣哲是也’。然帝竟不

---

① 刘复《四声实验录》，中文本，第4—61、9—20页。

② 《南史》四十八，《南齐书》五十二同。

遵用。”[①] 又《庾肩吾传》云：“齐永明中，王融、谢朓、沈约文章始用四声，以为新变。至是转拘声韵，复踰于往时。”[②] 究其功用，惟在错综字调之低昂，以和谐文辞之节律而已。陈寅恪先生近作《四声三问》，其一谓四声之数与转读佛经之声调有关。盖以天竺围陀之声明论，依声之高低，分“声”savara为三，一曰udātta，二曰svarita，三曰anudātta。其所谓声者，适与中国四声之所谓声者相类似。佛经输入中国，其教徒转读经典时，此三声之分别当亦随之输入。当时中国文士依据及摹拟当日转读佛经之声，分别定为平上去之三声。合入声共计之，适成四声。于是创为四声之说，并撰作声谱，借转读佛经之声调以应用于中国之美化文。其二谓四声说所以成于南齐永明之世，创自周颙、沈约之徒者，盖由南齐武帝永明七年二月二十日竟陵王子良大集善声沙门于京邸，造经呗新声；而萧衍、沈约、谢朓、王融、萧琛、范云、任昉、陆倕等又同在“竟陵八友”之列。于是善声沙门与审音文士交互影响，遂创为声调新说。其三谓宫商角徵羽五声关于声之本体，平上去入四声关于声之实用。论理则指本体以立说，举五声而为言；属文则依实用以遣词，分四声而撰谱：盖犹同光朝士所谓“中学为体，西学为用”之意也。[③] 其持论之精辟，实足以发千余年来未睹之秘，释文化史上久蓄之疑。然以声调判别义类，乃汉语之一特质，平上去入之名虽定于周沈，而声调之实则非肇自齐梁。当魏晋之际，李登《声类》既以“五声命字，”吕静《韵集》复分“宫商角徵羽各为一篇”。[④] 他如陆机明“声音之迭代，”[⑤] 范晔别宫商之重轻，[⑥]并与四

① 《梁书》十三，《南史》五十七同。

② 《梁书》四十九，《南史》五十同。

③ 《清华学报》第九卷第二期，第275—287页。

④ 见封演《闻见记》及《魏书·江式传》。

⑤ 陆机《文赋》云：“暨音声之迭代，若五色之相宣”。

⑥ 范晔《狱中与诸甥侄书》以自序云：“性别宫商，识清浊，持能适轻重，济艰难。古今文人多不相了此处，纵有会此者，不必从根本中来。”

声之论，异名同实。日释空海《文镜秘府论调声》节下引元民（兢）曰："声有五声，角徵宫商羽也。分于文字四声，平上去入也。宫商为平声，徵为上声，羽为去声，角为入声。"又引刘善经《四声论》（《隋书·经籍志》及《文学传》作《四声指归》）云："齐太子舍人李季（原脱）节知音之士，撰《音韵（原作谱）决疑》，其序云：'案《周礼》，凡乐圜钟为宫，黄钟为角，太簇为徵，姑洗为羽，商不合律，盖与宫同声也。五行则火土同位，五音则宫商同律，暗与理合，不其然乎？吕静之撰《韵集》，分取元方；王微（原作徵）之制《鸿宝》，咏歌少验。平上去入，出行闾里，沈约取以和声，〔之〕（衍文）律吕相合。窃谓宫商徵羽角即四声也，羽读括羽之羽。以（原作亦）之和同，以推（原作拉）群音，无所不尽。岂其藏理万古而未啟（原作改）于先悟者乎？'往每见当此文人论四声者众矣，然其以五音配偶，多不能谐；李氏忽以《周礼》证明商不合律，与四声相配，便〔合〕（衍文）恰然悬同：愚谓钟蔡以还，斯人而已。"① 然则，以"平上去入"与"宫商徵羽角"相配者，固不自段安节《琵琶录》、徐景安《乐书》始也。②故齐梁以前虽未必适有"四"声，声调之用亦不必专谐文律，而字音之早有高低抑扬，则固无容否认。且至四声之风气既成，文人编制韵书遂依其体系分类，较诸"声"、"韵"尤为重要，盖已成为汉语声音之原素矣。陈氏所以斤斤于"体"、"用"之分，但申"四声之说专主属文"一义者，亦恐引起读者之误会耳。

〔古今声调之异〕　上古有无四声，说者尚无定论。陈第《毛

① 原文多讹，从储皖峰、魏建功两君说校改，增"季"删"合"，易"改"为"啟"则个人意见也。魏君于所作《论切韵系的韵书》中亦引此文，但所见不同，读者可参阅之。魏文载《国学季刊》第五卷第三号及《十韵汇编》卷首。

② 陈澧《切韵考·内篇通论》第5页云："若段安节《琵琶录》以平声为羽，上声为角，去声为宫，入声为商，上平声为徵，《玉海》载徐景安《乐书》以上平声为宫，下平声为商，上声为徵，去声为羽，入声为角。凌次仲《燕乐考》原谓其任意分配，不可为典要。是也。"

诗古音考》倡古无四声之说。[①] 顾炎武《音论》更演其旨曰:“古人之诗……上或转为平,去或转为平上,入或转为平上去,……故四声可以并用。”又谓“入为闰声”。[②] 江永附和顾说,称为“善之尤者”。[③] 特两君于古今声调之异,犹未能明确言之耳。厥后段玉裁谓:“周秦汉初之文,有平上入而无去。洎乎晋魏,上入声多转而为去声,平声多转为仄声,于是乎四声大备,而与古不侔。”[④] 孔广森谓:“入声创自江左,非中原旧读。……自缉合等闭口音外,悉当分隶自支至之七部,而转为去声”[⑤]。立说虽殊,而明古四声与今不同则一也。江有诰初亦从古无四声之说,[⑥] 后作《唐韵四声正》乃谓:“古人实有四声,特古人所读之声与后人不同。”[⑦] 当时王念孙亦赞同其说。[⑧] 近人陈汉章复作《古声无去入辨》以驳段、孔。[⑨] 是古四声真相何若,犹聚讼未决也。蕲春黄季刚先生承诸家之后,撷众说之华,由所考古韵部居,断定“古无上去,惟有平入”。[⑩] 钱玄同先生初亦遵用之,继又采取段氏《古四声说》分出上声五部。[⑪] 余近读牟应震《毛诗古韵考》亦信古有上声之说,余别有文论之。[⑫] 至德人孔好古(Conrady)谓汉语及台语(Thai)之声调

① 参阅《毛诗古音考》卷一,第27页,《谷风》“怒”字注;及卷二,第33页,《绸缪》“隅”字注。

② 《音论》卷中,第10—14页。

③ 《古音标准》例言,第6页。

④ 《六书音均表》卷一,《古四声说》。

⑤ 《诗声类》卷一,第2页。

⑥ 初刻《音学十书》凡例。

⑦ 见《再寄王石臞先生书》。

⑧ 见《王石臞先生遗文》卷四,第18页,《与江晋三书》。

⑨ 《缀学斋初稿》卷三,第16页。

⑩ 《音略》略例。

⑪ 见所印古韵三十三部表。

⑫ 参阅拙著《读牟应震毛诗古韵考》,天津《益世报·读书周刊》,第四十二期。

乃由音组递减或消失而变成,非原始所有,[①]则须印支语比较研究进展后始克证明,今可存而不论也。

〔四声之性质〕 关于四声之性质,旧来说者每以"长短,轻重,缓急,疾徐"为言,笼统模糊,迄无的解! 如唐释处忠《元和韵谱》曰:"平声哀而安,上声厉而举,去声清而远,入声直而促。"明释真空《玉钥匙歌诀》曰:"平声平道莫低昂,上声高呼猛烈强,去声分明哀远道,入声短促急收藏。"顾炎武《音论》曰:"平声轻迟,上去入之声重疾。"清江永《音学辨微》曰:"平声音长,仄声音短;平声音空,仄声音实;平声如击钟鼓,仄声如击土木石。"张成孙《说文谐声谱》曰:"平声长言,上声短言,去声重言,入声急言。"段玉裁《与江有诰书》曰:"平稍扬之则为上,入稍重之则为去。"——或则望文生训,或则取譬玄虚,从兹探求,转滋迷惘! 近人能确指四声之性质者,当首推刘半农、赵元任两先生。刘氏以为:声音之断定,不外"高低"、"强弱"、"长短"、"音质"四端。四声与强弱绝不相干;与长短、音质间有关系,亦不重要。其重要原素惟高低一项而已。然此种高低是复合的而非简单的;且复合音中两音彼此之移动,是滑的,而非跳的:此即构成四声之基本条件也。[②] 赵氏以为:一字声调之构成,可以此字之音高与时间之函数关系为完全适度之准确定义;如画成曲线,即为此字调之准确代表。[③]自此两说出,而后千余年来之积疑,乃得一旦豁然,诚审音之大快事也!

〔声调难辨之原因(一)〕 然声调所以不易辨识者,犹有二因:一曰调值纷错,自古已然;二曰清浊演变为阴阳,每因方言而异类。案陆法言《切韵·序》曰:"古今声调,既自有别;诸家取舍,

① Conrady: *Eine Indochinesische Causativ-Denominativ Bildung and ihre Zusammensetzung mit den Ton-Accenten*. Leipzig, 1896.

② 《四声实验录》中文本,第19—20、48—53页。

③ 《中国语言字调的实验研究法》,《科学》七卷九期。

亦复不同。吴楚则时伤轻浅,燕赵则多涉重浊,秦陇则去声为入,梁益则平声似去。”所谓“吴楚轻浅,燕赵重浊”者,如《颜氏家训·音辞篇》云:“南方水土和柔,其音清举而切诣,失在浮浅,其辞多鄙俗;北方山川深厚,其音沉浊而鈋钝,得其质直,其辞多古语。”又《经典释文·叙录》云:“方言差别固自不同,河北江南最为钜异:或失在浮清,或滞于沉浊。”两家之言,并可与法言所论相互发明。所谓“秦陇则去声为入,梁益则平声似去”者,劳乃宣《等韵一得·外篇》云:“此盖以异方之人听之耳,使其本方人听之,必不尔也。彼方之去似此方之入,则彼必别有其入,且谓此方之入似其去,彼方之平似此方之去,则彼必别有其去,且谓此方之去似其平。以一方之音言之,必自成其一方之平上去入,无稍缪戾者。故四声之辨,可各以方音求之。其音不必强同,其理自无不同也。”此说精切,深得法言微旨。试以现代方音证之:例如,北平读阴平,“衣”字为高平调,关中人闻之必谓与其去声“意”字相近,其实平音读“意”字为高降调,适与秦音上声“椅”字相近,且可谓秦音之去声似其平,上声似其去也。又北平读阴平“天”字为高平调,天津人闻之必谓与其阳平“田”字相近,其实平音读“田”字为中升调,适与津音上声“忝”字相近,且可谓津音之阳平似其阴平,上声似其阳平也。诸如此类,不胜备举。然则各方言之调类虽自成系统,而方言间之调值则参差不齐,若以一地之调值强律他方之四声,徒见其龃龉难谐而已!此声调不易辨识之因一也。

〔声调难辨之原因(二)〕　又孙愐《唐韵序·后论》云:“切韵者,本乎四声,引字调音,各自有清浊。”是清浊各有四声,由来已久。然清浊声何时演变为阴阳调,则文献无征,未可臆断。惟周德清《中原音韵·自序》云:“字别阴阳者,阴阳字平声有之,上去俱无。上去各止一声,平声独有二声。有上平声,有下平声:上平声非指一东至二十八山而言,下平声非指一先至二十七咸而言。前辈为《广韵》平声多，分为上下卷，非分其音也。殊不知平声字字俱有上平下平之分，但有有音无字之别，非一东至山皆上平，一先至咸皆下平声也。如东红二字之类，东字下平声属阴，红字上平声属阳，阴者即下平声，阳者即上平声。试以东字调平仄，又以红字调平仄，便可知平声阴阳字音，又可知上去二声各止一声，俱无阴阳之别矣。”又日本沙门了尊撰《悉昙轮略图抄》卷一论八声事云：“右先明四声轻重者，《私颂》云：平声重、初后俱低，平声轻、初昂后低；上声重、初低后昂，上声轻、初后俱昂；去声重、初低后偃，去声轻、初昂后偃；入声重、初后俱低，入声轻、初后俱昂。……四声各轻重八声。……四声一音低昂名平上，低昂互前后成八：是故八音各相通”。[①] 周韵成于元泰定元年甲子（公元1324），图抄写于日本贞和二年，与元顺帝至正六年丙戌（公元1345）相当，则平声之分阴阳与夫四声之演化为八声，至晚亦当实现于元朝末叶也。降至明世，范善溱《中州全韵》及王鵕《中州音韵辑要》平去两声遂各分阴阳，而周昂《增订中州全韵》更于阳平阳去之外分立阳上，于是八声系统乃渐臻完备。然四声之分化在方言中约有三途：其一，清浊声与阴阳调并存，吴语是也；其二，平仄皆分阴阳而声母之清浊不辨，闽、粤、客家是也；其三，全浊声母平声变同次清而声之阴阳尚分，仄声变同全清而声调之阳阴亦混，“官话”是也。以故方言调类至为参差，今就所知方言二十四种列为表，以明古今调类分合之迹。（见下页。）

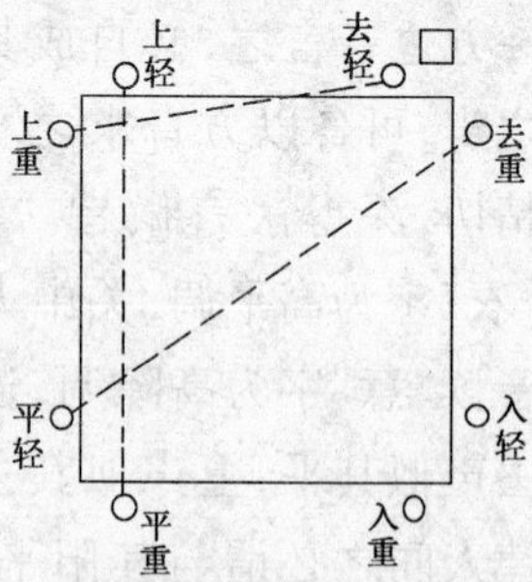

悉昙轮略图抄八声图

观这表所列，平去二声尚较整齐，上入二声殊为纷错。绎其演变

① 《大正新修藏》第二七〇九，高野山遍照光院藏贞和二年写本。

古今调类分合异同表

<table>
<tr><th colspan="2">方言
今调类
古调类
古声母</th><th>广州</th><th>上海——温州</th><th>汕头</th><th>厦门——福州</th><th>临川</th><th>苏州</th><th>休宁城内</th><th>休宁蓝田</th><th>客家</th><th>歙县</th><th>绩溪</th><th>婺源</th><th>祁门</th><th>黟县</th><th>南京——扬州</th><th>获鹿</th><th>汉口——四川</th><th>分宜</th><th>咸阳</th><th>北平</th></tr>
<tr><td>清</td><td rowspan="2">平</td><td>阴平</td><td>阴平</td><td>阴平</td><td>阴平</td><td>阴平</td><td>阴平</td><td>阴平</td><td>阴平</td><td>阴平</td><td>阴平</td><td>阴平</td><td>阴平</td><td>阴平</td><td>阴平</td><td>阴平</td><td>阴平</td><td>阴平</td><td>阴平</td><td>阴平</td><td>阴平</td></tr>
<tr><td>浊</td><td>阳平</td><td>阳平</td><td>阳平</td><td>阳平</td><td>阳平</td><td>阳平</td><td>阳平</td><td>阳平</td><td>阳平</td><td>阳平</td><td>阳平</td><td>阳平</td><td>阳平</td><td>阳平</td><td>阳平</td><td>阳平</td><td>阳平</td><td>阳平</td><td>阳平</td><td>阳平</td></tr>
<tr><td>清</td><td rowspan="3">上</td><td>阴上</td><td>阴上</td><td rowspan="2">上</td><td rowspan="2">上</td><td rowspan="2">上</td><td rowspan="2">上</td><td>阴上</td><td rowspan="2">上</td><td rowspan="2">上</td><td rowspan="2">上</td><td rowspan="3">上</td><td rowspan="2">阴上</td><td rowspan="3">上</td><td rowspan="3">上</td><td rowspan="2">上</td><td rowspan="2">上</td><td rowspan="2">上</td><td rowspan="2">上</td><td rowspan="2">上</td><td rowspan="2">上</td></tr>
<tr><td>次浊</td><td>阳上</td><td rowspan="2">阳上</td><td rowspan="2">阳上</td></tr>
<tr><td>全浊</td><td rowspan="2">阳去</td><td rowspan="2">阳去</td><td rowspan="2">阳去</td><td rowspan="2">阳去</td><td rowspan="2">阳去</td><td>（变阳平）</td><td rowspan="3">去[1]</td><td rowspan="2">阳去</td><td>阳上</td><td rowspan="3">去</td><td rowspan="3">去</td><td rowspan="3">去</td><td rowspan="2">去</td><td rowspan="3">去</td><td rowspan="3">去</td></tr>
<tr><td>浊</td><td rowspan="2">去</td><td>阳去</td><td>阳去</td><td>阳去</td><td>阳去</td><td>阳去</td><td>阳去</td><td>阳去</td><td>（变阴入）</td></tr>
<tr><td>清</td><td>阴去</td><td>阴去</td><td>阴去</td><td>阴去</td><td>阴去</td><td>阴去</td><td>（变阳平）</td><td>阴去</td><td>阴去</td><td>阴去</td><td>阴去</td><td>阴去</td><td>去</td><td>（变阳平）</td></tr>
<tr><td>清</td><td rowspan="2">入</td><td>上阴入
中阴入</td><td>阴入</td><td>阴入</td><td>阴入</td><td>阴入</td><td>阴入</td><td>阴入</td><td>阴入</td><td>阴入</td><td>阴入</td><td rowspan="2">入</td><td rowspan="2">（变阳去）</td><td>入</td><td>入</td><td rowspan="2">入</td><td rowspan="2">入</td><td rowspan="2">（变阳平）</td><td rowspan="2">（变阴平）</td><td rowspan="2">清声及次浊变阴平全浊变阳平</td><td rowspan="2">全清全浊变阳平次清次浊变去声</td></tr>
<tr><td>浊</td><td>阳入</td><td>阳入</td><td>阳入</td><td>阳入</td><td>阳入</td><td>阳入</td><td>阳入</td><td>阳入</td><td>阳[2]入</td><td>（变阳去）</td><td>（变阳去）</td><td>（变阴平）</td></tr>
</table>

1. 客家话古全浊上声文言变去声，白话变阴平；古次浊上声亦有一部分变阴平。

2. 客家话古次浊入声一部分变阴入。

所由,要皆系于声母。盖古四声既因清浊而分阴阳,浊上复以"全浊"、"次浊"之异而分入阳去、阴上两类;至于入声演变,尤须于声母类别寻其条理也。全浊上声之演变,自唐时即已发生。李涪《刊误》尝诋《切韵》曰:"吴音乖舛,不亦甚乎?上声为去,去声为上……恨怨之恨则在去声,很戾之很则在上声;又言辩之辩则在上声,冠弁之弁则在去声;又舅甥之舅则在上声,故旧之旧则在去声;又皓白之皓则在上声,号令之号则在去声;又以恐字恨字俱去声。今士君子于上声呼恨,去声呼恐,得不为有识之所笑乎?……凡中华音切莫过东都,盖居天下之中,禀气特正,予尝以其音证之,必大哂而异焉。……予今别白上去,各归本音;详较轻重,以符古义:理尽于此,岂无知音!"今案《广韵》"很"胡恳切,匣母很韵,"辩"符蹇切,並母獮韵,"舅"其九切,群母有韵,"皓"胡老切,匣母皓韵,皆属全浊上声;而"恨"胡艮切,匣母恨韵,"弁"皮变切,並母线韵,"旧"其救切,群母宥韵,"号"胡到切,匣母号韵,皆属全浊去声:李涪既以《切韵》所分为非,则在其方音中必已不分全浊上去也。据陆游《渭南集·刊误跋》云:"王行瑜作乱,宗正卿李涪盛陈其忠,谓必悔过。及行瑜传首京师,涪亦放死岭南。"案王行瑜传首京师,事在唐昭宗乾宁二年(公元895)十一月,《刊误》之成必当早是年,则陆法言《切韵》成书(隋仁寿元年,公元601年)后未满三百年即已有人不辨全浊上去,复何怪张麟之《韵镜序例》谓:"逐韵上声浊位并当呼为去声"耶?迨及清季,周赟能辨六声,遽自矜为独得胸臆,穷妙入神,欲与其家彦伦之分四声,挺斋之分五声,先后媲美,[①] 亦足觇举世茫昧,难觅解人矣!夫调类演变既如是悠久,其分合复如是纷歧,若囿于一地方音,不审异同之故,乌能心知其意,口拟其声?此声调不易辨识二也。

---

① 参阅《山门新语》卷一,《周氏琴律切音序》及《六声图说》。

然则辨识声调之法将若何？曰：宜分辨“类”与辨“值”两端言之：

〔辨识调类之方法〕 韵书之根据在反切，韵书之规模在四声，自陆法言《切韵》以迄佩文斋《诗韵》无不以平上去入为分类之标准。故调值及阴阳虽因方言互殊，而四声之系统悉与韵书相应。倘能时常披览韵书，佐以《四声韵谱》、《广韵通检》、《初学检韵》及《四声易知录》诸索引，则于辨识调类当不至过感困难。且江永《音学辨微》曰：“前人以宫商角徵羽五字状五音之大小高下，后人以平上去入四字状四声之阴阳流转，皆随类偶举一字。知其意者，易以他字，各依四声之次，未尝不可。梁武帝问周捨曰：‘何谓平上去入？’对曰：‘天子圣哲是也’。可谓敏捷而切当矣。‘天子圣哲’又可曰‘王道正直’，学者从此隅反。”其后王鉴作《四声纂句》即仿“天子圣哲”之例，纂辑四声成语以便初学。例如：

风洒露沐　民喜岁熟　为善最乐　乡里叹伏　欹满器覆
诒子燕翼　文武是式　先本后末　河海静谧　泾以渭浊
情好甚笃　杯酒自适　兄弟既翕　情感意浃　兰桨桂楫
轻艇坐盍①

又赵元任先生于北平之阴阳上去四声，亦拟有成语三十六句，其文为：

中华语调　高扬起降　开门请坐　分别长幼　三民主义
深谋远虑　灾情很重　要求免税　修桥补路　生财有道
诸承指教　非常感谢　说完好话　偏来打岔　张王李赵
专门捣乱　荤油炒肉　偷尝两块　酸甜苦辣　希奇古怪
鸡鸣狗盗　飞檐走壁　七侠五义　青龙宝剑　三国演义
英雄好汉　爹拿椅坐　缺乏笔墨　偏旁写错　斯文扫地

① 参阅朝邑刘振清所刊之《青照堂丛书》第三编。

登楼远望　天晴雨过　山明水秀　非常好看　阴阳上去

诸如此类[①]

学者熟诵而涵咏之,均有助于辨识调类也。

〔辨阴阳〕 阴阳之辨较四声为难。吴瞿安先生曰:"韵之阴阳,在平声入声至易辨别,所难者上去二声耳。上声之阳类乎去声,而去声之阴又类乎上声,此周挺斋《中原音韵》但分平声阴阳,不及上去者,盖亦畏其难也。迨后明范善溱撰《中州全韵》,清初王鵔撰《音韵辑要》,始将上去二声分别阴阳,而度曲家乃有所准绳矣"。[②] 此犹就操吴音者言也,若生为北人,则除平声外皆不辨阴阳,度曲倚声,鲜不偭规越矩。且四声悉分阴阳,实自清周昂之《重订中州全韵》始,[③]范善溱、王鵔二家只能分辨平去入之阴阳而已。就上表所列之二十四方言论,倘使广州、上海、温州以外之人而欲辨识仄声之阴阳,则除依据周昂之书,惟有借镜于古声母之清浊,舍是以求,殆无捷诀也。

〔辨平仄与舒促〕 以平声对上去入言则谓之"平"、"仄",以平上去对入声言则谓之"舒"、"促"。平仄易辨而舒促常混,盖入声之尾音在官话区域已多数消失,且依声母之类别而分化于其他三声。据亡友白涤洲《北音入声演变考》云:六百年来北音入声之演变,第一期为全浊读阳平,次浊读去声,清纽读上声;第二期全浊次浊仍旧,清纽依送气不送气或擦声关系,改读阳平与去声,间有仍读上声者,乃历史之遗迹;第三期仍与第二期同,惟此后之变化恐渐演成完全不规则。[④] 故北人欲调平仄,宜先认清入声,始可避免"失黏"之弊也。

〔五声之异名〕 自《中原音韵》始分五声,作者相沿。每异标目:

---

① 《新国语留声机片课本》第7、8页。

② 《顾曲麈谈》卷上,第24页。

③ 有此宜阁刻本,二十二卷。

④ 女师大《学术季刊》第二卷。

桑绍良《文韵考衷六声会编》分“浮平，沉平，上仄，去仄，浅入，深入”六声，林本裕《声位》分“开，承，转，纵，合”五声；至于“阴平”、“阳平”两类，则金尼阁《西儒耳目资》谓之“清、浊”，方以智《切韵声原》谓之“啌、嗤”，马自援之《等音》谓之“平、全”，樊腾凤之《五方元音》谓之“上平、下平”，其名虽异，其实则同。今对照列表，以免眩惑：

五声异名表

<table>
<tr><th>分类
调名</th><th>周德清
之四声</th><th>桑绍良
之六声</th><th>金尼阁
之五声</th><th>方以智
之五声</th><th>马自援
之五声</th><th>林本裕
之五声</th><th>樊腾凤
之五声</th></tr>
<tr><td>阴平</td><td>阴平</td><td>浮平</td><td>清</td><td>啌</td><td>平</td><td>开</td><td>上平</td></tr>
<tr><td>阳平</td><td>阳平</td><td>沉平</td><td>浊</td><td>嗤</td><td>全</td><td>承</td><td>下平</td></tr>
<tr><td>上</td><td>上</td><td>上仄</td><td>上</td><td>上</td><td>上</td><td>转</td><td>上</td></tr>
<tr><td>去</td><td>去</td><td>去仄</td><td>去</td><td>去</td><td>去</td><td>纵</td><td>去</td></tr>
<tr><td rowspan="2">入</td><td rowspan="2">全浊读阳平
次浊读去声
清纽读上声</td><td>浅入</td><td rowspan="2">入</td><td rowspan="2">入</td><td rowspan="2">入</td><td rowspan="2">合</td><td rowspan="2">入</td></tr>
<tr><td>深入</td></tr>
</table>

综上所论，可知辨四声应以《广韵》为准，辨八声应以《重订中州全韵》为准，若更纂句以资娴习，分纽以免混淆，尤有裨于审辨调类也。然审辨调值之难，固有倍蓰于此者。

〔审辨调值之方法〕　审辨调值有实验与耳听两法：用浪纹计（kymograph）记录声调浪纹于烟薰纸，然后以刘半农先生创制之“乙一声调推断尺”（Liu graph）或“乙二声调推断尺”（a pocket tone-graph）测定其音高曲线（pitch curve）者，是为实验法；[1] 经过相当之

---

①　参阅《四声实验录》及《声调之推断及“声调推断尺”之制造与用法》（史语所《集刊》一本二分）与《乙二声调推断尺》（史语所《集刊》四本四分）。

听音训练后，但借渐变音高管（sliding pitch-pipe）之辅助，即可由耳听以估定声调之高低抑扬者，是为耳听法。[①] 刘半农先生之《四声实验录》应用前法作成，赵元任先生之《现代吴语的研究》中关于声调部分则用后法作成，持术虽殊，而有贡献于中国音韵学则一也。赵氏为初学辨调之便利，又拟有"字母式声调符号"（tone letters）一种。其法以竖标代表高低，以横标代表长短及曲直抑扬。每一竖标分为五度，以自 5 至 1 之数码称之。平直而长者示以相同之两数，短者示以单数；上扬者两数先小而后大，下抑者两数先大而后小，均以两数下有无横线相连为短长之分别；至于曲折之声调则以三数表之，其数码大小当以起落之高低及抑扬之先后为断。兹录其基本调符三十种以资隅反：[②]

11:˩˩　13:˩˧　15:˩˥　22:˨˨　24:˨˦　31:˧˩　33:˧˧　35:˧˥　42:˦˨　44:˦˦　51:˥˩　53:˥˧　55:˥˥

131:˩˧˩　153:˩˥˧　242:˨˦˨　313:˧˩˧　315:˧˩˥　351:˧˥˩　353:˧˥˧　424:˦˨˦　513:˥˩˧　535:˥˧˥

1:˩　2:˨　23:˨˧　3:˧　43:˦˧　4:˦　5:˥

关系调值之精密研究，属于语音学范围。治音韵学者如欲明了声调之性质，则宜自省察己身所操方言之调类与调值始。但取各类之例字反复诵读，体味其高低抑扬，即可略辨调值之型式（pattern）而识以调符。如其调类分合尚待判定，则须先就下列辨调例字表依次诵读确定其大类，然后审辨其调值，识以调符；欲求精密，更须参用实验法以勘究其同异。例如，北平语读次浊上声"五女惹老暖买武有"等字与清母上声"古展口丑好手"等字调值相同，读全浊上声"近柱市

① 《现代吴语的研究》第 3、4、73—75 页。

② Le Maltre Phonétique, Troisiéme Série, No. 30, pp. 24—27。

坐蟹社似妇"等字与清母去声"盖帐正醉怕唱放送"及浊母去声"共助备饭大谢望用"声调均同，则知北平阳上分化为阴上及去声，且去声亦不能分别阴阳也。又读入声"急竹得职即识福责局宅食杂读白合舌俗服"等字与阳平无别，读"敕黑各百却彻额聂入六纳麦物药"等与去声无别，而"一出七秃惜接搭约切拍歇说削"与"笔札曲匹尺铁法"等又分别变入阴平及上声两类，是北平声调已无舒促之分，入声又因声母之差异而演变为平上去三声也。倘使广州人读此表，则非特八类均能辨别，且可自阴入中分出"各札责接搭百约却彻尺切铁拍歇说削法"等别立"中入"一类。繁简悬殊，从可概见。学者苟能确认自己所操方言之调值，然后推己及人，由近而远，以衡量一切方言之调值，庶不致十分讹误矣。今举中国方言内最简单之平语四声及最复杂之粤语九声示例以为本篇之殿。

平粤调值异同表[①]

调类	阴平	阳平	阴上	阳上	阴去	阳去	上阴入	中阴入	阳入
调类符号	꜀□	꜁□	꜂□	꜃□	□꜄	□꜅	□꜆	□c	□꜇
例　字	衣	移	椅	矣	意	异	一	谒	亦
粤语九声	˥˧	˨˩	˧˥	˨˧	˧	˨	˥	˧	˨
平语四声	˥	˧˥	˩˧	˥˩			全清全浊˧˥ 次清次浊˥˩ 例外˥或˩˧		

① 节录赵元任先生《方言调值异同表》。

辨调例字表[1]

阴平	刚知专尊丁边安 开超初粗天偏 蒿商三飞 (拉妈)	阳平	穷陈床才唐平 寒时详扶 鹅娘人龙难麻文雲
阴上	古展纸走短比袄 口丑楚草体普 好手死粉	阳上	五女惹老暖买武有 近柱市坐断倍 蟹社似妇
阴去	盖帐正醉对变爱 亢趁唱菜怕 汉世送放	阳去	共阵助暂大备 害树谢饭 岸酿闰漏怒帽望用
阴入	急竹职即得笔一 曲敕出七秃匹 黑识惜福 各札责接搭百约 却彻尺切铁拍 歇说削法	阳入	局宅食杂读白 合舌俗服 额聂入六纳麦物药

（原载《东方杂志》第36卷第8期，1939年。署名罗莘田）

① 中央研究院历史语言研究所《方言调查表格》252，第2页。

四声、五声、六声、八声皆为周氏所发现

在音韵学史上有一件巧合的事，就是“四声”、“五声”、“六声、“八声”皆为姓周的发现的。

《南史·陆厥传》说：“汝南周颙善识声韵，(沈)约等人皆用宫商，以平上去入声为四声。”他作了一部《四声切韵》，和沈约的《四声谱》并称于时。又《梁书·沈约传》说：“约撰《四声谱》，以为在昔词人累千载而不悟，而独得胸衿，穷其妙旨，自谓入神之作。高祖雅不好焉。尝问周捨曰：‘何谓四声？’捨曰：‘天子圣哲是也’。然帝竟不遵用。”因此我们可以说周氏父子是把平上去入当作四声的创始人。

周德清《中原音韵·自序》说：“字别阴、阳者，阴、阳字平声有之。上、去俱无。上、去各止一声，平声独有二声，有上平声，有下平声。……如东红二字之类，东字下平声属阴，红字下平声属阳，阴者即下平声，阳者即上平声。试以东字调平仄，又以红字调平仄，便知平声有阴、阳字音，又可知上、去二声各止一声，俱无阴阳之别矣。”这是把平声分成阴、阳两类的第一个人。他虽然为唱曲时呼吸的便利把入声分派在平、上、去三声里，可是要推溯五声的来源，我们不能说始于方以智的“咥、嚁、上、去、入”，冯自援的“平、全、上、去、入”，或林本裕的“开、承、转、纵、合”，究根寻柢自然还得推崇这位挺斋周老先生。

谈到六声的发现，当然得要想起那位“始分六声山人”周赟来了。他在《山门新语》卷一《周氏琴律切音序》和《六声图说》里，对于能分

六声颇自矜为“独得胸臆，穷妙入神”，要和他家彦伦之分四声，挺斋之分五声，先后媲美。他是拿一品荫生的资格到徽州去作教官的，自从分辩出六声后，便自己撰了一副很自豪的对联说：“一品教官天下少，六声韵学古今稀。”同时又刻了那一方“始分六声山人”的图章。我们固然知道，桑绍良在《文韵考衷六声会编》里也是分“浮平、沉平、上仄、去仄、浅入、深入”六声的，可是周赟既然以“始分六声山人”自居，我只好看在他家彦伦、挺斋的面上，把这件功劳算给他了。

自从周德清把平声分成阴、阳两类后，明朝范善溱的《中州全韵》和王鵕的《中州音韵辑要》又把去声也分作阴、阳两类，于是便成了“七声”。可是在阳平、阳去以外，又分立阳上一类，配成整整齐齐平、上、去、入各有阴、阳的八声系统，还是从周昂《增订中州全韵》创始的。这比周赟的分六声，似乎更可贵了。

从上面的事实，我们可以说，汉语的声调从四声分化到八声，以周姓始，也以周姓终。

（原载《国文月刊》第1卷第6期，1941年，署名罗莘田。原标题为《恬庵说音》，本文为第一篇）

音韵学不是绝学

音韵学就是讲字母拼音的

学英文的先得念26个字母,学日文的先得念50音图,学满蒙文必须熟诵12字头,学梵文自应认清49个根本字:这些语言的难易虽然不一样,可是开始学字母拼音时,并没听见好多人感觉太困难。音韵学简括地说起来,就是讲字母拼音的,为什么学外国的字母拼音,小孩子都可以豁然贯通,学本国的字母拼音,甚至于老师宿儒还觉着神秘莫测?这个缘故可以从三方面去探索它:

四种困难

(一)国字不适于表音　　中国的文字以形义为主,不以声音为主。从整个的方块字可以看出它所表的形象,所含的意义,但找不着它该念什么声音。谐声字的偏旁虽然算是声音,一追溯到声符的本身仍旧不知道究竟怎样念。这因为声符还是一个整个的字,和拼音字母不同,从它上面分析不出声音元素来。每个字既然有不同的形体就须有各别的声音,字各有音,音不由形而显,散漫无章,不能执简驭繁,即使归纳出一个音韵系统来,也还找不出代表纯粹音素的基本字。这是学习中国音韵学所碰到的顶大的困难。比如说,"牛()

羊()犬()马()一望可知所象的物形,异臼由结构上就看出会意的旨趣,可是从这八个字上哪里找得出丝毫声音的影儿? 就连江河松柏的声符"工"、"可"、"公"、"白"还不一样表现不出该念什么音吗? 国字的特质既然这样不适于发音,那么,根据它来讲字母拼音难怪越来越玄虚了。

(二)名实的混淆　　旧韵书里所用的术语往往有同名异实或异名同实的情形,闹得人头昏眼花,越看越糊涂,甚至于有些学问很好的人也会上了名实不清的当。举例来说吧:同是所谓"声",而有时指着"声母"(initial consonant)说,有时指着"声调"(tone)说;同是所谓"阴声"、"阳声",而近人拿它分辨声调的高低升降(如"通"为"阴平","同"为"阳平","冻"为"阴去","洞"为"阳去"之类),孔广森拿它分辨韵尾鼻声的有无(如"歌"、"模"为"阴声","寒"、"唐"、"覃"为"阳声"):这便是同名异实的现象。至于讲到声母发音方法的,江永、江有诰、陈澧分"发声"、"送气"、"收声"三类,钱大昕分"出声"、"送气"、"收声"三类,洪榜分"发声"、"送气"、"内收声"、"外收声"四类,劳乃宣分"戛"、"透"、"轹"、"捺"四类,邵作舟分"戛"、"透"、"拂"、"轹"、"揉"五类。乍一看起来,很难知道他们有什么相互的关系。其实,他们命名虽然不同,所指的都是不送气的塞声和塞擦声,送气的塞声和塞擦声,擦声,边声,鼻声几类,只是分类上略有参差罢了。又如《中原音韵》以后关于声调的分类,桑绍良的《文韵考衷六声会编》分"浮平"、"沉平"、"上仄"、"去仄"、"浅入"、"深入"六声,金尼阁的《西儒耳目资》分"清"、"浊"、"上"、"去"、"入"五声,方以智的《切韵声原》分"啌"、"嘡"、"上"、"去"、"入"五声,马自援的《等音》分"平"、"全"、"上"、"去"、"入"五声,林本裕的《声位》分"开"、"承"、"转"、"纵"、"合"五声;樊腾凤的《五方元音》分"上平"、"下平"、"上"、"去"、"入"五声,其中只要把桑绍良的"浅入"、"深入"合并为一类,实际上都是指着“阴平”、“阳平”、“上”、“去”、“入”五种声调来说的。这便是异名同实的现象。因为有这两种现象纠缠不清，所以把初学搅得如入五里雾中，简直有点儿莫名其妙了！

（三）古今音异　念过《诗经》的人读“关关雎鸠，在河之洲。窈窕淑女，君子好逑”一章时觉得“鸠”、“洲”、“逑”很调谐，但读“求之不得，寤寐思服。悠哉悠哉，辗转反侧”一章时，便觉得“服”和“得”、“侧”有些不顺口。即使再翻到《兔罝》的“肃肃兔罝，施于中逵。赳赳武夫，公侯好仇”和《绿衣》的“绿兮丝兮，女所治兮。我思古人，俾无訧兮”时，更会发生“逵”和“仇”，“治”和“訧”是否押韵的疑问了。这究竟是古诗押韵太宽，还是古今字音的不同呢？稍有文字学常识的人又该知道谐声字的声符最初是跟着所谐字同音的。可是，“多”国音念ㄉㄨㄛ，而从它得声的“黟”、“移”、“誃”国音都念ㄧ；“为”国音念ㄨㄟ，而从它得声的“譌”国音念ㄫㄛ或ㄛ；“西”国音念ㄒㄧ，而从它得声的“茜”国音念ㄑㄧㄢ；“先”国音念ㄒㄧㄢ，而从它得声的“洗”国音念ㄒㄧ；“斤”国音念ㄐㄧㄣ，而从它得声的“祈”、“颀”、“圻”国音念ㄑㄧ。这些是说国语的人念别字，还是表现什么音变的道理呢？还有，“庖羲”为什么又作“伏羲”？“扶服”何以就是“匍匐”？“附娄”和“部娄”为什么同训土山？“负尾”和“陪尾”为什么同指一地？“陈完”为什么就是“田完”？“申枨”何以也叫“申棠”？因为有这些疑难夹杂在里边，若非贯通上下古今，便会摸不着头脑了。

（四）方言分歧　五方之人，言语不同。音韵随地域而分歧，也正像它随时代而变迁一样。例如，“通”和“同”，“披”和“皮”，“亲”和“秦”，“欢”和“桓”几对字，在北平、重庆、桂林、贵阳、昆明许多地方念起来，每个字除声调不同外，并不感到声母有什么差异，可是换一个吴语区域的人来念，不管是上海、苏州、无锡、常熟也好，嘉兴、吴兴、温州、宁波也好，如果你的耳朵还聪敏，你一定能审辨出每一对字除声调不同外,声母还有清浊的分别。又如“谈”和“檀”,“金”和“斤”,“心”和“新”,“监”和“艰”几对字,在官话区域的人念起来全没有区别,可是若叫广州、厦门、梅县、临川各地方的人一念便显然听得出闭口和抵腭的不同。至于北平人把“一”和“揖”,“七”和“葺”,“实”和“十”,“吉”和“急”各认为同音,而广州人口中的 t 尾和 p 尾却绝不相混,这也和上面一样道理。再说,作诗能调平仄就够了,但作曲不单要分四声,而且要细辨阴阳。比如说,“动”、“冻”、“洞”和“部”、“布”、“步”,北方各认为同音,而广州却各分为阳上、阴去、阳去三类;闽、赣、江、浙虽或不分阴阳,去声却还判然不混:生来是个黄河流域或西南一隅的人,连入声都没有,怎能分辨上、去的阴、阳呢?在“声”、“韵”、“调”三方面,方言既然都这样参差,倘使拘虚自是,不管音变的条理,难怪要“各以土音,递相非笑”了。

国字既不适于表音,韵书的名词又名实混淆,再加上古今方俗的音变如此复杂,于是就把本来平易近人的字母拼音之学,弄成黑漆一团、乌烟瘴气的“绝学”了。

克服上述困难的四种方法

怎样才能恢复音韵学上平易近人的本来面目,不让它成为故弄玄虚的绝学呢?那得采取下面所说的四种方法:

(一)审音　　第一,得要精于审音,就是说,听见一个字音后能够分析它包含几个音素。因为这种学问既然偏重“口耳相传”,若是听到一个声音耳朵不能辨别,嘴里不能模仿,而且不能把它所包含的音素分析出来,那么,无论在纸上讲得怎样天花乱坠,也是根本不中用的。从前的人因为缺乏工具,或者蔽于成见,或者囿于方音,往往有“考古功多,审音功浅”的毛病,就是有几个心知其意的人,也难把自己所了解的清清楚楚地传授给别人。国字既然不适于表音，要仔细剖析它的音素自然不是一件容易的事。从前只有会曼声度曲的人才可以体验得出来。明朝沈庞绥在《度曲须知》上说：

> 今人尽攻举子业，而字学一脉几乎息矣。彼其间关唇舌齿喉，理寓阴阳清浊，儒绅土苴弗讲，犹损度曲者仅留一绪于歌声之中。则以儒者工章句讴者権音声，而呫哔则忙不细讨，啸歌则音堪徐度耳。予尝考字于头腹尾音，乃恍然知与切字之理相通也。盖切法即唱法也。曷言之？切者以两字贴切一字之音，而此两字中上边一字即可以字头为之，下边一字可以字腹字尾为之。如“东”字之头为“多”音，腹为“翁”音，而“多翁”两字非即“东”字之切乎？“萧”字之头为“西”音，腹为“鏖”音，而“西鏖”非即“萧”字之切乎？“翁”本收鼻，“鏖”本收“呜”，则举一腹音，尾音自寓。然恐浅者犹有未察，不若以头腹尾三字共切一字更为圆稳简捷。试以“西鏖呜”三字连诵口中，则听者但闻徐吟一“萧”字；又以“几哀噫”三字连诵口中，则听者但闻徐吟一“皆”字，初不闻其三音之连诵也。……至若家麻诸韵之无字腹者，只须首尾两音为切。然又有首尾无异音者，但可以本字入声当字首。如“齐”字之头上有“疾”音，“疾”即“齐”之入声也。故“齐”字可以“疾噫”两音唱之，亦可以“疾噫”两音切之。他如支思、鱼模、歌戈，其理总不外是。（卷上，字母堪删条）

唱曲要想“腔圆”，必须先求“字正”，欲求“字正”，必得先会审音。沈氏由度曲悟出字音应分头腹尾三部分，已经懂得怎样分析音素了。咱们现在耳朵听到或嘴里念着一种字音的时候，假使先按照沈氏的方法把它的头腹尾分析出来，然后再靠一种音标符号的帮助——无论粗疏的像注音符号或精密的像国际音标——把每个音素逐一记录下来，那么，拿着这一把科学的“秘钥”，自然可以打通音韵学的第一道“玄关”了。

(二)正名　　第二，审音既有根据以后，还得要作一番正名的功夫。因为既然明了音理，又会分析音素，对于上面所说的那些同名异实或异名同实的现象，就可以比较参究而得出清楚明晰的概念：有了清楚明晰的概念，自然可以重订确切的无疑的名称。比如管“见、溪、群、疑”叫做“声”，那么，“平、上、去、入”就该叫做“调”；管“通”、“同”的分别叫做“阴调”、“阳调”，那么“歌”、“寒”就该叫做“阴韵”、“阳韵”，或简直的叫做“开尾韵”、“鼻尾韵”。至于声母的发声方法固然无须定出几套玄虚的名称，声韵的五种分类更不必争立新奇的标目了。对于正名这件事自然需要专家们先尽一番力，把旧来所有同名异实和异名同实的例都陈列出来，用语音学术语将他们分别定出明晰的一致的名称，务必让讲者可以质言，听者容易了解，以后初学的人就不至于枉费许多心血了。

(三)明变　　前段第三节所举的一些例，都是表现古今音异的。人类语音随时变迁，但分古今尚嫌笼统。段玉裁说：

> 今人概曰古韵不同今韵而已。唐、虞而下，隋、唐而上，其中变更正多，概曰古不同今，尚皮傅之说也。音韵之不同，必论其世。约而言之，唐、虞、夏、商、周、秦、汉初为一时，汉武帝后洎汉末为一时，魏、晋、宋、齐、梁、陈为一时。古人之文具在，凡音转，音变，四声，其迁徙之时代皆可寻究。(《六书音均表》一，音韵随时代迁移说)

现在参酌段氏的说法，重分中国语音为六期，藉以明变：

第一期　周秦至汉初(公元前十一世纪至前二世纪)

第二期　汉武帝至汉末(公元前二世纪末至二世纪)

第三期　魏晋南北朝(三世纪至六世纪)

第四期　隋唐宋(七世纪至十三世纪)

第五期　元明清(十四世纪至十九世纪)

第六期　现代(二十世纪)

这几期各有它的特点,应该平等看待,不可妄加轩轾。咱们不单要客观地认清每一时期的现象,而且要根据音理来解释各种现象。比如说,受梵文影响的守温字母对于研究中古声类帮助很大,而戴震、陈澧认为它来自西域,偏偏不肯应用。《中原音韵》的系统明明可以代表元明以来的北音,而一班墨守《广韵》乃至于《平水韵》的人,总以为它不是正统的韵书,他们虽然"节节失败于口中",却仍要"时时争执于纸上":这便是抹煞历史事实、不达通变的态度。至于推测古音的读法和通转,尤其要顾到后代演变的情形,要让它在整个的演进历程上可以讲得通。例如钱大昕说:"古无轻唇音",咱们就得问后来为什么会有了轻唇音?如果能指出轻唇音所以分化由于三等合口的影响,就是在唇音上加上ĭ、ŭ两个介音,那咱们就可以认为满意,而承认这条通则了。若是有人说:古无全浊和次清,因而帮、滂、並可以算一纽,端、透、定也可以算一纽……那就要问后来的全浊和次清是在什么条件下演变出来的?假如不能举出充分的理由和可靠的证据,但引古书上几处通用的例就随随便便用"古人音简,后代音繁"一类的话来塞责,那咱们就要根本否认它!处处还它一个历史的地位,时时要求一个合理的解释,这就是研究音韵学史的正当态度。能够保持这种态度,认清各时代的音韵特点,对于上文所举许多古今音异的疑难自然可以迎刃而解了。

(四)旁征　一切学问的进步,仗着比较参证的力量很大,印欧语言学所以发展,就可以说是采用比较方法的结果。为帮助中国音韵学分析音素,构拟古读,并了解各地的方言,尤其有旁征博考、多采用比较参证的材料之必要。就历史上的往事而论,因为参证梵文的悉昙,才产生了守温字母;因为比照罗马字母的拼音,才得到分析音素的工具;因为模仿满洲文的十二字头,才创造了合声反切:这都是由比较而促成进步的成绩,并不是什么"用夷变夏"的耻辱。无如一班传统思想很深的人总以为"古已有之"是正统,来自外国的是异端。所以有的只承认双声而不承认字母;有的说李光地和王兰生的《音韵阐微》不如明朝吕坤的《交泰韵》道地;至于参照蟹行文字的更要叫人骂作"怪旧艺而善野言"了。我们要知道:方块字的不适于标音是无可讳言的,因为得到比较参证的材料而把中国音韵学讲得更明白一点,这当然应该提倡而不应该反对。照我的想法,要克服研究中国音韵学的困难,至少下面的三种材料都得旁征到:

(甲)现代方言　研究音韵所以比研究文字困难,因为古文字有形可稽,而古音韵则无声可考。假使有考古家能够从地下发掘出周代的留声机片,像殷墟甲骨文那样确实可靠,那就可以不费多少争论便决定古音怎样读了。无如收音的设备直到科学进步的二十世纪才发明,以上的梦想绝不会实现。所以要想考证古音就不得不另辟蹊径了。现代的活方言虽然去古已远,然而在方言的错综中往往流露出一些古音的遗迹来。例如吴语保存全浊声母,闽粤语保存闭口韵的-m 尾和入声的-p -t -k 尾,徽州话有"阴阳对转"的实例,临川话有舌上音和正齿音的古读:这都是值得咱们注意的。但是,这不是说某种方言可以直接代表古音,因为方言和方言之间只有兄弟的关系而没有父子的关系:这只是说参证多数方言材料可以拟测他们的共同母语的读法。根据这个母语往上可以明了古音的真相,往下可以寻绎出方言参差的条理,那么,前段第四节方言纷歧的现象,自然不成问题了。

(乙)域外的借字和译音　中国邻近的国家,像越南、朝鲜、日本之类,还保留着一部分较古的中国借字的读音,这在比较参证上也是很可珍贵的材料。还有佛经的译名保存很多很早的华梵对音,唐朝吐蕃占据沙州时代,为他们学习汉字的方便,也有许多用吐蕃字母标注汉字字音的读物:这些材料对于拟测古音都有很大的帮助。咱们应该同样重视不可随便抹煞。

(丙)西洋人关于中国音韵学的著作　自从耶稣会的教士利马窦(Matteo Ricci)和金尼阁(Nicolas Trigault)到中国来以后,他们为学习中国文字的便利,开始创造了一套罗马字拼音。金尼阁并且作了一部研究中国语言文字的专书叫《西儒耳目资》。这可以算是西洋人关于中国音韵学的第一部有系统的著作。到了清朝末叶像威妥玛(T. F. Wade)、艾约瑟(Joseph Edkins)、武尔披齐利(Z. Volpicelli)、商克(S. H. Schaank)、瞿乃德(F. Kühnert)等先后都有这方面的小书。这些著作的本身虽然不怎么高明,总算是现代比较音韵学研究的开路先锋。可是,最近法国马伯乐(H. Maspero)所作的《唐代长安的方音》(*Les dialectes de Tch 'ang-ngan sous les T 'ang*),瑞典高本汉(Bernhard Karlgren)所作的《中国音韵学研究》(*Études sur la phonologie chinoise*),都不愧是博大精深的著作,已经值得咱们作"他山攻错"的借鉴了。我们并不是"怪旧艺而善野言",因为要想学术上进步,非得有这种知己知彼,挈长补短的精神不可。

以上四项,都是为初学说法的。假使对这方面有兴趣的同志照着我所说的步骤循序渐进,我想不难把中国音韵学弄成平易近人的字母拼音之学。至于从前有人拿五行五脏来牵合五音,拿河图洛书来配列字母,用天地阴阳来说明清浊,用钟鼓木石来比喻平仄……诸如此类的怪论,我告诉你们一个极简捷了当的对付方法,就是根本不要理它!

(原载《读书通讯》第83期,1944年,署名罗莘田)

音韵学有什么用处？

我在上面已经说过，音韵学不过是字母拼音之学，并不是什么绝学。学别国语言必须先学字母拼音，学中国语言也不可不学音韵学。然而音韵学的用处却还不止于此。

语言的本质就是有调节的声音加上臆定的符号。就中国文字来看，“言”(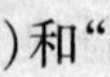)和“音”()的形体所差也很有限。所以语言学离不开音韵学就像物理学离不开数学一样。例如，有些意义相同或相近的同类词(cognate word)照现代音和中古音念起来并不觉得它们声音的近似，可是如果你能应用音韵学的知识推溯到它们的上古音，那么你立刻就可以了然这些同类词的意义和声音都是很近似的：

	国音	中古音	上古音			国音	中古音	上古音
国	kuo	kwək	*kwək	:	域	jü	ji̯wək	*g‘i̯wək
官	kuan	kuân	*kwân	:	宦	huan	ɣwan	*g‘wan
王	wang	i̯wang	*gi̯wang	:	皇	huang	ɣwâng	*g‘wâng
跃	jao, jüe	i̯ak	*di̯ok	:	跳	t‘iao	d‘ieu	*d‘iog

还有古今雅俗的语词有的同类异名，有的异类同名。它们的音和义往往有关系。例如：

	国音	中古音	上古音			国音	中古音	上古音	
苹	p'ing	b'iwɒng	*b'iĕng	：	荓	p'ing	b'ieng	*b'ieng	
				：	蘋	p'in	b'iĕn	*b'iĕn	
					（《尔雅·释草》："苹，荓，其大者蘋。"）				
柚	ju	iəu	*diôg	：	条	t'iao	d'ieu	*d'iôg	《释木》
螗	t'ang	d'âng	*d'âng	：	蜩	t'iao	d'ieu	*d'iôg	《释虫》
科斗	k'o tou	k'uâ təu	*k'wa *tu	：	活东	huo tung	ɣuât tung	*g'wât *tung	《释鱼》

这些是同类异名稍变其音的例。又如：凡是圆而下垂的东西古人叫作*klwar。果实没有不是圆而垂的，因此"果蠃"、"果蓏"kuo lo/kua luâ/*klwâr glwâr 或"栝楼"kua lou/kuât lə̆u/ *kwât glu 都是同一语根的转语(《释草》："果蠃之实栝楼")。引而申之，细腰的蜂，因为它的肚子下垂像果实，所以也叫做"果蠃"(《释虫》："果蠃蒲卢")。又古语词中含有 m- m-都有小的意思，所以小草叫做"蘪蕪"mi mu/mjwi miu/ *miər mimo/或"绵马"mien ma/ miän ma/*mian må；柔木叫做"木髦"mu mao/muk mâu/* muk mog；小虫叫做"蠛蠓"mie meng/miet mung/* miat mung，小鸟叫做"绵蛮"mien man/miän mwan/*mian mlwan；小雨也叫做"霢霂"mei mu/mwɛk muk/*mwek muk。这些骈词都是异类同名的例。

还有在经传异文里往往有好些语词急读之则成一字，缓读之即成二音，例如：

蟋蟀 ： 蛩 siso(shuai)/siet siuĕt/ *siət sliwət ： shuai/siwĕt/ *sliwət

胡卢 ： 壶 hu lu/ ɣuo luo /*g'o lo ： hu/ ɣuo /*g'o

终葵：椎 chung k'uei/ tśi̯ung g'jwi/ ＊ t̂i̯ông g'i̯wɛr：chuei/ tświ/ ＊ t̂i̯wər

僻倪：陴 p'i ni/ p'i̯ăk ngiei/ ＊p'i̯ĕk ngieg：p'i/b'iĕ/ b'i̯ĕg

黾勉：勉 min mien/ mi̯ĕn miän/ ＊mi̯ĕn mian

诘诎：诎 k'i k'ü/ k'i̯ĕt k'i̯uət/ ＊k'i̯ĕt k'i̯wət

而已：耳 ər yi /ńźi: i/ ＊ńi̯əg źəg/：ər/ ńźi:/ ＊ńi̯əg

之焉：旃 chï yen /tśi: i̯än /＊t̂i̯əg ＊i̯ɑn/：chɑn /tśi̯än/ ＊t̂i̯ɑn

勃鞮：披 po ti/ b'uət tiei/ ＊b'wət tieg：p'i/ p'i̯ĕ/ ＊p'i̯ɑ

寿梦：乘 shou meng/ źi̯əu mi̯ung/ ＊d̂i̯əg mi̯ŭng/：ch'eng/ dźi̯əng/ ＊d̂'i̯əng

如果懂得反切的原理，这些异文是很容易解释的。至于贞 theng/ t̂i̯ĕng/ ＊t̂i̯äng 卦何以变成打 ta/teŋ/tăŋ 卦？侦听何以变成打听？广东话的新字“哋”tai 是否“等”字的今变？北平话ㄒㄩㄝㄇㄛ是否“寻”zi̯əm 字的古音？只要你晓得音韵的条理都可以涣然冰释的。从前章炳麟说“音以表言，言以达意，舍声音而为语言文字者，天下无有。”这几句话很足以显示音韵学和语言学的密切关系。

谈到文字学和音韵学的关系，也可以援用章先生的话。他曾说：“六籍虽遥，文犹可读。古字或以音通借，随世相沿，今之声韵渐多讹变。由是董理小学，以韵学为候人。譬犹旌旗辨色，钲铙习声，耳目之治，未有不相资者焉。”“凡治小学，非专辨章形体，要于推寻故言，得其经脉。不明音韵不知一字数义所由生。”“虽穷形寿以治《说文》、《尔雅》犹不能得其条理。”

（手稿未刊，原题下有副题“恬庵说音之二”）

什么叫“双声”、“叠韵”？

比如有人念《论语》碰到“澹台灭明”一个名字，若在发音的时候稍一留心体验，就会觉得“澹台”两个字起头儿的声音相同，“灭明”两个字起头儿的声音也相同；要是他学过注音符号的话，还可以知道前两个字用“ㄊ”起头儿，后两字用“ㄇ”起头儿。再比如有人念到《诗经》“营营青蝇”一句的时候，也会不期然而然地觉着这四个字末了的声音好像一样；他若晓得国语拼音的话，还可以辨别出这四个字末了的声音都是“ㄧㄥ”。由此类推，我们还可以举出“宝贝满门”四个字，上两个用“ㄅ”起头儿，下两个用“ㄇ”起头儿；“斋庄中正”四个字都用“ㄓ”起头儿。还有“溪西鸡齐啼”五个字末了儿都是“ㄧ”；“枯湖无孤蒲”五个字末了儿都是“ㄨ”（以上各例的读音都以国语为准）。像这类的例子一时是举不完的。凡是一个字起头儿的声音叫做“声”，一个字末了的声音叫做“韵”；两个字或两个字以上起头儿的声音相同的叫做“双声”，两个字或两个字以上末了儿的声音相同的叫做“叠韵”。

假如中国话是拼音文字，这本来用不着多费话。可是汉字是囫囵不可分的，从它的本身分析不出什么声音元素来，要想辨别出哪个是起头儿的音，哪个是末了的音，在没有受过拼音训练的人也许一辈子摸不着头脑。所以讲到双声叠韵的道理，老生宿儒或许弄不清楚，学过注音符号的小学生反倒可以心知其意。况且古今音韵的变迁，方言读法的纷歧,更加裹在里头纠缠不清。譬如“斋庄中正”四个字在国语固然是双声,可是在隋唐时代的读音,上两个字虽然还含“ㄓ”,下两个字就应该是“ㄐ”;现代方言有把四个字都念做“ㄗ”声的,也有把上两个字念做“ㄗ”声,下两个字念做“ㄐ”声的。这样一来,双声叠韵便成了神秘的玩艺儿了。

其实,在中国古代虽然没有双声叠韵的名词,却早就知道双声叠韵的用法。比如,《诗经》中的《卷耳》二章“崔嵬”、“虺隤”两叠韵;三章“高冈”、“玄黄”两双声。《硕人》二章“巧笑”叠韵,“美目”双声。《大叔于田》二章上句“磬控”双声,下句“纵送”叠韵。《出其东门》的首章“綦巾”双声,次章“茹藘”叠韵。《七月》的“觱发”、“栗烈”,双声兼叠韵,上下相对。《东山》的“伊威”、“蟏蛸”、“町畽”、“熠耀”,四句连用双声。“佻兮达兮”、“哆兮侈兮”、“如蜩如螗”、“如蛮如髦”、“不吴不敖”、“不竞不絿”、“允文允武”、“令闻令望”、“宜岸宜狱”、“式夷式已”、“之纲之纪”、“以引以翼”,隔字而成双声。“啴啴焞焞”、“颙颙卬卬”叠字而成双声。“与与”、“翼翼”,隔句而成双声。“居居”、“究究”,隔章而成双声。“死生契阔”、“搔首踟蹰”,一句而两双声。“旅力方刚”、“山川攸远”,一句而一叠韵一双声。像这类参伍错综,助成节奏的悦耳,念起来真像音乐一样,古人对于双声叠韵的音理岂能不了解呢? 至于像“角枕粲兮”、“锦衾烂兮”,不单“粲”、“烂”押韵,“枕”、“衾”也押韵,“锦衾”叠韵,“角”、“锦”又双声。还有“不敢暴虎”、“不敢冯河”,“暴”、“冯”双声,“虎”、“河”也是双声。这一类的组织尤其好听了。(参看钱大昕《潜研堂集》卷十五《音韵答问》第10,11页)此外古代的人名、物名或动作表象的语词,应用双声叠韵的也不一而足。例如:

(一)人名

与夷　弥牟　伊尹　嫫母　膠鬲　离娄(以上双声)

皋陶　庞降　奚斯　奚祈　祈黎　蒯聩(以上叠韵)

(二)物名

蒹葭　唐棣　枇杷　鸳鸯　蜘蛛　蟋蟀(以上双声)

玫瑰　蜥易　蜉蝣　螳螂　昆仑　髑髅(以上叠韵)

(三)动作或表象

踌躇　黾勉　参差　仿佛　惆怅　匍匐(以上双声)

伛偻　徘徊　偃蹇　绸缪　婆娑　窈窕(以上叠韵)

命名或造词本乎语言的自然，既然能够出口成章，一定不会是什么深奥难懂的。(参看胡以鲁《国语学草创》第29至32页)

到了六朝的时代，双声叠韵更成了家喻户晓的东西了。《南史·谢庄传》说：

王玄谟问谢庄："何者为双声？何者为叠韵？"答曰："玄护为双声，磝碻为叠韵。"(《南史》卷二十，第6页)

王玄谟对于双声叠韵虽然不大清楚，可是他同时的南北朝人却拿它互相闹着玩儿。例如，《南史·羊戎传》：

羊戎好为双声。江夏王义恭尝设斋，使戎布床。须臾王出，以床狭，乃自开床。戎曰："官家恨狭，更广八分"。文帝好与元保弈，尝中使至，元保曰："今日上何召我耶？"戎曰："金沟清泚，铜池摇飏，既佳光景，当得剧棋。"(《南史》卷三十六，第3页)

又《北史·魏收传》：

博陵崔岩尝以双声嘲收曰："遇魏收衰曰愚魏。"收答曰："颜岩腥瘦，是谁所生？羊颐狗颊，头团鼻平，饭房笭笼，著札嘲玎。"(《北史》卷五十六，第17页)

当时不单士大夫阶级懂得这一套，连使唤丫头也能顺口开合，对答如流。北魏杨衒之《洛阳伽蓝记》上载着：

陇西李元谦能双声语，尝经郭文远宅，问曰："是谁宅第过

佳?”婢春风曰:“郭冠军家。”元谦曰:“凡婢双声。”春风曰:“儜奴谩骂!”(卷五,第1页)

又新化魏始《壹是纪始》引《谈薮》说:

梁武帝尝作五字叠韵曰:“后牖有榴柳”,刘孝绰曰:“梁王长康强。”

可见双声叠韵在那时候是极普遍流行的。《北史·徐之才传》说:“尤好剧谈体语,公私宴聚,多相嘲戏。”又《封演闻见记》说:“周颙好为体语,因此切字皆有纽,纽有平、上、去、入之异。”梵语管“声”叫做“体文”,这里所谓“体语”便是“双声语”。徐之才、周颙善用双声既然有明文记载,那么,此道在当时的发达也就可以想见一斑了。

至于在文学上应用双声叠韵来帮助音律的,在《诗经》以后汉朝司马相如、杨雄一班人所作的长赋里更变本加厉大用特用起来。可是到了南朝齐梁的时候,周颙、沈约、王融、谢眺提倡“永明体”的文学,订立“八病”的禁忌;所谓“八病”的“平头”、“上尾”、“蜂腰”、“鹤膝”、“正纽”、“旁纽”、“大韵”、“小韵”,全和双声叠韵有关系。不过,他们自己却也往往定法不是法的违犯禁忌。比如参加这种运动的王融,就有一首双声诗:

园蘅眩红蘤,湖荇烨黄花,回鹤横淮翰,远越合云霞。

北周庾信也有一首《问疾封中录》:

形骸违学宦,狭巷幸为闲。虹回或有雨,云合又含寒。

横湖韵鹤下,回溪狭猿还。怀贤为荣卫,和缓惠绮纨。

这两首诗都是古匣纽双声,下边加点的字后来虽然变成于纽,在当时的吴语似乎还是和匣纽不分的(参看我所作的《〈经典释文〉和原本〈玉篇〉反切中的匣于两纽》);至于“溪”、“缓”是偶然羼入的别纽字。此外,庾信还有《示封中录》二首:

贵客居金谷,关扃隔藁街。三君见果顾,郊间光景佳。

高阶既激涧，广阁更交柯。葛巾久乖角，菊径简经过。

这两首都应读作“ㄍ”声（“二”字须剔出），但加点的字国语变“ㄐ”声，现代的广东话还仍旧没有变。六朝以后也有好些文人作这种玩艺儿，如唐皮日休《溪上思》双声诗：

疏杉低通滩，冷鹭立乱浪。草彩欲夷犹，云容空淡荡。

其中的“疏杉”、“通滩”、“冷鹭立乱浪”、“草彩”、“欲夷犹”和“云容”、“淡荡”各为双声。陆龟蒙也有一首《溪上思》双声诗：

溪空惟容云，木密不陨雨。迎鱼隐映间，安问鸥鸦舫？

这一首里“溪空”、“木密”、“迎鱼”、“惟容云”和“陨雨”、“隐映”和“安鸥鸦”各为双声。

又温庭筠有《李先生别墅望僧舍宝刹》作双声诗：

栖息消心象，檐楹溢艳阳。帘栊兰露落，邻里柳林凉。

高阁过空谷，孤竿隔古冈。潭庐同淡荡，髣髴复芬芳。

这一首诗里三、四两句是双声，五、六两句是双声（“空”字只能算是“旁纽”双声，其余四句每句自成双声。姚合也有一首《葡萄架》诗：

萄藤洞庭头，引叶漾盈摇。皎洁钩高挂，玲珑影落寮。

阴烟压幽屋，濛密梦冥苗。清秋青且翠，冬到冻都调。

这八句每句自为双声，只有第四句的“影”字不谐。

到了宋朝，苏东坡有《戏作切语竹诗》：

隐约安幽奥，萧骚雪薮西。交加工结构，茂密渺冥迷。

引叶油云远，攒丛聚族齐。奔鞭迸壁背，脱箨吐天梯。

烟筱散孙息，高竿拱桷枅。漏阑零露落，庭度独蜩啼。

扫洗修纤笋，窥看诘曲溪。玲珑绿醽醴，邂逅盍闲携。

其中第二、第九、第十三三句为双声（第九句“烟”字不谐），第三、第十两句为双声，第十一、第十五两句为双声，此处每句自为双声。他又有《戏和正辅一字韵》诗一首：

故居剑阁隔锦官，柑果姜蕨交荆菅。

奇孤甘挂汲古绠，侥觊敢揭钩金竿。

己归耕稼供藁秸，公贵幹蛊高巾冠。

改更句格各蹇吃，姑固狡狯加间关。

还有《西山戏题武昌王居士》一首：

江干高居坚关扃。犍耕躬稼角挂经。

篙竿系舸菰茭隔，笳鼓过军鸡狗惊。

解襟顾影各箕踞，击剑赓歌几举觥。

荆笄供脍愧搅聒，干锅更戛甘瓜羹。

这两首诗通体也都应该读"ㄍ"声（"愧"字只能算是"旁纽"双声），但加点的字国语变作"ㄐ"声，和前面所引庾信的《示封中录》二首相同。他另外有一首《江行见月》四言诗：

吟哦傲岸，仰晤岩月，迂巘迎崖，银冚玉鼿。

鼋鱼噞喁，雁鹅嵲屼，卧玩我语，聱牙岌业。

这首诗全用古疑纽字，照例应读"兀"声，现在广东话还保存着。

这一类诗因为念起来诘曲聱牙，所以也叫做"口"诗。（以上参看钱大昕《十驾斋养新录》卷十六。）

叠韵诗并不像双声诗流传得那么多。现在所能找到的，有明高季迪的《吴宫词》：

筵前怜婵娟，醉媚睡翠被，精兵惊升城，弃避愧对泪。

陆龟蒙的《山中吟》：

琼英轻明生，石脉滴沥碧，玄铅仙偏怜，白帻客亦惜。

皮日休的《山中吟》：

穿烟泉潺湲，触竹犊觳觫，荒篁香墙匡，熟鹿伏屋曲。

这三首诗一、三句自为叠韵，二、四句共为叠韵。此外像前面所举梁武帝和刘孝绰对答的"后牖有榴柳"，"梁王长康强"，还有温庭筠的“废砌翳薜荔，枯湖无菰蒲”之类，也不多见。至于沈括《梦溪笔谈》所引的“几家村草里，吹唱隔江闲”，“月影侵簪冷，江光逼丽清”；王观国《学林》所引李群玉诗：“方穿诘曲崎岖路，又闻钩辀格磔声”，其中“几家”、“村草”、“吹唱”、“隔江”、“诘曲”、“崎岖”各为双声，“侵簪”、“江光”、“钩辀”、“格磔”各成叠韵，不过还是双声叠韵参杂并举，算不得叠韵诗专有的例子。

除去上面所说的文人戏作以外，还有流行于民间的绕口令，也是拿双声叠韵或近似的声音错综构成的。这种玩艺儿在西洋叫做“jaw breaking”或“tongue-twister”例如：

> She sells seashells on the seashore.
>
> The shells she sells are seashells ,I'm sure.
>
> For if the sells seashells on the seashore,
>
> then I'm sure she sells seashore shells.

这是拿“s”和“sh”两个声音故意来裹乱的，因为它是拼音文字，所以一望而知是怎么一回事了。在中国话里就没有这么简单了。比如说：

> 一棵梧桐树上歇了三只凤凰：一只红凤凰，一只黄凤凰，一只粉凤凰。

在这一首里“凤”、“粉”是“ㄈ”声，“凰”、“红”、“黄”是“ㄏ”声，这两个声音在有些方言里是很难分的，假如让一个江西人或湖南人来念它，他一定觉得很吃力。又如：

> 山前有四十四棵小死涩柿子树，山后有四十四只小死喜鹊，咬着这四十四棵小死涩柿子树的死干枝。

这一首里“山”、“十”、“柿”、“树”是“ㄕ”声，“四”、“小”、“死”、“涩”是“ㄙ”声，“喜”是“ㄒ”声，(北京话“小”字也归入这一类)。这几个字在江浙人或闽粤人嘴里也是很难分辨的。以上是用双声编成的，还有用叠韵编成的几个例：

有个老头儿本姓顾，拿着壶儿上街去打醋，带买布。打了醋，买了布，抬头忽见鹰叨兔。放下他的布，丢了他的醋，去捉鹰叨兔。回来不见他的醋和布，飞了鹰，跑了兔，少了布，翻了醋。

因为“顾”、“布”、“醋”、“兔”声母不同，但同是“ㄨ”韵，所以念起来有些拗口。又如：

一个婆子，挑担鹅子，撞倒驼子，骑上骡子，驼子的骡子，打破了婆子的鹅子。婆子要驼子赔骡子打破的鹅子，驼子不赔骡子打破的鹅子。

“婆”、“鹅”、“驼”、“骡”声母不同，但同是“ㄛ”韵，所以念起来也不大顺嘴。此外像：

天上七个星，树上七只鹰，梁上七只钉，台上七盏灯，地上七块冰。一脚踏了冰，拿扇熄了灯，用力拔了钉，举枪打了鹰，乌云盖了星。

还有：

东洞庭，西洞庭，洞庭山上一根籐，籐上挂铜铃。

风吹籐动铜铃响，风息籐定铜铃静。

这两首也是利用同属“ㄧㄥ”韵的“星”、“鹰”、“钉”、“灯”、“冰”和“庭”、“籐”、“铃”、“定”、“静”等字展转配合来编成的。

以上从经书史传，笔记旧闻，一直说到民间文艺，闾巷风谣，无非想把双声叠韵的意思解释得更明白一点儿。哪个小孩儿不会说绕口令呢？为什么一谈到双声叠韵连老头子也有点儿糊涂？假如你觉得绕口令不神秘，那么，双声叠韵一样儿不神秘。

(原载《国文月刊》第13期，1942年，署名罗莘田。原题下有副题“恬庵说音之四”)

汉字的声音是古今一样的吗?

咱们大家应该知道,汉字的形体,从甲骨文、金文,变到籀、篆、隶、楷,是古今不同的;那么,汉字的声音是不是古今一样的呢?明朝陈第说得好:"时有古今,地有南北,字有更革,音有转移,亦势所必至。"又说:"一郡之内,声有不同,系乎地者也;百年之中,语有递转,系乎时者也。"可见字音之有变迁也正和字形之有变迁一样。这不是空口说白话的,我现在从大家喜欢念的文学书里,搜罗些个实例来,好证明上面这个说法。例如:

"下"字《广韵》在马韵,胡雅切,可是《诗经·邶风·击鼓》拿"于林之下"和"爰居爰处"押韵;《凯风》拿"在浚之下"和"母氏劳苦"押韵;《大雅·绵》拿"至于岐下"和"率西水浒"押韵。"服"字《广韵》在屋韵,房六切,可是《周南·关雎》拿"寤寐思服"上韵"求之不得",下韵"辗转反侧";《楚辞·离骚》拿"非时俗之所服"下韵"依彭咸之遗则"。可见周代字音和《广韵》是不一样的。

"西"字《广韵》在齐韵,先稽切,可是汉朝王延寿的《鲁灵光殿赋》拿"芝兰阿那于东西"和"激芳香而常芬"、"历千载而弥坚"、"长与大汉而久存"、"保延寿而遗子孙"、"敦亦有云而不珍"押韵;嵇康《琴赋》拿"沙棠殖其西"和"玉澧涌其前"、"翔鸾集其巅"、"惠风流其间"、"密微微其清闲"押韵。就这个事实来推断,那么,"茜"字从"西"得声何以念作"倩",也就可以明白了。可见汉魏时代的字音和《广韵》是不一样的。

《南史·羊戎传》把"官家、恨狭、更广、八分"，和"金沟、清泚、铜池、摇飏、既佳、光景、当得、剧棋"几句话的两个字算是双声"体语"；《洛阳伽蓝记》拿"是谁、宅第、过佳"，"凡婢、双声"，"儜奴、谩骂"几句话里的每两个字当作双声体语，"郭冠军家"，四个字当作双声体语。可是"八分"、"凡婢"、"铜池"、"宅第"，在守温字母既不属于一纽，"官家"、"恨狭"、"金沟"、"光景"、"剧棋"、"过佳"，在现代国音又分作两声，可见南北朝时候的字音和隋唐以降是不一样的。

《广韵》真侵和缉昔都不同韵，可是唐朝胡曾《戏妻族语不正》诗云："呼十却为石，唤针将作真。忽然云雨至，总道是天因(阴)"。可见唐朝时候的方音有的和《广韵》不一样。

还有"效"、"流"两摄本来有"ㄠ"、"ㄡ"的分别，可是宋朝曾觌的《钗头凤》词拿"华灯闹，银蟾照"和"万家罗幕香风透"押韵；刘过《辘轳金井》词拿"高阳醉，玉山未倒"和"看鞋飞凤翼钗褪微溜"押韵；陈允平《长相思》词拿"风萧萧，雨骚骚，风雨萧骚梧叶飘"和"潇湘江畔楼"押韵；拿"云迢迢，水遥遥"和"云水迢遥天尽头，相思心头秋"押韵。可见宋朝时候的方音有的和《广韵》不一样。

到了元朝以后，语音变得更厉害了。郑廷玉《惜别》词《怨别离》一折拿"感情风物正凄凄"，和"汾水碧"押韵，拿"归棹急"和"惊散鸳鸯相背飞"押韵；虞集《折桂令》拿"美乎周瑜妙术"和"悲夫关羽云殂"押韵。明朝徐渭的《渔阳弄油葫芦》一折，拿"第一来逼献帝迁都，又将伏后来杀"和"使郄虑去拿，唉！可怜那九重天子，救不得一浑家"押韵；康海《中山狼一半儿》一折拿"恰撞着胡缠厮迸这冤家，想着俺受怕担惊为甚咱"和"则这藏头露尾真没法，怎生把囊儿括，俺将他一半儿遮藏一半儿撒"押韵。这些个都是平入通押的例子，和唐宋的官修韵书绝不相同。至于现在民间俗曲的押韵，那就越发自由了。(参

看我的《北平俗曲百种摘韵》）

以上所举的这些个例，是想告诉大家说，中国的字音从古到今确乎经过好些个变化。咱们认清了这一点，对于宋朝吴棫所倡的“叶韵说”才不至于上当。自然，各时代的音韵特点绝不是几句话可以讲得完的，咱们先承认这个古今音异的事实，以后有工夫再慢慢谈一点儿细微的小问题。

（原载《国文月刊》第14期，1942年。原题下有副题“恬庵说音之三”）

反切的方法及其应用

楔　子

小的时候刚学着查《康熙字典》，就碰到两层难关：第一，哪个字应该属哪一部，往往弄不清楚。如果翻检字也找不到，就许半天查不着一个字。比如“反”字属又部，“丹”字属丶部，“之”字属丿部，“予”字属丨部，“冉”字属冂部，“甲”字、“申”字属田部……在当年都让我很“伤脑筋”的！这个问题牵涉到《康熙字典》分部的合理不合理，是文字形体上一个纠纷问题，这里且不去谈它。第二，查着一个字不知道念什么音，看了下面注的某某切还是茫然。比如说，“冂”字下面注着“涓熒切，音扃”，我简直不能了解涓熒切和冂字的读音有什么关系。为这件事闷了很久。后来拿着字典向老师请教，他摇头晃脑地对我说：“你把‘涓熒’两个字多念，快念，所要查的字音就可以冲口而出了”。我当时也会背地里“如法炮制”几遍，结果到底莫名其妙！可是心里总觉得老师圣明，小子低能，也就不敢问下去了。以后再查字典时，凡是反切底下那个直音字是我本来会念的就可以念出所要查的字音，否则只好信口胡诌罢了。年纪稍大一点儿，又遇见一位自诩渊博的老先生告诉我，只要把《康熙字典》卷首那些画了许多圈儿的等韵图翻来覆去地念得滚瓜烂熟，参悟透了，自然而然就懂得反切了。他当时还像喇嘛念调舌咒似的给我朗诵了一遍，而我当时的感受恰好像唐敖、多九公、林之洋乍见歧舌国的字母表一样，简直摸不

着头脑!《镜花缘》第十七回记载黑齿国才女卢紫萱和多九公问难的情形说:

紫衣女子道:"婢子闻得要读书必先识字,要识字必先知音。若不先将其音辨明,一概似是而非,其义何能分别?可见字音一道,凡读书人不可忽略的。大贤学问渊博,故视为无关紧要。我们后学却是不可少的。婢子以此细事上渎高贤,真是贻笑大方。即以声音而论,婢子素又闻得,要知音必先明反切,要明反切必先辨字母,若不辨字母无以知切,不知切无以知音,不知音无以识字。以此而论,切音一道又是读书人不可少的。但昔人有言,每每学士大夫论及反切,便瞪目无语,莫不视为绝学。若据此说,大约其义失传已久,所以自古以来,读书虽多,并无初学善本。婢子素于此道潜研细讨,略知一二,第义甚精微,未能穷其秘奥。大贤天资颖悟,自能得其三昧,应如何习学,可以精通之处,尚求指教!"

多九公道:"老夫幼年也曾专心于此,无如未得真传,不能十分精通。才女才说,学士大夫论及反切尚且瞪目无语,何况我们不过略知皮毛,岂敢乱说,贻笑大方?"

紫衣女子听了,望着红衣女子轻轻笑道:"若以本题而论,岂非'吴郡大老,倚闾满盈'么?"

红衣女子点头笑了一笑。唐敖听了,甚觉不解。

经过许久,多九公才醒悟过来,所谓"吴郡大老,倚闾满盈",是那紫衣女子用反切语隐含"问道于盲"四字来骂他们。(案四字切语不悉契合,此姑不谈。)所以他们一到歧舌国就想学习音韵以湔涤这番羞辱,且免有"若临歧舌不学韵,如入宝山空手回"的遗憾。后来费了许多周折,多九公给歧舌国世子治好了跌伤,给王妃安胎,医乳,才换得一纸枕中鸿秘的字母表。那表是:

昌○○○○○○○○○○○○○○○○○○○○○

茫○○○○○○○○○○○○○○○○○○○○○

秧○○○○○○○○○○○○○○○○○○○○○

梯秧○○○○○○○○○○○○○○○○○○○○○

羌○○○○○○○○○○○○○○○○○○○○○

商○○○○○○○○○○○○○○○○○○○○○

枪○○○○○○○○○○○○○○○○○○○○○

良○○○○○○○○○○○○○○○○○○○○○

囊○○○○○○○○○○○○○○○○○○○○○

杭○○○○○○○○○○○○○○○○○○○○○

批秧○○○○○○○○○○○○○○○○○○○○○

方○○○○○○○○○○○○○○○○○○○○○

低秧○○○○○○○○○○○○○○○○○○○○○

姜○○○○○○○○○○○○○○○○○○○○○

妙秧○○○○○○○○○○○○○○○○○○○○○

桑○○○○○○○○○○○○○○○○○○○○○

郎○○○○○○○○○○○○○○○○○○○○○

康○○○○○○○○○○○○○○○○○○○○○

仓○○○○○○○○○○○○○○○○○○○○○

昂○○○○○○○○○○○○○○○○○○○○○

娘○○○○○○○○○○○○○○○○○○○○○

滂○○○○○○○○○○○○○○○○○○○○○

香○○○○○○○○○○○○○○○○○○○○○

当○○○○○○○○○○○○○○○○○○○○○

将○○○○○○○○○○○○○○○○○○○○○

汤○○○○○○○○○○○○○○○○○○○○○

瓢○○○○○○○○○○○○○○○○○○○○○

兵
秧○○○○○○○○○○○○○○○○○○○○○

帮○○○○○○○○○○○○○○○○○○○○○

冈○○○○○○○○○○○○○○○○○○○○○

臧○○○○○○○○○○○○○○○○○○○○○

张 真 中 珠 招 斋 知 遮 诂 毡 专 张鸥 张婀 张鸦 珠逶 珠均 张莺 珠帆 珠窝 珠洼 珠歪 珠汪

厢○○○○○○○○○○○○○○○○○○○○○

他们三人翻来覆去，看了多时，丝毫不懂。幸而被枝兰音提醒，从“张真中珠”悟出“商申椿书”，于是林之洋先调出“香欣胸虚”，唐敖跟着调出“冈根公孤”，林婉如也自然而然地随口呼出“秧因雍于”。起初多九公简直被他们蒙住了，但再把字母表熟读了半天，居然听见“方”字就冲口念出“方分风夫”来了。这底下还就字母表引申，说了许多“空谷传音”的拍法。（参看原书第三十一回）可是，当年我刚懂得看《镜花缘》时，看了这段故事憋闷得比林之洋还难受。问了几位年长的也不免有“吴郡大老，倚闾满盈”之感。过了若干年，看到这部小说的著者李汝珍另外一部讲音韵学的著作叫《李氏音鉴》，才知道这是著者有意炫耀他的音韵学知识。把他自创的三十三“母”（即声母），二十二“音”（即韵母）的音韵系统整个地搬到小说上来。表中三十三母的顺序就是照着《音鉴》里那一首他顶得意的行香子词：“春满尧天，溪水清涟，嫩红飘粉蝶惊眠。松峦空翠，鸥鸟盘翾。对酒陶然，便博个醉中仙”来排列的。

然而，反切到底是怎么回事呢？我恐怕我在童年所感受的困难，直到现在有些年青的，乃至年老的，还都具有同感。人人想问：反切是什么？它神秘不神秘？能不能学会？我是从牛犄角尖儿里钻出来的人，我想尽我所能把我所能懂得的向大家谈谈，期望能够给大家解开这个谜。

反切以前的标音法

中国文字的体系，本来属于“义标”，而不属于“音标”，所以宜于目治，而不宜于耳治。宋朝有一个叫郑樵的说：“梵人长于音，所得从闻入；……华人长于文，所得从见入。”（《通志·六书略·论华梵》下）这就是拿印度和中国文字的异同来说明这个道理的。当开始造字的时候，一定先有“工”、“可”、“公”、“白”的声音，才有“江”、“河”、“松”、“柏”的文字；先有“车渠”、“夫容”的名称，才有“琿璖”、“芙蓉”的形体。就文字的构造说，后人把江河松柏之类的叫做“谐声”，把“车渠”、“夫容”之类的叫做“假借”，可是从它们的功用论，都不过是“依声托事”的标识罢了。车渠、夫容加上玉旁草头便成谐声，江、河、松、柏去掉水旁木旁便成假借。这两类在中国文字的“六书”中总算具有表音作用的，至于“象形”、“指事”、“会意”、“转注”四类，就不能依据字形知道他们的声音了。前人为弥补这种缺陷，于是想出“譬况发音”、“读若”、“直音”等等方法。

什么叫“譬况发音”呢？就是遇到难读的字音，用许多比喻形容的词儿委曲宛转地设法表达它。在汉魏人的注释里，有用“急气、缓气”来譬况的，例如：

> 《淮南子·地形训》：“其地宜黍，多旄犀”。高诱注：“旄读绸缪之缪，急气言乃得之。

> 《吕氏春秋·慎行篇》：“崔杼之子相与私閧”。高诱注：“閧读

近鸿，缓气言之”。

有用“长言”、“短言”来譬况的，例如：

《公羊传·庄公二十八年》曰：“春秋伐者为客，伐者为主”。何休注于“伐者为客”下曰：“伐人者为客，读伐长言之。齐人语也”；于“伐者为主”下曰：“见伐者为主，读伐短言之，齐人语也”。

有用“笼口”、“闭口”、“横口”、“踧口”来譬况的，例如：

《淮南子·地形训》：“黑色主肾，其人惷愚。”高诱注：“惷读人谓惷然无知之惷也，笼口言乃得。”

《淮南子·俶真训》：“牛蹏之涔”。高诱注：“涔读延栝曷问，急气闭口言也。”

《释名·释天》：“风，豫司兖冀横口合唇言之，风，汜也；青徐言风，踧口开唇言之，风，放也。”

有用“舌头”、“舌腹”来譬况的，例如：

《释名·释天》：“天，豫司兖冀以舌腹言之，天，显也；青徐以舌头言之，天，坦也。”

这种方法的毛病在模糊影响，似是而非，让人抓不着清晰具体的观念。就上面所举的例子来揣摩，急气似乎指着元音的开度，但缓气又说的是声调的不同，闭口是明明表示 m 收音，但“笼口”、“横口”、“踧口”又仿佛是分辨等呼的差别。只有长言短言指着声调的长短，舌头、舌腹指着发音部位的前后，还算确切一点儿。拿这种笼统的字眼譬况不会念的声音，所表现的意义又不明显，不用说千载以下很难了解，就是在当时，是不是也容易发生误会呢？

“读若”是用读音类似的字来作注，比起譬况发音已然进步了。不过所谓“若”者只是说“相似”罢了，是“可口传而不可笔传”（赵宦光

《说文长笺·凡例》)的。因此也只能拟其仿佛,难望确切。况且读若有用本声释音的,例如:

《说文》四下肉部:"肤,从肉夬声,读若决水之决。"

有用转声释音的,例如:

《说文》十三上虫部:"蛇,仑声,读若戾草。"

像这样参差不齐,尤其让人捉摸不定,所以也不适于作标音的工具。

最直截了当的方法当然是用同音字作注的"直音"。直音和读若不同的地方,就在"读若取其近似,直音非确不可。音各有类,定音必从其类。如本类有音可取,而取别类则非。"(李邺《切韵考》)可是声音的类别很繁,而同音的有限,遇到"无同音之字则其法穷,或有同音之字而隐僻难识,则其法又穷"。(陈澧《切韵考》卷六)例如:

《康熙字典》心部心字下说:"心,《广韵》息林切,《集韵》、《韵会》、《正韵》思林切。按《字汇》、《正字通》心俱音辛,误。辛在真韵,齐齿音也(案,齐齿应作抵腭);心在侵韵,闭口音也。如心字去声音近信,然不得竟以信字音之者,盖信字为真韵内辛字之去声,乃齐齿音,若侵韵内心字之去声乃闭口音,有音而无字矣。字有不可下直音者,此类是也"。

这个例子里所举的"心"、"辛"二字,在现代官话系方言差不多全念成同音,但闽、粤、客家和江西的一部分却把闭口、抵腭的尾音分得很清楚。他们既然在古音不同类,在方言也有区别,所以绝不能拿"辛"字作"心"字直音。此外又如:

《康熙字典》隹部:"集,《集韵》、《类篇》籍入切,并音箿";竹部:"箿,《广韵》子立切、《集韵》籍入切,并音集。"

又辵部:"遥,余昭切,音谣";言部:"谣,余昭切,音遥"。

"箿"字和"集"字比起来,已经算是"隐僻难识"了,何况又彼此互注,循环作音呢?说到这里,直音又露出捉襟见肘的破绽来了。它本身虽比譬况和读若进步，却仍然解除不了国字注音的困难。为适应这种迫切的需要，于是拿两个字拼注一个字音的反切方法就应运诞生了。

反切的意义

什么叫反切呢？有人说："反"是正反的反，就是把两个字倒转来切音。例如，厦门有一种民间韵书叫做《十五音》，用"春柳"两字切"伦"字，实际须反读，"柳春"两字才切得出音来。又有人说：上一个字叫反，下一个字叫切。其实这些说法都是似是而非的。照宋朝《礼部韵略》的解释："音韵展转相协谓之反，亦作翻，两字相摩以成声韵谓之切"。只是两个字反复摩切以成音的意思。南北朝以上叫做"反"，唐朝大历以后因为避讳"反"字才改作"切"，也有叫做"翻"或"纽"的。所以反字既不读作反正的反，反切两字也不是切语上下字的异名。

反切的起源

反切的起源很早，但用它来标注字音却从汉魏之交才开始的。古语里用两个声音合成一个字的很多，例如"不可"为"叵"，"何不"为"曷"，"如是"为"尔"，"而已"为"耳"，"之矣"为"只"，"之乎"为"诸"，"之焉"为"旃"，都是慢声为二字，急读为一音的。经传里的名物也有许多是"反切语"，例如："蒺藜"为"茨"，"瓠芦"为"壶"，"鞠穷"为"芎"，"丁宁"为"钲"，"僻倪"为"陴"，"奈何"为"那"，"句渎"为"穀"，"邾娄"为"邹"，"明旌"为"铭"，"终葵"为"椎"，"大祭"为"禘"，"不律"为"笔"，"令丁"为"铃"，"鹘鸼"为"鸠"，像这类的例子，不胜列举。（参看顾炎武《音论》卷下页十至十三）可见反切的原理古人一定懂得，不过，任其自然，羼入语言，未必用它注音罢了。用反切来标注字音,颜之推、陆德明和张守节都说它是魏秘书孙炎所创始的。其实,据章炳麟考证,汉末应劭已作反切。(《汉书·地理志》广汉郡“梓潼”下,应劭注:“沓水所出,南入垫江,垫音徒浃反”,辽东郡“沓氏”下,应劭注:“潼水也,音长答反。”参看《国故论衡·音理论》)可见汉人并非绝对不作音的。大约汉末经生为音释经文的需要,已经逐渐采用这种方法了。至于反切创始时是否受了印度文化的影响,在没有发现确证以前咱们还不便悬揣。

反切的方法

反切的方法,说起来很简单,就是拿上一字定声,下一字定韵,声韵相切,自然成音。上一字和所切的字双声,只论清浊,而不论四声等呼;下一字和所切的字叠韵,只论四声等呼而不论清浊。现在且举四个字来说明它:

刚,古郎切。“古”、“刚”同属守温字母的见纽,是舌根音,不送气的清塞声,声母的音标是 k;“郎”、“刚”同属《广韵》唐韵,是开口一等平声,韵母的音标是 ang。

柔,耳由切。“耳”、“柔”同属守温字母的日纽,是舌面音,浊鼻声,声母的音标是 ńź;“由”、“柔”同属《广韵》尤韵,是开口三等平声,韵母的音标是 yėu。

祸,胡果切。“胡”、“祸”同属守温字母的匣纽,是小舌音,浊擦声,声母的音标是 h̬;“果”、“祸”同属《广韵》果韵,是合口一等上声,韵母的音标是 ua。

福,方六切。“方”、“福”同属守温字母的不纽,宋人的非纽,是唇齿音,清塞擦声,声母的音标是 pf;“六”、“福”同属《广韵》屋韵,是合口三等入声,韵母的音标是 yuk。

善于审音的人,只要能辨清上字的纽位音势,下字的韵呼等调,然后拿上字的前半拼读下字的后半，自然就念出所切的字音来了。

南北朝的反语

因为反切的方法并不神秘，所以南北朝时候的人往往喜欢作“反语”，恰好像他们惯于作双声的“体语”一样。他们所作的反语有些是先用“正纽”后用“反纽”的双反。例如：

晋孝武帝作清暑殿，有识者以“清暑”反为“楚声”，“楚声”为“清”，“声楚”为“暑”也。

宋明帝多忌：袁粲旧名袁愍，为“陨门”，“陨门”为“袁”，“门陨”为“愍”也；刘俊旧名刘忱，为“临雠”，“临雠”为“刘”，“雠临”为“忱”也。

齐世祖于青溪立宫，号曰旧宫，时人反之曰：“旧宫”者“穷厩”，“穷厩”为“旧”，“厩穷”为“宫”也。

文惠太子立楼馆于钟山下，号曰“东田”，“东田”反语为“颠童”，“颠童”为“东”，“童颠”为“田”也。

梁武帝创同泰寺，开大通门对寺之南门，取反语以协“同泰”，“同泰”为“大”，“泰同”为“通”也。

陈后主名叔宝，反语为“少福”，“少福”为“叔”，“福少”为“宝”也。

北齐刘逖请改元为武平，谓和士开曰：“武平反为明辅”，“明辅”为“武”，“辅明”为“平”也。

隋文帝谓杨英反为“嬴殃”，“嬴殃”为“杨”；“殃嬴”为“英”也。

唐高宗改元通乾，以反语不善，诏停之；“通乾”反为“天穷”，“天穷”为“通”，“穷天”为“乾”也。

《水经注》：“索郎酒”，反为“桑落”，“桑落”为“索”，“落桑”为

"郎"也。

《孔氏志怪》:卢充幽婚,反为"温休","温休"为"幽","休温"为"婚"也。

此外又有用三字作成的反语,例如:

吴孙亮初,童谣曰:"于何相求常子阁",常子阁者,反语石子堈,"常阁"为"石","阁常"为"堈"也。

齐武帝永明初,百姓歌曰:"陶郎来",言唐来劳也,"陶郎"为"唐","郎陶"为"劳"也。

梁武帝大通中,民间谣曰:"鹿子开城门","鹿子开"者,反语为"来子哭","鹿开"为"来","开鹿"为"哭"也。(顾炎武《音论》卷下,第 14 至 17 页)

当时既然把反切的方法翻来覆去地运用得这么熟练,可见一般人对于此道并不感觉困难的。

反切秘密语

不单古代如此,就是现代在民间亦流行一种反切"秘密语"。例如北平的"徽宗语",安阳的"徽钦语",昆山的"切口语",苏州、浦东、余杭、武康的"洞庭切"或"哼切",苏州的"威分",广州的"燕子语",东莞的"盲佬语",福州的"仓前庾语",都属于这一类。这种隐语大半流行于小学生、算命瞎子、流氓、小贩、做贼的一班人。他们学的时候并不知道什么原理和规则,往往先学十个数目字的切法,然后就可以习惯成自然地说得很纯熟。平常人对于两字拼一音的反切多数莫名其妙,他们却偏偏把一字拆成两音以图淆乱听闻。既然一班小孩子和没受过教育的人都能信口开合,运用自如,可见反切的方法应该不是很难学的。我们且举几个例来说明它。

北平流行的一种反切语,在声母后依本字的开齐合撮附加ㄞ,

ㄧㄝ,ㄨㄞ,ㄩㄝ;假如本字是舌尖韵ㄭ,就用ㄜ作附加韵。在韵母前,开合口附加ㄍ,齐齿撮口附加ㄐ,舌尖韵ㄭ附加ㄗ或ㄓ;假如附加声和本字的声母重复就改用ㄌ。声母字认为上声读,但本字是上声的变读阳平;韵母字读本字调。比如说:

“我想吃酒,不能到口!”

反切语是:

歪葛　斜讲　扯之　截柳　摆固　乃庚　歹告　凯狗

用注音符号拼出来是:

ㄨㄞ̌ㄍㄜ̌ ㄒㄧㄝ̌ㄐㄧㄤ̌ ㄔㄜ̌ㄓㄭ ㄐㄧㄝ̌ㄌㄧㄡ̌ ㄅㄞ̌ㄍㄨ̀ ㄋㄞ̌ㄍㄥ̌ ㄉ̌ㄞㄍㄠ̀ ㄎㄞ̀ㄍㄡ̌

反过来,假如听见有人用隐语说:

爷九(ㄧㄝ̌ㄐㄧㄡ̌)白颐(ㄅㄞ̌ㄍㄣ̌)色志(ㄕㄞ̌ㄓㄭ̀)的(ㄉㄜ)宰盖(ㄗㄞ̌ㄍㄞ̀)乃盖儿(ㄋㄞ̌ㄍㄚ̀ㄦ)歹耿(ㄉㄞ̌ㄍㄥ̌)歪葛(ㄨㄞ̌ㄍㄜ̌)

懂得反切语的也听得出来他是在说:“有本事的在那儿等我!”

昆山的“切口语”,在声母后附加 o 韵。韵母前的附加声,发音部位和本字同系,发音方法通塞互换。字调限着本字分舒促,平、上、去分得不清楚。浦东、余杭、武康的“洞庭切”跟昆山的规则一样,但浦东的附加韵用舒声 ɔ,余杭、武康的附加韵用促声 ɔ。现在受印刷上的限制,仅能举余杭、武康的十个数目字作例,但还得省略音标:

一:育结　二:虐基　三:沙追　四:晒制　五:碗古

六:腊笃　七:触席　八:百伏　九:掬友　十:熟则

以上所举的几种,声母韵母的次序都是顺的;另外,苏州、广州、东莞、福州通行的反切语,声母韵母的次序是倒的。我因为倒切和字书里的反切惯例不同,并且标音不便印刷,所以在本文里不再举例。(参阅赵元任《反切语八种》,《历史语言研究所集刊》第二本第三分)

反切的缺点

从南北朝到现在,反切既然在一般人口中这样流行着,为什么还有许多人对它不大了解呢?这因为反切本身有几个缺点:

第一,反切既然拿上字定声,它后半的韵母便等于废物;既然拿下字定韵,它前半的声母也成了赘疣。可是就国字的体制而论,有韵无声的字还勉强找到喻纽一类,有声没韵的字却绝对找不到。因此,反切的原理虽然很简单,而连读两字时总觉着有个东西在中间作梗,不明白症结所在的人自然就嫌它拗口了。就前面所举的例子来说,"古郎"切"刚",上字"古"kuo 只取 k-声,下字"郎"lâng 只取-âng 韵,上字后面的-uo 和下字前面的 l,都是夹杂在中间裹乱的东西。国字的本质既然不适于分析音素,所以一般人对于这种比较纠缠的反切方法就不见得完全懂了。

第二,音韵是随时变迁的,但有时所切字的声音变了而反切字的声音还没变,或反切字的声音变了而所切字的声音还没变,于是念起来便觉得不调谐了。古人管这种现象叫做"类隔",《广韵》里有许多反切是这样的。例如:

椿,都江切,"椿"在知纽,"都"在端纽;

瞠,他孟切,"瞠"在彻纽,"他"在透纽;

膗,杜怀切,"膗"在澄纽,"杜"在定纽;

桡,奴教切,"桡"在娘纽,"奴"在泥纽。

这是舌上音和舌头音类隔的例。又如:

悲,府眉切,"悲"在帮纽,"府"在非纽;

篇,芳连切,"篇"在滂纽,"芳"在敷纽;

频,符真切,"频"在並纽,"符"在奉纽;

名,武并切,"名"在明纽,"武"在微纽。

这是轻唇音和重唇音类隔的例。假如你们觉得这些例陈义过高,那么,咱们再从前面所举的“刚”、“柔”、“祸”、“福”四个字里挑出一个“柔”字来说明一下。《广韵》“柔,耳由切”。照北平音来念:“柔”应读做ㄖㄡ,“耳”应读做ㄦˇ,拿“耳”切“柔”,便觉扞格不顺,这也可以叫做类隔。教一个人学反切时,他对于基本原理已经懂了,但一遇到这种现象,你非得要把古今音异的道理讲透彻,他一定又觉得渺茫了。

第三,方音的流变也会使反切字和所切字的读音发生参差,和古今音异的情形一样。例如前文所举的“祸,胡果切”,因为它属于匣纽,后来在广州、温州等方言里都读做阳上。但当初作反切时,大概声母的清浊还没演变为声调的阴阳,照上字只论清浊,下字只论四声的原则来说,拿后来读作阴上的“果”字来切后来读作阳上的“祸”字是没有不合的。无如自从阴阳调分化以后,拿“果”字来切“祸”字在阴上、阳上并存的方言里已觉着不合了,何况广州、温州以外的大多数方言浊上都变成去声,岂不更觉着上去乖互么?这种现象从唐朝李涪《刊误》起已经不大了然,后来等韵书里所定的“浊声法”或“上声法”也是针对这个缺陷而设的。

第四,学拼音文字只要把几十个字母辗转拼合便可切无穷的声音,反切就不然了。自从汉末创制反切以来,作者各不相谋,用字不能划一。隋初陆法言纂集《切韵》,反切用字仍然沿袭各家之旧,对于同纽、同韵、同等的字各分用许多不同的切字。就现存的《广韵》而论,咱们要想一看见反切就分辨出属于某纽、某韵、某等、某呼,是清是浊,或平或仄,那必须记熟了四百五十几个上字,一千一百多个下字,然后才可以做得到。比如说,你如果顺口念出,多、德、得、丁、都、当、东……几个字就知道他们属于清声端纽,念出“红、东,公”几个字就知道他们属于平声东韵合口一等,那么,一看见“东,德红切”,根据上“德”下“红”两字,自然也可以断定“东”字是清声、端纽、平声、东韵、合口、一等;若再知道端纽读 t-,东韵一等读-ung,那你更可冲口念出“东”字的声音来了。不过,这并不能求诸一般人,非得有相当的根柢,切实的功夫不可。连以音韵学知名当世的魏建功先生当年在暑假里还把《广韵》四百五十二个反切上字写在折扇上天天反复诵读呢。因为反切上下字合起来有一千五百多个,和简单的拼音字母一比较,真是难易悬殊,难怪一般人要望而却步了。

反切既然有这几个缺点,所以尽管在古今的民众间信口开合,知其当然而不知其所以然地应用它作隐语,可是一谈到它的原理原则和它在语言文字学上的功用,一般人还是茫然不解的占多数。为补救这几种缺点,于是有几位有心人对于旧反切想作一番改良运动。

改良反切运动

这种改良运动从明末才兴起。就我见闻所及的来说,第一个是吕坤的《交泰韵》。吕坤是河南宁陵人,这部书作于明朝万历三十一年(1603),现在所传的本子只有序文、凡例、总目,并非完帙,不过全书纲要差不多都赅括在这里头了。他所提议的方法是:

平声以入子切:例如,“空,酷翁切”;

入声以平子切:例如,“酷,空屋切”;

上声必用两上:例如,“龙,楚陇切”;

去声必用两去:例如,“送,素瓮切”。

反切上下字的阴阳须和所切字的阴阳一致。例如,“同”字旧用“徒红切”,“通”字旧用“他红切”,吕氏以为“他红”切“同”字不切“通”字,因而改“通”字为“他翁切”。

吕氏的本意是想减除上文所说第一和第三两个缺点的。可是反切的方法上字论清浊不论四声,下字论四声不论清浊。即使说当时所谓“阴”、“阳”是声调的区别而不是声母的区别,那么,上去又何必用本调作上字呢？至于以入切平照吕氏的方音念起来固然稍微减少一些上字的障碍，可是以平切入，除去迁就“交泰”两字的意义以外，试问还有什么好处？所以拿《交泰韵》的新方法比起旧反切来，只不过五十步和百步的差别罢了。

在《交泰韵》草创以后23年，又有法国人金尼阁（Nicolas Trigault）的《西儒耳目资》出现。这部书成于明朝天启六年（1626），是西洋人参照罗马字拼音来改良中国反切的。他的方法是用5个“自鸣元音”（即元音 vowel），20个“同鸣元音”（即辅音 consonant），辗转相拼，就可以“不期反而反，不期切而切，第取二十五字才一因重摩荡，而中国文字之源毕尽于此”。（王徵《西儒耳目资·序》）照这种方法自然减去上文所说第一、第四两个缺点，而且他所定的反切完全以当时的官话为准，那么，第二、第三两个缺点自然也不成问题了。但是这在他所立的“字子四品切法”里只有“本父本母切”，如此其他三品就不能像这样简捷了。试举例以明之：

（1）本父本母切：例如以“黑”（h）“药”（iŏ）两字切“学”（hiŏ）字，“父母相合，不必减首减末，见西字自明”。

（2）本父同母切：例如以“黑”（h）“略”（liŏ）两字切“学”（hiŏ）字，必先减去同母“略”字起首之l。

（3）同父本母切：例如以“下”（hiá）“药”（iŏ）切“学”（hiŏ）字，必须减去同父“下”字末尾之iá。

（4）同父同母切：例如以“下”（hiá）“略”（liŏ）切“学”（hiŏ）字必须减去同父“下”字末尾之iá及同母“略”字起首之l。

金氏自己也知道：“用西号切字，如有差一览非之，无差一览是之。切法首尾宜减或不减，亦一览知之。……万字用本父本母之切无不仿此。盖用西号常用本父本母可也。”不过因为“中原母音多半无字，不得已而再用三品切法”。（《西儒耳目资·列音韵谱问答》）这还是由于国字不适于表音所生出来的麻烦。

到了清朝顺治十六年(1659),浙江有一个老秀才名叫杨选杞,看见《西儒耳目资》,受了它的影响,也作了半部《声韵同然集》。这部书里共分25大韵,每大韵各分"宏"、"中"、"细"三声,共为75韵;又定31"字祖",并"知、彻、澄、娘"于"照、穿、床、泥",并"非"于"敷",和《洪武正韵》的声类相合。他所谓"宏"声就是合口呼,"中"声就是开口呼,"细"声兼赅齐齿、撮口两呼。把这宏、中、细分配在31字祖和25大韵,于是"立为字父以该声,立为字母以该韵"。宏声常用的声15个,常用的韵13个,因而立了15个"宏声之父",13个"宏声之母"。中声常用的声21个,常用的韵19个半,因而立了21个"中声之父",20个"中声之母"。细声的字音比较完备,31字祖既然全有音,25大韵也只有一韵无字,因而立了31个"细声之父",24个"细声之母"。他打算"各求不易之字,以定不易之切"。并且宏声拿孤韵作"正父",中声拿赀韵作"正父",细声拿基韵作"正父";宏中二声的字母以用匣声为本,细声的字母以用喻声为本:这样一来,上字后面可以减少韵母的障碍,下字前面几乎没有声母阻隔,而字父字母总数合起来不过124字,那么,上文所说的第一、第四两个缺点就可以免除了。只可惜照这个原则实行起来,有音无字的太多,于是不得不定出许多例外,"宛转旁求","于心不惬"。可见杨氏虽然悟出切字有一定的原理,终于没能定出一定的方法。这也是限于工具,无可如何的事。

受了满洲文12字头的影响而来改良旧反切的,要算是李光地和王兰生合纂的《音韵阐微》。这部书从清康熙五十四年(1715)开始纂辑,到雍正四年(1726)才完成。它所采取的方法是:"反切上一字定母,下一字定韵。今于上一字择其能生本音者,下一字择其能生本韵者,缓读之为二字,急读之即成一音。"(凡例一)上一字怎样能生本音呢?凡例二说:

> 凡字之同母者，其韵部虽异，而呼法开合相同，则反切但换下一字而上一字不换。如“姑翁”切“公”字，“姑威”切“归”字，“姑弯”切“关”字，“姑汪”切“光”字：此四字皆见母合口呼，俱生声于“姑”字。又如“基因”切“巾”字，“基烟”切“坚”字，“基腰”切“骄”字，“基优”切“鸠”字：此四字皆见母齐齿呼，俱生声于“基”字。由此以推，凡反切之上一字皆取支、微、鱼、虞、歌、麻数韵中字，辨其等母呼法，其音自合。

下一字怎样能生本韵呢？凡例三说：

> 凡字之同韵者，其字母虽异，平、仄、清、浊相同，则反切但换上一字而下一字不换。如“基烟”切“坚”字，“欺烟”切“牵”字，“梯烟”切“天”字，“卑烟”切“边”字：此四字皆先韵之清声，俱收声于“烟”字。又如“奇延”切“虔”字，“池延”切“缠”字，“弥延”切“绵”字，“齐延”切“钱”字：此四字乃先韵之浊声，俱收声于“延”字。由此以推，凡各韵清声之字皆收声于本韵之影母，各韵浊声之字皆收声于本韵之喻母。盖影、喻二母声有清浊，乃本韵之喉音，天下之声皆出于喉而收于喉，故反切之下一字用影喻二母中字收归喉音，其音自合也。

这个方法，简括说起来，就是：上一字用和所切韵同等呼的开尾韵；下一字清声用本韵影纽字，浊声用本韵喻纽字。和旧反切比较起来的确顺口得多。例如：

例字	旧反切	合声反切
公	古红	姑翁
归	举韦	姑威
关	古还	姑弯
光	古黄	姑汪
巾	居银	基因

坚	古贤	基烟
骄	举乔	基腰
鸠	居求	基优
牵	苦坚	欺烟
千	苍先	妻烟
天	他前	梯烟
边	布玄	卑烟
虔	渠焉	奇延
缠	直连	池延
绵	武延	弥延
钱	昨仙	齐延

倘使这个方法当真能够贯彻，那么，上文所说第一、第四两个缺点自然可以弥补了。可是，在支、微、鱼、虞、歌、麻几韵里不见得都找得到本母本呼的字，各本韵里也不见得都有影喻两纽字。如在支、微、鱼、虞、歌、麻几韵里找不到本母本呼的字，"则借仄声或别部之字以代之，但开齐合撮之类不使相淆"；如本韵里没有影喻两纽字，则借本韵旁近之字以代之，其清母、浊母之分不使或紊：像这类的反切都叫做"今用"。若是借邻韵影、喻两纽字以协其声的，就叫做"协用"；借邻韵非影、喻两纽字的就叫做"借用"。它所以在"合声"之外另定"今用"、"协用"、"借用"三个变例，就因为"汉文有音无字者多，又支、微、鱼、虞、歌、麻数韵，并各韵影、喻二母，皆单音之字不能合声，欲得正音必婉转以求其相近"罢了。据我统计全书反切的结果，合声反切只占百分之十二强，"今用"倒占去百分之六十以上，例外多于原则，李光地和王兰生的心血仍然白费了。

以上四家所用的方法虽然不同，但都因为国字不适于拼音而同归失败。又《交泰韵》和《音韵阐微》对于下字的清浊也加以区别，这是清浊声演变为阴阳调以后新有的修订。其实,照江永说:“后人有嫌其清浊不类难以转纽者,下一字必须以清切清,以浊切浊,固为亲切,若明者观之,正不必如此。倘讥前人之切为误,则不知切法者矣。”(《音学辨微》)只要懂得反切原理,改不改都没什么关系。又陈澧也批评合声的方法说:“切语之法非连读二字以成一音也。连读二字以成一音诚为直捷,然上字必用支、鱼、歌、麻诸韵字,下字必用喉音字。支、鱼、歌、麻无收音,而喉音直出,其上不收,其下直接,故可相连而成一音,否则中有窒碍不能相连矣。然必拘泥此法,或所当用者有音无字,或虽有字而隐僻,此亦必穷之术也。而吕新吾《交泰韵》、潘稼堂《类音》必欲为之,于是以‘壑翁’切‘终’字,以‘竹硧’切‘中’字。夫字有不识,乃为切语,以‘终’、‘中’易识之字而用‘壑’、‘硧’难识之字为切,不亦傎乎?孰若古人但取双声叠韵之为坦途哉?”(《切韵考》卷一页八)在江、陈二人还不免有维护旧反切的意思,但照我看来,不单旧反切不必维护,就是改良的反切也嫌不彻底。要想国字的标音方法更进一步,必须用能够分析音素的标音符号,才可以免去迁就对付的毛病。这个道理正和读若不得不进步为直音,直音不得不进步为反切一样。

以上我已经把反切的方法和它的源流得失大体讲清楚了。至于《镜花缘》里歧舌国的字母表和《康熙字典》前面那许多圈儿到底是怎么回事?那暂且请你少安勿躁,等我在从《康熙字典》卷首的等韵图说起那一篇谈话里再慢慢儿地解说。

(原载《国文月刊》第27期,1944年,署名罗莘田。原题下有副题“恬庵说音之六”)

评曾运乾《切韵五声五十一纽考》[1]

近人治中国音韵学恪守清人矩矱，而能自有创见者，余独心折益阳曾星笠先生运乾。其所为《喻母古读考》征引翔实，断定谨严，虽于后代“喻、定、匣”三母分化之故犹未说明，然自钱竹汀《古无轻唇音》及《舌音类隔之说不可信》二文以后，殊不多睹。惟其所为《切韵五声五十一纽考》与鄙见未能悉合，谨抒所疑，共曾氏及治斯学者一商榷之。

案曾氏之言曰：

> 陈东塾依《广韵》切语上字联系分声类为四十云：“唐末沙门则少四类：字母‘明、微’二类，《广韵》切语上字同一类；字母‘照、穿、床、审、喻’五类，《广韵》切语上字各分二类：故四十类为三十六类也。”今按照穿床审喻各分二类，《广韵》切语绝不相溷，陈氏分为十类，既得之矣；“明、微”二母陈氏囿于方音而并合之，非《切韵》本例然也。至于喉音之“影”，牙音之“见、溪、晓（‘匣’母以于类为轻声）、疑”，舌音之“来”，齿音之“精、清、从、心”凡十母，依《切韵》声音之例皆应各分二母者也。盖声音之理，音侈者声鸿，音弇者声细。《广韵》切语侈音例为鸿声，弇音例为细声；反之，鸿声例用侈音，细声例用弇音。此其例即见于法言之自序

---

[1] 曾氏原文见《东北大学季刊》第一期。

云："支（章移切）脂（旨夷切）鱼（语居切）虞（遇俱切）共为一韵，先（苏前切）仙（相然切）尤（于求切）侯（胡沟切）俱论是切。"上四字"移、夷、居、俱"明韵（即切语下一字音学也）之易于淆惑者。下四字"苏、相、于、胡"（古声及《切韵》匣于为类隔，余别有考证四十条）明切（即切语上一字声学也）之易于淆惑者。故支、脂、鱼、虞皆举音和双声以明分别韵部之意，先、仙、尤、侯皆举类隔双声以明分别纽类之意。如先苏前切，苏相互易者，先为真韵之侈音，苏在模韵亦侈音也，例音声鸿，故先为苏前切也。仙，相然切，相苏不能互易者，仙为寒韵之弇音，相在阳韵亦弇音也，例音弇者声细，故仙相然切也。又如尤，于求切，于胡不能相易者，尤为萧韵之弇音，于在虞韵亦弇音也，例音弇者声细，故尤于求切也。侯，胡沟切，胡于不能相易者，侯为虞韵之侈音，胡在模韵亦侈音也，例音侈者声鸿，故侯胡沟切也。是故法言切语之法，以上字定声之鸿细而音之弇侈寓焉；以下字定音之弇侈而声之鸿细亦寓焉。见切语上字其声鸿者知其下字必为侈音，其声细者知其下字必为弇音矣；见切语下字其音侈者知其上字必为鸿声，其音弇者知其上字必为细声矣。……今辄依切语音侈声鸿，音弇声细之例，各分重轻二纽，陈氏原四十类，加入微、影二、见二、溪二、晓二（匣二即陈氏所分之于类）、疑二、来二、精二、清二、从二、心二，十一母，故四十类为五十一纽也。

以余考之，其所分"微、影二、见二、溪二、晓二、疑二、来二"七类则是；而更分"精二、清二、从二、心二"四类则非也。

（手稿未刊）

答汪洋君问

汪洋先生：

刚才由国文月刊社转来您的一封信，余冠英先生嘱托我来答复。现在就我所知道的随便和您谈谈。

第一问："研究中国音韵学是否从《广韵》起？能否拨冗开一适于初学者的书目？"

是的。无论您将来想研究古韵或今韵，总得拿《广韵》作出发点。它是研究古韵的阶梯，也是研究今韵的基础。不过凭空来看《广韵》，并不是一件很容易的事。从它的本身来讲，第一，得注意版本。现在比较容易得到的有三个本子：(一)商务印书馆影印《古逸丛书》本，(二)《四部丛刊》影印海盐张氏本，(三)泽存堂五种本。三种各有好坏，不过《古逸丛书》的单行本比较方便。第二，得注意校勘。《广韵》流传这么好多年，经过多少次钞写刊刻，难免有鲁鱼亥豕错误。如果以讹传讹，将错就错，难免要上当。现在商务印书馆出版一部周祖谟所作的《广韵校勘记》，对于这一点可以帮助不少。

再从它的研究方法来讲，我以为您暂时可以走两条路：第一，研究它的音韵系统。要作这一步工夫先得知道《广韵》二百零六韵四声相承的条贯，然后再看它的反切上字有多少，哪些字属于哪个声纽，每纽的发音部位和"清"、"浊"、"发"、"送"、"收"如何？反切下字有多少，哪些字属于哪一"等"、哪一"呼"？若是再晓得近人构拟的读音那就更好了。关于四声相承的条贯，可以看戴震的《声韵考》里所列的表；关于音韵的分析，可以看陈澧的《切韵考》。前一部在《戴氏遗书》里，后一部在《东塾丛书》里，不过成都有渭南严氏刻本《音韵学丛书》，已经把他们都收在里头，而且可以买到单行本。倘若您更进一步，要想知道《广韵》和《唐韵》、《切韵》有什么不同，那么，您还得看王国维《观堂集林》卷八里讨论敦煌唐写本韵书的几篇文章，和我同刘半农、魏建功两位先生合编的《十韵汇编》。第二，研究它的训诂。《广韵》本来是一部分韵的字书，它虽然和照偏旁分部的《说文》、《玉篇》组织不同，可是汇集字义，以便检寻，功用却是一样。所以它除去可供审音以外，还能够帮助解释字义。不过从研究训诂的观点讲，它却没有《集韵》搜罗的完备。要想就它来研究，上面得和《说文》、《玉篇》、《尔雅》、《广雅》对照，下面得和《集韵》、《类篇》对照。假如您的目的专在研究中国音韵，那么这一步工夫稍微放缓一点儿也没有什么妨碍。

第二问："近人论音韵之书，如概论、大纲之类，以何本为深入浅出者？"

在没答复这个问题以前，我自己很惭愧教了十几年的音韵学还没写出一部像点样儿的、为初学说法的音韵学概论！1936 年我在北平师大替钱玄同先生代课，曾经印了五十页讲义，虽然说不上"深入"，却还不至于抄袭成书；也还不敢当"浅出"，可是大体还算简明。可惜我老想把它修改好了再付印，直到现在却还没能实现！所以，除去几个老学生，大家还没看见过这种东西。要让我举已经出版的，那我只能提出王了一先生的《中国音韵学》和张世禄先生的《中国声韵学概要》两部。前几年我在商务印书馆出版的"读书指导"第一辑里有一篇《中国音韵学研究法》，似乎还值得看一看。最近我在《国文月刊》里陆续发表的《恬庵说音》，极力想朝着"深入浅出"那个目标走。

现在想到的题目,有:《汉字的声音是古今一样的吗?》、《什么叫"双声"、"叠韵"?》、《怎样调平仄?》、《阴阳和清浊》、《尖团字和上口字》、《方言的纷歧》、《〈康熙字典〉卷首的等韵图有什么用处?》等等。随时想到随时写,等积到相当的篇数再编排成个系统,印出来给初学的人们看。希望您以后在本刊上多留些意。

第三问:"自己反切,音常不准;应读何书,可以济之?"

这个问题倒有点儿不容易答。因为它第一牵涉到反切的方法,第二牵涉到古今音和方音的不同。反切的原理本来很简单,它只是拿上一字定声,下一字定韵,然后声韵相切自然成音。上一字定其部位清浊;下一字定其开合洪细和平上去入。例如"东,德红切","德"只取它的发声"ㄉ","红"字只取它的收"ㄨㄥ",拿"ㄉ"和"ㄨㄥ"拼,自然就念出"ㄉㄨㄥ"音来;上字的后半和下字的前半根本没有用处,有它们裹乱反倒觉得扞格不谐。可是在汉字里头很难找出没韵的声,或没声的韵来,因此一般人对于反切不免感觉困难或拗口。清朝初年李光地和王兰生创造了一种"合声"反切法,上一字用与所切字同等呼的"阴声韵"字(就是没有鼻音韵尾的),下一字用声母不大显著的古"影"、"喻"两纽字。例如"东"不用"德红切"而改作"都翁切","都"合"东"同是合口呼,"翁"属于影纽,这样一来便可作到"缓读之则成二字,急读之即成一音"的地步。假如他们能够彻底地改订成这样,那岂不很好,可惜限于汉字本身的困难终究还得定出许多例外的办法!假如您对于所谓"合声"反切想知道更多一点儿,可以参看《音韵阐微》原书;其实您如果把上字去尾,下字截头的意义了解清楚,也就用不着再管什么合声反切了。

可是,即使您懂得反切的方法以后,还免不了一重困难,那就是古今音不同的问题。例如"东,德红切",这在各地方言上还没有大差异;但是"同,徒红切","同"、"徒"两字古来本是浊音,现在除去吴语以外大部分都变成清音，于是就发生您所谓“音常不准”的现象了。遇到这种现象只有两种解决的办法：第一，照第一问底下所说研究《广韵》音系的方法，先把关于分析声韵的各点和各声各韵的拟音记清楚，索性试念假定的隋唐音；第二，根据自己的方音，或国语去拼切，反正您只要把上下字读准了，再知道去尾截头的原理，所切出来的音一定不会错的；就是方音有出入，也是依照条理变，绝不会乱七八糟随便改读。至于讲反切的书，我一时还想不出什么适当的来。我最近在《岭南学报》发表一篇《汉字标音方法的演进》，中间有讲到反切的地方，似乎还可以参考一下。

第四问：“反切者，反复摩切之意。反切时是否如‘垢，歌殴切’，先读歌殴，再反读欧歌即得；还是仅读歌殴数遍即可？”

据顾炎武的《音论》说：“《礼部韵略》曰：‘音韵展转相协谓之反，亦作翻；两字相摩以成声韵谓之切’：其实一也。”他所谓“展转相协”好像就是来信所举“先读歌殴，再反读殴歌”的例子。可是照我所知道的，只有厦门的方音韵书《十五音》是先念下字，后念上字的，例如“伦”字本作“柳春切”，可是他们呼起来总说“春柳伦”不说“柳春伦”。像这种样子其余的地方还不大多见。其实您只要了解我在上一问底下所说的反切原理，用不着反读、多读，但一去尾截头便可冲口而出了。

恬庵　1941年11月17日　昆明

（原载《国文月刊》第12期，1942年。署名莘田）

审查旧制研究生刘文奥研究论文报告书

(甲)释小初稿

此书仿王念孙《释大》例，裒集字之有小义者，依所隶之声母类次，共分二十三卷，每卷以洪细四等为序，每等以阴阳入三声为序，每字之下自为之注，并系以《广韵》反切。其所引用之书凡五十余种，搜讨之勤，颇费苦心，排比组织亦自成条贯。盖能恪守王氏矩矱，而欲于声义相通之理有所推阐者也。

惟《释大》原稿今只存见、溪、群、疑、影、喻、晓、匣八母，王国维据第四篇"岸"字注云："说见第十八篇洒字下"，第三篇"莙"字注云："物之大者皆以牛马称之，说见第二十三篇"，以为王氏此书略已竣事，并谓："唐宋以来相传字母凡三十有六，古音则舌头舌上，邪齿正齿，轻唇重唇并无差别，故得二十三母。先生此书亦当二十三篇：其前八篇为牙喉八母，而洒字在第十八篇，马字在第二十三篇，则此书自十五篇至十九篇当释齿音精、清、从、心、邪五母之字，自第二十篇至二十三篇当释帮、滂、並、明四母之字，然则第九至第十四六篇其释来、日、端、透、定、泥六母字无疑也。"所考殆于事实不远。但照、穿、床、审四母二三等来源不同，其在上古二等固与精组不分，三等则与端知相近。国维泛称"邪齿正齿并无差别"，遂致著者于第十五至第十九五卷亦多所淆混：此宜依据声转条理而加以改订者一也。

又一字数训，语源不同，合之两伤，乖反古义。例如《毛诗·秦风·

交交黄鸟》传:“交交,小貌。”孔疏:“黄鸟,小鸟也,故以交交为小貌。”又《桑扈》笺云:“交交犹佼佼,飞而往来貌”;两训本异,未可强通。今本书卷一云:“小鸟飞而往来貌谓之交交”,意在兼赅,转成疵类:此宜抉择瑕瑜而加以改订者二也。

本书通例,在以双声条贯雅诂,而书中所谓声相近者往往羼入叠韵。如卷九影纽上:“瓯篓声相近,故小盆谓之瓯,小簏谓之篓,高地狭小谓之瓯窭。”瓯在影纽,篓在来纽;卷二十二並纽下陴堄声相近,故城小垣谓之陴,亦谓之堄,陴在並纽,堄在疑纽,且瓯窭陴堄皆为连语。王念孙云:“凡连语之字皆上下同义不可分训;说者望文生义,往往穿凿而失其本指。”(《读书杂志·〈汉书〉卷十六》)若斯之类皆属自乱其例:此宜辨章纽韵而加以改订者三也。

综阅全稿,大醇小疵,正其舛讹,于训诂学上亦有相当贡献,至以二十三母通贯一义,意在证明声义相关,而适见声义不尽相涉,此则王氏作始之失,不足为著者病也。

(乙)隋曹宪《广雅音》研究

此文取隋曹宪《广雅音》之反切三千三百二十二,直音二千二百一十二,参证《广韵》音类,排比归纳,推得曹宪所据之音系凡声纽三十有二,韵类一百二十有二。其与《广韵》异者以声纽言则:

一、古居不分;

二、苦去不分;

三、五鱼不分;

四、端知不分;

五、透彻不分;

六、定澄不分;

七、泥娘不分;

八、博方不分；

九、普芳不分；

十、蒲符不分；

十一、莫武不分；

十二、食禅不分；

十三、乌於不分；

十四、呼许不分；

十五、卢力不分。

以韵类言则：

一、东董送屋与冬〇宋沃不分；

二、支纸寘，脂旨至，之止志，微尾未不分；

三、霁祭废不分；

四、佳蟹卦，皆骇怪，夬，麻马祃不分；

五、队与泰之合口不分；

六、代与泰之开口不分；

七、真轸震质，谆准稕術，臻〇〇栉，殷隐焮迄不分；

八、寒旱翰曷，桓缓换末不分；

九、删潸谏黠，山产裥辖不分；

十、先铣霰屑，仙狝线薛，元阮愿月不分；

十一、萧筱啸，宵小笑不分；

十二、歌哿箇，戈果过不分；

十三、庚梗映陌，耕耿诤麦不分；

十四、清静劲昔，青迥径锡不分；

十五、侯厚候，尤有宥，幽黝幼不分；

十六、覃感勘合，谈敢阚盍不分；

十七、盐琰艳葉，添忝㮇怗不分；

十八、咸豏陷洽，衔槛鑑狎不分；

十九、严俨酽业，凡范梵乏不分。

其中之重要发现，如声纽舌头与舌上互切，重唇与轻唇不分；而正齿之二三等及喻纽之三四等则判然不混。韵部之三四等虽可沟通，而一二等既不相杂厕，且各不与三四等混淆。至于一等之开合，除寒桓及歌戈为唇音所乱外，亦并分用划然，于一等合口介音之性质隐有所示。所代表者纵未必即为隋唐淮阳之音，而其与《切韵》音系之异同则昭然可睹；于六朝语音演变之研究颇有相当裨益。

1935年10月28日

（手稿未刊）

《音韵清浊鉴》跋

清华大学图书馆藏析津王祚祯楚珍甫《音韵清浊鉴》三卷，序例及韵表一卷，卷首书名右方有“王祚祯印”及“楚珍氏”二章，左方有“善乐堂藏板”五字。版心纵长八英寸五，横宽五英寸四。每半页九行，每行二十个字（小字以二抵一）。中缝之下亦有“善乐堂”三字与每卷首之“善乐堂《音韵清浊鉴》”相应，当系王氏之原刻本也。案卷首所录等韵，盖以真空《门法玉钥匙》及刘鉴《切韵指南》为蓝本，其后附载康熙六十年辛丑长洲蓝畹（字佩蘅）所作跋，云：“吾于王君《音韵清浊鉴》书披览之下，不禁穆然于其际，而于等韵图为尤有取焉。盖王君楚珍酷嗜其学，穷年矻矻，寝食每忘，短短前代韵书之足征楚珍固深于等韵之学者也。”然其书分韵二十一部，一以周德清《中原音韵》为宗，但分齐微、鱼模两部为机祺、归微、沽模、居鱼四部，故得二十有一。且谓“《中原韵》由沈韵而来，齐微、鱼模二韵犹仍沈韵旧弊。”是王氏非特未见《唐韵》、《广韵》原书，且并刘渊、阴特夫之作亦未尝寓目也。且德清所分十九部，除寒山、桓欢、先天三部以等呼分，其他各部皆兼赅各等各呼之字。如东锺部，空悾纽洪音也，穹芎倾纽细音也；皆来部，皆堦阶喈纽开口呼也，乖纽合口呼也。如必分齐微、鱼模为四，则于他部又将何说？自序又曰：“人苟志于字学，则清浊所必先予编，各韵皆胪列字母于其上，使人一启卷，阴阳清浊之分了然在目，若明镜照人。对之即见，此予所以名书之意也。”是盖参取韩道昭《五音集韵》及吕维祺《音韵日月灯》之法,而改排《中原音韵》并增益文字者,不知《中原音韵》之声纽亦以北音为准,如东锺部锺、鐘、中、忠、衷、终六字同隶一纽。今王氏依等韵法列中、忠、衷为知三,列锺、鐘、终为照三,又并阴阳而一之,则与周书音例相去尤远。综而论之,王氏从释氏受等韵,盖长于字母,而实昧于韵书源流,故混系统绝远之三书为一炉而治之,于是乃有不伦不类之现象。《四库提要》谓:"道昭书配三十六字母,鉴书配内外十六撮,德清书则北曲之谱,以入声配入声。祚祯既狃于方音,并四声为三,混淆古法,而乃屑然区分门目,辨别等次,非今非古,非曲谱,非等韵,莫喻其意,则安取。"今衡之,殆非过论矣!

1931年6月17日

(手稿未刊)

《古音系研究》序

我还记得我第一次看见这部原稿的时候，是 1932 年 1 月 9 日的晚上。那一天建功打电话约我到他家吃晚饭，他就拿出这部稿子给我看。那时虽然只写成了前两章，而全书的体例和他的着眼点所在，已然可以看得出来了。最使我感动的，就是他能跳出音韵的圈子来讲音韵，而结果却语不离宗；他不单要建设中国语音史的系统，而且有构成中国语言史的企图，错非能贯通形音义三方面的人，不克负担这个使命！所以我对这部书的初次印象，就是“超以象外，得其环中”八个大字。

现在这部近 30 万字的大书已然完成了。我从头到尾又细读了一遍，觉得在上文所说的以外，还有两点值得唤起读者们注意：

第一，这是一部能表现自己的书。——作人要有个性，作书也要有个性。凡是根据自己的观念，运用自己的方法，组织自己的材料，而不因袭别人的，无论如何也得算是一部好书。咱们且翻开原书来看，他所列举的材料一共有 10 类：

甲、文字之假借及谐声者；

乙、文学作品之有韵者；

丙、反切及直音；

丁、古籍注疏及校勘记；

戊、韵书及韵学书，字典；

己、古今方言；

庚、中外译音；

辛、连绵词及古成语；

壬、汉字支音；

癸、同语族语。

试问现在已经出版的音韵学著作，有哪一本能像他这样兼蓄并包？再看他所用的方法，虽然自己说是“祖述前贤成法，参列一己愚见”，然而他在“分部”一节提出“声韵兼顾”、“时地划清”和“着重语言”三点意见，在“审音”一节列入“沿革比较”、“连绵词及古成语释音”和“语根转变考释”三种方法，都能发前人之所未发。至于“论变”一节的“音轨原则”尤其是独抒胸臆的创见！倘使他能本着这种勇于假设的精神，更去搜求充实的证据，那么单是音轨就可以成为传世之作，恐怕戴东原地下有知也觉得《转语》不传不算什么可惜的事了！咱们凡是认识著者的人总该知道他是个性很强的，读了这部书之后是不是也有“如其人！如其人！”的感觉呢？

第二，这是一部能提出问题的书。——真正能启发读者兴趣的著作不在乎有许多武断的结论，而贵乎提出一些新颖的问题，并且指出它们的解决方法。因为研究的动机是由疑难促起的，没有疑难就不能构思，不能构思就难望学问进步。所以一部撮举成说、毫无识见的书，只可以勉强为初学指示门径，而不能给受过相当训练的人作研究指导。这部书的前五章提出好些解决问题的方法，举了好些处理问题的实例，最后在第六章里胪列出 20 个实际问题，供读者们参考，真正聪明的人，一经启发，随便就可以拈出一题去作精邃的研究。不用说别的，单是《联绵字格》和《音轨例证》就可以写成两部大书！我希望读书得间的人不可忽略了这一点。

著者在开宗明义已然声明：“假使是实际历史意味的叙述，无论谁何目前都没有办法完成这种宏愿。所以现在所谓古音系必得说明是:对于如何担负完成中国语音语言史工作使命的讨论和报告。”但是据我看起来,这部书既然有上述的两个特点,自然可以感召一些声应气求的同志,那么对于“宏愿”的完成恐怕也就为期不远了。企予望之!

1934年5月23日夜12时,罗常培写竟于上海小万柳堂。

(原载魏建功《古音系研究》卷首,题“序一”,该书由北京大学出版组1935年5月发行。此前罗序先刊于《国语周刊》142期,1934年,署名罗莘田)

《中国音韵学》序

在这部书付印以前,承著者把原稿拿给我看,并且要我作一篇序。像我这忝列同行的人当然是义不容辞的,所以就把我读完原稿以后的感想和我十年来教授音韵学的经验贯串起来写成下面几段话,想同著者和读者们商量商量。

我时常说:音韵学并不是什么"绝学",也一点儿不神秘,因为向来讲音韵学的书过于玄虚幽渺,乌烟瘴气了,所以闹得初学的人不是望而生畏,不敢问津,就是误入歧途,枉费精力。举个例来说罢:譬如所谓唇、舌、齿、牙、喉"五音"本来可以按照辅音的发音部位讲得清清楚楚的,可是释真空《篇韵贯珠集》的《总括五行分配例》说:

> 见等牙肝角木东,舌心徵火喻南风,
> 北方肾水羽唇下,西面商金肺齿中,
> 喉案土宫脾戊己,西南兼管日来同:
> 后进未明先哲意,轩辕格式为君明。

又如所谓平、上、去、入"四声"本来可以拿字调的高低抑扬来指明它的性质的,可是王鸣盛《十七史商榷》上说:

> 同一声也,以舌头言之则为平,以舌腹言之则为上,急气言之则为去,闭气言之则为入。

这真是不说还明白,一说倒糊涂了!照这样讲下去,音韵学怎能不越来越神秘呢?王先生这部书能够"首以玄虚之谈为戒"(本书自序),

这是和我意见相合的第一点。

音韵学本来是口耳之学,要是听见一个声音耳朵不能辨别,嘴里不能摹仿,而且不能把它所含的音素分析出来,那么,无论在纸上讲得怎样“像煞有介事”也是根本不中用的。从前的人因为缺乏工具,或者蔽于成见,或者囿于方音,往往有“考古功多,审音功浅”的毛病,就是有几个心知其意的人也很难把他自己所了解的清清楚楚地写出来使人看了就能懂得。现在既然有了语音学的帮助,对于从前讲得玄妙不可测的东西,都可以把它“质言”,于是音韵学才能从玄学走向科学的路了。王先生这部书开宗明义就来讲《语音学常识》,给读者打好了审音的基础。这是和我意见相合的第二点。

旧的韵学书里往往有许多同名异实或异名同实的情形,闹得人越看越糊涂,甚至于有些学问很好的人也会上了名实不清的当。例如:同是所谓“声”,而有的指声母(initial consonant)说,有的指声调(tone)说;同是所谓“阴声”、“阳声”,而有的指字调的高低抑扬说(如“阴平”、“阳平”、“阴上”、“阳上”之类),有的指有没有鼻音韵尾说(如孔广森《诗声类》所谓“阴声”、“阳声”)。这便是同名异实的现象。至于讲到辅音的发音状态的,江永、江有诰、陈澧分“发声”、“送气”、“收声”三类,钱大昕分“出声”、“送气”、“收声”三类,洪榜分“发声”、“送气”、“外收声”、“内收声”四类,劳乃宣分“戛”、“透”、“轹”、“捺”四类,邵作舟分“戛”、“透”、“拂”、“轹”、“揉”五类。乍一看起来,很难知道他们有什么相互的关系。其实稍有语音学常识的人一看下面的对照表,就可以了然他们所讲的是什么了。

可见他们定名虽然不同,分类虽然有粗细,而实际上所讲的是一回事,因为彼此矜奇立异,所以把初学闹得如入五里雾中!这便是异名同实的现象。现在讲音韵学必须先作一番正名的工夫,把旧来所有同名异实和异名同实的例都搜集起来,用语音学的术语给它们每

<table>
<tr><th>语音学名词</th><th>邵作舟说</th><th>劳乃宣说</th><th>洪榜说</th><th>江永等说</th><th>钱大昕说</th></tr>
<tr><td>不送气的塞音和塞擦音</td><td>戛类</td><td>戛类</td><td>发声</td><td>发声</td><td>出声</td></tr>
<tr><td>送气的塞音和塞擦音</td><td>透类</td><td>透类</td><td>送气</td><td rowspan="2">送气</td><td rowspan="2">送气</td></tr>
<tr><td>摩擦音</td><td>拂类</td><td rowspan="2">轹类</td><td rowspan="2">外收声</td></tr>
<tr><td>边音</td><td>轹类</td><td rowspan="2">收声</td><td rowspan="2">收声</td></tr>
<tr><td>鼻音</td><td>揉类</td><td>捺类</td><td>内收声</td></tr>
</table>

个确定一个清晰的概念，以后就不至于使初学的人枉费许多心血了。1930年我在清华大学教“中国音韵沿革”时，也曾经在讲义里零零碎碎地举了几个例；后来又在《中央研究院历史语言研究所集刊》里发表了《释重轻》（第二本第四分）和《释内外传》（第四本第二分）两篇，那就是我打算要作的《等韵释词》的一部分。现在王先生的书在《语音学常识》之后紧接着就是《释名》一章，虽然为篇幅所限还不能罗列很多，可是为初学开示门径也尽够用的了。这是和我意见相合的第三点。

人类的语音是随着时间和空间演变的。明朝的陈第说：“时有古今，地有南北，字有更革，音有转移，亦势所必至。”（《毛诗古音考·序》）所以要想作成一部兼赅“古今”、“南北”的音韵学，他所搜罗的材料不单要上下几千年，而且要纵横数万里。譬如代表隋唐音系的《广韵》是现存的一部最古的韵书，治古韵必得拿它作阶梯，治今韵也必得奉它作圭臬：这诚然是不错的。可是从音韵学史的眼光看起来，代表元明音系的《中原音韵》或《洪武正韵》也应当和它有同等的价值。要是专把《广韵》当做金科玉律，而抹煞其他时代的韵书，甚至读书说话也梦想着和《广韵》的音相合，那真是不识通变的错误见解。又如：

现在被定为全国标准音的北京音系，在现代方言中，它的确合于构成国语的“简单”和“普遍”这两个基本条件。可是，从教育的眼光看，我们固然极力希望统一国语，从学术的眼光看，我们却不能忽略各地的方音——因为从方音的错综中往往可以反映出古音的遗迹来。例如：闽粤语保存闭口韵的-m尾和入声的-k、-t、-p尾，吴语保持全浊声母，徽州语有“阴阳对转”的实例，这都可以帮助我们解释许多古音上的问题。王先生这部书的《本论》，先把《广韵》讲明白（《本论》上），然后再根据它来上考古音（《本论》中），下推今音（《本论》下），对于语音在时间和空间上的演变能够纵横兼顾。这是和我意见相合的第四点。

最末了儿，我对于这部书还有一点儿感想。我觉得编教科书和作研究论著性质稍微不同：后者无妨“小题大作”，前者却贵乎“深入浅出”。所以一部教科书尽管没有自己的创见，而能搜罗众说，抉择精当，条理清晰，容易了解的，便算是好著作。要是一味地掉书袋子或标榜主观的成见，读者反倒望而生畏不敢领教了。著者在自序里说：“此篇所述什九为古今诸贤之说，一得之愚则存乎取舍之间”，这是很合乎教科书的性质的。因此我乐意给它作序。

1935年9月16日，罗常培序于北京大学文科研究所语音乐律实验室。

（原载王力《中国音韵学》卷首，1936年商务印书馆出版。此前罗序先刊于天津《大公报·图书副刊》101期，1935年。王书于1956年由中华书局再版，改名为《汉语音韵学》）

读牟应震《毛诗古韵考》

案，应震字寅同，别署芦坡氏，山东栖霞人。清乾隆四十八年癸卯(1783)举人，选禹城训导，推升青州教谕。晚年弃官归里，闭户著书，皓首穷经，寒暑无间。尝自述其治学之经过曰："余年五十，始能专力经书，著有《毛诗问》、《毛诗古韵考》、《毛诗奇句韵考》、《名物考》，不尽如吾意，盖得失相半也。读四子书于《中庸》得真解，浅近平实，为孔子写照，后儒病其通于禅机，讲家误之也。近又肆力于《易》矣。《易》自秦汉以来，善者不言，言者弗善，沉晦二千馀年，一旦而鬼神告之，如日之升，如拨云雾复见青天，快心复何如哉？大业未竟，病魔迭至，一篑之亏，抱憾终古矣！"因自撰墓志铭以见志，其铭曰：

学统天人吾岂敢？蚍蜉何力泰山撼！
冥搜幽索鬼神通，黑暗雾中电一闪。
造物似恐泄其秘，病魔扰人岂无意？
夺我眼睛废我书，要以不解还天地！
大沽河北齐山阳，佳城新卜吾其藏。
人民怀葛时羲皇，游魂何处不徜徉。

易箦之夕，犹呼笔研，谓解《易》两爻未安，尚须改易；改毕撤研，反席而殁。所著书除上述者外，尚有《夏小正考》、《四书贯》、《易序卦图》、《周易直解》、《胡卢山人诗稿》等。（参阅清光绪五年如皋黄丽中续修《栖霞县志》卷六《人物志下文学》及卷九《艺文》所录应震自撰《牟公

应震生前墓志铭》)

《毛诗古韵考》五卷与《毛诗问》六卷、《名物考》七卷、《古韵杂论》一卷、《毛诗奇句韵考》四卷,总称《毛诗质疑》。刊甫毕而应震遽归道山,版归刻工李毓庚所,后散佚者十之三四。道光二十九年己酉(1849)历城朱畹(敉人)为之集资补刊,未竟亦卒。其子廷相受父命拮据蒇事,而移其版于栖霞学宫。余所见为北平图书馆藏钞本,其《名物考》上半已残缺矣!

牟氏自序其《毛诗古韵考》曰:"是编以经文为主,合用者合之,不合用者分之,旁及者通转之。不借证于汉魏,不受欺于隋唐,较诸先辈为少进焉。"其所分部凡二十有六:

一、阳字部　140字,合阳唐及庚之半为部;

二、东字部　84字,合东冬锺江为部;

三、谈字部　21字,合谈盐添严咸衔凡为部;

四、侵字部　42字,合侵覃为部;

五、洽字部　26字,合缉合盍葉怗洽狎业乏为部;

六、清字部　56字,合耕清青及庚之半为部;

七、蒸字部　33字,合蒸登为一部;

八、元字部　135字,合元寒桓删山仙及先之半为部;

九、真字部　129字,合真谆臻文殷魂痕及先之半为部;

十、月字部　81字,合月曷末薛及祭泰之半为部;

十一、质字部　47字,合质屑为部;

十二、宵字部　115字,合宵及萧肴豪沃药铎锡之半为部;

十三、幽字部　60字,合尤萧豪之半为部;

十四、黝字部　83字,合尤有宥肴豪巧皓号各半为部;

十五、六字部　28字,凡从畜从坴从叔从逐从复从奥从云从匊之字皆归此部;

十六、侯字部 69字,合侯虞各半为部;

十七、鱼字部 189字,合鱼模及虞麻之半为部;

十八、铎字部 55字,合铎药陌昔之半为部;

十九、屋字部 35字,合屋烛及觉之半为部;

二十、歌字部 94字,合歌支佳之半为部;

二十一、锡字部 25字,合锡昔为部;

二十二、灰字部 145字,合脂微及齐佳灰之半为部;

二十三、未字部 66字,合未霁術队泰怪代物之半为部;

二十四、哈字部 47字,合之及哈灰尤之半为部;

二十五、海字部 76字,合止及海贿之半为部;

二十六、职字部 58字,合职德及屋之半为部。

每部分列"合部"(列举韵字)、"正音"(切音本《唐韵》,反音本《集传》,赘古音二字者本顾氏《唐韵正》)、"摘证"(举《诗经》及群经传记之例证)、"通转"(举各部通转之本证旁证)、"附论"五项。据牟氏自序,此书成于嘉庆辛未(1811),而书中援引所及,惟有顾(炎武)、江(永)二氏,于段(玉裁)、戴(震)、孔(广森)、王(念孙)诸家,均未称述。然其结论则每闭户暗合,且有发前人所未发者。撷其要点,凡有二事:

一曰,入声各部之独立。自王念孙分立至、祭、缉、盍四部,谈古韵者,始知入声可以独立。戴震《声类表》更分垩、亿、屋、约、戹、乙、遏、邑、諜九部,于是"阴"、"阳"、"入"乃鼎峙为三。今观牟氏书亦分立锡、未、质、月、职、铎、屋、六、洽九部,除分"乙"为"未"、"质",并"邑"、"諜"为"洽"外,并与戴氏冥合。后此惟刘逢禄《诗声衍》所分二十六部及黄季刚先生《音略》所分廿八部能不违此旨,即章太炎之廿三部,亦多分之未尽,且章氏所分之队部,恰与牟氏之未部相当,则牟氏固已烛见于前矣。夫牟氏本鲁人,终身未尝远游,而能求证经文,分辨入声,以视孔羿轩"入声创自江左,非中原旧读"之说,敻乎远矣!

二曰，分出上声黝海两部。段玉裁曰："古四声不同今韵，犹古本音不同今韵也。考周秦汉初之文，有平上入而无去；洎乎魏晋上入声多转而为去声，平声多转为仄声，于是乎四声大备而与古不侔。"又曰："古平上为一类，去入为一类，上与平一也，去与入一也；上声备于三百篇，去声备于魏晋。"故《六书音均表》卷四《诗经》韵分十七部表中，于第一、第三、第四、第五、第十五五部，均以上声与平入分列。钱玄同先生尝据此以增订黄季刚先生之古韵二十八部为三十三部矣。今案此书所分黝、海两部，亦与段氏分列上声五部之意同。牟氏于黝部云：

> 古韵不分三声，此音幽部类音，而旁纽亦多参错，似不宜分。然诗用此部韵凡七十馀见，"考、老、道、好、阜、寿、醜、酒"皆习用之字，无与"休、周、悠、求"等字韵者，自不得不分而为二。江氏分萧、肴、豪之字略与鄙说同，而合尤部为一，已失考核；更杂之侯、麌等部五十馀字，而此部已先乱矣。奚不于诗文检较之？

又于海部云：

> 咍、之、海、止之分犹尤、幽、有、黝之分也。诗用咍、之韵凡四十馀见，用海、止韵百二十馀见，截然不乱；又人习而不察者，以"时、来"二字及尤韵之"谋"字淆之也。"时"与前部字合用，韵"期"、韵"丝"，合用韵"思"，则韵"有"、韵"右"、韵"旧""子"、韵"祀"。"来"与前部字合用韵"思"，合此部则韵"疚"、韵"篮"、韵"又"，并韵职部之"牧服亟塞"等字。而字之偏旁亦时有出入，故言韵者往往因所通以及其通之所通，遂至于泛滥而莫可究诘！萧部之"敖"，尤部之"犹"，鱼部之"莫"、"度"及此部之"时"、"来"，多两部通用。"天"多韵"人"，"风"多韵"心"，"来"多韵"思"，古人用韵或亦以熟习之久，故随意拈来耳。

其不以例外破原则之态度，颇足为治学者矜式。惜未分出厚、语、旨三部，尚不能与段氏之意悉符也。

至于牟氏以支从歌而不析其半别立支部，又东冬不分，先痕莫辨，则并分析未精，而宜加以订正者也。

（原载天津《益世报·读书周刊》第42期，1936年。又收入《罗常培语言学论文选集》）

《榕村韵书》正名

李光地《榕村全书》中有《榕村韵书》五卷，坊间亦有单行者。其书依“平水韵”分一百零七韵，与《佩文诗韵》据《韵府群玉》并上声拯韵入迥韵者异。每韵目下各注所并《广韵》韵目及古诗通用界域。韵字反切悉准《广韵》，笺释亦多相符：盖为士子临文检寻之用者也。书为光地玄孙维迪重校梓，前后并无序跋凡例。惟《榕村全集》卷二十别有《榕村韵书略例》一篇，其文云：

> 古韵书不可见，而其散于经传者足征也。顾氏宁人之论备矣。后代益详于韵，而等切之学兴。虽其字音韵部间或与古差讹，而其条理可寻，其同异沿革可推。何则？音生于人心，今古不殊故也。夫色不过五，而五色之变不可胜观；味不过五，而五味之变不可胜尝；故音不过五，而五音之变不可胜用也。前世为韵书者，未知五音生生之法，故虽区别有伦，而迷其本始。惟国朝十二字头之书，但以篇首五字，使喉舌齿唇展转相切，而万国声音备焉。盖于韵部，以麻支微齐歌鱼虞为首；于字母，以影喻为首；独得天地之元声，故可以齐万籁之不齐，而有伦有要也。从来为此学者，部多首东，等多首见，盖失其本矣。惟邵子于声类以歌韵首列，而辞曲家每字收声皆归影母者，乃为得其遗意。然邵之诸部既不尽合，而度曲者只悟收声，不知其为生生之本，故亦不能举而措之而皆通也。然收声之法厘为六部，此则确为

声乐本要,而国朝字头亦合焉。神瞽复生,不能易矣。今谱亦区为六部,别为十二行,以首五字宛转相生,为百二十声。于是父子君臣夫妇兄弟朋友各得其位,性术之变,穷于此焉。韵有有声无字者,等亦有有声无字者。计韵之有声有字者三十六,就《唐韵》而增损改入之也;母之有声有字者亦三十六,依等韵而分别论说之也。然所据者皆今日同文之音也,考之唐宋间则已别,稽之于古则又殊,盖是编之意存乎明韵而已,非□时则不通,非谐俗则不悟。若夫究心小学者,将以窥文字之初,辨点画声音之始,则有诸家及宁人之书在,此不能具也。[①]

绎其内容,与此渺不相涉。所谓:“今谱亦区为六部,别为十二行,以首五字宛转相生,为百二十声”者,盖仿效满文十二字头“韵部以麻支微齐歌鱼虞为首,字母以影喻为首”之意,一反从来“部多首东,等多首见”成例,以期合乎当时“同文之音”也。其书主旨在改良等韵以趋时谐俗,与此临文检寻所资者显然并非一书。今惟《榕村别集》卷一所载《字音图说》与其体例相近,或因王兰生所修《音韵阐微》既成,但发其凡,而未成书欤?故据《略例》所云,此书殆不得以《榕村韵书》名矣。然考《榕村全集》卷十一所载《韵笺·序》云:

近日为诗文者,避繁重,就省约,率向坊贾市小本以取声韵,惟唐律专本韵者则已,至于古诗古赋铭赞歌篇,第据近代肤谬者之说,或曰“通”或曰“转”,错戾颠倒,至于齿舌唇喉不可复辨!夫古之诗辞,以今韵校之,固多通用,然自今视之通也。古人则各有部居门类,何通之有哉?今取古人未尝通者通之,上不合于古,中不准于唐,以水土之杂响,淆天地之真音,奚可以重所习而不变也。彼古韵之出入于《唐韵》者,其源有以,如“风”闭口字

① 见《榕村全集》卷二十,第16—17页。

也，当属侵而在东；“令”抵齿字也，当属真而在庚；此唐人误也。今缘一二字之误，遂谓抵齿闭口二部与鼻音皆可通也。盖有中州士庶，偶而寄版荆蛮者，据之以为齐楚一家，岂不远哉！近日惟长洲顾炎武宁人氏能古韵，心通其意，而又援据极博，足以徵之。故掇其韵谱，凡《唐韵》之可通不可通者，悉注于本目之下，其曰通者古法也，曰不通者时误也。又坊本收字大窄，落漏甚多，且平上去俱用者，只收一处，尤苟简而不便于稽考。今所收几及《广韵》之半，学者置之案隅笥中，亦可以检寻辨别，如昌黎所谓略识字之意云。[①]

则与此书体例契合无间。例如上平一东目下云：

韵有独用通用而无所谓转用者。后人以江与东冬不类故称转用，不知古音江与东冬绝相类不烦转也。

三江目下云：

古韵所以与东冬通者，盖韵中字皆从工，从龙，从匆，从丰，从空，皆东冬韵中字，无阳韵内偏旁，可以知其音之所近矣。唐以前无与阳通用者，不知何时始读江如姜，元人作曲遂厘为江阳韵。今作古诗宜用古韵，决不可从俗也。

十一真目下云：

俗有通庚青蒸，又有通侵者，皆非也。按真乃舐腭音，与文元寒删先虽不类，而收音则同，故古人通用。庚青蒸则穿鼻音，侵则闭口音，三类判然不同。今南人读庚青蒸侵部中字皆如真部，故谓其可通也。

下平六麻目下云：

此韵古本与歌通，不与鱼虞通，然因韵中字有古在鱼虞部，

---

① 见《榕村全集》卷十一，第4—5页。

而后世音讹误收于此者,但见古韵与鱼虞叶,遂以为可通用,而不知其为今音之讹于古也。

十五咸目下云:

古韵东冬江为一部,支微齐皆灰为一部,鱼虞为一部,真文元寒删先为一部,萧肴豪尤为一部,歌麻为一部,阳为一部,庚青为一部,蒸为一部,侵覃盐咸为一部,凡十类。其同类者,古音皆可通也。唐人作古诗亦通用,若如今世俗所谓通转者,则古人唐人俱无此法也。学者且遵唐人矩矱,作古作律,准此足矣。如进而语于上,则此十部者,古无条枝,唐人至别为五十余韵,并之尚三十韵,此韵之不当分而分者也。支韵之字当存其半,而其半入歌麻韵;麻韵之字当存其半,而半入鱼虞韵;庚韵之字当半入阳韵,半入青韵;尤韵之字当存其一,而以其一入支微齐韵;以其一入鱼虞韵:此又声之不当合而合者也。究极源本,其说甚长,好古者当别作一意求之。

入声十七洽目下云:

以上入声乃唐人之律令也,故凡平上去三声可通者入声亦可通,平上去三声不可通者入声亦不可通也。顾宁人以古韵质之,则《唐韵》之谬于古者,入声为甚。盖惟歌麻无入,侵覃盐咸有入,《唐韵》与古同耳。其迥不同者,在唐则真文元寒删先东冬江阳庚青蒸十三韵有入,而支微鱼虞齐佳灰萧肴豪尤十一韵无之;在古则十一韵者有,而十三韵者无,为正相反也。不独韵部之系于平上去者所直不当,而字音之今古差殊,彼此互入,比之平上去三部,棼而难理,又不啻倍焉。宁人参之经传古书之音,证以偏旁之验,丝分缕析,具在成书,其有功于三代之文者,于是为大。此非览兹刻者之所遽及,然不可不粗知其意,以待暇日之讨论也。

并能准据顾宁人《唐韵正》所考，以正流俗所谓通转之错戾颠倒。故此书当即《韵笺》而非所谓《榕村韵书》，殆无疑义也。

《韵笺》初稿成于吴县陈汝楫季方手，而非光地所自纂。《榕村续集·与何屺瞻书》云：

> 比偶与泽州（案陈廷敬为山西泽州人）语及，小韵书坊无佳本可以持携。腊前烦季方就《广韵》摘出入用者，韵目下注明唐人律令及古诗谐协之正。盖尽用宁人意，约而少之，使幼学知大凡。然恐尚有差讹取笑处，渠带去校好，属龚君镌版，兄或取看，更一鉴定，又无馀恨也。日月有时，制期遂阕，旁观者淹速之论棼如，不如内断于心之为善，或筮以决之，亦古人所谓行止听命于天者与？①

又云：

> 季方刻韵书，至今未寄到，前所示仄律极是，不审尚有谬论否？开口便多错误，此读书所以难。然时下朋友便分两种：一则执其误而嗷争，一则虑其误而泯默，窃意二者皆非也。知错误之无足惭，而有所大惭者，庶几为古之益友乎？②

皆可与本书及《韵笺·序》相印证。季方为苏州吴县人。乾隆《苏州府志》云：

> 陈汝楫字季方，世居常熟，国初迁吴县。为诸生，从何焯游，研穷经史，工诗古文。后为国子监生。李光地抚直隶时，汝楫随焯往谒，一见器之，遂为入室弟子。屡试不遇，康熙壬辰九卿应诏以汝楫学行荐。后又以光地荐分修《周易折衷》，书成，以母老乞归，卒年六十二。（冯桂芬同治重修《府志》卷八十二，《人物志》九，页12，及曹允源等修民国《吴县志》卷六十六下，列传四，

---

①② 见《榕村续集》卷一，第10页。

页7,所引均同。)所著有《周易札记》、《禹贡札记》、《四书札记》、《史汉札记》、《三国志札记》、《赏诗阁文集》等。(民国《吴县志》卷五十六下,《艺文考》二,页8。又同治《府志·艺文志》亦同。)又清宣统元年平江吴氏所刊《义门先生集》末附《义门弟子姓氏录》云:“陈汝楫季方本籍长洲人”。集中亦录有《与少章季方昆玉书》(卷三,页18)及《与陈季方书》(卷七,页7),虽并与作《韵笺》事无涉,然由此可知季方固陈景云兄弟行也。更据光地《与何屺瞻书》中“日月有时,制期遂阕”二语推之,则季方初纂此书当在康熙三十五年丙子(1696)(案光地以三十三年甲戌四月丁母忧,奉旨在京守制,三十五年服阕,仍命任顺天学政),距《佩文韵府》成书(康熙五十年辛卯,1711)前十五年,故韵部以刘渊为准,而不以阴时夫为准也。

此书原刻成于何时,本署何名,今既未睹传本,殊难臆断。但维迪之修补榕村各种遗书则在道光二年壬午(1822,《榕村续集书后》),倘使《韵笺》之名非光地自行废弃,而原书当时或未刊成,则此所谓《榕村韵书》者必系后人未见《略例》所指之原稿,而误以《韵笺》张冠李戴者也!安得陈季方属龚君所刻原本以证成或否定吾说耶?愿海内藏书家有以教之!

(原载天津《益世报·读书周刊》51期,1936年6月4日。收入《罗常培语言学论文选集》)

《金元戏曲方言考》序

夫五方殊语，载在《王制》；齐傅楚咻，见讥孟轲：方言歧异自古有然矣。昔应劭《风俗通义·序》称：周秦常以岁八月遣輶轩之使，求异代方言，还奏籍之，藏于秘室。及嬴氏之亡，遗弃脱漏，无见之者。蜀人严君平有千馀言，林闾翁孺才有梗概之法。扬雄好之，天下孝廉卫卒交会，周章质问，以次注续，二十七年尔乃治正，凡九千字。因成《輶轩使者绝代语释别国方言》十三卷。网罗殊语，训诂昭明，顺释古今，堪与《说文》、《尔雅》鼎峙。其后杭世骏、戴震、程际盛、徐乃昌、程先甲、张慎仪等递有续补。综所甄录，自史传诸子，杂纂类书，以迄古佚残编，旧籍解诂，都凡六七十种。旁搜雅记，广罗逸典，囊括唐、宋小学诸书，輶轩所采，摭拾略备。至于分地为书或考证常言俗语者，则有李实《蜀语》、张慎仪《蜀方言》、胡文英《吴下方言考》、孙锦标《南通方言疏证》、毛奇龄《越语肯綮录》、茹敦和《越言释》、刘家谋《采风琐录》、胡朴安《泾县方言》、詹宪慈《广州语本字》，罗翙云《客方言》，与夫岳元声《方言据》、杨慎《俗言》、钱大昕《恒言录》、钱坫《异语》、翟灏《通俗编》、张慎仪《方言别录》、孙锦标《通俗常言疏证》、谢璿《方言字考》等书。要而论之，自一二种外，类多撮录字书，勿能为疏通证明，又不丽于今语。沾沾取史传为征，无由知声音文字之根柢。纵或略及训诂，亦多本唐宋以后传记杂书。于古训藐然无涉，俄而撮其一二，椈不理析。上视子云之分地周谘，据词系衍，益复条贯迥别，不可同日而语矣。

于常言俗语而外，辨及方音参差者，则明张位《问奇集》始分燕赵、秦晋、梁宋、齐鲁、西蜀、吴越、三楚、闽粤八区。其后潘耒、李汝珍、胡垣、劳乃宣等亦各判分南北，揭橥异同。而刘献廷尤能独抒胸臆，创构新法。《广阳杂记》云："于途中思得谱土音之法，宇宙音韵之变迁无不可记，逢人便可印证。以此法授诸门人子弟，随地可谱，不三四年九州之音毕矣。思得之，不觉狂喜。"此与今日之方言调查表格奚异？自审音之术转精，献廷之遗志渐偿。近十馀年来，关于方音之著作，颇足慰献廷于地下。然求其能绍子云之业于词汇研究、能善用近代资料超迈前人者，自馀杭章氏外，犹未之前闻耳。

尝谓恢宏词汇，约有四途：蒐集各行业之惯语，一也；容纳方言中之新词，二也；吸收外来语之借字，三也；董理话本语录戏曲小说中之恒言，四也。四术虽殊，归趋则一。吾友徐梦麟先生《金元戏曲方言考》之作即为第四术导乎先路者也。

金元戏曲中之方言俗语今日流行于民间者尚多，惟理董无人，索解匪易。暖红室所刻《五本解证》及《五剧笺疑》虽加辑释，或则应收而未收，或则当释而弗释。梦麟病之，乃取金诸宫调、《元椠古今杂剧三十种》、《元曲百种》、元人散曲，下及明代南曲、朱有燉杂剧，逐字重读，并随时摘记，以曲释曲，参以《元朝秘史》、《辍耕录》、《唐音癸签》、《剧说》、《新方言》等书，凡得六百余条，益以逐条例证无虑五六千则，解以唐言，释以滇语，疏通证明，类能发前人所未发。倘因其成业，博采诸方殊语，征验实际调查，通古今之邮，剂新旧之术，则梦麟之功不减子云，讵杭世骏、戴震、程际盛、徐乃昌、程先甲、张慎仪之流所能望其项背耶？

近人治元曲方言者，余所稔知有邢海潮、张清徽、李家瑞、朱熹诲诸子，惟或甫发端绪，或犹待商订，均非完帙。梦麟之书杀青最早，余复得先睹为快,因述方言研究略史及兹编与语学之关系以为之序。

1944年8月1日北平罗常培序于大理五华楼侧。

(原载《图书季刊》1945年新6卷1、2期合刊。又载徐嘉瑞《金元戏曲方言考》)

校补本《十韵汇编》序

1934年10月,我接到母校电召,承乏故教授刘复博士讲座。那时候刘故教授生前主编的《十韵汇编》已然大部分完成。原书汇辑的资料有:王国维摹写本法国巴黎国家图书馆所藏敦煌发现的《切韵》残卷三种(简称"切一"、"切二"、"切三");《刊谬补缺切韵》三种(刘复《敦煌掇琐》钞刻法国巴黎国家图书馆所藏敦煌唐写本,简称"王一";故宫博物院旧藏写本,简称"王二";五代刻本,简称"刊");国粹学报馆影印吴县蒋氏藏唐人写本《唐韵》一种(简称"唐");德国普鲁士学士院所藏高昌出土的韵书断片一种(简称"德");大谷光瑞《西域考古图谱》所收吐峪沟发现的韵书断片一种(简称"西");《古逸丛书》复宋本《广韵》一种(简称"广")。等到我参与整理刘教授遗稿时,编制体例业已规定,全部资料已经编成待印,我除了补拟凡例外,只在序文中略述编辑这部书的旨趣、功用和经过。魏建功教授也写了一篇长序,详述韵书的体制和源流,材料的来源和系统。现在还都刊在原印本卷首。

原书出版在抗日战争开始前一个月。不久北京为暴敌占据,印本散失,流传不广。中外学者已经得见原书的均交口称便,但苦于购求不易,每感失望。又在原书出版后,我们陆续看到的唐本韵书,包括完整的和残缺的,已将近30种。除原书所收的10种外,其他私人搜集的还有姜亮夫教授《瀛涯敦煌韵辑》(已出版)和周祖谟教授所编

《唐本韵书汇辑》。所得材料已较《十韵汇编》出版时增益许多。魏建功教授曾就姜、周两家所搜集的资料中取其与《十韵汇编》有关的,先后加以整理说明,写为《十韵汇编资料补并释》(见《北大五十周年校庆纪念论文集》),足以补原书之所未备;但其他有待于补充的地方还不少。

《十韵汇编》原稿在迻录唐本韵书的时候,曾由刘复故教授领导当时助理人员一再校勘,但脱误的地方仍所不免。其中显而易见的,有分韵错误的,例如校补凡例二之(1)指出:224 页“王一”去声祹韵“袒”、“鰥”两字和注文误入霰韵。有讹字、衍文和脱漏的,例如校补凡例二之(2)指出:283 页《唐韵》辖韵“刹”字原抄误作“剥”;19 页“王一”微韵第五行“斐”字下注文“斐豹见《左传》”,原书“左”字上衍“在”字;277 页《唐韵》没韵“矹”字注文“硉矹不稳皃”原脱“不”字。有韵字和纽次错乱的,例如校补凡例二之(3)指出:74 页“切三”歌韵末“嶓”字下有“颇坡珂轲阿娿痾讹涶挼牠鞞除伽”等字及注文,王国维抄写时误将“牠鞞”两字及注文写于“嶓”字下“轲”字上,又将“颇坡珂”三字及注文写于“挼”字下“除”字上,但随即用笔钩转改正(见王写本《切韵》残卷第十五页),考“切三”原卷并不误。《十韵汇编》原印本没有照王国维钩乙的次第改正,于是纽次就完全混乱了。有正文注文混乱的,例如凡例二之(4)指出:226 页《唐韵》线韵“咭……□…………也责……去战反二”,“咭”字下缺正文“谴”字,《十韵汇编》原印本写作“咭…………去战反二”,把“谴”字注文误属于“咭”字之下,反切与字音就完全不相合了。有以上几个缺点,现在为了使这批材料精确一些,能够便于大家运用,进行汉语史研究工作,所以有必要重加校补,把它印出来,并且以此纪念北京大学60周年校庆。[①]

校补本《十韵汇编》比原印本，除在卷首加入魏建功教授所作《十韵汇编资料补并释》和《切韵韵目次第考源》外，又增补了高昌出土的韵书写本残片（列考克编号JIVk 75）和五代刻本韵书残叶（伯希和编号2014）。前者跟《十韵汇编》原书所收简称为“德”字的韵书为同一书；后者跟《十韵汇编》原书所收简称为“刊”字的韵书为同一书；所以一并增入，以资互补（参看校补凡例三）。这次重印之前，对于原印本迻录唐本韵书有缺漏的地方，北大科学工作处曾请刘钧仁先生对照已有的唐本韵书印本，大体校订一遍，又由魏建功、周祖谟两位教授加以复核。校补本所以能在北京大学60周年校庆之际跟中外学术界见面，都是他们辛勤劳动的结果。我在此书原印本和校补本编订过程中虽然没有什么贡献，但都徼倖与闻其事。因此，现当付印的时候略述校补本编订之始末如上。不单借此为母校60周年纪念称庆，并且再一次证明集体劳动是我们今后的正确研究方向。

校补本因为是用原书底本影印，所以在增补材料和编写索引时，不得不迁就原书的行款和空隙，“校补凡例”四、五、六三项已有说明。有人说：原书底本既然有脱误，为什么不直截了当地用原来照片或印本剪贴影印呢？当刘复故教授草创《十韵汇编》的前身“八韵比”的时候，本来打算凡是已有影印本或刻本的都拿原书来剪贴。等到依照这种计划把初稿贴抄竣事以后，又因为行款参差，既不美观，又不便对照，所以才改用《十韵汇编》的编法，除《广韵》用原书剪贴外，其余的都照原来拟定的格式另抄，不拘原来行款。初定的计划，从前编辑原书时既然没有走得通，所以现在仍照原书底本校补重印。并且这种编排的方法，对于研究中古韵书的系统和中古韵书中所表现的语

① 本书编者按：校补本《十韵汇编》迄未出版。

音情况，以及各种韵书所搜罗的词汇的理解，都有很大的便利，所以也就不烦更张了。

1958年5月4日写于中国科学院语言研究所

(原载《中国语文》，1958年6月号。后收入《罗常培语言学论文选集》)

大高殿校勘《韵镜》日记[①]

清室大高殿故宫博物院图书分馆藏观海堂杨守敬自东瀛所得古本《韵镜》三种。返平后即欲就在粤所校本重加核订,以事迁延,至1929年10月25日乃克实行。兹逐日记其要点于左(下)。

1929年10月25日

晨9时1刻来馆,晤范云亭先生。于校阅以前,范君先以三本之篇页清单见示,因迻录之。

第一种本,题"《韵镜》全",计正叶52页,又像片半页。

第二种本,题"《韵镜》序作",计52页,又像片半页,抄写半页。

第三种本,题"日本古刻本《韵镜》",计正叶51页,又像片半页,前后抄写两张半页。

第一种本,《韵镜》全,登录号数天二八一。

卷首粘附杨守敬小像,有"星吾七十小像"及"杨印守敬"二章。

《韵镜》序第一页有"森氏开万册府之记"、"弘前医官涩江氏藏书记"、"江户朿野光彦藏书记"、"宜都杨氏藏书记"、"杨印守敬"及"飞

① 本文为张清常提交中国音韵学研究会第四次学术研讨会(1986年,重庆)的论文,题下标:"罗常培遗稿,张清常整理"。并有"整理者说明:由于印刷条件所限,暂时无法印刷的部分空缺待补。对罗稿应加注释,以便读者,兹暂缺。"

青阁藏书印”、“星五海外访得秘笈”八章。今简称曰森氏本。

今以黎氏《古逸丛书》本为底本,依序校勘,有所疑滞,则录入此记。

此本每半页10行,每行20字,与黎本同。底本以墨笔校者皆据森氏本。各本行间所注假名除与发音有关者不录。

序第二页后叶第二行“莆阳”上不空格。

序第三页前叶第三行“东浦”之左有朱书“阳”字。

同上第九行“莆阳”上不空格。

森氏本上经日人标注者以朱笔别之。

序第四页前叶“娘”作阴文“孃”。其下假名ケフ疑有误。

序第六页前叶第七行末三字“不知正”黎本误为“撗”,为文不词。此本每行20字,“凡”字上不空格。黎本“凡”字上加○,复空一格,只有18字。复因第八行与此行“难”字并行之“横”字而误为“撗”字。然则此本当较黎本为古。

本日校序例8页,韵图第一转至二十一转。

10月26日

上午9时35分到馆,续校第二十二转至三十五转,11时返家午饭。

第二十四转“玄”、“泫”,第三十三转“擰”等字,第三十五转“儜”、“寧”、“顬”均不缺笔。

下午2时15分到馆续校第三十六转至四十三转,3时25分校竟。

森氏开万册府所藏本已初校一通竟。

森氏本末页附日人之注释半页,系用墨笔写记者。如下:(整理者附记:印刷不便,暂缺。)

第二种本,《韵镜》序作,登录号数天二八二。

首页前叶有杨守敬小像及“星吾七十岁小像”、“杨印守敬”二章。后叶有日人所作音表,兹照其行款及墨色模如下页。(整理者附记:罗先生所摹套色日人所作音表印刷不便,暂缺。)

《韵镜》序第一页有“杨印守敬”及“星吾海外访得秘笈”二章。

此本每半页10行,每行20字,与黎本、森氏本并同。

今以蓝色笔校本文。凡与森氏本同者以蓝色△森氏本校文之旁。凡黎氏本有此本无者以蓝色笔圈其外。原本墨笔及朱笔标注,皆以赭色笔识之。

10月27日

星期,休息。

10月28日

上午10时30分来馆续校第二种序文。11时20分返家午餐。

下午2时来馆校三十六字母图未竟。

第二种本亦享禄戊子刻本。

序第一页前叶有墨笔眉批,已磨灭不可辨。

凡书名以朱笔‖于中,年号‖于左,人名|于中,地名|于右,官名|于左。(森氏本同,惟年号作|,官名不标,地名不标。)

序三后页顶批:(整理者附记:印刷不便,暂缺。)

10月29日

故宫放假。

10月30日

上午10时续校三十六字母图,并迻录日人标注。12时休息。

原书三十六字母图顶粘附纸片标注及夹附纸片。五、六页间夹附纸片。今并以赭笔迻录顶眉。惟序例末夹附纸片二,不知何指,姑录于此:(整理者附记:印刷不便,暂缺。)

下午2时到馆校第一转至第十二转标注。4时25分出馆。

10月31日

上午9时续录第十三转至四十三转标(注),至12时录竟。

下午2时20分校第一转至第四十三转本。3时10分校竟。

第三种本题日本古刻《韵镜》,登录号数天二八三。

未著刻书年月,然字体与前二种及黎本均不类,且每半页11行,每行20字,亦与诸本均异,当较为晚出。

卷首前叶有杨守敬像及“星五七十岁小像”、“杨印守敬”二章。后叶有“杨印守敬”、“星吾海外访得秘笈”、“宜都杨氏藏书记”三章。

并有日人所录《贯珠集·四声歌》及《五十音图》,如后:(整理者附记:印刷不便,暂缺。)

11月1日

下午1时至4时35分校第三种本文一通竟。

11月2日

上午9时40分到馆,以黄色笔迻录第三种本批注,惟关于解释字义及以假名所注之日本文法均不录。12时录序文竟。

下午1时30分到馆续录韵图上批注,并标注韵目旁之假名,至4

时15分全书初校一通竟。

11月3日

星期,休息。

11月4日

上午10时5分到馆,拟将各本再行校复一通,并量各本尺度。

第一种本赭色皮,白签题“《韵镜》全”。粘附像片。前衬纸一张,后衬纸二张(内一张有标注),外有棕色纸套,类卷宗包皮。上标价:“三两”。

原书阔7英寸6分,长10英寸1分半。版心阔6英寸3分,长9英寸1分。

书口题“韵镜”已磨灭。

第二种本蓝色皮,白签,签阔2寸,长5寸5分半,墨栏,题“《韵镜》序作”。标价:“二两”。纸色亦旧。前后各衬纸一张。前张前叶粘附像片,后叶写有“五十音图”。

原书阔7寸4分,长11寸1分。版心阔6寸2分,长9寸。

书口无字。题签字甚劣。

第三种本深蓝皮,纸色甚新。前衬纸一页粘附像片,又半页录《贯珠集》及《五十音图》。后衬纸一张,前叶有日人标注。白签墨栏,阔1寸4分,长7寸6分半,题“日本古刻《韵镜》”,字体类黄□。标价:“三两”。

书口有“韵镜”二字甚清晰。

原书阔8寸2分,长11寸2分。版心阔7寸2分半,长9寸2分。

三本均微有虫蚀。

一、二两本楷书甚精，类黎本。第三本亦系楷书，但与前二本不类，大小相似而行款较疏。

一、二两本均系享禄刻本，为覆宋永禄本所从出。(第)三本则后出者也。

校例：

第一种本以墨笔校本文，以朱笔录批注。

第二种本以蓝笔校本文，以赭笔校批注。与第一本校文同者，蓝△其旁。与批注同者，赭△其旁。无者○其旁。

第三种本以绿笔校本文，以黄笔录批注。

(此系罗常培先生遗稿，由张清常整理)

(手稿未刊，由张清常整理)

《中山大学语言历史研究所周刊·切韵专号》编辑剩语

这本干枯而单调的《切韵专号》,居然和读者们相见了。现在利用"最后一页"把编辑这本小册子的缘起、经过和旨趣,向读者们谈谈。

去年 11 月一天晚上,彦棠、丁山和我,偶尔讨论到《切韵》的本子问题。当时三个人各抒所见,互有商订;虽未敢妄拟萧、颜诸君的"烛下之谈",却因此颇引起探索的兴趣来。于是分认研究题目,并向几位同志征文:这便是编辑这本专号的动机。

未几,彦棠因母病回南阳。随后羊城又遭了三日"赤劫",在粤同人纷纷离去,我们当惊魂甫定的时候,那里还有闲情逸致去作这种增添苦闷的工夫? 不过,寒假中,绍孟去沪,颉刚不愿《周刊》停顿,乃商诸留粤同人分任编辑之责,我和丁山每人应担任两期。那时征集现成的稿子既然不甚容易,又不愿意随便谈些自己夙养未深的外行话,不得已,旧事重提,打算用两期的篇幅编一本《切韵专号》,其余的两期,另外编一本《方言专号》。

这个意思决定,于是按着考订版本和辨析声音两项标准,分头来做文章,预计半个月内可以完卷。那知开始之后,"下笔不能自休",篇幅竟至溢出预定的两倍以上,整个的寒假都消磨在这里头,编辑《方言专号》的时间也被它占去。当献岁发春的时候,爆竹声里最容易撩动乡思,幸而我们从事于这种岑寂之极的工作,反倒不自觉其岑寂了!

这本专号的篇幅既然比预定的加多两倍,当然不能不延期出版;并且在几篇文章里有许多古怪的文字和音标,累得印刷工友手忙脚乱、校对先生头昏眼花,从2月一直印到现在,历时将近4月,结果还不免把 Karlgren 的一张《切韵》发音表,因为新刻的字比符篆还难辨认,终于割爱!至于全部里边有什么出乎意表的错误,还要请读者们原谅,我们因为时间太忙未暇亲自校对!这不能怪广州印刷业的幼稚,谁叫我们无端出这种煞风景的专号呢!

然而我们究竟为什么这样自寻苦恼,并且殃及手民?这倒不得不声明一下:本来在今日的中国,和社会人生隔绝起来专门研究音韵,这不单被隽趣的朋友诋为"低能",就是我们自己近来也有点儿忏悔了!但是学问的价值是很难估定的:学问是否都须致用?怎样才算有用之学?这都是很难答的问题。如果专从"为学问而学问"的观点看,一切学问本难有所轩轾,兴趣和志愿不同的朋友们绝不应"各以所长,相轻所短"。所以就音韵学来论音韵学,我们自己觉得编辑这本专号也有几点必要:

第一,清代小学家毕生勤劬地探讨周秦古音,他们的工力不可谓不深,贡献不能算不大,然而从现在看来,总不免有多少可议的地方。因为隋唐声韵的真象没有明了,现代方音的系统没有清楚,只是抱着"毛诗音通,古韵半功;楚词上口,韵学十九"的态度,忽略时间空间的差异,妄想拟定划一的古韵部居,不用说别的,但看现代各地歌谣里那种"韵缓不烦改字"的情形,便可断定这种结果是靠不住的。所以我们要想考明周秦古韵,与其步趋前人的旧路,枉费许多工夫,勿宁先彻底弄清《切韵》的声韵系统,然后参证现代方音一步步推溯上去,比较可以得到逼近真实的结论。

第二,自唐写本《切韵》残卷发见以后,像陈兰甫《切韵考》一类的著作,已然减轻了许多价值。但是我们并不可由现在的立场来轻议前人,只当自己觉悟利用新得材料的必要。王静安先生所以能把唐代韵书的系统考订得条理秩如,远胜戴东原的《声韵考》,不过因为他幸见《唐韵》和《切韵》两种残卷,占着便宜罢了。所以利用新得的材料去补订前人的缺点,正是我们后人应该作的事情。

第三,现在已经发见的三种《切韵》残卷,不完全是陆词的原本,必须把这三种本子和王仁昫的本子汇集起来,钩稽参证,刊缪补缺,才可以考见陆书的真象。从前丁山本来想作一本《切韵古本考》,这本专号关于版本的考订和佚文的搜辑,都是那部书的一部分材料。我们要精密的研究隋音,这实在是一种不可忽视的基本工夫。

有这三层必要,所以我们毅然贯彻最初的动机,仍旧把这本专号编成了。但是我们的旨趣,只在使同志们知道研究《切韵》的必要,并不希望大家承认我们对于这种必要的解答;而且我们的作品,多半是仓卒间草成的“急就章”,在在不免“暨乎篇成,半折心始”的遗憾!好在我们曾经声明:有些文章只是研究的开始,不是研究的终结。倘因这本专号发表后,引起同志们的注意,那末,我们虚心承受恳挚的批评,正不减于热烈欢迎同情的响应啊!

1928 年 5 月 22 日,写于广州东山寓次

(原载中山大学《语言历史研究所周刊》第 3 集《切韵专号》,署名心恬)

清代校雠学家的方法

诸君！我今天讲演的题目是:清代校雠学家的方法。我对于这个题目,想分作四层去说:(一)校雠学的定义和本讲演的范围;(二)校雠学的历史;(三)清代校雠学家的方法;(四)结论。但是时间很短,不能细谈,只能略明其梗概罢了。

一

什么是校雠学？按照应邵《风俗通义》上引刘向《别录》的话说:"一人读书,校其上下得失谬误,为校;一人持本,一人读书,若怨家相对,为雠。"仪征刘申叔先生说:"'雠'校本字盖当作'捔'。《说文》:'捔,敲击也。'《广雅·释诂》:'捔,击也。'古籍之文,凡义涉比覈穷究者,恒由击义引申,盖旁击深捭,以期覈实也。'捔''交'同部,故假'校'为'捔','较'为'校'别,作'较'亦同。是犹'捔辜'或作'较辜','扬捔'亦作'扬较'也。"据此说来,那么,所谓"校雠",是因为古书展转传钞传刻,又经累代妄人凭臆窜改,所以乖错讹脱的很多。正如孙诒让说:"竹帛梨枣,钞刊屡易。有三代文字之通假;有秦汉篆隶之变迁;有魏晋正草之混淆;有六朝唐人俗书之流失;有宋元明校椠之羼改。"我们读古书之难,都由于此。假若沿用误本,不知求其原文,那么,"举烛"、"鼠璞",动成笑话。所以要想正确地了解古书,非把它根据善本用精密的、客观的、科学的方法,或釐审字句,或推比章节,还它本来面目不可。这种工夫,便叫做“校雠”;讨论校雠的方法、条例的,就叫做“校雠学”。

但是我们以上所说的,是狭义的校雠学,亦可称为校勘学。广义的校雠学的范围,还不止此。章太炎说:

> 校莫审于《商颂》。……正考父校商之名颂十二篇于周太师,以《那》为首(《鲁语》)。考父为人,三命兹益恭,故托始于《那》,其辑之乱曰:“自古在昔,先民有作,温恭朝夕,执事有恪。”先圣之传恭,犹不敢专,称曰“自古”,古曰“在昔”,昔曰“先民”,恭人以是训国子,见删定之意。孔子录诗有四始,雅颂各得其所。删《尚书》为百篇而首《尧典》,亦善校者已。其次比覈文字者兴,子夏读“三豕渡河”以为“己亥”。刘向父子,总治《七略》,入者出之,出者入之。穷其原始,极其短长,即与正考父、孔子何异?辨次众本,定异书,理讹乱,至于杀青可写,复与子夏同流。故校雠之业广矣。其后官府皆有图书,亦时编次。独王俭近刘氏。在野有阮孝绪颇复出入。自隋以降,书府失其守,校雠之事职在世儒,其间若颜师古定五经,宋祁、曾巩理书籍,足以审定遗文,令民不惑。斯所谓上选者。然于目录,徒能部次甲乙,略记梗概,其去二刘之风,远矣。(《国故论衡·明解故》上)

章氏所说的校雠学,不仅以比覈文字正讹夺为限。在这个之外,还须考订篇章,辨次部类,甚至于整齐杂语,考订传说,辨别真伪,搜辑逸佚,也都在其内。这便是广义的校雠学,乃赅括校勘学、目录学等而言。如郑樵《通志》的《校雠略》、章学诚的《校雠通义》都属于这一种。此次讲演的范围,仅以狭义的校雠学为限。

二

校雠之学,以清代为极盛。但是它的来源,却很古。俞樾说:

> 校雠之法,出于孔氏。子夏读《晋史》,知"三豕"为"己亥"之误,即其之事也。昭十二年《公羊传》"伯于阳者何?公子阳生也。子曰:'我乃知之矣。'"何劭公谓:"公误为伯,子误于,阳在,生刊灭阙。"是则读书必逐字校对,亦孔氏之家法也。汉儒本以说经,盖自杜子春始。杜子春治《周礼》,每曰:"字当为某。"即校字之权舆也。自是以后,是正文字,遂为治经之要。至后人又以治经者治群书。而笔针墨灸之功,遍及四部矣。夫欲使我受书之益,必先使书受我之益。不然,"割申劝"为"周田欢","而肆赦"为"内长文",且不能得其句读,又乌能得其旨趣乎?(《札迻序》)

又孙诒让说:

> 校书如雠,例肇西汉。都水《别录》,间举讹文。若以"立"为"齐",以"肖"为"趙"之类,盖校字之权舆也。晋唐之世,束晳、王劭、颜师古之伦,皆著书匡正群书违谬。经疏史注,咸资援证。近代钜儒,修学好古,校刊旧籍,率有记述。而王怀祖观察,及伯申尚书,卢绍弓学士,孙渊如观察,顾涧蒉文学,洪筠轩州倅,严铁桥文学,顾尚之明经,及年丈俞荫甫编修,所论著尤盛,风尚大昌。(《札迻自序》)

据俞、孙二家之说,可见校雠的来源,远之可以说肇自孔氏;近之可以说兴于汉、唐。到了清朝乾、嘉之际,朴学特别发达。那时学者研治古学,都抱一种"实事求是"的精神,对于讹谬难读的古书,不肯函糊。乃博征善本,以校雠之。于是校雠遂成了一种专门学问。其得力处真能超轶汉、唐，发蒙振落，可为清代学术呈一异彩。我们且看他们使用的方法，便觉得很可佩服了！

三

清代的朴学，自惠栋、戴震后，日见其盛。惠氏考古虽勤，而识不高心不细，见异于今者，则从之。大都不论是非(王引之语)，远不如戴东原。戴氏治学的根本方法，就是“不以人蔽己，不以己自蔽”两句话。所以余廷灿说他“有一字不准六书，一字解不通贯群经，则无稽者不信，不信必反复参证，而后即安。”(余氏撰《戴东原先生事略》)他这种客观的态度、科学的精神，实为清代朴学兴盛的一大原因。后来段玉裁、王念孙及其子引之皆能应用他的方法，而发挥光大之。其所以能如此的，全由他们观察精确，不存成见，敢下假设，广集证据，审慎评判。每研究一个问题，无不先从个体的事例观察起。观察到一定的程度，便大胆提出假设的通则来。然后根据这个假设的通则，再去观察。必待曲畅旁通，靡不融贯的时候，才下最后的断案。这种归纳演绎递用的方法，便是欧洲近代研究科学的方法。所以他们的学风，凡立一义，必凭证据；选择证据，以古为尚；而且孤证不能成为定说。这就是清代所谓朴学的根本精神！校雠学既是朴学的一部分，所以它的方法，也不能出此。俞樾称孙诒让所著《札迻》说：“精熟训诂，通达假借。援据古籍，以补正讹夺；根柢经义，以诠释古言。每下一说，辄使前后文皆怡然理顺。”孙诒让的《札迻自序》亦说：

> 综厥诣旨，大抵以旧刊精校为据依，而究其微恉，通其大例，精研博考，不参成见。其谌正文字讹舛，或求之于本书，或旁证之它籍及援引之类书，而以声类通转为之绾键。故能发疑正读，奄若合符。

又说：

匡违茜佚，必有谊据，无以孤证肊说，贸乱古书之真。

然则，所谓“精研博考，不参成见”，所谓“匡违茜佚，必有谊据，无以孤证臆说，贸乱古书之真”，正与前文所说朴学的精神相合。现在分析校雠的方法为八项，分述在下面：

（甲）据古本　校书宜广储副本，以校同异（详见章实斋《校雠通义·校雠条理篇》）。而古本尤为重要。叶德辉说：

昔顾涧蘋跋《蔡中郎文集》云：“书以弥古为弥善，可不待智者而后知矣。乃世间有一等人（其人荛翁门下士也），必谓书毋庸讲本子。噫！将自欺耶？欺人耶？敢书此以质荛翁。”跋载黄记，荛翁有此门下，亦可谓失传衣钵矣。同年友某，尝与吾笑谈，谓“平生不知板本，但见其书有字，即读。”吾戏语之曰：“君所读书，皆无字。”是亦各明一义矣。（《书林清话·板本之名称篇》）

因为古书致误之原因，传写讹脱者半，冯臆妄改者亦半（王念孙《读〈淮南子〉杂志后序》语）。那么，旧刻本、原钞本的“可靠性”，自然比翻刻本、传钞本的“可靠性”多。所以“书以弥古为弥善”，诚然不待烦言而解。清代卢文弨之《群书拾补》、阮元之《十三经校勘记》，以及顾广圻、孙诒让之校诸子，莫不根据唐、宋石经，宋元诸家刻本钞本，而广及于道藏，与夫日本、高丽之书。例如阮元的《论语注疏校勘记》，引据的本子，是汉石经残字、唐石经、宋石经、皇侃义疏、高丽本（据陈鳣《论语古训》引的）、十行本（宋刻的，元、明补修的）、闽本（明嘉靖时刊）、非监本（明万历时刊）、毛本（明崇祯时刊），共计九种古本。他校正“恶居下流而讪上者”一条，说：“汉石经无‘流’字。案，皇侃云：‘又憎恶为人臣下，而毁谤其君上者也。’邢疏云：‘谓人居下位，而谤毁在上，所以恶之也。’是皇、邢两本，亦无‘流’字。《九经古义》云：‘当因《子张》篇：‘恶居下流’涉彼而误。’”（《论语注疏》卷十七校勘记）又如孙诒让校《庄子》所根据的本子，有宋本成玄英《庄子疏》，及明世德堂刊本两种古本。他校正《盗跖篇》“此四者无异于磔犬流（孙云当作沈）豕操瓢而乞者”，说：“案‘此四者’当从成本作‘此六子者’。”因为成疏以为，所谓六子，就指着伯夷、叔齐、鲍焦、申徒、介推、尾生等六人而言。就成本改正，便与上文意义相合了。

（乙）据古注　古书有本文错牾，但是古人注释所根据的旧本，有时足以改正今本的讹脱。例如上节所引阮元校勘《论语》“恶居下流而讪上者”一句，所根据的，除去汉石经外，还有皇疏、邢疏两种古注。又如俞樾校正《周书·大开武篇》“天降寤于程程降因于商商今生葛葛右有周维王其明用开和之言言孰敢不格”一段说：“按‘程’字不当叠。‘降寤于程降因于商’皆天所降也。若作‘程降因于商’，则不可通矣。‘葛’字亦不当叠。孔注曰：‘商朝生葛，是祐助周也’，可知孔注所据本，不叠‘葛’字也。‘言’字亦不当叠。孔注曰：‘可否相济曰和，欲其开臣以和，则忠告之言无不至也。’是孔读‘维王其明用开和之’为句，‘言孰敢不格’为句，其不叠‘言’字可知也。今叠‘葛’字‘言’字，义皆不可通矣。”（《古书疑义举例》）这两条都是据古注校正今本讹误的例。

（丙）据古校本　古校本最重要的，莫如陆德明的《经典释文》。例如《庄子·让王篇》：“王谓司马子綦曰：屠羊说居处卑贱，而陈义甚高。子綦为我延之以三旌之位。”《释文》云：“三旌，三公位也。司马本作‘三珪’，云‘谓诸侯之三卿皆执珪也’。”孙诒让便根据这条说：“案，司马彪本是也。楚爵以执珪为最贵，故云三珪。《楚辞·大招》云：‘三圭重侯’，王注云：‘三圭谓公侯伯也。公执桓圭，侯执信圭，伯执躬圭，故言三圭也。’《战国策·楚策》昭阳说楚贵爵为上执珪，然则执珪盖有上中下之异与。”这是据古校本改正今本的例。

（丁）据他书引用本书之文　有时古注和古校本不可寻得，又别无善本可供参校，或所谓善本还有错误，那便无所施其技了。再进一步，就是根据本书文字互见于他书的，或类书所引的，以相参校。例如《荀子·劝学篇》前半，和《大戴礼·劝学篇》全同。王念孙即根据《大戴记》校正《荀子》“假舟楫者非能水也，而绝江河”句中之“河”字为“海”字（另外还有《文选·海赋》注引及《说苑》、《说丛》篇等证）；“君子生非异也”句中之“生”字为“性”字；“草本畴生，禽兽群焉”句中之“焉”为“居”字……（《读书杂志》八）。又如（甲）项所举阮元校正《论语》“恶居下流而讪上者”，除去汉石经、皇疏、邢疏的根据外，又引《盐铁论》“大夫曰：文学居下而讪上”，《汉书·朱云传》“小臣居下讪上”，以为佐证。此外古今的类书，如《北堂书钞》、《艺文类聚》、《初学记》、《白孔六帖》、《太平御览》、《册府元龟》、《玉海》等编中所引用的群书，很有些根据善本，足资考镜的。就是《群书治要》、三家的《史记注》、颜师古的《汉书注》、李贤的《后汉书注》、李善的《文选注》，也有许多足以核勘所引各书的原文。例如，荀子《性恶篇》“然而前必有衔辔之制，后有鞭策之威”，文内“前有”、“后有”皆应承“必”字而言，若照原文作“前必有”，就与下句不连贯。王念孙根据《群书治要》及《初学记》人部中、《太平御览》人事部四十五所引，改为“必前有”，文义便怡然理顺了。

（戊）据本书义例　古书中的错误，有时依据本书各篇的词例，及上下文义，可以发现出今本之讹误的。例如《淮南子》一书，通借“武”为“士”，今本《人间篇》“城中已尽，粮食贵乏，大夫病”。王念孙根据《太平御览》及本书词例，校正为：“城中已尽，粮食贵，武大夫病。”他说：“《淮南》一书，通谓‘士’为‘武’……下文中行穆伯攻鼓馈闻伦曰：‘请无罢武大夫，而鼓可得也’是其明证。”（《读书杂志》九）又如，《毛诗·江汉篇》“江汉浮浮，武夫滔滔”，王引之以为当作“江汉滔滔，武夫浮浮”，他说：“《小雅·四月篇》‘滔滔江汉’，此云‘江汉滔滔’，义与彼同。‘浮’与‘儦’声义相近，‘江汉滔滔，武夫浮浮’，犹《齐风·载驱篇》‘汶水滔滔，行人儦儦’也”。(见《经义述闻》)这两个例，都是根据本书词例而考见今本之脱误的。

(己)据文字形体　中国文字的形体，有古文、籀、篆、隶、草的变迁，又有俗体之混淆，古书流传，展转钞刊，往往因为不识古文篆隶的形体，而讹为相近的字。仍之则义不可通，改之则怡然理顺。作这种校雠之根据的，有三种：

(一)据龟甲刻词　龟甲刻词是殷商遗文仅留于现在的。它上面的纪录，有足以校正古经错牾的地方。例如：卜词中帝王名谥十有七，其“太乙”殆即《史记》之“天乙”也。以殷初诸王大丁、大甲、大庚、大戊例之，则“天乙”当为“大乙”之讹无疑。又刻词中，数见太庚，《竹书纪年》作小庚，今卜词与《史记》合，则其误在《竹书》可知(见罗振玉《殷商贞卜文字考》)。龟文“易日”二字恒见，其“易”字作，作，作，皆“易”之象形字也。旧释以为“肜日”(孙诒让《契文举例》)。据此，可以推知《尚书》的“高宗肜日”当为“易日”之讹。

(二)据古金石　周秦的鼎彝款识，及汉魏碑版，亦可作校雠古书的根据。例如：《庄子·应帝王篇》“汝又何帠以治天下，感予之心为?”孙诒让因为字书没有“帠”字而怀疑，乃依据古金文，以为当作“叚”字。他说：“《说文》又部叚或作段，古金文叚字或为。(原注：见《钟鼎款识》晋姜鼎，详余所著《古籀拾遗》。)故隶变帠(变为臼，变为巾)。此亦古字之仅存者。”(见《札迻》)

(三)据篆隶　浅学的人，遇古书上的僻字、古字，不能认识，即凭臆以形似的字改之，往往失其本真。这实在是古书之蠹！例如，“其”古文作“亓”。(《周易杂卦》：噬嗑，食也。贲其色也。)盖以食色相对成文，加其以足句也。“其”古文作“亓”，学者不识，遂改作“旡”字，虽曲为之说，而不可通矣(见《古书疑义举例》)。现在应当根据古文，改为“其”。又如《庄子·天地篇》:“方且本身而异形,方且尊智而火驰”,“火”字当作“宂”。《说文》八部云:“宂,分,从重八。八,别也。亦声”。《孝经说》曰:“故上下有别。今经典通借别为之。”“宂”与“火”,形近而讹(见《札迻》)。又如,《周易·同人》象传:“同人之先,以中直也。”“先”字当作“笑”字,因“笑”字隶书作“关”,与“先”相似;又因经文“先”字而误为“先”耳(见《经义述闻·通说形讹条》)。如此寻文究理,各得其本字,则文义顺适。若不通古文篆隶的形体,便不可得而更正了。

(庚)据文字训诂　王念孙说:“诂训之指 ,存乎声音。字之声同义近者,经传往往假借。学者以声求义,破其假借之字,而读以本字,则涣然冰释。如其假借之字,而强为之解,则诘籁为病矣。”(《经义述闻·自序》引)孙诒让综论校雠之旨也说:“以声类通转为之绾键。”可见训诂学与校雠学关系之密切了。中国造字的方法,本来有假借一种。许慎解释:“假借者,本无其字,依声托事,令长是也。”这是假借的本义,但经典古籍中的古字,往往本字现存,却不用它,而通借同声之字。我们若能由声通声近的字,以意逆之,便可使古书中的疑义涣然冰释。若是就通借的字,牵强附会,曲为解说,就难免以文害辞。例如:《尚书·尧典》“汤汤洪水方割”,传曰:“言大水方为害”;《微子》“小民方兴,相为敌雠”,传曰:“小人各起一方,共为敌雠”。其实这两个“方”字皆应读“旁”,“旁”之言溥也,遍也。《说文》曰:“旁,溥也”。因“方”、“旁”二字古音同为重唇音,而且同在“唐”部,故古字通用(见《经义述闻》)。若牵就借字去讲,文义就不妥了。又如:《淮南子·原道篇》“九疑之南,陆事寡而水事众,于是民人被发文身,以像鳞虫”,高注曰:“被,翦也”。王引之说:“诸书无训‘被’为‘翦’者,‘被发’当作‘劗发’,注当作‘劗,翦也’。《汉书·严助传》:‘越方外之地,劗发文身之民也。’晋灼曰:《淮南》云:‘越劗发’(见《齐俗篇》),张辑以为‘古翦字也’。此言‘九疑之南’正是越地,故亦曰‘劗发文身’也。”(见《读书杂志》六)后人因为《王制篇》有“被发文身”之语,遂改本文的“劗”字为“被”字,并注中的“劗”字也改了。假如不明训诂,不知“被”字不得训为“翦”,岂不被凭臆妄改的人欺骗了么?

(辛)据古韵　古书中入韵的字,或有讹脱,或经妄改,则其韵遂亡。应根据古韵的部居,以校正它。例如《淮南子·说林篇》“绣以为裳则宜,以为冠则议”。高注“议人讥非之也”。“宜”、“议”二字古音皆在“歌”部,后人不知,遂改“议”为“讥”,以与“宜”为韵,并改高注。不知“宜”字古音念作“俄”,何尝与“讥”为韵呢(《读书杂志》九)。又如《淮南子·道应篇》“摄女知,正女度,神将来舍,德将为若美,而道将为女居,惷乎若新生之犊,而无求其故”。这一段是以“度”、“舍”、“居”、“故”为韵。后人不知“舍”字之入韵,而改“德将为”三字为“德将来附”,以与“度”为韵,于是下文“若美”更讲不通了。况且古韵“度”在“模”部,“附”在“侯”部,本来不是同韵呢?(《读书杂志》九)浅人不知古音而妄改,我们根据古韵的部居,就可揭出他的错误。

以上列举的八条,都是校雠学家的根据。但是这八种根据,有时也不能完全靠得住。古本固然比新刻本可信,然而所谓古本,也是经过许多次钞刊的,难免没有错误。传注,本来有因家法不同而异读的;依据古注改正文,有时也很危险。古校本和他书转引本书的文字,不必得字字依照原文,毫无出入;即使本来如此,后来传钞翻印,也保不住没有讹夺。至于本书的义例,亦有错综成文,属于例外的。(参看章太炎《国故论衡·明解故》上)文字的形体、训诂、声音,亦有似是而非,不宜比附。(参看《经义述闻》)因此清代校雠学的末流,也出了种种的毛病。孙诒让说:“及其弊也,则或穿凿形声,捃摭新异。凭臆改易,以是为非。”所以校雠学的第一步工夫,在于搜求据;第二步

工夫在于精密的评判。段玉裁有《与诸同志论校书之难》一文,说这个道理最明白:

> 校书之难非照本改字,不讹不漏之难也,定其是非之难。是非有二:曰,底本之是非;曰,立说之是非。必先定其底本之是非,而后可断其立说之是非。二者不分,轇葛如治丝而棼,如算之淆乱其法宝,而瞀乱乃不可理。何谓底本?著书者之稿本是也。何谓立说?著书者所言之义理是也。《周礼·轮人》:"望而视其轮,欲其幎尔而下迤也。"自唐石经以下,各本皆作"下迤",唐贾氏作"不迤",故疏曰:"不迤者,谓辐上至毂,两两相当,正直不旁迤,故曰不迤也。"文理甚明。今各本疏文皆作"下迤",云"下迤者,谓辐上至毂,两两相当,正直不旁迤,故曰下迤也",其语绝无文理,则非贾氏之底本矣。此由宋人以疏合经,注者改疏之"不"字合经之"下"字,所仍之经,非贾氏之经本也。然则经本有二,"下"者是欤?"不"者是欤?曰:"下"者是也。望而视其轮,谓视其已成轮之牙。轮圜甲,牙皆向下迤邪,非谓辐与毂正直,两两相当也。经下文"县之以视其辐之直",自谓辐;"规之以视其圜",自谓圜。轮在圜曰牙。上文毂辐牙为三材,此言轮辐毂即牙也。然则,唐石经及各本经作"下"是,贾氏本作"不"非也。而义理之是非得矣。倘有浅人校疏文"下迤"之误改为"不迤",因以疏文之"不迤",改经文之"下迤",则贾疏之底本得矣,而于义理乃大乖也。(中略)……故校经之法,必以贾还贾,以孔还孔,以陆还陆,以杜还杜,以郑还郑,各得其底本,而后判其义理之是非,而后经之底本可定,而后经之义理可以徐定。不先正注疏释文之底本,则多诬古人;不断其立说之是非,则多误今人。"(《经韵楼集》)

我们读了段氏这段议论,可以见出清代校雠学家那种"曲征旁喻,不参成见”的科学精神。所以先搜求确凿不刊的根据，再加以精密审覈的评判，这便是清代校雠学家的方法。

四

上面已然将清代校雠学家的方法论讲完了。以下我们再谈谈他们所得的成绩和校雠学与现代学术的影响，以作为本篇的结束。

清代的朴学，在中国学术史上呈一异彩，自不待言。就是校雠学一种，对于古书的功劳，也就很可观了。我国先秦诸子书和许多重要古籍，在没有经过这班校雠学家整理以前，都是讹误错乱，不可卒读。自从乾嘉诸老和他们以后的几位学者，牺牲毕生精力，对于难读的古书，“稽覈异同，启发隐滞”，于是前此许多不可索解的语句才“一旦昭若发矇”。他们最著的成绩，例如卢文弨的《群书拾补》所校的书，自《五经正义》以至《林和靖集》共有 37 种；王念孙的《读书杂志》所校的书，自《逸周书》到《文选》，共有 18 种；蒋生沐的《斠补隅录》所校的书，自《尚书全解》，以至《陈后山集》，共有 14 种；俞樾的《诸子平议》和《读书馀录》所校的书，自《管子》到《说苑》共有 20 种；孙诒让的《札迻》所校的书，从《易乾凿度》到《文心雕龙》，共有 78 种之多。此外如汪中、毕沅之校《大戴礼记》，赵怀玉、周廷寀之校《韩诗外传》，卢文弨、陈逢衡、朱右曾之校《逸周书》，顾广圻、黄丕烈之校《国语》、《战国策》，戴震、全祖望、赵一清之校《水经注》，谢墉、王先谦之校《荀子》，汪中、毕沅、孙诒让之校《墨子》，孙星衍之校《孙子》、《吴子》，汪继培、任大椿、秦恩复之校《列子》，顾广圻之校《韩非子》，严可均之校《慎子》、《商君书》，毕沅、梁玉绳、陈昌齐之校《吕氏春秋》等，于学术界上，总算是空前的功绩了！

有人说这班校雠学家,牺牲毕生精力,终年埋首作这种干燥的工作,替古人作奴隶,未免不值得。所以前人对于卢抱经讥讽道:“他人读书受书之益,子读书则书受子之益。”不知,要想我受书之益,必先使书受我之益。再进一步说,学问本为天下之公器,即使自己本身不能受着书的益处,而使自己的子孙或后进的人能受到书的益处,免去“日思误书”的苦痛,而能对于古书的内容,“覃思精研”,推阐出新意义来,那末,学术、文化不就可以进步了么?如此说来,前人这种工作,何尝不值得呢?

况且清代的校雠学,不单有整理古籍的功绩,就是他本身,也可以成为一种科学。这种学问,本来头绪纷繁,不容易寻出一些通则来;但是清代的校雠学,却能自具条理,自成系统,洵可厕诸科学之列而无愧!我们试看王念孙《读〈淮南子〉杂志》的后序,叙他订正《淮南子》共900馀条,推求致误之由,可得64条通则;王引之的《经义述闻·通说下》之“经文假借”、“语词误解以实义”、“衍文”、“形讹”、“上下相因而误”等条,全是归纳本书内单独的例而得的通则。又俞樾《古书疑义举例》的后三卷,举出关于校雠学的36条通则。他们都是应用归纳、演释、递用的科学方法推求出来的。所以这些位学者固然替我们整理出许多完好可读的古书,让我们寻求它们的内容;而且给我们定出许多校雠的通则来,让我们不费多少力气,去整理那尚待校雠的古籍,以贡献于未来的研究者;如此展转演进,国学不患没有昌明之日了。

古人尝说过一个笑话:有一位会点石成金的神仙,想周济一个穷人。他替那穷人点了许多的金子。但是那穷人毫无满足的表示。这神仙很诧异地问他道:“你怎么还没有够呢?”他说:“我并不希望你给我许多的金子,我很想要你那能点石成金的手指头。”凡是治学的方法,都和这个好手指头一样。我希望一般富于求知欲的好学覃思之士，设法得到清代校雠学家那只点石成金的手指头，努力去作他们未竟的事业！

（原载于《西北大学周刊》1925年2月9日，2月16日）

汉语音韵讲话(原名“恬庵说音”)拟目

一、音韵学不是“绝学”

二、音韵学有什么用处?

三、汉语的古今声韵是一样的吗?

四、现代汉语有几种主要的方言?

五、汉语的声韵结构——什么叫双声叠韵?

六、谈字母

七、“五音”和“七音”

八、释清浊

九、“发送收”和“戛透轹捺”

十、什么叫等呼?

十一、昆曲咬字的六种韵尾

十二、《广韵》是广东人的韵吗?

十三、“诗韵”是不是沈约作的?

十四、从《中原音韵》到北京音

十五、从《康熙字典》前面的等韵说起

十六、从四声到九声

十七、四声、五声、六声、八声都是姓周的发现的

十八、怎样调平仄?

十九、反切的方法和它的用处

二十、注音字母

图书在版编目(CIP)数据

罗常培文集 第7卷/《罗常培文集》编委会编 . - 济南:山东教育出版社,2001

ISBN 978 - 7 - 5328 - 3099 - 2

Ⅰ. 罗… Ⅱ. 罗… Ⅲ. ①汉语 - 音韵学 - 文集②罗常培 - 文集 Ⅳ. H11 - 53

中国版本图书馆 CIP 数据核字(2001)第 12694 号

罗常培文集 第七卷

LUO CHANGPEI WENJI Di-qi Juan

主　　管:	山东出版集团
出 版 者:	山东教育出版社
	(济南市纬一路 321 号　邮编: 250001)
电　　话:	(0531)82092663　**传真:**(0531)82092661
网　　址:	http://www.sjs.com.cn
发 行 者:	山东教育出版社
印　　刷:	山东新华印刷厂
版　　次:	2008 年 11 月第 1 版
	2008 年 11 月第 1 次印刷
规　　格:	880mm × 1230mm　32 开本
印　　张:	18.25 印张
插　　页:	7 插页
字　　数:	434 千字
书　　号:	ISBN 978 - 7 - 5328 - 3099 - 2
定　　价:	72.00 元